唯物弁証法の基本構造

東百道

木鶏社

目次

第二章「矛盾論争」批判

唯物弁証法の基本構造

まえがき

本書の目的は、マルクス＆エンゲルスが構想した唯物弁証法の基本構造を理論的に解明・復元し、その内容を学問的に検証（論証かつ実証）するところにある。

古来、弁証法というものは、それが意識されていたか否かにかかわりなく、人類の学問（特に哲学）の分野においてもっとも普遍的かつ本質的な課題であった。哲学の分野において、弁証法は、ヘーゲルによって一つの完結をみるにいたった。ただし、それは観念論の枠内のことであって、観念論的な限界をもった特殊な弁証法（観念弁証法）の段階に止まっていた。マルクス＆エンゲルスは、そのヘーゲルの観念弁証法を唯物論的な観点から批判的に再構想し、学問的にさらに普遍的かつ本質的な段階に発展させた。それが現在、唯物弁証法といわれているものである。

ただし、その唯物弁証法は、それを構想したマルクス＆エンゲルスによって、学問的な理論体系としてくわしく展開されることも、解説されることもなかった。多少なりとも体系的な論及がなされているのは、メモとしてのこされた二、三の断片的な記述においてであった。それも、唯物弁証法の基本構造にかかわる範囲内でごく大まかに論及されたにすぎない。

マルクス＆エンゲルスの後継者を自認自称してきたいわゆるマルクス主義者たちは、学問的な修練においても、学問に取り組む視点や発想や方法においても、マルクス&エンゲルスに比べて格段に後退していた。そのために、マルクス&エンゲルスが構想した唯物弁証法を学問的に検証（論証かつ実証）したり、さらに発展させることができなかった。それどころか、その内容を的確に理解することすらできなかったのである。その結果、人類の学問分野におけるもっとも普遍的かつ本質的な成果であり遺産であったはずの唯物弁証法は、大きく誤解されたり、あるいは、まったく不十分な理解をされたままに、永らく放置されてきた。少なくとも、学問的には有名無実なものとして、いわば埃の堆積するなかに放置されてきてしまったのである。

したがって、私が、この唯物弁証法を学問的に活用することを決意し、その内容を学問的に探究しようと決意したときには、マルクス&エンゲルスの構想した唯物弁証法について、まずはその基本構造の原像を学問的に解明し復元していくところから始めなければならなかった。

仕方なく私は、マルクス&エンゲルスが書きのこした二、三の断片的なメモを主軸に据え、それにマルクス&エンゲルスが他の文献のなかで必要に応じて唯物弁証法について個々に論及した記述を内容的に関連づけながら、唯物弁証法の基本構造を学問的かつ体系的に解明し復元する探究作業に踏み込んでいった。

本書は、それ以降の永年にわたる、唯物弁証法の基本構造についての私の研究（独学）成果を体系的にまとめたものである。

本書の構成は、二部からなっている。

第一部は、マルクス&エンゲルスが構想した唯物弁証法の基本構造を学問的に吟味・解明し、その原像を理論的に再構成したものである。

第二部は、第一部の成果を踏まえて、史上有名な「矛盾論争」を批判的に吟味し、論争の内容を学問的に解決し、論争自体に最終的な決着をつけたものである。そして、そのことによって、第一部の研究成果（マルクス&エンゲルスが構想した唯物弁証法の解明と復元）の真理性を、学問的に検証すること、同時にまた、それを現実的あるいは歴史的な課題に展開させることをめざしたものである。

ここでいう、学問的な検証とは、つぎのような趣旨である。学問的な検証としてもっとも望ましいのは、自然科学のように、その研究成果の真理性を厳密な理論的整合性をもって論証し、合わせて現実の事物を対象にした定量的な実験や実測をもって実証することであろう。

しかし、唯物弁証法のように、自然、人間社会および思考のすべての分野におよぶ、普遍的かつ本質的な課題を学問的に研究する場合、その研究成果として獲得したものの真理性を定量的に実証することはまず不可能といってもよいであろう。そこで、そういう実証のかわりに期待されるのが厳密な相互批判による論争的な検証であった。唯物弁証法に関しては、さきに記した「矛盾論争」が実際におこなわれた。この「矛盾論争」の論争内容を論証的に解明・解決し尽くし、論争自体に最終的な決着をつけることは、思考実験ともいうべき一種の準実験的な準実証的検証作業ともみなし得る。そこで、そのような思考実験的な検証作業を、この場合の有力な学問的な検証と位置づけたわけである。

第一部の内容は、マルクス&エンゲルスが構想した唯物弁証法の基本構造を解明し復元したものだが、それは同時に、マルクス&エンゲルスが唯物弁証法において一般的な運動・発展観をどのように認識していたかを探究することでもあった。

第一章においては、マルクス&エンゲルスが事物の一般的運動・発展の構造を《自己運動》と《外力》の区別と関連において認識していたこと、そして、マルクス&エンゲルスが認識していた唯物弁証法の基本構造は、そのうちの《外力》を捨象した《自己運動》に関する一般法則であること、を論証した。さらに、そういう《自己運動》の原動力であるという意味で、唯物弁証法の核心といわれている《矛盾》のもつ基本構造を考察した。

第二章においては、エンゲルスが唯物弁証法の「基本法則」あるいは「主法則」と構想したものが、じつは《自己運動》一般の基本構造を立体的に抽出したものであることを解明し、法則の個々の構造と相互の立体的連関構造を探究した。また、その探究を踏まえて、従来のマルクス主義者たちにとってもっとも難題であった「否定の否定」の法則を再措定した。特に、当時のもっともすぐれたマルクス研究者であった三浦つとむの「否定の否定」論を取り上げて、その不十分性や誤謬を指摘した。すなわち、三浦つとむの「否定の否定」論を徹底的に批判することにより、私の「否定の否定」論の真理性を学問的に検証しようと試みたのである。さらに、事物の《自己運動》の原動力としての現実的矛盾においては、その矛盾における対立物が重層&複合的に併存していることについても論及した。

第二部は、マルクス主義者たちにとって戦後最大の論争といわれた「矛盾論争」を学問的にくわしく批判したものである。それは同時に、第一部において私が復元したマルクス&エンゲルスの唯物弁証法の基本構造の原像を、現実におこなわれた「矛盾論争」に投入し、唯物弁証法における矛盾論と外力論の有効性を論争の場において学問的に検証し、さらに現実の場で展開させる試みでもあった。

第一章は、この「矛盾論争」の口火を切ったステパニャンの論文を基に、その論争点を整理し、その論争を最終的に全面解決することを試みたものである。

この「矛盾論争」は、一九五五年から一九五八年にかけて旧ソ連を中心とした自称「社会主義国家」圏において展開されたもので、その主な論争点はつぎの三点であった。

〔論争点Ⅰ〕矛盾が発展の原動力というのは正しいか

〔論争点Ⅱ〕敵対矛盾と非敵対矛盾の区別をどうとらえるか。さらにそれらの解決方法は何か

〔論争点Ⅲ〕社会主義社会の基本矛盾をどうとらえるか。基本矛盾があるのかないのか。あるとすればそれは何か

初めの〔論争点Ⅰ〕は、マルクス&エンゲルスが構想した唯物弁証法の基本中の基本である。すなわち、当時のマルクス主義者は、このような基本中の基本である問題についてまで改めて論争しなければならないほど、唯物弁証法についての理論的な認識レベルが低かったのである。

つぎの〔論争点Ⅱ〕については、マルクス&エンゲルスは直接の解答をのこしていない。したがって、この〔論争点Ⅱ〕は学問的な応用問題としてのこされていたのである。私が復元したマルクス&エンゲルスの唯物弁証法の基本構造、その真理性を学問的に検証するための絶好の課題であった。

最後の〔論争点Ⅲ〕は、単に唯物弁証法の基本構造というような普遍的かつ本質的な一般理論の範囲を超えた、かなり生々しい現実的な重要課題に直結した論争点であった。すなわち、マルクス&エンゲルスが社会革命の目標として構想した社会主義社会をどのように認識すべきか、さらに、二〇世紀において現実に出現した自称「社会主義社会」を本質的にどのように認識すべきか、という重要な課題に関する論争点であった。

マルクス&エンゲルスは、資本主義社会の本質的な矛盾については、明確な定義をはっきりと書きのこしている。したがって、従来のマルクス主義者たちも、その点についてはなんの異論もなかった。しかし、社会主義社会の本質的な矛盾については、マルクス&エンゲルスは明確な定義をなにも書きのこしていない。そこで、従来のマルクス主義者たちは、いわば自力でこの問題に取り組まなければならなかったのである。

すなわち、マルクス&エンゲルスが構想した社会主義社会における本質的な矛盾という問題は、マルクス&エンゲルスが書きのこした文献のなかの社会主義社会に関するさまざまな論及を踏まえつつ、新たに論理的に導き出していかなければならないところの、学問的に未解明の課題だったのである。

マルクス主義者たちは「矛盾論争」においてこの課題に取り組んでいるが、誰ひとりそれを解明することができなかった。

私は、本書において、上記の〔論争点Ⅰ〕～〔論争点Ⅲ〕をすべて解明・解決したと確信している。すなわち、従来のマルクス主義者たちが戦後最大の論争と位置づけ、いまなお未解決のままに放置してきた「矛盾論争」を、最終的に解決し、この論争に決着をつけたと確信している。

この第一章においては、さらに、この「矛盾論争」の現実的な前提となったところの、人類の歴史において二〇世紀に出現した自称「社会主義社会」とはなにかを、マルクス&エンゲルスの社会主義観と対比する形で批判的に解明した。

第二章は、その「矛盾論争」に参加した自称「社会主義社会」の論争者たちの論文をすべて批判的に吟味した。少なくとも榊利夫編『矛盾——論争と問題点——』に収録されていた論文はすべて検討した。その結果、ステパニャン（そもそもの「矛盾論争」の問題提起者）とウクラインツェフ（《外力》論の萌芽が読み取れる）とソーボレフ（非敵対矛盾に関する若干の理論的前進が読み取れる）の三人を除けば、まったく問題にならないくらいレベルの低い論争内容でしかなかったことが明らかになった。そして、この例外的な三人を含めて、この「矛盾論争」の論争点がまだまったく解決されていないという事実を究明し、かれらの見解を学問的に止揚することができたと確信している。

第三章は、三浦つとむの「矛盾論」を「矛盾論争」における〔論争点Ⅰ〕～〔論争点Ⅲ〕に即して批判的に吟味したものである。私は、この「矛盾論争」における〔論争点Ⅰ〕～〔論争点Ⅲ〕を解明していく過程で、三浦つとむが先行的に展開した「矛盾論争」批判に多くのものを負っている。この事実を、ここに改めて明記しておく。それと同時に、その三浦つとむの「矛盾論争」批判には、多くの不十分性や誤謬があったこと、そして、私はそれを正面から学問的に批判したという事実も、ここに明記しておく。そのように明記しておくことが、三浦つとむというきわめてすぐれた学問的先行者から私が受けた学恩に対し、真に学問的に謝意を表し、報恩をおこなう道であると確信している。

第四章は、毛沢東の「矛盾論」を「矛盾論争」における〔論争点Ⅰ〕～〔論争点Ⅲ〕に即して批判したものである。ここにおける毛沢東批判は、毛沢東の「矛盾論」に対する学問的な批判に止めている。毛沢東の理論と実践に対する体系的あるいは政策的な批判については、三浦つとむの名著『毛沢東主義――理論と実践の歴史的検討――』（勁草書房）を参照していただきたい。

第五章は、第二部で展開した私の「矛盾論争」批判をまとめたものである。

私は、本書において私が解明し、展開した唯物弁証法の基本構造（私が復元したマルクス＆エンゲルスの唯物弁証法の基本構造）の真理性と有効性を確信している。

本書が、できるだけ多くの方々によって批判的に吟味され、検証されることを、そして、それらの方々の学問的な研究や生活や人生に役立てていただくことを、心から願っている。

第一部　唯物弁証法の基本構造

――唯物弁証法における自己運動と外力――

第一章　唯物弁証法における基本命題

――唯物弁証法における一般的な運動・発展観――

唯物弁証法におけるもっとも基本的な命題を吟味することから始めよう。その命題とはつぎの二つである。

〔命題Ⅰ〕「弁証法とは自然、人間社会および思考の一般的な運動・発展法則に関する科学という以上のなにものでもない」（注1）

注1：エンゲルス『反デューリング論』粟田賢三訳（岩波文庫・上巻）237頁

〔命題Ⅱ〕「なにかある事物が対立をせおっているとすれば、それは自己自身と矛盾しているわけで、そのものの思想的表現も同様である」（注2）

注2：エンゲルス「『反デューリング論』のためのエンゲルスの準備労作から」／『反デューリング論』粟田賢三訳（岩波文庫・上巻）に付録二として所収 276頁

（引用文に傍点をつけて強調したのは原著者である。以下同様）

マルクス&エンゲルスが構想した唯物弁証法の核心は、これら二つの命題に集約することができる、と私は考えている。

第一節　〔命題Ⅰ〕の吟味──《自己運動》と《外力》の区別と関連──

一　唯物弁証法は現実の事物における《自己運動》の一般法則に関する科学

〔命題Ⅰ〕の内容とはなにか

〔命題Ⅰ〕すなわち「弁証法とは自然、人間社会および思考の一般的な運動・発展法則に関する科学という以上のなにものでもない」という命題は、エンゲルス『反デューリング論』の「第一篇　哲学」における「第十三章　弁証法　否定の否定」のなかから取り出したものである。

この〔命題Ⅰ〕は、唯物弁証法がなにを対象としたどういう性格のものであるかをあきらかにした、唯物弁証法の総体的な定義とみなすことができる。基本命題の第一にあげた理由である。

この〔命題Ⅰ〕は、エンゲルスが同じ『反デューリング論』の「序説」における「第一章　総論」のなかに記しているつぎの部分に対応している。

「だから、世界全体とその発展、人類の発展、ならびにまたこうした発展の人間頭脳における映像についての精密な叙述は、弁証法的なやり方をして、生成と消滅、前進的または後退的な変化の全般的な交互作用をいつも考慮してゆくのでなければ、達成することができない。そしてかような考え方にたって近代ドイツ哲学が実際またすぐにたち現われた。（中略）

この近代ドイツ哲学は、ヘーゲルの体系において完結に達した。この体系においてはじめて――そしてこれがこの体系の大きな功績なのであるが――自然、歴史、精神の全世界が一つの過程として、すなわち不断の運動、変化、転形、発展のうちにあるものとして示され、そしてこの運動と発展とのうちにある内的な連関を明らかにしようとする試みがなされた。（中略）そして、この過程がさまざまに道を迷いながらしだいに進んでゆく段階的な歩みを追究し、そしてあらゆる外見上の偶然をとおしてその過程の内部にある合法則性を明らかにすることが、いまや思考の課題となった。

ヘーゲル［の体系］が［それ自身の提出した］この課題を解決しなかったということは、ここではどうでもよい。その画期的な功績はこれを提出したことであった」（注3）

注3：エンゲルス『反デューリング論』粟田賢三訳（岩波文庫・上巻）40～42頁

（引用文に傍線をつけて強調したのは引用者である。以下同様）

ここから明白なように、エンゲルスは、事物の運動・発展を、それらの「うちにある内的な連関」において示し、それらの「過程の内部にある合法則性を明らかにする」ところに「弁証法的なやり方」

の本質的な意義をみていた。

〔命題Ｉ〕は《自己運動》に関する命題である

エンゲルスは『フォイエルバッハ論』（原題『ルートヴィッヒ・フォイエルバッハとドイツ古典哲学の終結』）の「四　弁証法的唯物論と史的唯物論」のなかで、この点をさらに踏み込んでつぎのように記している。

「だからヘーゲルにおいては、自然と歴史のうちに現われる弁証法的発展、すなわち、あらゆる曲折をもった運動と一時的な後退を通じてつらぬかれている、より低いものからより高いものへの進展の因果的連関は、永遠の昔から、どこでか知らないが、とにかくあらゆる思考する人間の頭脳から独立に進行している概念の自己発展の摸写にすぎない。このようなイデオロギー的な逆立ちはとりのぞかれなければならなかった。われわれは、現実の事物を絶対的概念のあれこれの段階の摸写と見ないで、再び唯物論的にわれわれの頭脳のうちにある概念を現実の事物の映像と見た。このことによって弁証法は、外部の世界および人間の思考の運動の一般的な諸法則にかんする科学となった。（中略）このことによって概念弁証法そのものは、現実の世界の弁証法的な運動の意識された反映にすぎないものとなり、このようにしてヘーゲルの弁証法は逆立ちさせられた。あるいはむし

ろ、逆立ちしていたのが、足で立たせられた」（注4）

注4：エンゲルス『フォイエルバッハ論』松村一人訳（岩波文庫）61〜62頁

ここで、エンゲルスは、まず、ヘーゲルが「自然と歴史のうちに現われる弁証法的発展」を「概念の自己発展の模写にすぎない」と考えていた、と批判している。そして「このようなイデオロギー的な逆立ちはとりのぞかれなければならなかった」と主張している。すなわち、エンゲルスは「自然と歴史のうちに現われる弁証法的発展」を「現実の事物」そのものの「自己発展」としてとらえるべきだと主張している。そして、ヘーゲルが主張した「概念弁証法」の方こそが「現実の世界の弁証法的な運動の意識された反映にすぎないもの」である、と主張したのである。

現在のわれわれの眼からみると、ここでエンゲルスが主張している「唯物弁証法」の方が、ヘーゲルの主張する「概念弁証法」よりも正しいということは、いわば当然のように思われる。いまさらなにをあたり前のことをいっているのか、というくらいの当然さであろう。したがって、私がここで注目し強調したい点は、別のところにある。それは、ヘーゲルにしてもエンゲルスにしても、問題の「弁証法的発展」を「自己発展」としてとらえていたという事実、これである。

この「自己発展」のことを、ヘーゲルは、さらに端的に《自己運動》ととらえていた。

ヘーゲルは『大論理学』の「第二巻　本質論」における「第一篇　自己自身における反省としての

本質」のなかの矛盾を論じているところで、つぎのように記している。

「矛盾は単に此処または彼処に、たまたま現われるといった異常性と見られるべきものではない。それは本質的規定の中にあるところの否定者であり、否定者の叙述の中にのみあり得るところの自己運動の原理である」(注5)

注5：ヘーゲル『大論理学』武市健人訳（岩波書店・中巻）78～79頁

また、ヘーゲルの弁証法を独学で研究したレーニンも、自分自身の哲学研究のための覚え書き『哲学ノート』の「ヘーゲル『論理学』にかんするノート」のなかで、つぎのように記している。

「運動と『自己運動』〝самодвижение〟(これに注意せよ？ 自分自身のうちから生みだされる、自主的な、自発的な、**内的に必然的な**運動)、『変化』、『運動と生動性』、『あらゆる自己運動の原理』、『運動』および『活動』の『推進力』――『生命のない存在』とまさに反対のもの――これがあの『ヘーゲルぶり』の、すなわち抽象的でひどくわかりにくい（重苦しくて不合理な？）ヘーゲル主義の核心であることを、誰が信じるであろうか⁇　ところが、人はこの核心をこそ発見し、理解し、『救いだし』、殻からとりだし、純化しなければならなかったのであって、このことをマルクスとエンゲ

ルスは実際になしとげたのである」（注6）

注6：レーニン「ヘーゲル『論理学』にかんするノート」／レーニン『哲学ノート』松村一人訳（岩波文庫・上巻）所収　94頁

（引用文に傍点をつけ、あるいは、太字にして強調したのは原著者である。以下同様）

また、レーニンは「弁証法の問題によせて」のなかでも、つぎのように記している。

「世界のすべての過程を、その『自己運動』《самодвижение》において、その自発的な発展において、その生き生きとした生命において認識する条件は、それらを対立物の統一として認識することである」（注7）

注7：レーニン「弁証法の問題によせて」／レーニン『哲学ノート』松村一人訳（岩波文庫・下巻）所収　197頁

そして、私自身も、エンゲルスの記した〔命題Ⅰ〕を、つぎのように明確にとらえるべきだと考えている。すなわち、唯物弁証法は、現実の事物における《自己運動》の一般法則に関する科学である、と。この現実の事物を、大きく分類すれば「自然・人間社会および思考」ということになるのである。

ちなみに、ここで注意し、強調しておきたいことは、人間の精神活動であるところの「思考」をも、現実の事物としてとらえているという点である。その点は誤解されやすいので、念のために「思考」それ自体も現実の事物に属するものだということを、特に改めて指摘しておきたい。すなわち、この「思考」とは、現実の人間が現実におこなう、現実の生物の活動の一種であり、現実の事物に属するものなのである。

ただし、現実の人間が、その「思考」の結果、頭のなかにつくり出す観念（概念や理論や思想など）は、現実の事物ではない。それらは、あくまで観念的な事物にすぎず、現実の事物とは区別してあつかわなければならないわけである。

それでは、唯物弁証法においては、そういう現実の事物の《自己運動》は、一般的に、どのような発展過程をたどるとみなされていたのであろうか。

エンゲルスはさきの『フォイエルバッハ論』の「一　ヘーゲルからフォイエルバッハへ」のなかでつぎのように記している。

「現実的なものはすべて合理的であるという命題は、ヘーゲル的思考方法のあらゆる規則にしたがって、すべて現存するものは滅亡に価するという他の命題に変るのである。

ところで、ヘーゲル哲学の真の意義と革命的性格は（われわれはここではカント以来の全運動の終結としてのヘーゲル哲学にかぎらなければならない）まさにそれが人間の思考および行為のあらゆる産物の究極性に一挙にとどめをさしたところにある。（中略）この哲学のまえには、なんらの究極的なもの、絶対的なもの、神聖なものも存在しない。それはありとあらゆるものについて消滅性を示す。この哲学のまえでは、生成と消滅の不断の過程、より低いものからより高いものへの果しのない向上の不断の過程以外、なにものも永続的でない。そしてこの哲学自身は、この過程が思考する頭脳のうちに反映したものにすぎないのである。この哲学ももちろん保守的な面をもってはいる。それは認識および社会の一定の段階がそれぞれの時代と事情にたいしては正当なものであることをみとめる。しかしそれ以上ではない。この見方の保守性は相対的であり、その革命的性格は絶対的である。——それは、この哲学がみとめる唯一の絶対的なものである」（注8）

注8：エンゲルス『フォイエルバッハ論』松村一人訳（岩波文庫）16～18頁

また、エンゲルスは、同じ『フォイエルバッハ論』の「四　弁証法的唯物論と史的唯物論」のなかでつぎのように記している。

「世界はできあがった事物の複合体としてでなく、諸過程の複合体と見られなければならず、そこでは外見上固定的な事物も、われわれの頭脳のうちにあるその思想的映像である概念におとらず、発生と消滅の不断の変化のうちにあり、そしてこの変化のうちで、あらゆる外見上の偶然事や一時的な後退にもかかわらず、けっきょくは前進的な発展がおこなわれているという根本思想――こうした偉大な根本思想は、とくにヘーゲル以来、普通の意識にまで浸透しているので、こうした一般的な点ではおそらくほとんど反対がないであろう」（注9）

注9：エンゲルス『フォイエルバッハ論』松村一人訳（岩波文庫）62～63頁

すなわち、世界における現実の事物は総て、発生―発展―消滅、の過程を不断にくり返すものとしてとらえられている。しかも、このくり返しはまったく同じことのくり返しというわけではなく「より低いものからより高いものへの果しのない向上の不断の過程」として、すなわち「前進的な発展過程としてとらえられている。

それゆえ、現実の事物の《消滅》は、現実の事物が観念的な「無」に帰すという意味ではなく、否定するとともに保存しかつ高めるという意味で、すなわち《止揚》としてとらえられなければならない、というわけである。

現実の事物のそれ独自の発展過程は、すなわち《自己運動》過程は、これを《発生》―《発展》―《消滅あるいは止揚》の不断のくり返しととらえる考え方が、唯物弁証法の発想なのである。

二　《外力》についての一般論

レーニンの誤謬とその原因

唯物弁証法は、現実の事物における《自己運動》の一般法則に関する科学である。

ただし、さきの注7に引用したレーニンのメモ「弁証法の問題によせて」に記されてあったように「世界のすべての過程」を《自己運動》としてとらえるというのは、あきらかに行き過ぎである。この点を明確にすることは、唯物弁証法を的確に理解する上できわめて重要なポイントなのである。

そこで、この点をさらにくわしく考察していくことにしよう。

一般的に、現実に異なる《自己運動》をおこなっている二つの事物が、たまたま接触して相互に作用しあう場合のことを考えてみよう。このような場合には、一方の事物の《自己運動》にとっては、他方の事物が《外力》として作用し、それぞれの《自己運動》にさまざまな影響をおよぼす。このような現象は、一般的によくみられることである。この場合、一方の事物の《自己運動》が、他方の事物の《自己運動》から受ける外的な作用やその作用の結果をも、その一方の事物の《自己運動》における「自発的な発展」の過程としてとらえることは、果たして的確であろうか。否。そういうとらえ方は、けっして的確ではない。

たとえば、独楽《こま》の回転は一種の《自己運動》とみなすことができる。ところが、人間が手で人為的にその回転を止めた場合はどうであろうか。その場合の人間の行為や、その結果として生じた独楽の回転の急停止現象をも、その独楽の《自己運動》による「自発的な発展」過程とみなすことができるだろうか。そういうとらえ方は、けっして的確ではない。

この現象は、独楽の回転という《自己運動》が、外から作用した《外力》によって、その本来の《自己運動》を途中で無理に中断させられたものとしてとらえるべきなのである。その方が、この場合の独楽の運動および発展の構造を的確にとらえたことになる。もちろん、この独楽の《自己運動》のうちには、その独楽の回転の自然停止現象も含まれている。独楽の回転の自然停止現象とは、その独楽の回転がそれ自身の運動および発展の結果として最終的に行きつくところの、いわば《外力》なしの停止現象のことをいう。そういう独楽の自然停止現象は、その《自己運動》が途中で《外力》の作用によって急停止させられた現象とは、明確に区別してとらえるべきなのである。

このような《自己運動》の《外力》による急停止現象、これに類する事例はいくらでもあげることができる。たとえば、戦争において人間が銃砲に撃たれて人生半ばで戦死してしまう事実。古代都市国家が自然の災害（火山の噴火、大洪水など）あるいは遠来の異族の侵略などによって繁栄半ばで一挙に滅亡してしまう事実、等々。

それにもかかわらず、レーニンが「世界のすべての過程」をその《自己運動》において認識しなければならないと考えたのはなぜであろうか。それは、おそらく、レーニンが、世界を現実の事物の《自己運動》が、すべて立体的に組み合わさったものの集積としてとらえるべきだ、と考えていたからではないかと思われる。

しかし、現実の事物の運動過程を見ていくと、ここで例示した独楽《こま》の人為的な急停止現象や、人間の戦死あるいは古代都市国家の災害的な滅亡という現象が多くみられる。

このような現象の場合には、たしかに、個々の事物の《自己運動》は相対的に独立し、相互に偶然的な《外力》として作用しあっているように見える。

ただし、これらの現象を、それらを見る視点を空間的、時間的あるいは内容的に一桁くり上げて、より大きな視点から観察すればどうであろうか。その場合には、それらの個々の事物の《自己運動》は、さらに大きな事物の《自己運動》の一部分を構成しているにすぎない、ということが判明する。

逆に、個々の事物の《自己運動》においても、それらを見る視点を空間的、時間的あるいは内容的に一桁くり下げて、より小さな視点から観察すればどうであろうか。それらの個々の事物の《自己運動》の内部には、さらに小さな諸事物が《自己運動》しており、さらにその諸事物同士が互いに相対的に独立した《外力》として偶然的に相互に作用しあっている、ということが判明するのである。

このように考察していけば、世界を現実の事物の《自己運動》の立体的・複合的な集積ととらえる認識それ自体は正しい、ということが了解される。

しかし、それにもかかわらず、個々の事物の具体的な運動過程を的確に認識するためには、それだけではけっして十分ではないということも、同時に了解されてくるはずである。

なぜならば、ある事物の《自己運動》に対して、外から《外力》として作用してくる他の事物の《自己運動》のあたえる影響を考える場合には、あくまで対象とした事物の《自己運動》とそれに外から作用する《外力》とを相対的に独立したものとしてとらえ、その区別と関連において具体的に解明していくことが必要不可欠だからである。安易に、観察する視点の桁をくり上げたり、あるいは、それをくり下げたりするだけでは、十分にその構造を解明することができない。

たとえば、任意の樹木を個別の具体的な研究対象として取り上げ、その個別具体的な樹木の成長過程を解明する場合を考えてみよう。そのためには、まず、その樹木そのものとその樹木が育つ環境および偶然的な出来事などとの関係を、それ自体が《自己運動》的に成長している樹木そのものと、その樹木に《外力》としてさまざまに作用している環境的な諸条件との区別と関連において、観察し解明しなければならない。

そういうことは、実際に樹木の成長過程を研究する立場に立てば、自明のはずである。いたずらに観察する視点をくり上げて、樹木とその環境条件との集積された存在としての森林全体を研究するだけでは不十分である。また、観察する視点を研究対象の個別的な本体に合わせすぎて、特定の個別の樹木本体を研究するだけでも不十分である。あるいは逆に、いたずらに観察する視点をくり下げて、樹木本体の単なる部分にすぎない樹木の諸器官や諸組織や諸細胞を研究するだけでも不十分である。いずれの場合も、それだけでは個々の樹木の成長過程のすべてを的確に解明することができない。

このことはもちろん、ある事物の運動過程を解明する上で、その事物の環境に視点を絞る研究が不必要だ、と主張しているわけではない。また、その事物の本体そのものに視点を合わせる研究が不必要だ、と主張しているわけでもない。あるいはまた、その事物の内部に視点を合わせる研究が不必要だ、と主張しているわけでもない。研究する視点のくり上げ、またはくり下げ、あるいは、研究する特定の対象への視野の縮小、または視野の拡大は、それぞれ必要であり有用である。森林全体を研究することも、樹木そのものの本体を研究することも、樹木の部分である諸器官や諸組織や諸細胞を研究することも重要である。ただ、それらのみでは決定的に不十分だと主張しているにすぎない。

以上のことを一般的な形で要約すれば、事物の《自己運動》を重視するあまり、その事物に作用する《外力》を無視してはならない、ということになる。そして、唯物弁証法は、世界の諸事物の運動・発展過程を《自己運動》のレベルでとらえた場合の一般法則に関する科学であり、この場合には《外力》は捨象されている、ということなのである。

このように考察していくと、レーニンが記していた「世界のすべての過程を、その『自己運動』《самодвижение》において、その自発的な発展において、その生き生きとした生命において認識する」という箇所は、やはり決定的に不十分だったことがわかる。

エンゲルスの《外力》についての見解

そのようなレーニンに対し、唯物弁証法の創始者の一人であるエンゲルスは、この点をどのようにとらえていたであろうか。

実は、もともとこの〔命題Ⅰ〕が記されていた『反デューリング論』の「第一篇　哲学」における「第十三章　弁証法　否定の否定」のなかで、ここで問題にしている《外力》のことが、エンゲルス本人によってくわしく説明されていたのである。すなわち、他人ならぬエンゲルス自身が、事物の一般的な運動・発展過程について説明するさいに、その事物の《自己運動》そのものと、それに外部から作用する《外力》とを、明確に区別して取りあつかっていた。それ以上に、エンゲルスは、事物の《自己運動》と《外力》を混同しないようにと、具体的な例をいくつもあげながら、念入りにわかりやすく注意してくれていたのである。すなわち、唯物弁証法はそういう《外力》を捨象したところの、事物の《自己運動》に関する法則をあつかった科学であるということを、きわめて明確に指摘していたのであった。

したがって、エンゲルスは、当人（およびマルクス）の理論的後継者を自称するレーニンたち（いわゆるマルクス主義者を自称する者たち）が、こともあろうに「世界のすべての過程を、その『自己運動』《сaмодвижение》において、その自発的な発展において、その生き生きとした生命において認識する」べきである、などと主張するとは夢にも思わなかったはずなのである。そして、その後の実際の経緯を知ったならば、さぞ慨嘆したことであろう。あれほど念入りにわかりやすく注意しておいたはずなのに、なぜそんな間違いに落ち込んだのか、と。

そこで、実際に、その『反デューリング論』の「第一篇　哲学」における「第十三章　弁証法　否定の否定」のなかで、エンゲルスが《外力》について論じている箇所を摘出しつつ、そこに例示されている《外力》がどのような一般的な性質をもっているかを考察していこう。

「大麦の粒をとってみよう。幾兆のこうした大麦の粒はひきわられ、煮られ、醸造されて、そして消費される。しかし、もしもかような大麦の一粒が、それにとって正常な条件にであって、好都合な地面に落ちれば、熱と湿気との影響をうけてそれ独自の変化がそれに起こる。つまり発芽するわけである。麦粒はそのものとしては消滅し、否定され、そのかわりにその麦粒から発生した植物が、麦粒の否定が現われる。だが、この植物の正常な生涯はどんな経過をとるか？　それは成長し、花を開き、受精し、そして最後にふたたび大麦粒を生じる。そしてこの麦粒が熟すると、すぐ茎は枯れてしまい、こんどはそれが否定される。この否定の否定の結果としてわれわれはふたたび最初の大麦粒をうるのであるが、それは一粒ではなくて、十倍、二十倍、三十倍の数のものである」(注10)

注10：エンゲルス『反デューリング論』粟田賢三訳（岩波文庫・上巻）228頁

ここで「ひきわられ、煮られ、醸造されて、そして消費される」と記された大麦に対する一連の作用は、大麦の「それ独自の変化」すなわち、発芽・生長・枯死という一連の《自己運動》からみれば、人間がその大麦の《自己運動》に外部から加えた《外力》の一種とみなすことができる。すなわち、エンゲルスは、ここで、このようなある種の《外力》が加えられれば、事物の《自己運動》は破壊され、その場合には《否定の否定》という唯物弁証法の基本法則が成り立たない、と主張している。

ところで、この場合の《外力》は、人間が大麦の粒を材料にしてビールをつくり、飲料として利用するために、大麦の《自己運動》に対して人為的に加えた《外力》と考えることができる。そこで、この種の《外力》を、一般的に《人為的な外力》と呼ぶことにしよう。

くり返すまでもなく、この場合の「ひきわられ、煮られ、醸造されて、そして消費される」という《人為的な外力》は、大麦の本来の《自己運動》を破壊してしまう。

しかし、大切なことは、そのような《外力》のすべてが《自己運動》に破壊的な作用をおよぼすとは限らない、いう点にある。現に、エンゲルスは、破壊的な《外力》とはまったく異なる作用をおよぼす《外力》について論及している。

実は、さきの引用箇所のなかで、破壊的な《外力》の直後に記されている「もしもかような大麦の一粒が、それにとって正常な条件にであって、好都合な地面に落ちれば、熱と湿気との影響をうけてそれ独自の変化がそれに起こる。つまり発芽するわけである。麦粒はそのものとしては消滅し、否定され、そのかわりにその麦粒から発生した植物が、麦粒の否定が現われる」という部分がそれである。

ここで論じられている「好都合な地面」から「大麦の粒」が受ける「熱と湿気との影響」も、確かに一種の《外力》とみなすことができる。しかし、この種の《外力》は「大麦の粒」にとって、その《自己運動》を破壊するものとして作用するわけではけっしてない。それどころか、逆に、その《自己運動》を実現させるための必要不可欠な前提条件になっているのである。

このような《外力》について、さらに一般的な考察を進めていこう。

まず、ここに記されている《外力》は自然的なものであり《人為的な外力》ではない。そういう自然のもたらす《外力》のことを、一般的に《自然的な外力》と呼ぶことにしよう。

つぎに、さらに大切なことは、それらの《外力》が、それが作用する事物の《自己運動》とはまったく関係がないものとして、形而上学的な単純さで《自己運動》と切り離してとらえることはできない、という点なのである。この種の《外力》は、単にそれが作用する事物が《自己運動》を実現させるための前提条件であるばかりではない。さらに、それ以上に、その事物がその《自己運動》をそれ自身で完結させるための、その場における継続的な必要条件であり続ける場合が多いのである。

エンゲルスが例示した「大麦の粒」の場合であれば、その「大麦の粒」が「成長し、花を開き、受精し、そして最後にふたたび大麦粒を生じる。そしてこの麦粒が熟すると、すぐ茎は枯れてしまい、こんどはそれが否定される。この否定の否定の結果としてわれわれはふたたび最初の大麦粒をうるのであるが、それは一粒ではなく、十倍、二十倍、三十倍の数のものである」というような《自己運動》の全過程をそれ自身で完結させるための、その場における継続的な必要条件がさきの「好都合な地面」から受ける「熱と湿気との影響」というような《外力》なのである。

このように、ある事物が本来の《自己運動》をおこなうために必要不可欠な《外力》、その意味で《自己運動》とは切り離しては考えられない密接不可分な《外力》、その《自己運動》がおこなわれるために必要不可欠の環境（＝「場」）として継続的に作用する《外力》、そのような《外力》というものが一般的に考えられる。

この種の《外力》を、一般的に《場的あるいは定常的な外力》と呼ぶことにしよう。そうすると、それに対して、さきに論じた「大麦の粒」が「ひきわられ、煮られ、醸造されて、そして消費される」ような《外力》は、一般的に《非場的あるいは単発的な外力》と呼ばれるべきことになる。

さて、さきの引用箇所でエンゲルスが例示した「好都合な地面」から受ける「熱と湿気との影響」という《場的あるいは定常的な外力》は、大麦の永い歴史からみれば、そのほとんどが《自然的な外力》であった。現に、エンゲルス自身も、ここでは「もしもかような大麦の一粒が、それにとって正常な条件にであって、好都合な地面に落ちれば、熱と湿気との影響をうけてそれ独自の変化がそれに起こる」というように、それらの《場的あるいは定常的な外力》があたかも「好都合」な自然環境に遭遇した結果として受容することができたところの《自然的な外力》であるかのように記している。

しかし、このような《自己運動》に「好都合」な《場的あるいは定常的な外力》が、つねに《自然的な外力》であるとはかぎらない。たとえば、人間は、その永い歴史のなかで、農業というものを発明し発展させてきた。エンゲルスが例示した「好都合な地面」から受ける「熱と湿気との影響」という《場的あるいは定常的な外力》においても、人間は昔から麦畑を造成することによって、人為的に「好都合な地面」をつくりだしてきている。さらに、灌漑施設や散水施設あるいはビニールハウスなどの施設の開発・造成によって、人為的に「熱と湿気との影響」を与えることにも成功している。これらの手段によって、いまや、大麦が「好都合な地面」から受ける「熱と湿気との影響」は、ただ《場的あるいは定常的な外力》であるばかりではなく、同時に《人為的な外力》にもなっているわけである。

実は、エンゲルスは、先の引用箇所のすぐ後に続けて、そういう《人為的な外力》について、さらなる《外力》論を展開している。

「穀物の種はごくゆっくり変化してゆくものであるから、今日の大麦は百年まえの大麦とほとんど同じものである。ところが、改良可能な観賞用植物、例えばダリヤとか蘭とかをとってみよう。われわれがこの種子やそれから生ずる植物を園芸家の技術によって処理するならば、こうした否定の否定の結果として、単により多くの種子がえられるばかりでなく、またもっと美しい花をつけるところの、質的に改良された種子がえられる。そしてこの過程をくりかえすごとに、新たな否定の否定のたびごとに、こうした改良の度合いが高まってゆくのである」(注11)

注11：エンゲルス『反デューリング論』粟田賢三訳(岩波文庫・上巻)228頁

ここでエンゲルスが記している「種子やそれから生ずる植物を園芸家の技術によって処理する」という作用は、明らかに「園芸家」という人間が、本来の《自己運動》をしている「種子やそれから生ずる植物」に対して手を加える《人為的な外力》とみなすことができる。しかし、この場合の《人為的な外力》は、単に「種子やそれから生ずる植物」が本来たどるべき《自己運動》のために必要不可欠な環境(＝「場」)を与えるだけのものではない。それ以上に、その「観賞用植物」が本来たどるべき《自己運動》を、人間である「園芸家」が自らの望む目的のために「質的に改良」するためのものなのである。

これは、本節の最後で触れるが、矛盾の解決のあり方という問題にかかわっている。

さて、エンゲルスは、さらに、この《外力》と《自己運動》の関係を、形而上学でいう「否定」と弁証法でいう「否定の否定」との関係を説明するなかで、つぎのように記している。

「ところが、つぎのような反対論を唱えることもできる。すなわち、ここで行なわれた否定は決して正しい否定とは言えない。私は大麦の粒をひきわっても、それを否定するわけだし、昆虫をふみつぶしても、それを否定するわけだし、正量aを消してしまっても、それを否定するわけだ、等々と。あるいはまた、私がバラはバラでないといえば、私はバラはバラであるという命題を否定するわけであるが、私がこの否定をふたたび否定して、バラはやっぱりバラだと言ったら、そこからどんなことがでてくるのか、と。――これらの反対論こそは実に形而上学家たちの弁証法に反対する主要な論拠なのであって、こうした偏狭な思考にまったくふさわしいものである。弁証法における否定とは、単に否というのでもなければ、なにかの物を存在しないと言いきることでも、またそれを任意な仕方でこわしてしまうことでもない。すでにスピノザは Omnis determinatio est negatio すなわち、あらゆる限定または規定は同時に否定である、と言っている。さらにまた、否定の仕方はここでは第一には過程の一般的な性質によって、第二にはそれの特殊的な性質によって規定されている。私はただ否定するだけでなく、またその否定をふたたび止揚しなければならない。だから、私は第一の否定を行なうにあたって、第二の否定が不可能にならぬように、また可能になるように、それを組みたてておかねばならない。それはどういうふうにやるのか？　それぞれ個々の場合の特殊な性質に応じてである。私が大麦の粒をひきわり、昆虫をふみつぶせば、確かに第一の作用はやったことにはなるが、第二の作用は不可能にしてしまったわけである。であるから、どんな種類の事物にも、それが否定されると、そこから発展が生じてくるようになるための、それ特有な否定のされ方がそなわっているのである。そしてこれはどんな種類の表象や概念についても同じことである。（中略）――しかしながら、aを交互に書いたりまた消したり、またはバラについて、交互にそれはバラである、それはバラでないと主張したりするような、子供の遊びごとになってしまう否定をやったところで、こんな退屈な手続きをやってみる人の馬鹿さかげんが分かるくらいなものだ、ということは明白である。ところが、形而上学家たちはわれわれに、いやしくも否定の否定をやろうとするのならば、これこそがほんとうのやり方なのだということを、思いこませたいわけなのだ」（注12）

注12：エンゲルス『反デューリング論』粟田賢三訳（岩波文庫・上巻）237〜238頁

ここでエンゲルスが「大麦の粒をひきわ」ること、「昆虫をふみつぶ」すこと、「正量aを消してしま」うこと、「バラはバラでないとい」うこと、「バラはやっぱりバラだと言」うこと、「単に否とい」うこと、「なにかの物を存在しないと言いきる」こと、「それを任意な仕方でこわしてしまう」こと、などと例示しているものは、すべて《外力》ということができる。

ただし、ここで念のために、急いでつけ加えておかなければならないことがある。それは、ここでエンゲルスが例示している「正量aを消してしま」うこと、「バラはバラでないとい」うこと、「バラはやっぱりバラだと言」うこと、「単に否という」こと、「なにかの物を存在しないと言いきる」ことは、人間の精神的な活動における思考的な《自己運動》を、同じ人間による思考的な《外力》によって「こわしてしまうこと」だ、というものなのである。さらに、念のためにくり返し記しておくが、人間が実際におこなう思考というものは、人間が現実に実践する精神活動のことであり、現実の事物の範疇に属しているわけである。

ここでエンゲルスが主張している内容を、すなわち、形而上学でいう「否定」と弁証法でいう「否定の否定」との関係を、このように《外力》と《自己運動》の関係として理解すると、すべてが簡単明瞭になるのである。

《外力》の一般的なとらえ方

以上の考察で明確になったように、現実の事物の運動および発展を構造的に把握するためには、事物の《自己運動》ばかりではなく、そういう《自己運動》とは相対的に独立したところの《外力》との区別と関連を、つねに考慮に入れて検討しなければならない。これまでのいわゆる唯物弁証法論者たちは《外力》のことを軽視あるいは無視してきた。彼らは、古典力学あるいは形而上学的な運動観(運動および発展の原動力をもっぱら《外力》にのみ求めていた)を批判し、運動および発展の原動力を事物の内発的な矛盾に求めた弁証法的な運動観を強調するあまりに、古典力学あるいは形而上学的な運動観の正しい側面をも軽視あるいは無視する誤りに落ち込んでしまったわけである。

唯物弁証法は、現実の事物における《自己運動》の一般法則に関する科学であること。それに《外力》が加われればそのままの形ではあてはまらない場合があること。これらを明確に認識しておくことはきわめて重要である。

くり返していうが、世界における現実的な事物の運動とその発展は、事物の《自己運動》とそれに対する《外力》との区別と関連において、構造的に把握するべきものなのである。

それでは、この《自己運動》に対する《外力》というものは、一般的にどのように把握されるべきであろうか。この点を、さきのエンゲルスの説明を踏まえて、あらためて整理してみよう。

まず《外力》は、一般的に《自然的な外力》と《人為的な外力》に大きく分けることができる。

《自然的な外力》⟷《人為的な外力》

つぎに《外力》は、一般的に《場的あるいは定常的な外力》と《非場的あるいは単発的な外力》に大きくわけることができる。

《場的あるいは定常的な外力》⟷《非場的あるいは単発的な外力》

これらの《外力》は、互いに組み合わせた形で把握することができる。すなわち《外力》は、一般的につぎの四通りに分類することができるわけである。

①《自然的な外力》&《場的あるいは定常的な外力》
②《自然的な外力》&《非場的あるいは単発的な外力》
③《人為的な外力》&《場的あるいは定常的な外力》
④《人為的な外力》&《非場的あるいは単発的な外力》

①《自然的な外力》&《場的あるいは定常的な外力》の具体的な例としては、さきのエンゲルスの説明にあった事例、すなわち「好都合な地面」から「大麦の粒」が受ける「熱と湿気」がある。その他にも、地球に生息している生物という《自己運動》に必然であり、必要不可欠でもある、太陽の光線、あるいは、太陽、地球、月の引力などがある。

②《自然的な外力》&《非場的あるいは単発的な外力》の具体的な例としては、地球に生息している生物という《自己運動》にとっては、偶然の災難として降りかかってくる、隕石の衝突、大地震による大津波、落雷などがある。

③《人為的な外力》&《場的あるいは定常的な外力》の具体的な例としては、食料として生育している植物に対するさまざまな農業的な養生、同じく動物に対する様々な畜産的な養生などがあげられる。

④《人為的な外力》&《非場的あるいは単発的な外力》の具体的な例としては、さきのエンゲルスの説明にあった「大麦の粒」の醸造の事例がある。すなわち「大麦の粒」が人間によって「ひきわられ、煮られ、醸造されて、そして消費される」という事例である。また、同じエンゲルスが例示した「改良可能な観賞用植物、例えばダリヤとか蘭」の「種子やそれから生ずる植物を園芸家の技術によって処理する」というような品種改良も、これに属するであろう。さらには、人間が食料として栽培している植物を収穫する行為、同じく食料として飼育している動物を屠殺する行為などがある。

さて、ここで特記しておくべきことがある。さきに、世界における現実的な事物の運動とその発展は、事物の《自己運動》とそれに対する《外力》との区別と関連において、構造的に把握するべきものなのである、と記した。この場合、事物の《自己運動》とそれに対する《外力》の関係そのものが、一つの《自己運動》としてとらえられる場合がある、という点がそれである。特に、事物の《自己運動》とそれに対する《場的あるいは定常的な外力》の関係には注意をはらう必要がある。

森林と樹木の例でいえば、個別の樹木はそれ自体が個別の《自己運動》をしている。しかし、個別の樹木とその樹木を取り巻く森林的環境（他の多くの樹木だけでなく、樹木が根を張っている土壌、あるいは、森林に漂う空気など）との間にも、一種の定常的な相互関係が発生しているとみなしうる。そのように定常的な相互関係を維持している状態を、一種の《自己運動》をしている事物としてとらえることもできるのである。

これを、もっとも一般的なレベルで概念的に表現すれば、《自己運動》と《外力》の《対立の統一》、特に《自己運動》と《場的あるいは定常的な外力》の《対立の統一》ということになる。

以上のような《外力》の一般的なとらえ方までは、エンゲルスの唯物弁証法に関する論及から直接に導き出すことができる。

なお、さきにも記したが、その《外力》の一般的なとらえ方のさらなる展開として、矛盾の解決とはなにか、という大きくて重要な問題がある。この問題は、第二次世界大戦後におこなわれた「矛盾論争」の本質的な論争点であった。この矛盾の解決という問題は、ここでいう《人為的な外力》に深くかかわっている。しかし、この点については、本書の「第二部　唯物弁証法の現実的展開――「矛盾論争」批判による矛盾論と外力論の展開――」のところで、あらためて展開することにする。

第二節　〔命題Ⅱ〕の吟味――《自己運動》の原動力《矛盾》の構造――

〔命題Ⅱ〕すなわち「なにかある事物が対立をせおっているとすれば、それは自己自身と矛盾しているわけで、そのものの思想的表現も同様である」という命題は、エンゲルスが書き遺した「『反デューリング論』のためのエンゲルスの準備労作から」と呼ばれている草稿のなかからとり出したものである。これは、唯物弁証法における《矛盾》の定義であり、その《矛盾》がどのような構造をもっているかを明示している。この「事物が対立をせおっている」という《矛盾》の構造は、一般的には《対立の統一》と呼ばれている。唯物弁証法では、事物の《自己運動》の内在的な原動力を、その事物が「せおっている」ところの本質的な《矛盾》に求めている。それゆえ《矛盾》あるいは《対立の統一》は、唯物弁証法の核心とみなすことのできるきわめて重要なものといえる。基本命題の第二にあげた理由である。

現実の事物の《自己運動》の原動力、すなわち、内発的な原因を、その事物が内含し保持しているところの本質的な《矛盾》、すなわち、本質的な《対立物》が《統一》された関係に求めるのが唯物弁証法である。

もし、事物の内部に本質的な《対立物》の存在をまったく認めないとするならば、その事物が内発的な原因に基づいて《自己運動》をおこなうという必然性を説明することができない。その場合は、その事物の本来的な存在様式を、絶対的な静止状態、あるいは、絶対的な固定状態にあるものと解釈する以外には方法がない。そして、事物の運動としては、他からたまたま何らかの《外力》が加わった場合においてのみ、一過的な運動、あるいは、同一循環的な運動をおこなうくらいのことしか起こり得ない、と解釈する以外には方法がない。このような単純な形而上学的発想に基づいた運動観（古典力学的な運動観）だけでは、現実の自然・人間社会および思考における現実の運動過程を説明することができない。

それに対して、唯物弁証法は、さきに記したように、世界を、諸事物が内発的原因に基づいて運動するところの《自己運動》が立体的に集積されたもの、とみなす発想に立っている。

ところで、現実の事物の内部において、その本質的な《対立物》が単に《対立》するだけであるならば、その事物は直ちに分裂して、それで終わりのはずである。その事物が《自己運動》するどころか、事物としての存続それ自体が、本来的に不可能となってしまうはずである。したがって、事物が、その《自己運動》の過程において、自らをある特定の事物として、自らの性質・形状を維持するためには、相互に対立する本質的な《対立物》が事物の内部において《統一》されていなければならない。

この点に関して、ヘーゲルは『大論理学』の「第二巻　本質論」における「第一篇　自己自身における反省としての本質」のなかの矛盾を論じているところで、つぎのように記している。

「故に或る物は、その中に矛盾を含むかぎりにおいてのみ、のみならず矛盾を自己の中に含むと共に絶えず保持するような力をもつものであるかぎりにおいてのみ、生命をもつ」（注13）

注13：ヘーゲル『大論理学』武市健人訳（岩波書店・中巻）79頁

唯物弁証法においては、ヘーゲルのこの「矛盾を自己の中に含むと共に絶えず保持するような力をもつ」という関係を、エンゲルスが「ある事物が対立をせおっている」と記した関係、すなわち《対立の統一》の関係と呼ぶのである。

マルクスは、現実の事物の《自己運動》とその原動力である《矛盾》の関係を、主著『資本論』の第一巻（＝「第一部　資本の生産過程」）における「第一篇　商品と貨幣」のなかでつぎのように簡明・的確に表現している。

「すでに見たように、諸商品の交換過程は、矛盾した・相互に排除しあう・諸連関を含んでいる。商品の発展は、これらの矛盾を止揚するのではなく、これらの矛盾がそれにおいて運動しうる形態を創造するのである。かくの如きは、総じて、現実的矛盾がもって自らを解決する方法である。たとえば、ある物体がたえず他の一物体に落下し、また同じように絶えずその物体からとび去るということは、一の矛盾である。楕円は、この矛盾がもって自らを実現すると共に解決する運動諸形態の一つである」（注14）

注14：マルクス『資本論』長谷部文雄訳（青木文庫・第一分冊）220頁

マルクスは、ここで「総じて、現実的矛盾がもって自らを解決する方法」は「これらの矛盾がそれにおいて運動しうる形態を創造する」ことである、と主張している。ここでマルクスがいう「矛盾がそれにおいて運動しうる形態」とは、さきに記した《自己運動》のことに他ならない。すなわち、マルクスは、ここで、すべての「現実的矛盾」が「自らを解決する方法」は《自己運動》という運動形態を「創造する」ことだ、と主張しているわけである。

この主張は、きわめて重要な内容をふくんでいる。そこで、この《矛盾》がもっている構造、すなわち《対立の統一》についてさらに突っ込んで分析しつつ、この点をさらに考察していこう。

事物における《対立》関係、すなわち、事物が相互に《対立》する関係とは、はたしてどういう内容のものであろうか。それは事物同士が相互排除・相互闘争（相互敵対）・相互否定・相互反発・相互破壊などなどをおこなう関係にあることを意味している。すなわち《対立》とは、そのような内容の相互関係の一般的な表現なのである。したがって、ただ《対立》関係にあるだけならば、これらの事物は、即座にかつ単純に相手を排除し・闘争し・否定し・反発し・破壊するなどの作用を実行し、その結果がどうであれ、それで相互の関係が一過的に終結してしまう。

なお、唯物弁証法においては、そのような内容による相互作用を総括して、相互《否定》と呼んでいる。

しかし、唯物弁証法でいう《矛盾》とは、そのように《対立》する事物同士が一過性の《対立》関係にあるというだけにはとどまらない。そういう《対立物》が、同時に《統一》関係にあるという場合を想定しているのである。この《統一》関係とは、はたしてどういう内容のものであろうか。それは、事物同士が相互不可分・相互協力（相互親和）・相互肯定・相互吸引・相互創造などなどをおこなう関係にあることを意味している。すなわち《統一》とは、そういう相互関係の一般的な表現なのである。

なお、唯物弁証法においては、このような内容による相互作用を総括して、相互《調和》と呼んでいる。

マルクスは、このような矛盾の《対立の統一》という構造を、さきと同じ『資本論』の第一巻（＝「第一部　資本の生産過程」）における「第一篇　商品と貨幣」のなかで、つぎのように表現している。

「相対的価値形態と等価形態とは、同じ価値表現の、互いに従属しあう・相互に制約しあう・不可

分離な・二契機であるが、しかも同時に、互に排除しあう・または対立させられた・両極端すなわち両極である」（注15）

注15：マルクス『資本論』長谷部文雄訳（青木文庫・第一分冊）134～135頁

唯物弁証法の《矛盾》とは、現実の事物におけるこのような関係、すなわち、相互に《対立》しつつも、同時に相互に《統一》されているところの関係を、その本質において《対立の統一》と把握したところの、もっとも基本的な概念なのである。

ところで、さらにこの概念を考察していくと、この《矛盾》概念を構成する《対立》と《統一》という二つの概念それ自体が、実は相互に《対立》している概念だ、という理解に到達する。すなわち、唯物弁証法における《矛盾》という概念は、この相互に《対立》している《対立》と《統一》という二つの概念を《統一》することによって成立したところの《矛盾的概念》なのである。別言すれば、この《矛盾》概念はそれ自体が《矛盾》した内容をもった概念ということになる。

唯物弁証法における《矛盾》という概念自体のもつこの《矛盾》的な内容を明確に把握することは、きわめて重要である。

たとえば、一九五五年から一九五八年にかけて「矛盾論争」という論争が世界的にくり広げられたことがある。この「矛盾論争」については、後にくわしく論じるが、その中心的な論争点の一つもこの点に深く関係している。すなわち、その論争における《敵対矛盾》と《非敵対矛盾》についての論争も、さきに〔命題Ⅰ〕のところで吟味した《外力》論の理解とともに、この《矛盾》という概念の《矛盾的性格》を明確に理解することなしには、十分に解決できない。

〔基本命題Ⅱ〕は、その他に、世界における現実の事物のもつ《現実的矛盾》とその「思想的表現」としての《観念的矛盾》あるいは《概念的矛盾》とを区別してあつかうべきことをもわれわれに示唆している。

さきの注14に引用したところで、マルクスはこの点をさらにはっきりと指摘している。すなわち、マルクスは、ここで「現実的矛盾」は「総じて」「もって自らを実現すると共に解決する運動諸形態」を「創造する」と明記しているのである。これを逆にいえば、現実的でない《矛盾》すなわち《観念的矛盾》あるいは《概念的矛盾》は「もって自らを実現すると共に解決する運動諸形態」を創造するものではない、ということを暗に示唆していることになる。

これに関連して、ヘーゲルがさきと同じ『大論理学』の「第二巻　本質論」における「第一篇　自己自身における反省としての本質」のなかで、彼なりの《矛盾》観を論じている。そこでヘーゲルがつぎのように論じていることは、その意味で、さすがヘーゲル、なのである。

「運動や衝動、或いはその種のものにおいては、矛盾はこれらの規定の単純性の中に隠されていて表象には見えないが、反対の諸々の相関の規定においては、矛盾は直かに、その姿を現わす。上と下、右と左、父と子等と無限にあるが、これらの極く些細な例は、すべて一対の対立をもっている。上とは下でないところのものである。上は下ではないと規定されているにすぎないが、しかも下があるかぎりにおいてのみあるのである。そしてまたその逆でもある。即ち一方の規定の中には、その反対が含まれている」（注16）

注16：ヘーゲル『大論理学』武市健人訳（岩波書店・中巻）80頁

しかし、だからといって、別に「上」と「下」、「右」と「左」、「父」と「子」という概念それ自体が《自己運動》を創造するわけではない。なぜならば、これらの《矛盾》はそれ自体としては、人間が観念的に現実から抽象化し概念として固定化したところの《現実的矛盾》の映像にすぎないからである。

現実に《自己運動》すべきは、これらの死んだ《観念的矛盾》ではなく、「上」と「下」、「右」と「左」、という概念を駆使する人間の現実的な精神活動（思考）そのものなのである。あるいは「子」から「父」へと現実的に成長する生きた現実の男性それ自身なのである。

概念的に固定化された「上」と「下」、「右」と「左」あるいは「父」と「子」などという《観念的矛盾》は、人間の思考過程あるいは男性の成長過程をいわば映画に撮影し、そのフィルムの一枚一枚を切り離して現像したところの映像に喩えることができるであろう。したがって、それらの映像の一コマ一コマを実物から切り離してどのようにひねくりまわしてみても、映像それ自体が現実に《自己運動》を始めるわけではない。たとえ、フィルムを連続的にスクリーンに映写して、実物の《自己運動》の跡をたどることはできるにしても、である。

これらの《観念的矛盾》あるいは《概念的矛盾》それ自体が現実に《自己運動》するとみなす考え方は、観念あるいは概念が現実に《自己運動》をおこなうと認める考え方と、論理的に同じである。それは、ヘーゲル的な観念論へと転落してしまうことを意味している。

結局《矛盾》は、なるほど、現実の事物の《自己運動》の原動力ではある。しかし、そうだからといって、すべての《矛盾》が《自己運動》の原動力となるわけではない。現実の事物の《自己運動》の原動力となりうる《矛盾》は、あくまで、自然・人間社会および思考において現実に存在するところの《現実的矛盾》に限定される。抽象的に固定化された《観念的矛盾》あるいは《概念的矛盾》は、それ自体としては現実の事物の《自己運動》の原動力にはなり得ない。

第三節　矛盾における対立物の多様性について

――現実的矛盾における対立物は重層的さらには複合的に併存している――

唯物弁証法における《矛盾》は、《自己運動》の原動力である。この《矛盾》は、現実の《対立物》を背負った現実的な存在である。ところで、一般的に、この《矛盾》における《対立》は、二つの究極的な《対立物》が一対で《対立》しているように受けとられている。

たしかに《矛盾》における《対立》は、その対立関係を本質的なレベルまで掘りさげていくと、両極的な《対立物》が一対で《対立》しているところにいきつく場合が多い。そのために、ともすれば、そのレベルの説明で済ませている場合がほとんどである。しかし、そのような説明は、あくまで本質的なレベル、あるいは、内容をわかりやすくするために理論を簡略化したレベルのものにすぎない。

現実に存在する《矛盾》において、現実に存在する《対立物》が二つに限定されるわけではなく、対立関係が一対に限定されるわけでもない。この点に関する従来の見方が、かなり誤解されてきたように思われる。そこで、ここでは、この点を明確に指摘し、その誤解を正しておくことにする。

現実の《自己運動》は、現実の《矛盾》を原動力としている。したがって、現実の《自己運動》を解明するためには、その《矛盾》において《対立物》が現実にどのように存在しているかを解明することはきわめて重要である。当然、その《対立物》が二つだけではなく、三つ、四つ、あるいは、さらに数多く存在し得るという点は、基本中の基本として先ず明らかにしておかなければならない。また、それらの対立関係が、ただ一対の組み合わせからなるだけでなく、二対、三対、あるいは、さらに数多くの組み合わせにおいて存在し得るという点も、基本中の基本として先ず明らかにしておかなければならない。さらに、それらの対立関係が相互に重層的に、さらには、複合的に存在し得るという点も、合わせて明らかにしておかなければならない。

ここでは、なるべくマルクス&エンゲルスが自らとり上げた事例を参考にして、現実的な《矛盾》における《対立物》がどのように存在しているかを確認しつつ、その内容を明らかにしていこう。

まず、自然における《自己運動》の事例からみていこう。

さきに、注14として引用した箇所のなかに、マルクスはつぎのように記している。

「ある物体がたえず他の一物体に落下し、また同じように絶えずその物体からとび去るということは、一の矛盾である。楕円は、この矛盾がもって自らを実現すると共に解決する運動諸形態の一つである」（注14に引用した一部を再引用）

この楕円運動を、壮大な規模で現実におこなっているのが、太陽系における太陽を中心とした惑星の公転運動である。まさに「ある物体（＝地球）がたえず他の一物体（＝太陽）に落下し、また同じように絶えずその物体（＝太陽）からとび去るということは、一の矛盾である。楕円（＝地球の公転）は、この矛盾がもって自らを実現すると共に解決する運動諸形態のひとつである」ということになる。

ただし、現実におこなわれている地球の公転運動は、さらに複雑である。太陽の周りを公転している地球においても、さらにその周りを公転している月という衛星が存在している。したがって、現実の地球の《自己運動》は、地球自体の公転と月の公転という、いわば二重の楕円運動においておこなわれる複雑な形態になっている。これをさらに厳密にいえば、太陽の周りを公転している他の惑星（金星、火星、木星など）との相互関係によっても、地球の《自己運動》はより複雑な形態になっているということになる。

それを、太陽と地球と月という三つの天体の相互関係に絞って考えてみよう。すぐに思い浮かぶのは、潮の満ち干の問題である。地球の海における潮の満ち干は、太陽と月の作用を二重に受けている。地球の運動は、そして、地球上の海水の運動は、地球と太陽という《対立物の統一》、および、地球と月という《対立物の統一》、という二組の《対立物》の《対立と統一》という現実的な《矛盾》がその原動力になっている。かなり単純化して、太陽と地球と月という三つの天体の相互関係に絞った場合においてさえ、現実の《自己運動》（潮の満ち干）の原動力である《矛盾》の《対立物》は単純にただ二つであり、ただ一対である、などというようなことはいえなくなるわけである。

つぎに、より複雑な人間社会における《自己運動》の事例をみていこう。

マルクス&エンゲルスは『共産党宣言』の「第一章　ブルジョアとプロレタリア」の冒頭につぎのように記している。

「今日まであらゆる社会の歴史は、階級闘争の歴史である。

自由民と奴隷、都市貴族と平民、領主と農奴、ギルドの親方と職人、要するに圧制者と被圧制者はつねにたがいに対立して、ときには暗々のうちに、ときには公然と、不断の闘争をおこなってきた。この闘争はいつも、全社会の革命的改造をもって終るか、そうでないときには相闘う階級の共倒れをもって終った。

歴史の早い諸時期には、われわれは、ほとんどどこでも社会が種々の身分に、社会的地位のさまざまの段階に、完全にわかれているのを見出す。古ローマにおいては、都市貴族、騎兵、平民、奴隷に、中世においては、封建君主、家臣、ギルド組合員、職人、農奴にわかれていた。なおそのうえ、これらの階級の一つ一つのなかが、たいていまた別々の階層にわかれていた。

封建社会の没落から生れた近代ブルジョア社会は、階級対立を廃止しなかった。この社会はただ、あたらしい階級を、圧制のあたらしい条件を、闘争のあたらしい形態を、旧いものとおきかえたにすぎない。
しかしわれわれの時代、すなわちブルジョア階級の時代は、階級対立を単純にしたという特徴をもっている。全社会は、敵対する二大陣営、たがいに直接に対立する二大階級——ブルジョア階級とプロレタリア階級に、だんだんとわかれていく」（注17）

注17：マルクス&エンゲルス『共産党宣言』大内兵衛&向坂逸郎訳（岩波文庫）38〜40頁

ここで主張されている「ブルジョア階級の時代」における「たがいに直接に対立する二大階級」すなわち「ブルジョア階級とプロレタリア階級」という《対立物》は、たしかに二つであり、一対である。そして、この二つの社会的な《対立物》は、資本主義的生産様式の本質的な《矛盾》に根ざしていることも確かである。さらに、その社会的な《対立》は、より一般的には、マルクス&エンゲルスが主張している「圧制者と被圧制者はつねにたがいに対立」しているという、より本質的な「圧制者」と「被圧制者」という二つの《対立物》の一対の対立関係に帰着するわけである。

しかし、実際の歴史においては、この「ブルジョア階級の時代」の前にさまざまな時代が先行していたし、それぞれの時代の人間社会において、さまざまな《対立物》の対立関係の下に統一されていた。マルクス&エンゲルスは、まず、それらの対立関係をそれぞれ「自由民と奴隷、都市貴族と平民、領主と農奴、ギルドの親方と職人」という組み合わせに区分して例示する。ついで、それらの対立関係を、さらに時代別につぎのように展開する。すなわち「古ローマにおいては、都市貴族、騎兵、平民、奴隷」の対立関係として、さらに「中世においては、封建君主、家臣、ギルド組合員、職人、農奴」の対立関係として。

これらの理論展開を組み合わせると、マルクス＆エンゲルスは古代ローマ社会を、自由民（都市貴族と騎兵と平民）と奴隷との《対立》、および、自由民側の内部における都市貴族と騎兵と平民との《対立》、という二つの対立関係を重層的に把握していたことが理解できる。そして、中世社会を、領主（封建君主と家臣）と農奴との《対立》、および、ギルド組合員と職人との《対立》、という二つの対立関係を複合的に把握していたことも理解できる。さらに、領主（封建君主と家臣）と農奴との《対立》、および、領主側の内部における封建君主と家臣との《対立》、という二つの対立関係を重層的に把握していたことも理解できる。

さて、マルクス＆エンゲルスは、現代の「ブルジョア階級の時代」、すなわち、資本主義社会をどのように把握していたであろうか。

エンゲルスは『反デューリング論』の「第三篇　社会主義」の「第二章　理論的なこと」において、資本主義的生産様式の本質的な《矛盾》をつぎのように記している。

「生産手段と生産とは本質的には社会的なものとなった。しかし、それらは個々人の私的生産を前提とする取得形態、従って各人が自分自身の生産物を所有し、それを市場に出す場合の取得形態に従わせられたのである。生産様式は、この取得形態の前提を除去しているにもかかわらず、この形態に従わせられるのである。この矛盾が新しい生産様式にその資本主義的性格を付与するのであるが、この矛盾のなかに現代の衝突の全部がすでに萌芽として含まれている。新しい生産様式がすべての重要な生産分野を、またすべての経済的に重要な国々をますます支配するようになり、それとともに個人的生産を押しのけて、それをとるにたりぬ残存物にしてゆけばゆくほど、社会的生産と資本主義的取得とが両立できないことも、ますますどぎつくさらけだされないわけにはゆかなかった」（注18）

注18：エンゲルス『反デューリング論』粟田賢三訳（岩波文庫・下巻）203頁

すなわち、ここでいう資本主義的生産様式の本質的な《矛盾》「社会的生産と資本主義的取得」が現実社会のなかに生み出し具現化したものが「ブルジョア階級とプロレタリア階級」という《対立物の統一》なのである。ただし、現実の社会における《対立物》が「ブルジョア階級とプロレタリア階級」という二大階級の《対立》に集約されるのは、あくまで現実の生産様式がすべて資本主義的生産様式の《矛盾》（「社会的生産」と「資本主義的取得」という二つの対立物の統一）におちいった場合のことである。これは、いわば純「資本主義生産様式」とでもいうべきものであろう。

現実の歴史的な「資本主義生産様式」は、マルクス&エンゲルスが『共産党宣言』に記したように「封建社会の没落から生れた近代ブルジョア社会は、階級対立を廃止しなかった。この社会はただ、あたらしい階級を、圧制のあたらしい条件を、闘争のあたらしい形態を、旧いものとおきかえたにすぎない」のであった。また、その上に「われわれの時代、すなわちブルジョア階級の時代は、階級対立を単純にしたという特徴をもっている。全社会は、敵対する二大陣営、たがいに直接に対立する二大階級――ブルジョア階級とプロレタリア階級に、だんだんとわかれていく」のである。

ここで、マルクス&エンゲルスは「ブルジョア階級の時代は、階級対立を単純にしたという特徴をもっている」とした上で、しかし、その単純化は直ちに実現するのではない、としている。すなわち、その「全社会は、敵対する二大陣営、たがいに直接に対立する二大階級――ブルジョア階級とプロレタリア階級に、だんだんとわかれていく」と。そして、この「だんだんとわかれていく」過程において、どのような事態が現出するかについても、マルクス&エンゲルスはかなり具体的に分析し、記述している。

たとえば、マルクスは「封建社会の没落から生れた近代ブルジョア社会」が、その政治形態である共和制を、その共和制を王政ないしは帝政と交互にくり返しながら形成していく過程を、その歴史を生きた同時代人として具体的に分析し、記述している。

すなわち、マルクスは自著『フランスにおける階級闘争』と『ルイ・ボナパルトのブリュメール十八日』において、一八四八年の二月革命によってルイ・フィリップの七月王政が打倒されてフランスの第二共和制が成立してから、約四年後の一八五一年一二月二日にルイ・ボナパルトのクーデターによってその第二共和制が打倒されて第二帝政が成立するまで、その約四年間の全過程をきわめてくわしく分析し、論述している。

ただし、そのくわしい内容についてはマルクス本人が論述した『フランスにおける階級闘争』『ルイ・ボナパルトのブリュメール十八日』そのものにゆずり、ここでくわしく紹介することはしない。しかし、この時期のフランスの政治的な《自己運動》を分析するに際して、マルクスはその《自己運動》の内的要因として実に多種多様な階級的な《対立物》を指摘し、それらの《対立と統一》ぶりを綿密に活写している事実だけは、ここに明確にしておきたい。

すなわち、マルクスはこのフランス共和制形成期におけるフランス社会の階級対立を、けっして単に「ブルジョア階級」と「プロレタリア階級」という二つの《対立物》による一対の対立関係というようには把握していなかった。少なくとも、一八四八年二月二四日から一八五一年一二月二日までのフランス社会においては「パリ・プロレタリアート」「金融貴族」「産業ブルジョアジー」「中産階級」「小市民」「軍隊」「ルンペン・プロレタリアート」「知識分子」「坊主」「農民」などという多種多様な諸階級が、互いに《対立と統一》の関係（＝《矛盾》）をくり返すべき《対立物》としてつねに併存していたと、マルクスは明言している。

しかも、ここで留意すべきことは、それらの諸階級のほとんどが、この現代社会においても、今なお併存しつづけているという、その事実にこそある。

ところで、人間社会における最小単位は家族と考えて大過ないであろう。そこで、人間社会における《自己運動》のさらに基本的な事例として、この家族の場合を考えてみよう。

家族は、まず、一対の男女（夫と妻）の結婚によって形成される。この一対の男女（夫と妻）の婚姻関係は、男（夫）と女（妻）という《対立物の統一》として、すなわち、一種の《自己運動（矛盾）》としてとらえることができる。

しかし、家族は、一対の男女（夫と妻）だけで構成されるわけではない。親と子の関係においても構成されるのである。しかも、子の数は一人とはかぎらない。複数の子供が存在しうるのである。親と子の関係は、その実体としては、親である一対の男女（夫と妻）と子である複数の男女（子供たち）の関係として存在している。すなわち、家族における《自己運動（矛盾）》は、その内部に、一対の男女（夫と妻）という《対立物の統一》という《矛盾》の内部に、親（男と女）と子（男と女）という《対立物の統一》を内蔵した《矛盾》としてとらえることができる。

しかも、その親子関係はさらに複雑なものとして存在している。すなわち、一つには、祖父母と父母の親子関係と、父母と子供たちの親子関係が、重合的に存在している。さらに、父母の親子関係と、その父母の兄弟姉妹の親子関係が複合的に存在している。

このようにみていくと、人間社会における最小単位の家族においてさえも、ひとつの《自己運動（矛盾）》のなかに複数の《対立物》が重層的かつ複合的に存在していることがわかってくる。

最後に、人間の思考における《自己運動》の事例をみていこう。

ひとつの事例として、人間の空間に関する現実の思考の仕方を考えてみよう。

人間は、空間を、左右、上下、前後という三次元において認識する。グラフでいうと、左右をX軸、上下をY軸、前後をZ軸として、グラフ上の位置を数値的に把握するわけである。

その左右を、思考における《自己運動》の「左」と「右」の《対立物》ととらえることができる。すなわち、これを「左」対「右」という《対立物の統一（矛盾）》として把握するわけである。そして、その上下を、思考における《自己運動》の「上」対「下」の《対立物》ととらえることができる。すなわち、これを「上」対「下」という《対立物の統一（矛盾）》として把握するわけである。さらに、その前後を思考における《自己運動》の「前」対「後」の《対立物》ととらえることができる。すなわち、これを「前」対「後」という《対立物の統一（矛盾）》として把握するわけである。

そのように把握すると、空間に関する思考の《自己運動》においては、「左」対「右」という一対の二つの《対立物》、「上」対「下」という一対の二つの《対立物》、「前」対「後」という一対の二つの《対立物》が内在しているということになる。すなわち、人間の空間に関する思考の《自己運動》においては、一対の二つの《対立物》が三対、計六つの《対立物》が併存していることになる。

結局、自然、人間社会、思考という人間がかかわるすべての領域において、《自己運動》における矛盾的な対立関係は重層的かつ複合的に多数存在していることになる。したがって、唯物弁証法における《矛盾》の対立関係（《対立物》の《対立と統一》の関係）は、けっして二つの《対立物》が一対の対立関係においてだけ存在しているわけではない。従来、《矛盾》の対立関係が、二つの《対立物》が一対で存在しているように受けとられているのは、従来の弁証法論者が、意識してか無意識のうちかわからないが、《矛盾》における対立関係を単純化（本質化）してとらえたことの結果にすぎない。

第四節　唯物弁証法の基本構造

この第一章の最後として、唯物弁証法の基本構造を簡単にまとめておく。

まず、唯物弁証法に関するもっとも基本的な二つの命題をあらためて掲げておこう。

〔命題Ⅰ〕「弁証法とは自然・人間社会および思考の一般的な運動・発展法則に関する科学という以上のなにものでもない」

〔命題Ⅱ〕「なにかある事物が対立をせおっているとすれば、それは自己自身と矛盾しているわけで、そのものの思想的表現も同様である」

〔命題Ⅰ〕は、唯物弁証法の総体的な定義をあらわしている。〔命題Ⅱ〕は、唯物弁証法の核心ともいえる《矛盾》について、その基本的な定義をあらわしている。

この唯物弁証法に関するもっとも基本的な二つの命題を吟味した結果は、つぎの四つの公式にまとめることができる。

〔公式一〕　運動・発展の構造＝《自己運動》＋《外力》
〔公式二〕　《矛盾》の構造＝対立（x、y）＋統一（x、y）
〔系〕《矛盾》概念の構造＝対立（対立、統一）＋統一（対立、統一）
（〔公式二〕のx、yにそれぞれ《対立》と《統一》という概念を代入したものである）
【重要な補足】この〔公式二〕は、あくまで、《対立と統一》の関係にある《対立物》を両極的な二つに本質化（単純化）した場合のものである。現実の《矛盾》においては、複数の《対立物》における《対立と統一》の関係が重層的かつ複合的に存在している。そして、そのような複雑な対立関係を数式に模したような簡単な公式で表わすことはできない。
〔公式三〕《矛盾》の種類＝《現実的矛盾》＋《観念的矛盾》
〔公式四〕《自己運動》の原動力＝《現実的矛盾》

さて、ここでは《自己運動》とは相対的に独立した関係にあるものとして、新たに《外力》というものを提起した。この《外力》については、内容的には、唯物弁証法の創始者の一人であるエンゲルスが、すでにいろいろと論及している。そのエンゲルスの論及を土台にしつつ、さらにこの《外力》を一般的にとらえ直してみると、つぎのようになる。

先ず《外力》は、基本的につぎの二種類の区分としてとらえることができる。

《外力》＝《自然的な外力》＋《人為的な外力》

《外力》＝《場的あるいは定常的な外力》＋《非場的あるいは単発的な外力》

したがって、一般的な《外力》は、基本的に次の四通りに区分した内容ものとしてとらえることができる。

①《外力一》＝《自然的な外力》＆《場的あるいは定常的な外力》

②《外力二》＝《自然的な外力》＆《非場的あるいは単発的な外力》

③《外力三》＝《人為的な外力》＆《場的あるいは定常的な外力》

④《外力四》＝《人為的な外力》＆《非場的あるいは単発的な外力》

以上、四つの公式と《外力》に関する一般的なとらえ方を理論的な手がかりとして、これから本書の第一部の第二章において、さらにひきつづき唯物弁証法の基本法則をくわしく吟味し、その唯物弁証法の基本構造を展開的に解明していくこととする。

そして、さらに本書の第二部において、一九五五年から一九五八年にかけてひき起こされ、その後、未解決の状態のまま放置され、未だに決着のついていない「矛盾論争」の吟味・批判をおこない、この「矛盾論争」の全面的かつ最終的な解決を試みることにする。

第二章　唯物弁証法の基本法則

——自己運動論（矛盾論）の原像——

第一節　唯物弁証法の基本法則を吟味する視点と方法

唯物弁証法の基本命題の吟味を踏まえて、つぎに唯物弁証法の基本法則を吟味する。

マルクス&エンゲルスは、彼らの個別研究において唯物弁証法を有効な武器として役立てたと明言している。また、エンゲルスは「理論的思考」において「弁証法を軽蔑すれば罰なしでは済まされない」（注19）と記したほど、この唯物弁証法を必要不可欠なものとみなしていた。

注19：エンゲルス『自然の弁証法』田辺振太郎訳（岩波文庫・上巻）76頁

しかし、それにもかかわらず、唯物弁証法それ自体をテーマとして正面から体系的に詳述した論文を遺していない。これらの事実が、唯物弁証法に関する後世の理論的混乱の遠因となった。この理論的な混乱は学問、特に社会科学の分野の学問にとって、大きなマイナス要因となった。この点は、マルクス&エンゲルスの重大な手ぬかりであったといわざるを得ない。

実際、われわれに遺された唯物弁証法の理論体系に関するマルクス&エンゲルスの論述は少ない。そのうちで、多少とも本格的なものは、エンゲルスの『反デューリング論』および同じエンゲルスの遺稿『自然の弁証法』くらいのものであろう。しかも、唯物弁証法の基本法則が、その全体的な連関において記述されているものは、後者のなかのわずか二ヶ所にすぎない。そして、その二ヶ所の記述でさえ、説明抜きの断定的であまりに簡潔な表現にとどまっている。

われわれは、このわずかに遺された断定的で簡潔な記述内容を全体の見取り図とし、他のさまざまな論文のなかで多少とも唯物弁証法に触れている記述内容を有機的につなぎ合わせながら、マルクス&エンゲルスの脳裏に描かれていたであろう唯物弁証法の基本法則の原像を復元し、それを再構成していかなければならない。その他に方法がないからである。

唯物弁証法の基本法則が記された二ヶ所のうち、もっとも有名な一ヶ所は、エンゲルスの遺稿『自然の弁証法』のなかにある「弁証法」という標題の短い論稿中のつぎの文章である。

「弁証法の諸法則が抽出せられたのは自然の歴史から、同じくまた人間社会の歴史から、である。だがこれらの諸法則は歴史の発展のこれら両位相並に思考自体の最も一般的な諸法則以外の何物でもない。しかもこれら諸法則は主要な点からすれば三つのものに帰着する。すなわち、

量から質への転化、及びその逆、の法則、

対立物の浸透の法則、

否定の否定の法則。

この三者全部はヘーゲルによって彼の観念論的なやり方で単なる**思考**法則として展開されている。すなわち第一番目の法則は『論理学』第一部、有論、のうちで。第二番目の法則は彼の『論理学』の格段に最も重要な第二部、本質論の全体を占めている。最後に第三番目の法則は全体系の構築に対する基礎法則として現われている。この場合の誤りは、これらの諸法則が思考法則として自然と歴史とに対して御下附相成っていて、これらのものから導き出されていないことにある。このことからこの場合無理強いされた、屢〻身の毛のよだつような、全体の構築が生まれているのである。すなわち、世界は否応なしに一つの思想体系に順応すべきものであり、今度はこの思想体系自体は人間の思考の或る一定の発展段階の産物でしかないのである。われわれがこの事情を顚倒させると一切が単純となり、そして観念論哲学の中で極度に神秘に満ちた姿をとっている弁証法の諸法則はすぐさま単純かつ明々白々となる。

とにかく、ほんの多少なりとも自分でヘーゲルを知っているほどの人なら、ヘーゲルが幾百というほどの箇所で自然と歴史とから弁証法の諸法則に対する痛切極まる一々の例証を与えることをわきまえていたのを知るであろう。

われわれはここで弁証法の解説書を編もうというのではなく、ただ、弁証法の諸法則が自然の実際の発展法則であり、従って理論的な自然研究に対してもまた有効であることを確かめようというのである。だからわれわれはそれら諸法則自身の相互の間における内的なつながりには立ち入り得

ない」（注20）

注20：エンゲルス『自然の弁証法』田辺振太郎訳（岩波文庫・上巻）79〜81頁

エンゲルスがここで上げている三つの法則を、便宜のために、唯物弁証法の《三つの主要法則》と呼ぶことにする。

唯物弁証法の《三つの主要法則》
第一主要法則「量から質への転化、及びその逆、の法則」
第二主要法則「対立物の浸透の法則」
第三主要法則「否定の否定の法則」

エンゲルスは、この唯物弁証法の《三つの主要法則》を、ヘーゲルの『大論理学』の各部に対応づけている。そうすることによって、この《三つの主要法則》のそれぞれが立体的な論理構造のもとに統一されていることを示唆している。

それにもかかわらず、エンゲルス自身が「それら諸法則自身の相互の間における内的なつながりには立ち入」って「弁証法の解説書を編もう」としなかったことに対し、私は真に遺憾に思わざるをえない。なぜならば、それらが明確に論定され、検証されなければ、これらの《三つの主要法則》が、ひいては唯物弁証法それ自体が、学問的な法則としての客観性が確立されたとは、とうてい認められないからである。

現に、エンゲルスがここで提起した《三つの主要法則》は、その後、学問史上において他に類例をみないほどの誤解と曲解を受けることになってしまった。どうやらまともに、弁証法の基本法則としてあつかわれたのは第一主要法則「量から質への転化、及びその逆、の法則」、すなわち一般的に「量質転化の法則」と呼ばれているものくらいであろう。ただし、これとても、その内容が正確にとらえられた、とは必ずしもいえない。また、第二主要法則「対立物の浸透の法則」などは、完全に無視されたか、あるいは「対立の統一」もしくは「対立の統一と闘争」という言葉と混同してあつかわれ、実質的には無視された状態になっている。まして、第三主要法則「否定の否定の法則」にいたっては、これがはたして唯物弁証法の主要かつ一般的な法則でありうるのか、という根強い疑問が昔から投げかけられてきたくらいである。そのため、唯物弁証法の反対者たちからは、絶好の攻撃対象とされ、また同時に、唯物弁証法の教条主義的信奉者たちからは、内心では、やっかいなお荷物あつかいをされてきた。

エンゲルス自身が唯物弁証法の「諸法則は主要な点からすれば三つのものに帰着する」と明記していた個々の法則それ自体からしてこのありさまである。まして、それら《三つの主要法則》の「相互

の間における内的なつながり」についてどのように理解されてきたかは、推して知るべしであろう。（注21）

注21：この点に関しては、三浦つとむが、彼の『弁証法はどういう科学か』（講談社現代新書）、『マルクス主義の復元』（勁草書房）、『毛沢東主義』（勁草書房）で明快に指摘している

したがって、われわれは、この唯物弁証法の《三つの主要法則》を、自然・人間社会および思考における自己運動のもっとも一般的な基本法則として、エンゲルスがどのような「相互の間における内的なつながり」と論理的な立体構造においてとらえていたかを、われわれ自身の考察によって探究していかなければならないのである。

これら《三つの主要法則》の相互関連について、この法則の発見者の一人であるエンゲルス自身が、少しでも論及している箇所は他にないであろうか。われわれのこの要求に対し、通常はさほど注目されていないが、唯物弁証法の基本法則を取り上げた二ヶ所のうちの他の一ヶ所、すなわち『自然の弁証法』の冒頭部分に挿入されている〔全体の計画の草案〕という断片が、実はきわめて貴重なヒントを秘めているのである。

この〔全体の計画の草案〕の第三項に、エンゲルスはつぎのように記している。

「全体のつながりに関する科学としての弁証法。主法則は、量と質との転化――両極的な対立物の相互の浸透と頂点にまで押しやられた際の相互の間の転化――矛盾による発展或は否定の否定――発展の螺旋的な形式」（注22）

注22：エンゲルス『自然の弁証法』田辺振太郎訳（岩波文庫・上巻）12頁

エンゲルスはここで、四つの基本法則を「主法則」と明記している。そこで、エンゲルスがここで上げている四つの法則を、便宜のために唯物弁証法の《四つの主法則》と呼ぶことにする。

唯物弁証法の《四つの主法則》

第一主法則「量と質との転化」

第二主法則「両極的な対立物の相互の浸透と頂点にまで押しやられた際の相互の間の転化」

第三主法則「矛盾による発展或は否定の否定」

第四主法則「発展の螺旋的な形式」

前の《三つの主要法則》と、この《四つの主法則》を比べてみよう。ただちに気づくことは、後者には、前者にないところの「発展の螺旋的な形式」という第四主法則が「主法則」の一つとして付加されている点である。他の特長としては、前者に比べて、後者の方が、各法則の記述が多少くわしくなされ、相互の関連性がより明確に強調されている点も注目すべきであろう。

われわれは、まず、前者の《三つの主要法則》にはなくて、後者の《四つの主法則》にあるところの「発展の螺旋的な形式」という第四主法則を吟味することから始めよう。この第四主法則「発展の螺旋的な形式」をどのように理解し評価するか。実は、この点が唯物弁証法を理解するための重要な試金石になるのである。

われわれは、マルクスが、主著『資本論』において、記述は抽象的な基本的概念から出発して次第に具体的な総合的表象へと上向する手法を採用しているが、実際の研究過程ではむしろその逆の分析的手法、すなわち、具体的かつ現実的な総体としてとらえた「資本主義社会」から出発して、もっとも抽象的な基本概念「商品」とその一般法則へと下向していく、という手法を駆使した事実を知っている。(注23)

注23：この点に関してはマルクス『資本論』長谷部文雄訳（青木文庫・第一分冊）の85頁（16行目）～86頁（2行目）を参照のこと

実は、エンゲルスの唯物弁証法に関する《三つの主要法則》の記述の仕方、ならびに《四つの主法則》の記述の仕方も、極めて圧縮されてはいるが、マルクスの『資本論』と同じ上向の方法に基づいていたのである。このことは、エンゲルスが、唯物弁証法の《三つの主要法則》をヘーゲルの『大論理学』の構成と対応させて説明していることからも明らかであろう。

真に創造的な研究者は、なによりもまず自らの研究すべき研究対象に直接に立ち向かうことから始める。したがって、最初の研究過程が分析的手法に基づくことになるのは当然なのである。現実的で具体的な、そして、それゆえに複雑怪奇な総体として現出しているところの研究対象から出発し、その現象的な諸事実から一枚一枚皮をはがすように、個別性および特殊性を捨象しつつ、その本質的および普遍的（一般的）な法則性を探究していく下向的な研究段階。それがこの分析過程である。もちろん、これは、その研究者が学問的先達の残したいくつかの仮説的な理論を批判的に摂取し、特定の本質的および普遍的（一般的）な法則性の存在を予想しながら、この作業をおこなうことを否定するものではない。

真に創造的な研究者は、このようにして研究対象の本質をつかみ、また、そのような本質的および普遍的（一般的）な「法則性」から理論的な「法則」を論理的に抽出した後は、逆にそれまでは捨象しておいた特殊性および個別性を再び徐々に拾い上げる上向的な研究過程へ反転する。そして、最終的には最初の研究対象を「本質――実体――現象」（武谷三男）あるいは「普遍――特殊――個別」（ヘーゲル）の各相が立体的に組み合わさった総合的表象として論理的に再構成する上向的な研究過程を推進していく。これが、総合的手法に基づく総合過程なのである。

真に創造的な研究者は誰でも、分析過程がいかに重要であるかを知っている。これは事物の本質的および普遍的（一般的）な「法則性」あるいは「法則」の発見過程であり、研究者の能力が真に試される過程である。総合過程は、分析過程で発見した本質的および普遍的（一般的）な「法則性」あるいは「法則」が、はたして出発点たる研究対象を真にとらえているか否かを確認するための、いわば論理による検証過程（論証過程および実証過程）である。もし、分析過程において誤まった、あるいは不十分な本質的および普遍的（一般的）な「法則性」あるいは「法則」をつかんだ場合には、この総合過程において理論的な迷路に入り込んでしまい、なかなか最初の出発点にもどることができない。すなわち、最初の研究対象をその総体として論理的に再構成できないのである。

さて、エンゲルスが唯物弁証法の《三つの主要法則》と《四つの主法則》を上向の順序にしたがって記述していることがわかれば、それから逆に、全体の一番最後に位置づけられた「発展の螺旋的な形式」という第四主法則こそが、実は、唯物弁証法の研究対象、すなわち、現実の事物の自己運動一般、の総合的表象にもっとも近い論理的再構成物であることも推察できるであろう。すなわち第四主法則「発展の螺旋的な形式」こそは、唯物弁証法の基本法則に関する研究の出発点であると同時に、最終的な到達点でもある、というわけである。その意味で、この《四つの主法則》は重要な意義をもっている。特に、唯物弁証法の《四つの主法則》あるいは《三つの主要法則》が、外力を捨象したところの自己運動に関する一般法則であるということが、本当の意味では理解されていない現時点においては、この第四主法則「発展の螺旋的な形式」の全体に占める位置の重要性をいくら強調しても強調しすぎることはないのである。

それゆえ、本章においては、唯物弁証法の基本法則を吟味する場合に、エンゲルス『自然の弁証法』の〔全体の計画の草案〕における、唯物弁証法の《四つの主法則》を中心軸に置くことにする。ただし、吟味する順序はエンゲルスの記述とは逆の順序に、すなわち第四主法則「発展の螺旋的な形式」から始めて第一主法則「量と質との転化」で終わる下向の順路にしたがって進めることにする。なぜならば、これこそが、マルクス＆エンゲルス、そして恐らくヘーゲルもが、実際の研究過程において初めに自らたどったはずの順路だからである。

第二節　発展の螺旋的な形式

この「発展の螺旋的な形式」という第四主法則とはなにか。これは、現実の事物における自己運動のもっとも一般的な発展の形式を意味している。

運動および発展は現実の事物の本質的な存在様式であり、運動および発展と現実の事物の存在とは相互に切り離し得ないものとして結びついている。エンゲルスは『自然の弁証法』における「運動の基本諸形態」という標題のついた論文の冒頭に、この点をつぎのように記している。

「最も一般的な意味での運動、この意味にあっては運動は物質の現存様式として、物質の内属的な属性として、捉えられ、宇宙に行われている諸変化や諸過程の一切を、単なる位置変化から思考までを、そのうちに含む」（注24）

注24：エンゲルス『自然の弁証法』田辺振太郎訳（岩波文庫・上巻）90頁

また、レーニンは「ヘーゲル『論理学』にかんするノート」において、ヘーゲル『大論理学』の

「第一巻　有論」における「第一篇　質」についてノートしたところで、さらに直截につぎのように表現している。

「石でさえ進化する」（注25）

注25：レーニン「ヘーゲル『論理学』にかんするノート」／レーニン『哲学ノート』松村一人訳（岩波文庫・上巻）所収　50頁

しかも、この運動および発展は、形而上学的にとらえられた永久不変の循環運動ではなく、完全に同じ状態には二度と再びもどることがないという歴史性をもったところの、不可逆的な運動および発展なのである。その反面、現実のさまざまな事物はそれぞれが発生した時点から消滅にいたるまでの全過程において、一定の、他とは相対的に区別されるところの、固有の性質・形状を維持している。いうまでもなく、この現実の事物における一定の性質・形状の維持という事実が、形而上学的発想の現実的な根拠をなしている。現実の事物のあり方に関する形而上学的発想とは、現実のさまざまな事物を完全に固定化した永久不変のものとしてとらえるか、あるいは、永久不変の循環運動を繰り返しているものとしてとらえる発想である。

現実のさまざまな事物が、その発生から消滅にいたる全過程において、不可逆的な運動および発展をおこなうと同時に、その事物としての固有な一定の性質・形状を維持するということは、一つの矛盾である。そして、この矛盾こそが実は現実の事物の自己運動におけるもっとも本質的および普遍的（一般的）な矛盾なのである。エンゲルスは、本書の第一章において〔基本命題Ⅱ〕として引用したところの、矛盾を定義づけた論述の直ぐ後に続けて、この矛盾を事物の「変化」と「持続」の対立の統一としてとり上げている。重要なところなので重複をいとわず全文を引用しておこう。

「対立――なにかある事物が対立をせおっているとすれば、それは自己自身と矛盾しているわけで、そのものの思想的表現も同様である。例えば、ある事物が、あくまでも同一のものでありながら、しかも同時に不断に変化していること、それ自身に『持続』と『変化』との対立をもっていることは、一つの矛盾である」（注26）

注26：エンゲルス「『反デューリング論』のためのエンゲルスの準備労作から」／エンゲルス『反デューリング論』栗田賢三訳（岩波文庫・上巻）に所収　276頁

そして「発展の螺旋的な形式」、すなわち、不可逆的な循環運動こそが、さまざまな事物のもつもっとも一般的で本質的なこの矛盾が「もって自らを実現するとともに解決する」ところの運動形態なのである。われわれは、この運動形式を事物の自己運動と呼ぶわけである。

もちろん、この「螺旋的な発展形式」をもった現実の事物の自己運動は、現実の他の事物の自己運動と相互に立体的に結びついている。たとえば、生物の一つの個体は、その生誕から死滅にいたるまで、それ独自の自己運動をおこなっている。しかし、その個体の自己運動は、その内部に一年ごとのくり返し、あるいは、一日ごとのくり返しという、そのおのおのが一個の自己運動とみなしうる一連の運動過程を、二重螺旋的、三重螺旋的に内含している。それだけではない。一つの個体を構成している各器官・各組織・各細胞が、おのおの相対的に独立した自己運動をおこなっている。そして、その個体の全体的な自己運動は、各部分の自己運動の偶然的な相互作用をとおしてその必然的な作用を貫徹するところの、複合的な総体として現われる。このように、事物の自己運動はそれ自体が、重層螺旋的および複合螺旋的に他の自己運動を時間的・空間的かつ質的な側面において立体的に内含している。しかも、それと同時に、自らの自己運動もまた、他の自己運動に同様の仕方で内含されている。

現実の事物における自己運動の以上のような立体的なつながりは、小さな素粒子、あるいは、それ以下の無限小の事物から、大は大宇宙、あるいは、それ以上の無限大の事物（世界総体）にいたるまで、いわば連綿とつづいている。エンゲルスが記した「世界のつながりに関する科学としての弁証法」とは、このように世界総体を、相互に立体的に結びついた諸事物の自己運動の総過程・総集積としてとらえることを意味している。

かくして「発展の螺旋的な形式」とは、現実の事物一般の自己運動を、そのもっとも本質的および普遍的（一般的）な矛盾が自らを示現する運動形態においてとらえた法則であり、それゆえに、唯物弁証法の《四つの主法則》のうちでは、その研究対象たる自己運動一般を、そのもっとも総体的な表象のレベルでとらえた「主法則」である、ということができる。

第三節　矛盾による発展或は否定の否定

現実の事物はそれぞれ、その事物に固有の本質的な矛盾を内含している。事物の自己運動は、事物におけるその本質的な矛盾がもって自らを実現するとともに解決するところの「螺旋的な発展形式」をもった運動形態をもっている。それでは、なぜ本質矛盾がそのような自己運動の原動力となり得るのであろうか。それは本質矛盾が、その矛盾における本質的な対立物が相互に対立（＝相互否定）すると同時に統一（＝相互調和）するという、矛盾独特のあり方によって、以下に示すような不可逆的な反復運動を持続させる特性をもっているからである。

図1(i)に示すように、仮に、ある事物をQとし、その事物Qの本質矛盾における本質的な対立物をXおよびYとしてみよう。

この場合、ある時点においては、対立物Xが対立物Yとの対立関係（＝相互否定関係）に規定されて相手を否定するあまり圧倒してしまい、対立物Xが他の対立物Yとの関係において極大の状態になり、逆に対立物Yは極小の状態になってしまうことがある。この場合、対立物が完全に対等の状態となり、相互の間に完全な均衡関係が生じることはほとんど起こり得ない。また、かりにそういう事態が生じたとしても、それは一過的な現象にすぎない。この時点での事物Qは、主にXに規定され、あたかもXそのものであるかのような性質・形状を示すことになる。この場合の事物QをQxと記す。

ところが極小状態にある対立物Yは、対立物Xと対立しているとともに統一関係（＝相互調和関係）にもあるため、この矛盾が存続するかぎりは、けっして消滅することがなく、再び回復していくための機構を自らの内に備えている。すなわち、一旦は極小状態にまで追い込まれた後には、逆に回復する方向に反転するわけである。対立物同士の現実的な相互作用により、つぎの瞬間にはXが徐々に衰退し、反対にYが成長していく。やがて両者の関係は逆転し、

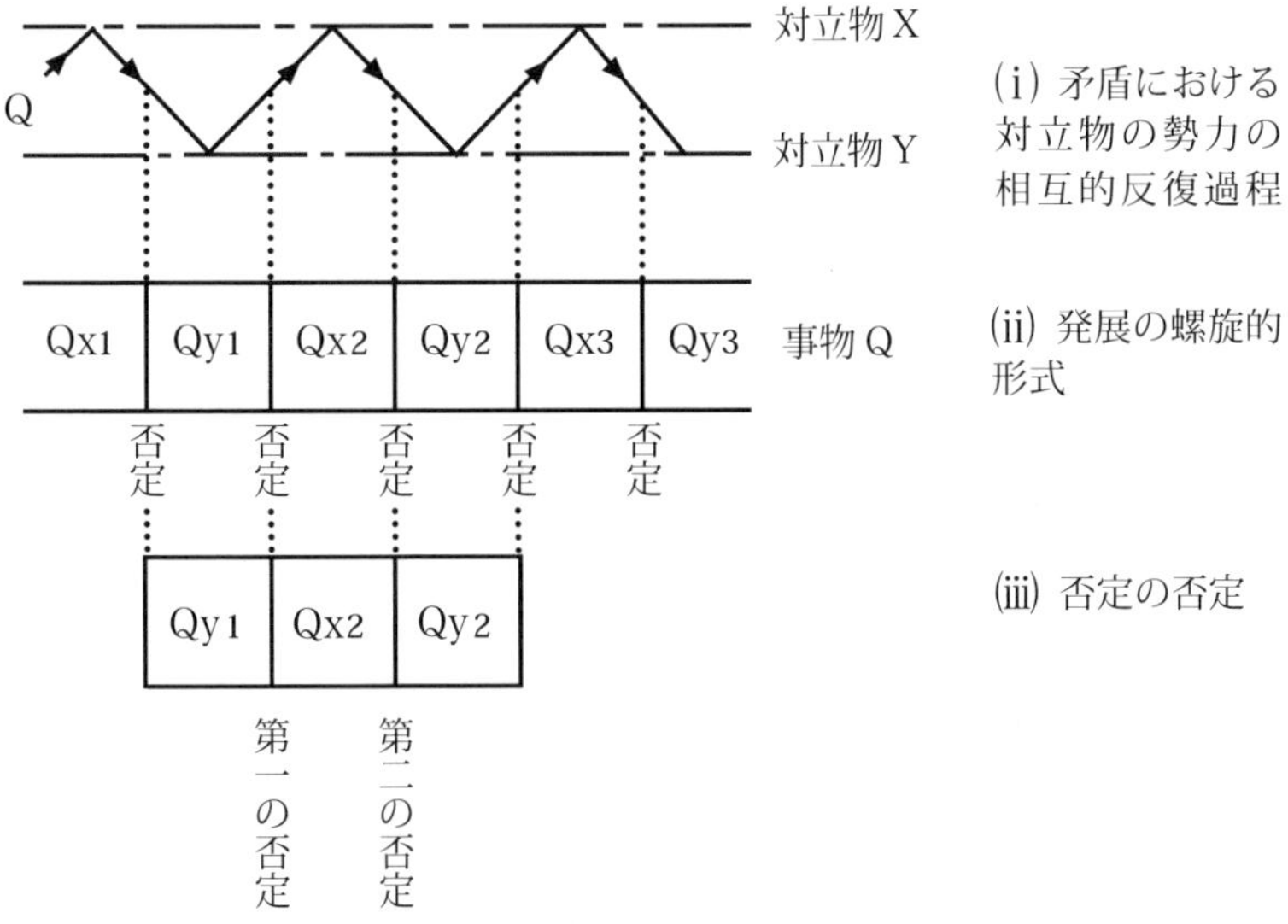

〔図1〕事物の螺旋的発展と否定の否定

ついにはXが極小となり、Yが極大となるにいたる。このときの事物Qは主にYに規定され、あたかもYそのものであるかのような性質・形状を示すことになる。この場合の事物QをQyと記す。しかし、つぎの瞬間には、再びXが成長し始め、Yの方は相対的に衰退し始める。

このような反復運動は、対立物XとYの統一関係が存続するかぎり継続する。すなわち、本質矛盾がその生命を終え、最終的に消滅あるいは止揚されるまで継続する。別言すれば、最終的にXもしくはYが相手を（相手の性質を内に含みつつ）完全に圧倒し尽すか、あるいは、共倒れとなって、事物Qがそれ自体としては存続しえなくなる（他の事物への質的転化）までくり返されるわけである。

もちろん、以上に記した本質矛盾における本質的な対立物の勢力の相反的増減運動は、まったく同じものとしてくり返されるわけではない。その歴史的過程を不可逆的にたどる形でくり返されるのである。その反復運動のおのおのの発展段階に対応して、事物自体もおのおの独自の形態をもち、本質矛盾およびその対立物もそれに応じた独自の形態において自らを示現する。

たとえば、生物一般は《生》過程と《死》過程という本質的な対立物の統一において存在している。この矛盾は、一般的には新陳代謝という自己運動形態を創出することによって、自らを示現している。ところが、生物を類としてのレベルでとらえた場合には、この矛盾は世代交代という自己運動を創造していることがわかる。これは個々の個体においては《生》と《死》の対立の統一として現われる問題である。

大麦の場合には、第一世代の麦粒が発芽し、苗として成長する過程は《生》が《死》を圧倒する過程である。しかし、やがてそれが極限に達し、今度は《死》が《生》を圧倒し始める。第一世代の麦が衰退し、枯死するにいたる過程がそれである。ところが、類としての大麦においてはその第一世代で絶滅するのではなく、つぎの世代以降も存続しつづけていく。そして、そのかぎりにおいて《生》は完全に消滅することはない。それは再び回復するための機構をその内に備えている。すなわち、第一世代の成果としての第二世代の麦粒の内部において、極小の形態ではあるが《生》は存在しつづけている。大麦の場合には、第一世代と第二世代の間において性質・形状の差がほとんどないように見える。しかし、実際には、第一世代の歴史は第二世代に総括されており、第二世代は第一世代の発展した段階の大麦として存在している。このくり返しは大麦という類自体が最終的に消滅あるいは止揚されるまで継続していくわけである。

一般的には、図1(ii)のように事物Qは対立物X、Yの相反的増減運動に対応して、その性質・形状を螺旋的に変えていく。一般的には、つぎのような形態転化をくり返していく。

大麦の場合には、つぎのような形態転化を繰り返していく。

麦粒（第一世代）→ 大麦（第一世代）→ 麦粒（第二世代）→ 大麦（第二世代）→ 麦粒（第三世代）→ 大麦（第三世代）

唯物弁証法では、この交互にくり返される現実の事物の形態転化を、一般に前の形態の否定ととらえるのである。

ところで、矛盾における対立を旧いものと新しいものとの対立に還元してとらえる理論的傾向がある。しかし、これは誤まりである。旧いものと新しいものとの対立は、事物の形態転化の前と後、すなわちQ_{x1}とQ_{y1}あるいはQ_{y1}とQ_{x2}の対立という、ある特殊な対立のあり方を意味しているにすぎない。そのような対立はもちろん存在するのだが、より本質的な対立は、矛盾における本来の対立物であるXとYの対立なのである。前者と後者は、互いに関連はあるが、本質的には区別してとらえなければならない。

矛盾を新旧の対立関係のみに還元する考え方は、前者を後者と混同したことから生じた一種の誤謬である。矛盾による対立物は、相互の間に勢力の増減はあっても、本質的に統一（＝相互調和）されているものであり、相互不可離の関係にある。一方が旧く、他方が新しいとか、一方が衰退していき、他方が発展していく、というような関係ではない。

ただし、事物の形態転化は一般的に、全体が一時に転化するというようにはおこなわれず、ある部分から徐々に転化していく場合が多い。この場合には、旧いものと新しいものが、過渡的かつ部分的に併存する場合がある。

大麦の場合を例にとれば、麦粒から新しい芽が発生しても、その直後に麦粒は消滅するのではない。その芽がある一定段階に成長するまでは、麦粒は存続しており、その間は麦粒と芽の共存状態がつづくのである。

また、世界の歴史を例にとれば、封建主義社会と資本主義社会が併存する場合や、資本主義社会と社会主義社会が併存する場合が、それに当たる。このように、相互に対立する社会体制をかかえ込んだ世界全体はたしかに矛盾であり、この場合には社会体制としての新旧の対立とみなすこともできる。しかし、これは対立の統一の特殊な側面の問題（過渡期の問題）であり、このような対立の統一それ自体はけっしてその時点における世界全体の本質矛盾ではない。

これまでは、考察の対象を、螺旋運動をおこなう現実の事物Qに限定してきた。しかし、現実の事物Qのそのときどきに転化する諸形態、Q_{x1}、Q_{y1}、Q_{x2}、Q_{y2}、Q_{x3}、Q_{y3}等も、それぞれ相対的に独立した現実の事物としてとらえることができる。

　この点を図1(iii)のように、Q_{x2}を例にして説明しよう。Q_{x2}は、Q_{y1}を否定することによって発生し、やがて再び自らを否定してQ_{y2}に転化することにより消滅する。Q_{y1}とQ_{y2}がQ_{x2}の発展過程を媒介としながらも、性質・形状が類似した関係にあり、あたかも元に戻ったかのようにしてくり返される。これは、本来、これらの形態転化が事物Ｑの本質矛盾（対立物ＸとＹの統一）に規定された螺旋的発展形式の、一循環過程の始めと終りであるからにすぎない。

　唯物弁証法では、Q_{y1}からQ_{x2}が転化・発生する過程を第一の否定と呼び、Q_{x2}がつぎに自らを否定しQ_{y2}に再転化することによって消滅する過程を第二の否定と呼んでいる。この場合、Q_{y2}が元のQ_{y1}に類似した形態をとることは、すでに記したとおり当然であろう。唯物弁証法では、この$Q_{y1} \rightarrow Q_{x2} \rightarrow Q_{y2}$における一連の過程を総括して、否定の否定の過程と定義する。これは、事物Q_{x2}にとっては発生から消滅に至る全過程であり、事物Ｑ総体にとってはその発生から消滅に至る間にくり返される螺旋的運動の一循環過程に対応している。もちろん、事物Q_{x2}自体もそれ固有の本質矛盾を内含し、それに対応した螺旋的運動をおこなう。しかし、それはあくまで事物Ｑの一循環過程としてあるのだから、基本的には事物Ｑそのものの本質矛盾に規定されていることは当然なのである。

　それでは事物Ｑそれ自体の発生から消滅にいたる過程はどうなるであろうか。

　大麦の場合を例にとれば、類としての大麦は大麦の前段階の植物類（大麦の前に存在した類）から転化したものとして発生し、徐々に発展し、やがて自らの必然性に基づいて大麦の後段階の植物類（大麦の後に発生する類）に再転化することによって消滅する。そして、類としての大麦の発生から消滅にかけての全過程は、さらに大きな範疇であるイネ科植物という類の螺旋的運動の部分的な一循環過程を構成している。

以上のように、唯物弁証法における否定の否定の法則は、螺旋的発展形式をもつ現実の事物の自己運動の一循環過程をとり出し、相対的に独立した事物の発生から消滅に至る全過程として、構造的にとらえ直したものなのである。エンゲルスが「矛盾による発展或は否定の否定」と記述し、特にその記述のなかで「矛盾による発展」と直接結びつけて「否定の否定」と言い換えた事実は重要である。そして、この事実を、注26に引用したエンゲルス自身の覚え書き部分において、矛盾の定義につづけて事物における持続と変化との対立の統一という矛盾（この矛盾の運動形態が「発展の螺旋的形式」である）をとり上げた発想と関連させてとらえるべきである。すなわち、世界における事物のもっとも基本的な矛盾は事物の持続と変化との間の矛盾であり、そのもっとも基本的な矛盾が創造する自己運動が「螺旋的な形式」をもって発展するところの自己運動なのである。そして、この「螺旋的な形式」をもつ自己運動の一循環過程を切り離して独立させ構造的にとらえ直したものが「否定の否定」というわけである。それゆえ、エンゲルスは「矛盾による発展」と「否定の否定」を直接「或は」という言葉で結びつけて言い換えたのである。

第四節　両極的な対立物の相互の浸透と頂点にまで押しやられた際の相互の間の転化

第四主法則「発展の螺旋的な形式」、および、第三主法則「矛盾による発展或は否定の否定」というように法則化された現実の事物における自己運動の発展過程において、矛盾の対立物が互いに対立しながら、一方が他方を極限にいたるまで圧倒し、ついに事物をして自己の形態を否定するにいたる過程をより実体的かつ構造的にとらえた法則が、第二主法則「両極的な対立物の相互の浸透と頂点にまで押しやられた際の相互の間の転化」である。

現実の事物における本質矛盾は、その本質的な対立物が交互に成長と衰退をくり返していく。それが内発的な動因になって、現実の事物は螺旋的な自己運動をおこなっていく。その場合の対立物の成長と衰退は、それらの対立物が相互に浸透し合う過程を通じておこなわれるのである。

大麦の場合を例にとろう。

図2に示すように大麦における《生》と《死》は、通常、成体としての大麦と種子としての麦粒の形態に代表されて現われる。

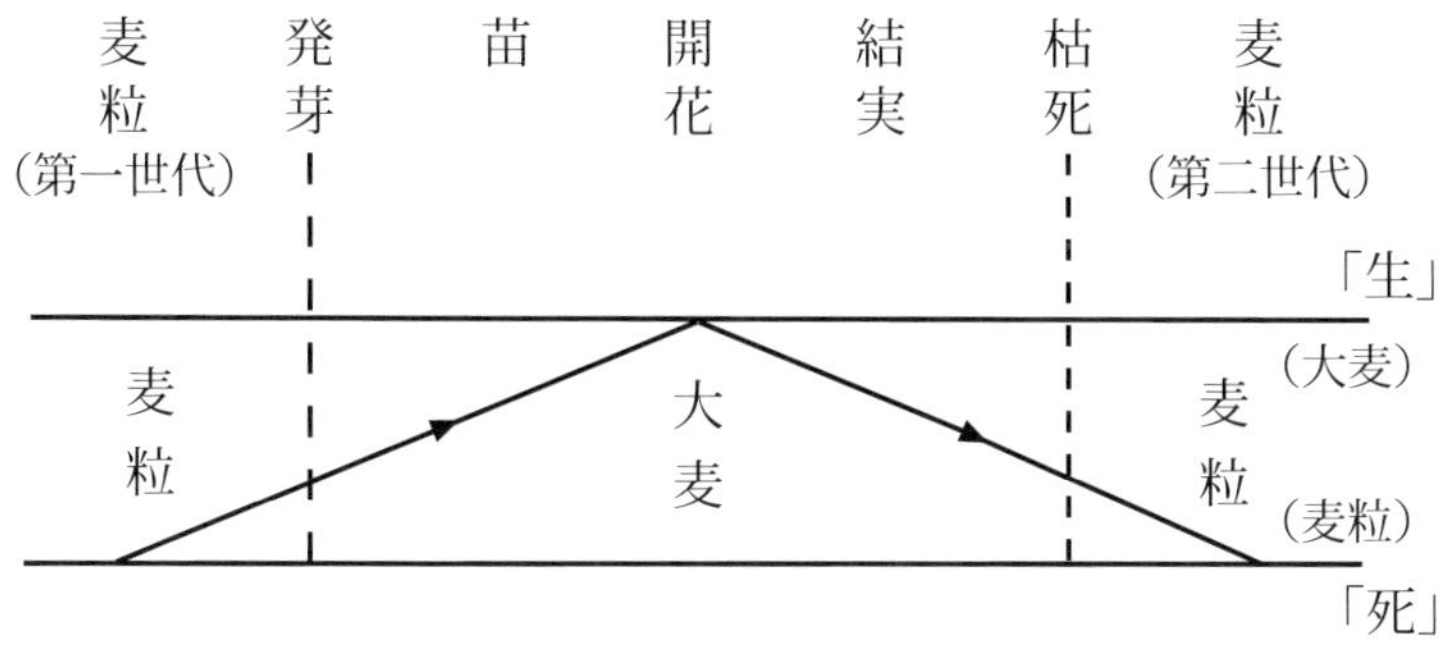

〔図2〕大麦の場合

関東地方平野部での一般的な大麦の生育経過

一〇月下旬に播種した後、およそ一週間で出芽し、三～四週間で分げつが出はじめる。分げつは冬を越しながら増え続け、三月中下旬に茎数が最大となる。草丈は一月中旬までは徐々に伸びるが、一月中旬から三月上旬まではほとんど伸びない。

幼穂の分化が始まるのは、播種後三～四週間目の分げつ出現開始期ごろである。しかし、二重隆起（注）ができて小穂の分化が認められ、幼穂形成期にはいるのは二月上旬から三月上旬である。

三月下旬に節間伸長が始まり、草丈が急激に伸びる。この時期には、後から出た小さな分げつの生育が停滞し、徐々に枯死して茎数が減る。四月下旬に出穂し穂数が決まる。出穂すると開花・受精して登熟期となり、六月上旬に成熟し収穫期となる。成熟すると穂首が曲がる。

『作物学の基礎I　食用作物』（農山漁村文化協会）125～126頁より

注：発芽後、茎の頂部（成長点部）では次々と葉原基が分化する。はじめ半球状であった成長点部は、ある程度成長すると徐々に縦長になり、苞原基が分化しはじめ幼穂の分化が始まる（略）。苞原基の上に小穂原基が分化し、苞原基と小穂原基で二重隆起になり、苞原基であることが確認できる。

同前　113頁より

事物Qとしての個々の大麦からみれば、麦粒状態は《死》を代表する形態である。しかし、外観的には《死》の状態であっても、麦粒の内部において生命活動が完全に停止してしまったわけではない。麦粒の内部においては、胚と胚乳との関係を中心にした新陳代謝が依然として継続している。すなわち、個々の大麦の成長過程からみれば《死》の代表とみられる麦粒においても、その内部に《生》の要素は厳存している。すなわち《生》と《死》の対立それ自体は、終始一貫、常に存在しているということになる。これは図1(i)における対立物XとYの対立が事物Qの存続するかぎり常に存在しているということに相当する。

麦粒の内部において胚と胚乳は新陳代謝とそれにともなう相互浸透をおこなっているが、この一連の相互浸透を通して《生》の代表たる胚は成長し、それに対立する《死》の代表たる胚乳は衰退する。両者の対立がさらに発展し、一方の《生》すなわち胚がある一定の段階以上に成長すると、種子としての麦粒という事物Q全体（大麦）からみた場合の《死》の形態を、発芽という《生》の形態によって否定する段階になる。これは成体としての大麦からみれば第一の否定なのである。

以上のように、事物QにおけるXとYといった対立物同士が相互に影響しあいながら一方が相対的に成長し、他方が相対的に衰退していく現象を、唯物弁証法では対立物の相互浸透と呼んでいる。さらに、この対立物の相互浸透がある段階に進み、事物Qそれ自体が対立物の一方そのものといった形態（例えばQy1）から対立物の他の一方そのものといった形態（例えばQx2）に転化する過程を、唯物弁証法では対立物の相互転化と呼んでいる。大麦を例にとれば、発芽によって麦粒から大麦の成体へ形態転化する過程がそれである。

この対立物の相互浸透、すなわち「両極的な対立物の相互の浸透」とそれが「頂点にまで押しやられた際の相互の間の転化」は、大麦が花を咲かせて次代の麦粒を結実させる過程でも、同様にくり返されることはいうまでもない。ただし、この場合は前とは逆に《生》から《死》への転化なのである。これは大麦の成体からみれば第二の否定であり、事物Qという全体的な立場からみれば、大麦から麦粒への再度の形態転化ということになる。

以上の「両極的な対立物の相互の浸透と頂点にまで押しやられた際の相互の間の転化」の論理構造を、三浦つとむは、さらにつぎのように明快に説明している、

「対立物の統一には直接的な統一（同一性）と媒介的な統一（不可離性）と両者がある、と考えるのがマルクスの唯物弁証法です」（注27）

注27：三浦つとむ『弁証法はどういう科学か』（講談社現代新書）93頁

この内容を図式的に整理すると、つぎのように表わすことができる。（注28）

対立物の統一
- 直接的な統一（同一性）
- 媒介的な統一（不可離性）

注28：三浦つとむ『毛沢東主義』（勁草書房）78頁

さらに、三浦つとむは、つぎのように相互浸透の論理を展開していく。

「対立物が媒介関係にあると共に各自直接に相手の性質を受けとるという構造を持ち、このつながりが深まるかたちをとって発展が進んでいくのを、弁証法では**対立物の相互浸透**と呼びます。対立物が単につながっていると見るのではなく、直接的な面が発展し浸透が進んでいくことを指摘して、その両面を正しく区別するように要求するのです」（注29）

注29：三浦つとむ『弁証法はどういう科学か』（講談社現代新書）95頁

そして、三浦つとむは、このような《相互浸透》によって、対立物はつぎのように展開していく、と説明している。

「同一性は同一性として直接的二重性のまま発展していくのであって、転化は同一性の発生あるいは消滅である」（注30）

注30：三浦つとむ『マルクス主義の復元』（勁草書房）80頁

「『生産は直接に消費であり消費は直接に生産である、というだけではない、また生産は消費のための手段であり消費は生産のための目的である、というだけではない、すなわち、両者の各々は他のものにその対象を、——生産は消費にその外的対象を、消費は生産に表象された対象を、供給するだけではない。また、両者の各々が直接に他のものである、というだけでもなく、他のものを媒介するというだけでもない。むしろ**両者の各々は、みずからを完成することにより他のものを創造し、みずからを他のものとして創造する**』（引用者……三浦つとむがマルクス「経済学批判序説」から引用したもの）

ここで最後に述べられた論理が、相互浸透とよばれるものである。（中略）具体的な例をあげれば、企業の経営を発展させるために、資本家は自分の計画・意志・イデオロギーを労働者に浸透させ、その意味で労働者を資本家化することが必要であるとともに、労働者側の意欲を高め抵抗を排除するために労働者の要求・夢・理想・計画・意志・イデオロギーについても理解しなければならず、その意味で資本家も労働者化しなければならない。労働者の資本家化が、物質的および精神的に発展することは、一方でプチブル的生活およびプチブル的意識を持った労働者を育成することにもなるが、他方では資本家に属する機能を肩代りさせる結果として、労働者に生産を管理する能力を与え現体制の墓掘り人ないし新体制の管理者を育成することにもなる。労働者階級がみずからを他のものとして創造することの中に、みずからの歴史的役割を果すために欠くことのできぬ過程を見出すのである」（注31）

注31：三浦つとむ『マルクス主義の復元』（勁草書房）79～80頁

すなわち、一方で労働者は労働者としての「同一性」を保ちつつ「資本家化」していくことによって労働者と資本家の「直接的二重性のまま発展していく」し、他方で資本家も資本家としての「同一性」を保ちつつ「労働者化」していくことによって資本家と労働者の「直接的二重性のまま発展していく」ことになる。

そしてその結果、資本主義社会において一方の対立物である資本家階級が相対的に衰退していき、同時に労働者階級が相対的に成長していって、それがある段階にいたると社会全体に形態転化が発生することになる。すなわち、それまでの社会形態であったところの資本家階級が支配する資本主義社会が消滅し、その対立的な社会形態であったところの労働者階級が支配する社会主義社会が発生する

（対立物の相互転化）。

これがマルクスの理論なのである。社会主義社会の成立によって資本家階級は消滅し、労働者階級が全権を獲得するが、そのことによって労働者階級もそれ自体としては消滅あるいは止揚される。このようにして、社会主義社会においては資本家階級と労働者階級との対立関係は消滅あるいは止揚されるが、社会的分業が依然として存続する以上、支配するものと支配されるものの対立関係は相変わらず存続する（対立の統一）のである。

第五節　量と質との転化

矛盾における対立物は互いに《相互浸透》することによって、その頂点にいたって相互に形態転化する。この形態転化の構造を極限まで抽象化し、もっとも一般的な概念である《質》と《量》のレベルにまで還元して法則化したものが、第一主法則「量と質との転化」である。

現実の事物における対立物が相互浸透し、その結果、現実の事物それ自体がその事物に対立的な形態に転化する場合、人間が概念としてとらえた抽象的な一方の《質》が、あたかも魔法のように無媒介的に他方の《質》に変質するわけではけっしてない。現実の事物は、対立物の相互浸透にともなう《量》の変化に媒介されて《質》の変化（変質）が発生する。

この点を、エンゲルスは彼の『自然の弁証法』の「弁証法」という標題のついた論文において、弁証法の基本法則を記したすぐ後に、この「量から質への、及びその逆の、転化の法則」の内容を説明した箇所でつぎのように説明している。

「一、量から質への、及びその逆の、転化の法則。われわれはこの法則をわれわれの目的に対して次のように表現し得る。すなわち、自然界にあっては、それぞれ一々の場合場合に対して厳密に確定している或る仕方で、質的な諸変化はただ物質或は運動（いわゆるエネルギー）の量的な附加、或は量的な減却、によってのみ起こり得る、と」（注32）

注32：エンゲルス『自然の弁証法』田辺振太郎訳（岩波文庫・上巻）81頁

「自然界におけるあらゆる質的な区別は相異る化学的組成にもとづくか、或は運動（エネルギー）の相異る分量または形態にもとづくか、乃至は、殆ど常にそうなのだが、その双方にもとづく。それ故、物質または運動の添加或は削除なしでは、すなわち当該物体の量的な変化なしでは、この物体の質を変化させることは不可能である。従って神秘的なヘーゲルの命題もこの形においてなら単に全く合理的というだけではなく、殆ど自明とさえ思われる。

物体の相異る同素体状態や集合状態もまたこれらが分子の相異る編制に、物体に配分された運動の分量の多い少いに、もとづく故であることは改めて指摘する要もないであろう。

けれども運動或はいわゆるエネルギーの形態の交代は？　われわれが熱を機械的運動に変じ、或はその逆をやった場合、この場合には質が変化しているのであるが、量はもとと同じままではないか？　如何にもそうに違いない。だが運動の形態の交代はハイネの罪悪のようなものだ。誰しも自分一人にとってなら道徳的であり得る、罪悪には常に二人が必要である、と。運動の形態の交代は常に少なくとも二つの物体の間に結果して、その二つの物体の一方がこちらの質（例えば熱）の一定量の運動を失い、他方はそちらの質（機械的運動、電気、化学的分解）の右に相当する量の運動を受けとる一つの過程なのである。だからここでは量と質とは双方の側に、かつ相互に、対応しているのである。今日までのところでは、一つ一つの孤立した物体の内部で運動を或る一つの形態から或る他の形態へと転化させることにはまだ成功していない。

ここではさし当り無生物の物体についてだけの話である。生きているものに対しても同じ法則が成り立つわけだが、しかしこれはすこぶる錯雑した諸条件のもとに行われるのであり、そして今日のところ量的測定が屢〻まだ不可能である」（注33）

注33：エンゲルス『自然の弁証法』田辺振太郎訳（岩波文庫・上巻）81～82頁

このようにして《質》の変化は《量》の変化に媒介されるのであるが、その《量》の変化が《質》の変化に転化する際には、ある一定の《結節点》において飛躍的に転化する。エンゲルスは、この点をつぎのように記している。

「一言に約すれば、いわゆる物理学の諸常数は大部分が結節点の標識以外の何物でもなく、この結節点において運動の量的な〈変化〉附加或は削除が当該物体の状態に関する変化をよび起すのであ

り、それ故この点において量が質に転化する」（注34）

注34：エンゲルス『自然の弁証法』田辺振太郎訳（岩波文庫・上巻）84頁

この「結節点」あるいは「この点において量が質に転化する」際における、いわゆる《飛躍》の問題に関して、弁証法におけるエンゲルスの先達であるヘーゲルは、彼の『大論理学』の「第一巻　有論」における「第三篇　度量」のなかの「度量の諸比例の結節線」を論じているところで、つぎのように説明している。

「或る質の進行が量の不断の連続性の中にあるかぎり、質化の行われる一点に近づいている比例も、量的に見れば、ただ量の多少ということによって区別されるにすぎない。この面から見ると、変化は漸進的変化（eine allmählige Veränderung）である。しかし、この漸進性は単に変化の外面的なものに関するものであって、変化の質的なものにかかわるものではない。後続のものに無限に近接している先行の量的比例も、まだ或る別の質的定有である。だから質的な面から見れば、それ自身の中に何らの限界をももたない漸進性の単に量的な進行が、絶対的に中断されるのである。即ち新しく現われて来る質は、その単に量的な関係から見れば、消滅する質に対しては無規定的に〔無差別的に〕他者〔他の質〕であり、一つ無関心的な質であるから、その推移は一つの飛躍（ein

Sprung）である。両者は相互に全く外面的な質として措定されている。――変化を推移の漸進性ということによって理解しようとする人が多い。しかし漸進性は、むしろ無関心的〔無差別的〕な変化であって、質的変化の正反対のものである。漸進性の中では二つの実在性の関連は（二つの実在性というのは二つの状態と見られてよいし、また二つの独立的な物と見られてもよい）、却って止揚〔無視、否定〕されてしまう。即ち、その場合には二つの実在性のいずれも他方の実在性の限界ではなく、むしろ互に全く外面的であるということになる。そのために、変化の理解に必要な肝心のものが、――その理解のためには、ほんの一寸したものしか必要でないのに、――その一寸した急所が遠ざけられてしまうのである」（注35）

注35：ヘーゲル『大論理学』武市健人訳（岩波書店・上巻の二）263～264頁

ヘーゲルはこのように説明した後に、事物の変化の《結節点》について、きわめて抽象的につぎのように記している。ただし、ここで引用する武市健人訳では「結節線」となっている。

「単に外面的な進行の中に現われるような二つの質的契機の結節線」（注36）

注36：ヘーゲル『大論理学』武市健人訳（岩波書店・上巻の二）264頁

また、その《結節点》の具体的例として、数字における自然数の体系、音楽における調和音、化学における化学的結合の場合を上げて説明している。

そして「自然に飛躍はない」という「日常的な観念」、すなわち、「生起または消滅を理解しようとする場合に、これを漸次的な発生または消失と見ることによって理解したと考える」（注37）ような観念的な考え方に対し、つぎのように批判している。

注37：ヘーゲル『大論理学』武市健人訳（岩波書店・上巻の二）266頁

「生起の漸進性というとき、生起するものはすでに感性的に、または一般的に現実的に存在しているが、ただそのものの微小性のためにまだ知覚され得ないのだ、という観念に基いて云っている人がある。同様に消滅の漸進性の場合にも、代って現われるものである非有とか他者とかは、現に存在しているのであるが、ただまだ認知されないだけだと考えられている。――しかも、この現に存在しているというのは、この他者がこの現に存在している他者の中に即自的に含まれているという意味においてではなくて、他者が定有として現に存在しておりながら気づかれないだけだという意味におけるそれである。だが、そのために一般に生起と消滅とは止揚されることになる。或いは、或るものが定有に這入るに先立ってもつところの即自的なもの、内的なものは外面的定有の微小性ということにスリ変えられ、本質的な区別または概念の区別が外面的な単なる大きさの区別に変えられる。――生起または消滅を変化の漸進性から理解しようというのは、同語反復に特有な退屈を伴う。即ち、そのことは生起するもの、または消滅するものを、あらかじめ全く出来上ったものとして前提し、変化を外面的な区別の上の変化に帰してしまう。そのために、変化は実際は一個の同語反復にすぎないことになる。このような理解をなそうとする悟性にとっての難問は、或るものからその他者一般への、のみならずその反対者への質的推移の中に横わっている。にもかかわらず、悟性は同一性と変化ということを勘ちがいして、量的なものの無関心的な、外面的な同一性を変化だと思っている」（注38）

注38：ヘーゲル『大論理学』武市健人訳（岩波書店・上巻の二）267頁

それでは、この《結節点》あるいは質的変化における《飛躍》の問題と、現実によく発生する漸進的な変化である《過渡期》の問題とは、どのように関連するのであろうか。

まずは、マルクス主義哲学者ということになっている松村一人が、彼の『弁証法とはどういうものか』のなかで説明している内容をチェックすることから始めよう。

松村一人は《過渡期》のことを、つぎのように定義している。

「前の章においてわたしは、完全に古い質から完全に新しい質に転化するまでの過程を一般的に過

渡期とよびました」（注39）

注39：松村一人『弁証法とはどういうものか』（岩波新書）172頁

そのような《過渡期》の定義に基づいて、松村一人はつぎのように自問する。

「過渡期という問題を提出すると、まず第一に、この問題は飛躍とどういう関係にあるかという疑問がうまれてくるでしょう」（注40）

注40：松村一人『弁証法とはどういうものか』（岩波新書）144頁

その自問に対して、松村一人はつぎのように自答している。

「弁証法で飛躍という概念は、これまでのところ、そのもっとも一般的な意味では、質的変化という意味につかわれ、よりせまい意味では、急激な質的変化をさします。このことをよく理解しないで、飛躍というと、急激な質的転化のみを考え、またこの急激な転化によって、転化の過程をも無視すると、普通におこなわれている抽象的な飛躍論がうまれ、発展の具体的な理解は不可能になり、都合のいい例ばかりさがしてくる例証主義におちいらざるをえません。いな、むしろ、抽象的な飛躍論は、質的変化を無過程な『飛躍』にまで単純化、機械化してくるのですから、このような区別そのものをなしえないと言えます。

ここでまずはっきりと言っておかなければならないのは、質的転化というとすぐそれが急激であるときめこんで、この意味でのみ飛躍を考える人がありますが、これは誤っているということです」（注41）

注41：松村一人『弁証法とはどういうものか』（岩波新書）146～147頁

「このスターリンの言葉（スターリンの言語の発展の歴史に関する論述……引用者）は、発展の理論にとって何を教えているでしょうか。一口に言えば、それは質的変化と急激な変化とを直ちに同一視してはならないことを教えます。それは、質的変化に大きく言って、二つの場合があること、漸次的な質的変化と急激な質的変化とがありうることを教えます」（注42）

注42：同前 149頁

そして、松村一人は、彼のいう「急激な質的変化」のみを主張する人に対し、つぎのように論難する。

「かんたんな場合を言って、白昼が突然夜とならず、日がしだいにくれるのも説明できないことになるでしょう」（注43）

注43：松村一人『弁証法とはどういうものか』（岩波新書）*150*頁

さらに、松村一人のいう質的変化におけるこの二大別を、過渡期の型に機械的に対応させて、つぎのように主張する。

「このばあい、問題の一般的解決は比較的に簡単です。つまりわれわれは、過渡期の型に急激な型と漸次的な型との二つをみとめなければなりません」（注44）

注44：松村一人『弁証法とはどういうものか』（岩波新書）*151*頁

しかし、このままではヘーゲルのみならずエンゲルスも明言している《結節点》や《飛躍》の概念が実質的に無意味となってしまうため、松村はこれを「くぎり」の問題としてつぎのような説明を試みることになる。

「過渡期の問題を考察してくると、以前のような抽象的飛躍論、古いものと新しいものとの『抽象的な対置』による『くぎり』、境界にたいして、より複雑な現実の認識にもとづいて『くぎり』の問題を解決する必要にせまられます。なぜなら、もしわれわれがたんに論理的な区別にとどまらないとすれば、完全に古いものから完全に新しいものまでの歴史的距離は多かれ少かれ大きいものとなり、この途中にたいしてただ二重性一般を言うにすぎないでしょう。（中略）

この問題にたいする一般的な解決は、かんたんには次のように述べることができます。

古い質と新しい質とが交錯しているばあい、新しい質がすでに決定的、支配的であり、そして古い質がすでに第二義的な意義しかもたないときに、たんに二つの面を並列するのは誤っています。要するにわれわれは、抽象的な一方ぎめにもおちいらず、またたんなる並列しかしらない折中主義にもおちいらず、根本的には変ったかどうかということを問題にしなければならないのです。もちろんわれわれは、この判定がまだくだせないような時期にたいして、しいて二つに一つの判定をしてはならないでしょう。しかし、たんに抽象的な一面性と折中主義しかしらない立場にたいして、このような区別の必要を強調する必要があります。これを要約して、別な言葉で表現すれば、われわれは『根本的には変った』ということと、『まったく変った』ということとを区別しなければならない、と言うこともできます」（注45）

注45：松村一人『弁証法とはどういうものか』（岩波新書）171～172頁

この点に関して三浦つとむは、彼の『弁証法はどういう科学か』において、この《質的転化》にも直接的な転化と媒介関係における転化の両面があり、両者が統一されたかたちでおこなわれることを明快に論じている。あわせて《質的転化》と《過渡期》の関係も構造的に論じており、松村一人の理論的な誤謬を浮き彫りにしている。

「原子は物体を構成する単位です。個々の原子は、同じ元素のそれであるならば、同じ性質を持っていますが、この原子も結合する量によって異った性質の物体が生れます。化学はその具体的なありかたを次々と明らかにしました。酸素は無臭の気体ですが、その三原子が結合するとオゾンになります。オゾンはなまぐさい一種独特の臭《にお》いを持ち、比重も酸素より大きく、強い殺菌力を有します。（中略）

物理学は、さらに進んで、原子の内部における物質の量が原子の性質を変化させることを明らかにしました。キュリー夫妻は一八九八年ラジウムを発見しましたが、この元素は原子核から絶えず構成物質を放射して、一定期間の後には次から次へと他の元素に変っていきます。ラジウムは天然の放射性元素で、自然に行われている元素変換を示してくれますが、その後研究が進んでほとんどすべての元素が人工的に変換できるようになりました。（中略）

オゾンの例では、ある物体の質的な変化がその物体の性質を**直接に**変化させました。ところが、ある薬品――モルヒネとかコカインのようなものを考えてください――の量が人体に及ぼす影響を調べてみると、薬品そのものの量的変化はそれ自体としては何の質的な変化もなく、人体との**媒介**関係において質的な規定を受けとります。ある量までは無効です。それ以上になると薬として作用し、薬の限界を越えると中毒量となり、さらに多くなると致死量となってしまいます。一定の量まででは漸次に増加しても質的な変化がなかったのに、ある量に達すると急に質的な変化を起すのですから、ここに結節点が存在することを認め、ここで『漸次性の中断』が、『飛躍』が起るといいます。」(注46)

注46:三浦つとむ『弁証法はどういう科学か』(講談社現代新書)*208~211*頁

「量質転化は、一つだけが切りはなされて存在するのではなく、量質転化の相互のつながりが存在しますから、部分的には飛躍的な転化であっても、大きなつながりとして見れば非常にゆるやかな転化としてあらわれることがあります。部分的な量質転化が全体のそれを導くには期間のあることを無視すると、**過渡期**の問題が理解できなくなります。(中略)言語はすべて語られる瞬間に発生しその音声が消滅すると同時に消滅してしまいます。ですから、『新語』の成立もやはり瞬間的なものですが、それが規範として社会全体に認められ使われるまでには相当の期間を必要とします。この全体としてのありかたを一面的に固執すると、言語の発生消滅それ自体が急激ではなく徐々に行われるような主張が出てきます。これは、部分と全体との混同です。太陽が地平線に沈んでしまってもまだあかるいのは、空気が光を媒介してくるからです。月の世界では空気がないために、直ちに夜が訪れるでしょう。量質転化に直接の面と媒介の面とがあることを見ずに、急激な転化かそれとも徐々かというかたちでとりあげようとするのは形而上学的な態度であって、弁証法的なとりあげかたとはいえません」（注47）

注47：同前　*220～221*頁

松村一人の誤謬は、この《量質転化の法則》が、抽象のレベルを極限にまでつきつめたところで《量》と《質》との関係をあつかった法則であることを理解できずに、もともと複合的かつ立体的な構造をもっている現実の事物の《過渡期》の現象と、無媒介的に直結させてとらえようとしたために生じたものである。

すなわち、ある事物の個々の部分の《質》がある《結節点》（これは各部分が量質転化するための《結節点》である）を超えて飛躍的に転化しても、その事物の全体が直ちに《質》的に転化するとは限らない。各部分の《質》的転化が徐々に進行して、その転化した部分の《量》がある一定量（これはその事物全体が量質転化するための《結節点》である）を超えた場合にその事物の全体が《質》的に飛躍的に転化する、という立体構造をもっている。問題の《過渡期》とは、この各部分の《量質転化》が進行して、事物全体の《量質転化》にいたるまでの期間を指すものなのである。

この点に関する立体的な構造をとらえそこなった松村一人が、主観的にいくら唯物弁証法論者のつもりでいても、ただ「根本的には変った」ということと「まったく変った」ということとを区別しなければならないなどというような観念論的・形而上学的な言葉の遊びにふけっているかぎりは、注38に引用したように、観念論者ヘーゲルに「生起または消滅を変化の漸進性から理解しようというのは、同語反復に特有な退屈を伴う」と揶揄されても仕方がない。なぜなら、事物の《量》的変化が、ある特定の《結節点》に達するや否や《質》的に飛躍的な転化をとげるというような、現実の事物の《質》的変化に一般的に見られるダイナミックな転化過程を見事に把握し得た点で、観念論者ヘーゲルは唯物論者松村一人よりもよほど唯物論的であるからである。

以上、事物の自己運動の基本構造を、そのもっとも本質的な、そして、それゆえ極めて包括的かつ表象的な第四主法則「発展の螺旋的な形式」から下向し、抽象レベルの極限たる《量》と《質》との関係をあつかった第一主法則「量と質との転化」にいたるまで、立体的に概観してきた。エンゲルスが『自然の弁証法』において論述した唯物弁証法の「四つの主法則」は、このように理解さるべきなのである。当然、同じエンゲルスが同じ『自然の弁証法』の他の箇所で論述した唯物弁証法の「三つの主要法則」も同様である。

第六節　三浦つとむ「否定の否定」論批判

本章の第一節に記したように、唯物弁証法の《三つの主要法則》は、上向の順序で並べられている。それゆえ、第三主要法則「否定の否定の法則」はもっとも上方に位置しており、その意味でもっとも自己運動の総合的表象に近い内容をあつかっているといえる。すなわち《三つの主要法則》のなかでは、唯物弁証法の基本構造を解明するための出発点（現実の事物の自己運動から分析的に下向する際の最初の分析対象）であり、かつ、最終的な到達点（分析的下向から折り返し、総合的上向へと進んだ際の最終的表象）である、という意味で重要な意義をもっている。

ところで、この《三つの主要法則》には、エンゲルスが彼の『自然の弁証法』のなかの〔全体の計画の草案〕にノートしたところの《四つの主法則》のうちの「発展の螺旋的形式」という第四主法則が抜けている。実は、この第四主法則「発展の螺旋的形式」こそが、現実の事物の自己運動における総合的表象としてもっともふさわしいものなのである。

ところが、一般に有名な《三つの主要法則》だけを注目し、内容的に重要な《四つの主法則》を看過した人間は、この第四主法則「発展の螺旋的形式」の媒介抜きで、現実の事物の自己運動とその第三主要法則「否定の否定の法則」の構造的関連を探らなければならなかった。この作業は存外むずかしかったらしく、管見の範囲ではどの論者も成功していない。従来、この第三主要法則「否定の否定の法則」に関する解釈が一定せず、常に論議の対象とされてきた主な原因はここにあったといってよい。逆に、この「否定の否定の法則」という第三主要法則をどのようにとらえるかによって、その人間の《三つの主要法則》に対する理解の深さ、ひいては唯物弁証法に対する理解の深さが測定され得るのである。

たとえば、松村一人は彼の『弁証法とはどういうものか』でつぎのように主張している。

「レーニンは、このような『否定の否定』をきわめて明白に次のように定式化しています。『より低い段階の一定の特徴、性質、等々がより高い段階で繰返されること、および古いものへの外見上の復帰（否定の否定）』（レーニン『哲学ノート』、岩波文庫版、第一分冊、二二〇ページ）。このレーニンの定式は、多くの教程類のそれとは根本的にちがっています。ここには『三つ目にはかならず』式の図式はありません。レーニンのここで言おうとするところは、大体次のようにも表現することができると思います。『発展は、古い形態の否定であり新しい形態の出現であるが、しかしかならずしも古い諸段階の特徴や性質が反復されないということはない。あるばあいには、これが著しい程度におこなわれて、内容は新しいのに外見上古いものに復帰したように見えることもある』これは発展の形を理解するには必要なことです。しかしこのことから、『三つめにはかならず古いものへの復帰、あるいは外見上の復帰がある』というような定式をつくれば、それは一つの無意味にすぎません。

（中略）エンゲルスは麦粒をひきつぶせば、否定の否定という成果は出てこないと言っていますが、このばあい麦粒はすでに麦一般として否定されたのであって、第三段階どころか第二の段階もすでに存在しないのです。そして新しいものの生成という見地からすれば、麦粒はすでに麦という新しいものにとってかわられるのです。要するにエンゲルスは、弁証法における否定の意義をここでは三段階とはっきり区別できない形で述べている、あるいは、それに関係あるかぎりで述べていると言えます。

（中略）単なる否定ではなく、新しいものの肯定としての否定、たんに古いものの破壊でなく、古いもののうちで成熟した新しい内容にもとづく新しいものの創造としての古い形態の破壊、これは三つの段階によっておこなわれるのではなく、まさに古い形態と新しい形態との二つの形態のあいだの内的連関としておこなわれるのです。このような、発展における否定の肯定的意義は、いわゆる三段階的『否定の否定』とは関係がありません。否定の弁証法的意義をいくら述べても、それは『否定の否定』の一般性を少しも証明することはできません。これまで述べてきたような形の『否定の否定』は、ただレーニンが定式化したような意味において理解されるとき、はじめて正しく理解されるのです。このように理解された『否定の否定』は、弁証法の構成要素の一つをなすことはできますが、対立の統一の法則と同じ列におくべき根本法則ではありません」（注48）

注48：松村一人『弁証法とはどういうものか』（岩波新書）198〜201頁

松村一人のあまり歯切れの良くない説明を簡潔に書き直せば、つぎのようになる。すなわち第三主要法則「否定の否定の法則」に対応する現象は、事物の発展過程において起こりえないわけではないが、けっして一般的な現象ではない。それゆえ、弁証法の特殊的な法則としてなら認めてもよいが、他の「対立の統一の法則」と同列の「根本法則」としては認めることはできない、と。

松村一人の第三主要法則「否定の否定の法則」に関するこのような見解は、明らかな誤謬である。ただし、松村一人は、ここで、唯物弁証法についての第二主要法則「対立物の浸透の法則」に関しても誤謬をおかしているようである。松村一人は、どうやら、第二主要法則「対立物の浸透の法則」と、矛盾そのものの構造を表わす「対立の統一」とを混同しているように読める。これらのことから、松村一人が唯物弁証法に関していかに混乱した理解しかもち得ていないかが推察されるわけである。

それでは、唯物弁証法の《三つの主要法則》について、特に、第一主要法則「量から質への転化、及びその逆、の法則」と第二主要法則「対立物の浸透の法則」について、松村一人とは比較にならないほど深い理解を示している三浦つとむの場合はどうであろうか。

三浦つとむは彼の『弁証法はどういう科学か』のなかで、つぎのように記している。

「自然のまわりみちも、人工のまわりみちも、まずそれまでのありかたが否定され、変ったありかたで進行し、のちにこれをまた否定してはじめのありかたにもどるのですから、否定が二回くりかえされることになります。それで、この法則を『否定の否定』の法則とよんでいます。（中略）この法則は自然・社会・精神をつらぬく一般的な法則であり、生活に研究に役立つ重要な法則です」（注49）

注49：三浦つとむ『弁証法はどういう科学か』（講談社現代新書）236頁

三浦つとむは、松村一人とはちがって、唯物弁証法の第三主要法則「否定の否定の法則」がきわめて重要であることを力説している。

しかしながら、その三浦つとむも、この第三主要法則「否定の否定の法則」については、かなり、誤まった解釈をしている。

端的にいえば、三浦つとむの解釈はつぎのようなものである。

「否定の否定」＝「まわりみち」

しかし、現実の事物は、なぜ「まわりみち」をしながら発展するのか、なぜ「まわりみち」をしなければならないのか。その必然性をなにも説明せず、ただ「否定の否定」＝「まわりみち」といっただけでは、それはただの同義反復にすぎない。ところが三浦つとむには、その点に関する明確な説明がないのである。

この事実から逆に、実は三浦つとむもエンゲルスの第三主要法則「否定の否定の法則」を構造的に十分的確にはとらえ切っていないのではないか、という疑念が生じてくるわけである。

三浦つとむが「否定の否定」の具体例としてあげている事例を分析すると、この疑念が杞憂でないことがわかってくる。以下に、くわしく吟味していこう。

三浦つとむが彼の『弁証法はどういう科学か』のなかで取り上げている「否定の否定」＝「まわりみち」の実例は多数にのぼる。三浦つとむは、それらの実例を「否定の否定」＝「まわりみち」という点では、どれも同じであるとしている。

しかし、三浦つとむのあげた実例を構造的に分析してみると、つぎのような三つの形態に分類できることが判明する。

〔まわりみちⅠ型〕 人間の利益や進歩のために、人工的に事物そのものを「**一度他のありかたに変**

えて進行させ、あとでまたもとのありかたにもどすというやりかた」（注50）

注50：三浦つとむ『弁証法はどういう科学か』（講談社現代新書）225頁

（例一）水力による力学的エネルギー —（発電機）→ 送電における電気的エネルギー —（電動機）→ 米つき機械による力学的エネルギー

（例二）空気の振動 —（録音）→ レコード溝の形状 —（再生）→ 空気の振動

〔まわりみちII型〕現実の事物のありかたを自分に好ましい状態に変えるために、一見逆のまわりみちにしかならないような作用を人工的に加えるというやりかた

（例三）戦争 —（講和）（武力による敵国の弱化工作）→ 平和 —（再戦）（内部的頽廃の促進による敵国の弱化工作）→ 戦争（武力による敵国の弱化工作）

（例四）正面攻撃 —（陽動作戦）→ 側面攻撃 —（主力作戦）→ 正面攻撃

〔まわりみちⅢ型〕現実の事物がそれ自体の自己運動によってたどるまわりみちのありかた

（例五）麦粒 ——（発芽）→ 大麦 ——（枯死＝結実）→ 麦粒

（例六）無階級社会 ——（私有財産の発生）→ 階級社会 ——（私有財産の消滅）→ 無階級社会

もちろん、三浦つとむ当人も、彼のあげたさまざまの実例が、内容的にまったく同列のものとは考えてはいない。彼のあげた実例には、人工的な「まわりみち」と自然そのものにおいてみられる「まわりみち」があることを指摘してはいる。しかし、そのちがいを「まわりみち」の構造的なちがいとして分析するところまでは進んでいない。したがって、結局は、世の中にはさまざまな「まわりみち」があるといった、いわゆる千差万別論の段階にとどまっている。これを逆にいえば、三浦つとむのあげたさまざまの実例を「まわりみち」という意味では同列ととらえ、どれも「まわりみち」である、という平面的な発想の段階にとどまっている。

しかし、これらの実例を、われわれが本書の第一章において獲得したところの、事物の運動・発展を自己運動と外力との区別と関係において構造的にとらえるという視点（＝外力論的視点）から分析すると、それぞれの「まわりみち」を、はっきりと構造のちがう、まったく別種の「まわりみち」として区分することができるのである。

〔まわりみちI型〕に属する諸事例は、事物が本来もっている自己運動に《人為的な外力》を加えて一旦別の事物の運動形態に転化させ、最後に再び元の事物の運動形態に再転化させることによって、人間の日常生活に役立たせている例である。すなわち《人為的な外力》の作用に基づく、事物の人為的な「まわりみち」の形態なのである。

〔まわりみちII型〕に属する諸事例は、事物の本来もっている自己運動を当事者の望む方向に形態転化させるために、一見、本来の目的とは反対の目的のためにしかならないと思われる手段（＝《人為的な外力》）を用いて、実は、かえって容易に当初の目的をとげるようにはからう場合の実例である。例三と例四は、相手の国あるいは軍隊における自己運動を強制的に消滅させることが本来の目的なのだが、和平とか見当ちがいの攻撃という本来の目的とは反対の目的のためにしかならないと思われる手段を用いた場合である。すなわち、さきの〔まわりみちI型〕と異なり、事物に加えるべき《人為的な外力》の内容そのものの「まわりみち」の形態なのである。

〔まわりみちIII型〕に属する諸事例は、これこそが本来の意味での自己運動による自己発展過程であり、その「螺旋的な発展形式」の一循環過程を切り離してとらえた「否定の否定」の実例である。すなわち、外力を一応捨象したところの事物そのものの内発的な「まわりみち」の形態なのである。

試みに、唯物弁証法の発見者の一人であるエンゲルスが「否定の否定」の実例としてあげたものを、三浦の示した実例と比較してみよう。エンゲルスが『反デューリング論』の「第一篇　哲学」の「第十三章　弁証法　否定の否定」のなかでとり上げている実例はつぎの九例である。

〔一例〕資本主義的私的所有の発生・消滅過程

個人的所有 ——（収奪）→ 資本主義的私的所有 ——（収奪者に対する収奪）→ 個人的所有

（労働者が自己の生産手段を私有していることが土台となった、個人的な、自己の労働に基礎をおく私的所有）

（資本の収奪による生産手段の集中と労働の社会化にもとづく資本主義的な生産様式と取得様式）

（自由な労働者の協同、土地やその他の生産手段の共同所有にもとづく生産物＝消費対象の個人的所有）

〔二例〕大麦の世代交代過程

麦粒 ——（発芽）→ 大麦 ——（枯死＝結実）→ 麦粒

〔三例〕昆虫（蝶）の世代交代過程

卵 ─（発生）→ 成虫（蝶）─（死滅＝産卵）→ 卵

〔四例〕地層の形成過程

岩石層 ─（風化）→ 土壌 ─（堆積）→ 岩石層

（既存の岩石層および新たな溶岩の流動的な塊りの冷却によって生じた原始的な岩石層）

〔五例〕数学的思考における正負の変遷過程

a ─（マイナス概念の導入による代数学的否定）→ –a ─（自乗することによるマイナス概念の代数学的再否定）→ a^2

〔六例〕高等解析学的思考における微分積分過程

$\frac{y}{x}$ —（微分）→ $\frac{dy}{dx}$ —（積分）→ $\frac{y}{x}$

〔七例〕農業における土地所有形態の変遷過程

原始的共同所有 —（農耕技術の進歩）→ 私的所有 —（大機械化農耕）→ 共産主義的共同所有

〔八例〕哲学（＝世界観）的思考の発展過程

古代の原初的唯物論 —（思考の物質に対する関係の解明）→ 観念論 —（自然科学その他の諸科学の発展）→ 現代的唯物論

〔九例〕ルソーの平等論における平等の歴史的発展過程

未開状態での平等（＝獣人的平等） —（社会の文明化・制度化にともなう抑圧者の発生）→ 不平等 —（抑圧者に対する抑圧）→ 社会契約にもとづいた高次の平等

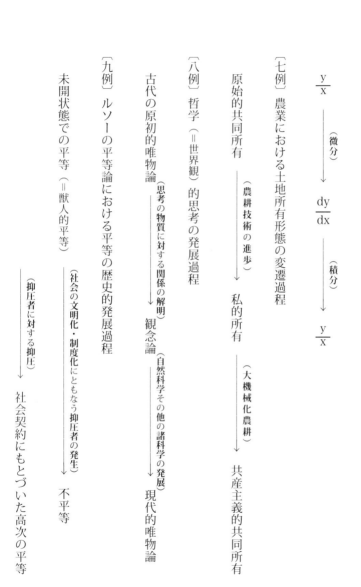

ここに記した九つの実例は、すべて例外なしに、自然・人間社会および思考における現実の事物の自己運動の例であり、その場合には外力はすべて捨象されている。すなわち、エンゲルスの例示した「否定の否定」は、すべて〔まわりみちⅢ型〕に属していることがわかる。

唯物弁証法の発見者の一人であるエンゲルスにとっては、この「否定の否定」が自己運動における法則であることは、当然のことながら、自明であったと思われる。そして、その自己運動に外力が作用した場合は、この「否定の否定」の法則があてはまらないことも、同様に自明であったと思われる。たとえば、エンゲルスがこの九例のうちもっとも力を入れて解説した〔一例〕に関して、つぎのようなマルクスの論述をわざわざ『資本論』から引用して説明している。

「マルクスは彼の歴史的・経済的証明をおわったのちになってはじめて、いまやつぎのようにつづけるのである。『資本主義的な生産様式および取得様式、従って資本主義的な私的所有は、個人的な、自己の労働に基礎をおく私的所有の第一の否定である。資本主義的生産の否定はそれ自身によって、一つの自然過程のもつ必然性をもって生みだされる。それは否定の否定である』うんぬん

（以下はさきの引用のとおり）。

だから、マルクスはこの過程を否定の否定とよんでいるが、この過程が歴史的に必然なものであ

ることを、それによって証明しようと思っているわけではない。その逆である。すなわち彼は、この過程が実際において一部分は起こっているし、一部分はこれから起こるにちがいないということを、歴史的に証明したあとで、それにつけ加えて、この過程を特定の弁証法的法則に従って行われる過程だと言っているのである。ただそれだけのことである」（注51）

注51：エンゲルス『反デューリング論』粟田賢三訳（岩波文庫・上巻）225～226頁

さらに、エンゲルスのつぎの記述部分を、前節との重複をいとわずに再度引用しておこう。

「否定の仕方はここでは第一には過程の一般的な性質によって、第二にはそれの特殊的な性質によって規定されている。（中略）私が大麦の粒をひきわり、昆虫をふみつぶせば、確かに第一の作用はやったことにはなるが、第二の作用は不可能にしてしまったわけである。であるから、どんな種類の事物にも、それが否定されると、そこから発展が生じてくるようになるための、それ特有な否定のされ方がそなわっているのである。そしてこれはどんな種類の表象や概念についても同じことである」（注52）

注52：エンゲルス『反デューリング論』粟田賢三訳（岩波文庫・上巻）237～238頁

以上にみてきたエンゲルスの「否定の否定」論に対し、三浦つとむが提示した「否定の否定」＝「まわりみち」論の実例はどうであろうか。そのうちの〔まわりみちI型〕および〔まわりみちII型〕は、まさに「大麦の粒をひきわり、昆虫をふみつぶ」す場合と同じ内容である。ただ、三浦つとむが提示した事例の場合は、この種の外力による否定を二回繰り返して、まさに人為的に元の形状に引きもどしているために、現象的に「否定の否定」の過程をたどっているかのようにみえるにすぎない。すなわち、それらの事例が「否定の否定」らしくみえるのは、あくまで、現象的な結果にすぎないわけである。

大麦の場合を例にとって、さらにくわしく説明しよう。いま、ここに、大麦の形状転化の実例を以下のように三つほどとり上げて比較してみる。

(a) 麦粒 ―（発芽）→ 大麦 ―（枯死＝発芽）→ 麦粒

(b) 麦粒（個体）―（製粉）→ 麦粉（粉体）―（製菓）→ 麦菓子（個体）

(c) 麦粒（個体）―（製粉）→ 麦粉（粉体）―（醸造）→ ビール（液体）

最初の(a)はもちろん、大麦の自己運動による「否定の否定」である。

つぎの(b)はどうであろうか。この(b)の第一の否定は、文字通りエンゲルスのいう「大麦の粒をひわ」った場合である。第二の否定は、人間が自己の食生活を豊かにするために、麦粉を食べやすいように美しく成型し、かつ味をつけた場合である。三浦つとむのいう「否定の否定」＝「まわりみち」観からすると、この(b)は固体としての麦粒を食料として有効に使うために、まず貯蔵・運搬・食品加工が容易な形状である粉体に変え、つぎに美味しく食べるために再び元の固体にもどしたものである。したがって、固体→粉体→固体、という否定の否定の例とみなしうるはずである。これは、さきに示した〔まわりみちⅠ型〕に相当する。

ところで、人間は麦粉を食料として利用する場合、必ずしも固体にもどして食するとは限らない。最後の(c)の例のように、醸造して液体とし、ビールという飲料にする場合もあるのである。この場合の麦粒の変化は、固体→粉体→固体、ではなく、固体→粉体→液体、ということになる。この(c)の例は、どうみても「否定の否定」＝「まわりみち」の一種というわけにはいかない。しかし、大麦の形状転化の一種であることはたしかであるし、かなり一般的な事例でもある。それゆえ(b)の例の場合には「否定の否定」の法則が成立するが、最後の(c)の例の場合には「否定の否定」の法則が成立しない、ということの理由が運動・発展の構造上から明確に論証されないかぎり、問題の「否定の否定」が一般的な事物の発展法則であることをうまく説明できない。松村一人のように「否定の否定」

木鶏

第18号

2019年7月

二〇一九年七月八日発行

発行所　有限会社　木《もっ》鶏《けい》社《しゃ》

〒273-0042　千葉県船橋市前貝塚町二五五－五七

（TEL・FAX　〇四七－四〇四－四三一一）

論稿『唯物弁証法の基本構造』が吉本隆明主宰『試行』誌に長期連載されたことに関して

二〇一九年三月三一日

木鶏社　編集部

——この度、東百道『唯物弁証法の基本構造』を発行するに当たって、その元となった論稿が故・吉本隆明氏の主宰していた『試行』誌に長期連載されていた当時のことに関して、以下のように著者にインタビューした。

編集者　まず、この本の元になった論稿が、『試行』誌に掲載され始めた経緯からどうぞ。

東　その点は、まず、当時の私が吉本隆明と『試行』誌をどう受けとめていたか、からお話しするのが良いと思います。吉本隆明は、詩人、文学研究者、思想家、そして、さまざまの社会情況に対する発言者、といった多面的な活動をした人物です。二〇一二年三月に亡くなりました（享年八七歳）が、私は、そのすべての活動実績を高く評価しています。特に、どの組織や党派にも依存せず、自立的な立場から活動した生き方を、私の見習うべきお手本と受けとめていました。

編集者　まずそういう人物が『試行』誌を主宰（発行&編集）していたわけですね。

東　吉本隆明が六〇年安保闘争の敗北後に、既存の出版社やマスコミから排斥されることを覚悟し、自らの思想・学問的成果を発表する拠点として自立的な『試行』誌を創刊したこと。さらに、その『試行』誌への寄稿原稿を広く募集し、その優れたものを掲載したこと。それらも、私は高く評価していました。私自身も『試行』第三七号（一九七二年一一月）以降は、直接購読者となりました。そこに掲載されているさまざまな論稿はどれも優れたもので、私は熱心な読者でありながら、いつかは『試行』誌に掲載されるような論稿を執筆したい、とも思っていたわけです。

編集者　その『試行』の第五四号（一九八〇年五月）から、論稿『唯物弁証法の基本構造』が掲載されたのですね。そのときのペンネームは「東是人」だったんですね。

東　この論稿を仕上げたのは一九七九年一二月の末ですが、吉本隆明宛にそれを投稿したのは一九八〇年の初めでした。

編集者　その『試行』誌を主宰していた吉本隆明からの反応はどうでしたか。

東　投稿したことに対する反応は、当初、全くなにもなかったですね。原稿を受けとったという返事さえなかった（笑）。そこで、それとなく返事を催促する意味で、投稿原稿を郵送したが無事に届いているだろうか、という確認のための手紙を出したわけです。

編集者　吉本さんから返事はありましたか。

東　その手紙は『試行』誌の定期購読の継続を申込むのに合わせて書いたと思いますが、しばらくして『試行』誌の定期購読料金をたしかに受領したという領収書替りの事務的な葉書が郵送されてきました（笑）。ただ、その葉書の余白に、吉本さんが万年筆の自筆で短く「次号から掲載します」とだけ記した文言が添えられてあったのです。

編集者　そのときはどんな気持ちでしたか。

東　嬉しかったですね。それ以前以後を通して、私が最も嬉しさを感じた瞬間でした。

編集者　その後、吉本さんから、掲載論稿に関する感想や意見はありましたか。

東　個人的な手紙で直接そういうことを書いてくれたことは、全くありませんでした。私の方からは何回か手紙を差し上げたと思いますが、本格的な内容のお返事をいただいたことは一度もなかったように思います。

編集者　吉本さんと個人的に話したことは。

東　それも全くありません。吉本さんの講演を聴きに行き、聴衆の一人として会場から質問したことは一度だけありました。しかし、そのときは軽くあしらわれたというか、あまりかみ合わなかったような気がします。

編集者　吉本さんの自宅を訪問するようなこともなかったんですか。

東　お人柄から察して、無理に押しかけたら会ってくれたかも知れません。しかし、当時の私はかなり片意地を張って生きていたので、無理に会おうとはしなかったのです。世間に対しても私は片意地を張っていましたので、いろいろの人に迷惑をかけていたと思います。もちろん私自身も損をしましたが。

編集者　結局、吉本さんから掲載論稿に対する反応はなにもなかったわけですか。

東　個人的にはなにもなかったですね。しかし、私の論稿を最初に掲載した『試行』第[illegible]ように書いていました。当時の『試行』誌の発行事情を知らない人も多いでしょうから、少し長いですが、関連部分をふくめて引用します。

「『試行社』は五三号と五四号のあいだに先の住所に移転したので、お知らせする。

（住所など中略）

○現行の印刷所への入稿を巧くやって引越し移転の影響をできるだけすくなく食いとめようとしたが、そうは問屋がおろさなかった。今まで一号分ちかく稼いであった期日の優先を一挙に失ってしまった。当方の責任で申し訳けないと思います。ただまた気分を更新して刊行を続けてゆくだけだ。

○移転前後の転変と疲労から無我夢中にはいずり出してやっと人並みの日常性をすこしづつ得られるようになったというのが、いつわりのない感想である。そしてすこし脇見ができるような気になって注意してみると、官公業の値上り、紙その他の物価の高まりはびっくりするほどの状態になっていることに驚かされる。『試行』刊行にとって最大の影響をあたえるのは何といっても、郵便料が値上げになることである。それにつぐのが紙代・印刷費の値上りである。国鉄、国電の料金の値上げにつづいて郵便料金の値上げが決定実施されるようになっ[illegible]、当然甚大な皮をかぶることになる。

その日はその日として直接購読者の皆さんに予め事態の核心をお知らせしておくことにする。郵便料金を目安にして雑誌の購読費を改訂せざるを得ないのが実情である。

○このような状態であるにもかかわらず、そして刊行の間隔もまた思うにまかせないにもかかわらず、『試行』を存続させてゆくことに変りない。既知の寄稿者に加えて未知の寄稿者の寄稿原稿の内容と質と量をかんがえてみると、これらを判断しそしてその優れたものを発表する場所を、このような現状であればあるほど喪失させることはできないからである。次第にこのような場所が失われているばかりだからだ」

注：引用文中の傍線は引用者による

編集者　なるほど「試行社」が移転中だったことが、投稿者への返事もできなかった事情かも知れませんね。ここに「未知の寄稿者の寄稿原稿の内容と質と量」と記されていますね。この五四号からの「未知の寄稿者」(新規寄稿者)は何人くらいいたんですか。

東　私以外は一人だけでした。しかも、その一人の寄稿原稿の「量」はそれほど多くはなかったんです。正直いって、私は、この吉本さんの「未知の寄稿者の寄稿原稿の内容と質と量」に対する「判断」は、もっぱら私の論稿に対するものと受けとめ、大いに嬉しく、たっ 励まされた想いがしたものです。

編集者　それ以降の約一七年間、五四号から七四号の終刊にいたるまで、一九回にわたって論稿『唯物弁証法の基本構造』は『試行』誌に連載されたのですね。ただ途中で七〇号(一九九一年五月発行)と七一号(一九九二年五月発行)は連載が中断されていますね。

東　私には中断された心当りが全くありません。もっぱら吉本さんの方の事情によるものだと思います。ただ、連載が中断したのは二号分だけですが、その中断中は『試行』誌の発行間隔がかなり長く空いています。中断直前の掲載号六九号(一九九〇年三月)から連載が再開された七二号(一九九三年一二月発行)まで数えると四年弱にもなります。

編集者　その期間は、旧ソ連の崩壊時期と重なりますね。何か関係があるのでしょうか。

東　それに関しても心当たりはありません。それよりも、私としては、私の論稿の連載が、旧ソ連におけるレベルの低い「矛盾論争」への批判部分がようやく終わって、いよいよ内容のある「三浦つとむ矛盾論批判」に突入していくちょうどその直前で、連載が中断されたという想いの方が強かったのです。

編集者　その三浦つとむが亡くなったのは、『試行』六九号(一九九〇年三月)が発行された半年前の一九八九年一〇月ですね。三浦つとむの逝去と「三浦つとむ矛盾論批判」直前の連載中断とはなにか関係がありますか。

東　いや、それはないと思いますよ。吉本さんは『試行』六九号の「情況への発言1」で、前年の一九八九年一〇月に亡くなった三浦つとむに対して、特別に深い哀悼の意を表しています。しかし、個人的な心情とは別に、三浦つとむの業績に対しては、学問的(客観的・批判的)にキチンと評価していますから。

編集者　そういう中断はあるものの、連載は一七年余の長期にわたりました。その間に、『試行』誌の読者からの反応はどうでしたか。

東　私のところに届いたのは二件だけです。その一件は、北海道の読者から吉本さんに宛てた手紙に書かれていたものです。その頃、私は『試行』誌に連載された宍戸恭一の論文『三好十郎』について、吉本さんに問い合わせの手紙を出したのです。吉本さんは、返事の手紙に、その北海道の読者からの手紙文を同封してくれたのです。その手紙文には「東是人さんの論文――『唯物弁証法の基本構造』――は、最近、目を通し得た論文の中で出色のものだと思う。久しぶりにワクワクする気分を味わえた。完結するのが楽しみです」と記されていました。この感想は、連載開始から丸二年経った一九八二年一月頃、連載第四回の掲載号が発行された数ヶ月後のものです。

私は『試行』誌の執筆者と購読者は、当時の日本の最高の知識人だと思っていました。その購読者の一人からこのように高く評価された事実を、私はとても嬉しく思ったものです。

編集者　吉本さんの親切で粋な計らいですね。

東　本当にそうですね。もう一件は、長野県の読者からのものでした。この読者は、吉本さんに私の住所を訊いたのでしょう、私の自宅に直接手紙を郵送してくれました。その手紙には、もし私のこの論稿を読まなければ、自分は弁証法に対する関心を全くなくし、切り捨てていただろう、と記してありました。そして、私の論稿の要旨を克明にメモし、その読者の逐一のコメントを記した、かなり大量のノートが同封されていました。そのノートから、私の論稿を丁寧かつ的確に読み込んでいることが分かりました。感謝感謝です。

編集者　『試行』誌の読者の他に、出版社とか他の雑誌社などから、単行本の出版とか、論文の執筆とか、インタビューの申込みとか、そういう反応はどれくらいありましたか。

東　遺憾ながら、そういう反応は全くありませんでした（笑）。最盛期の『試行』誌は発行部数が八〇〇〇部以上はあったようですし、掲載される論文の水準が高いということもあって、吉本隆明主宰の『試行』誌は出版関係[illegible]るときいていました。したがって、私も、なにかしらそういった方面からの反応もあるのではないかと、内心では予想していたのです。ところが、ソ連崩壊など時代が変わったせいか、そういう反応は、見事なくらいに全くなにもありませんでした（笑）。

編集者　逆に、そちらから出版社に原稿を持ち込んだりはしなかったのですか。

東　実は、吉本さんの本を出版していたその分野で有名な一つか二つの出版社に手紙を出したことがあります。ところが、そのときはまったく相手にされませんでした。私の方も、そのころには、本当に良いものの良さが判る人間は本当によく判るものだが、判らない人間はまったく判らないものだ、ということがよく判るようになっていました（笑）。したがって、それらの出版社に相手にされなくても、動じることは全くありませんでしたね。そして、たとえ単行本として出版されなくても、吉本隆明主宰の『試行』誌に掲載されたことによって私のこの論稿『唯物弁証法の基本構造』は歴史にのこる、と考えていました。ただ、二号にわたる掲載中断さえなければ、この論稿の全部が『試行』誌の終刊号（七四号）までにすべて掲載された可能性があっただけに、そうならなかった点が心残りといえば心残りでした。そう思っていたところに、今回、木鶏社が論稿『唯物弁証法の基本構造』を単行本化してくださったわけです。そういう木鶏社の存在を、私は本当にありがたく思っています。

編集者　これでインタビューを終わります。

が一般法則であることを否定する方向へ行ってしまうか、あるいは、三浦つとむのように「否定の否定」＝「まわりみち」という同義反復的な段階に止まってしまうしか、方途がないのである。

しかし、本書の第一章に示した外力論的視点に立てば、このようなジレンマからは簡単に抜け出すことができる。すなわち「否定の否定」を自己運動における発展過程の一般法則とみなし、これに外力が作用する場合にはこの法則がそのままの形であてはまらない、と明確にする立場である。最初の(a)の例のみが「否定の否定」であり、その他の(b)および(c)は麦粒あるいは麦粉がそれぞれ本来とるべき自己運動に人間が《人為的な外力》を加えることによって強制的に消滅・中断あるいは変形・変質させた例として、構造的に(a)とは区分するのである。

この「否定の否定」の法則は、世界のすべての運動過程にあてはまるという意味で一般的なのではない。世界が、現実の事物の自己運動の集積された存在とみなし得るという意味において、そのような自己運動が一般的であるというその一般性と同じレベルにおいて、一般的であるとみなしうるにすぎない。

もし、事例(b)のような〔まわりみちⅠ型〕、あるいは〔まわりみちⅡ型〕にあげたような諸事例があくまで唯物弁証法的な「否定の否定」であると主張したいのであれば、それらがいかなる矛盾によって発展したものであるかを説明しなければならない。なぜならば、唯物弁証法の発見者の一人であるエンゲルス本人が明確に「矛盾による発展或は否定の否定」と記しているように、両者を同一のものとみなしているからである。三浦つとむの『弁証法はどういう科学か』のどこをみても、この点についての説明は一切ないのである。

松村一人や三浦つとむの「否定の否定」に関する誤謬は、彼らが唯物弁証法の基本法則が自己運動の立体的構造に基づいた基本法則であるという認識において徹底性を欠いていたこと、別言すれば、彼らの運動・発展理論において外力論的な視点がまったく欠落していたことと、けっして無関係ではないのである。

第二部　唯物弁証法の現実的展開

――「矛盾論争」批判による矛盾論と外力論の展開――

第一章　「矛盾論争」の論争点とその解決

第一節　「矛盾論争」の背景と論争点

一九五五年から一九五八年にかけて、いわゆる社会主義国家圏で社会主義社会における矛盾についての論争がくり広げられた。この論争は社会主義国家圏における戦後最大の論争であった。

このような根源的な論争が、共産党の一党独裁下にあった社会主義国家圏において公然と巻き起こったのは、そのような論争が可能になった事情と、そのような論争が必要になった事情という、二つの大きな事情が重なったからである。

そのような根源的な論争が可能になった背景には、一九五三年のスターリンの死によって、当時の社会主義国家圏内において、限定的かつ一時的ではあったものの、思想&言論的な統制が緩和されたという事情があった。

また、このような根源的な論争が社会主義国家圏で必要になった背景には、つぎのようなさらに現実的で深刻な事情があった。それは、敵対する階級を消滅させて、本来なら理想的な社会となるはずだった社会主義社会において、以前と同じような、いや見方によっては以前よりもはるかに悲惨かつ苛酷な政治的・経済的・社会的な諸矛盾が、つぎつぎに発生したという事情であった。さらに、それらを処理する方法として、スターリン主義的な専制支配とそれにともなう残酷な粛清を採用したという事情もあった。これらの事情に対する一定の反省が、社会主義における矛盾の分析とその解決方法の探究をより切実に必要とさせた事情につながったわけである。

ところで、この論争の著しい特徴は、そのような当時の社会的な背景の特異性にあっただけではない。むしろ、つぎの点にこそ、より本質的な特徴があったというべきであろう。

それは、現実的で深刻な事情の下に始められたこの論争が、本来の検討課題であったはずの社会主義社会における諸矛盾とその解決方法というような個別応用的な問題に関する論争だけにとどまらなかったこと。世界におけるもっとも一般的な法則に関する科学であったはずの、唯物弁証法それ自体の基本問題にかかわる論争にまでさかのぼってしまったこと、これである。

別言すれば、論争が個別応用論あるいは特殊論のレベルでは収拾がつかず、本質的な理論あるいは普遍的な理論のレベルにまで遡及してしまったわけである。しかも、その遡及した先が唯物弁証法の核心とみなされていた矛盾そのものだったのだから、事態は深刻であった。

この「矛盾論争」における諸論文を『矛盾――論争と問題点――』という本に編纂した榊利夫は、自ら執筆した「解説」のなかでつぎのように記している。

「『社会主義下の矛盾』をめぐる論争は、社会主義圏における戦後最大の論争である。戦後、ソ連を中心に言語学の論争その他たくさんの論争がやられたが、期間および発表論文数からみてこの論争にはとてもおよばない。『社会主義下の矛盾』論争は前後四年にわたっておこなわれ、関係論文はわたしが読んだ範囲内でも三十数篇にのぼる。（中略）

この論争がこのように大きくなりかつひろく注目されたのは、それが唯物弁証法の基本命題――運動と発展のみなもとである――矛盾をめぐる論争であったからだけではない。このテーマは社会主義建設と共産主義建設を前進させるため哲学界に解答をもとめられていた現実的問題でもあった。このことは数年来の理論上・実践上の諸事件、たとえばソ連邦における『無葛藤理論』の批判、工・農業における深刻な矛盾のばくろ、社会主義国におけるコンフリクトの表現（たとえばハンガリー事件、ボズナン事件）、毛沢東の名著『人民内部の矛盾をただしく処理することについて』の発表その他がものがたっている。こうした状況からもうかがえるように、この論争はマルクス主義哲学の原則にただしく立脚しようとするたたかいであった（論争開始がスターリン死後二年であったことを想起されたい）と同時にその現実にてらして検証し、さらに富化・発展させるたたかいでもあった」（注53）

注53：榊利夫編『矛盾』（合同出版）269頁

ただし、この論争は、榊利夫がここで記しているような「この論争はマルクス主義哲学の原則にただしく立脚しようとするたたかいであったと同時にその現実にてらして検証し、さらに富化・発展させるたたかいでもあった」というほど体裁の良いものでも、レベルの高い発展的な論争でもけっしてなかった。

なぜなら、すでにエンゲルス没（一八九五年）後半世紀以上も過ぎた一九五〇年代になって、唯物弁証法の本質であり基本でもある《矛盾》一般について、なぜ、あらためてこのように初歩的な論争をせざるをえなかったのか。これを考えれば明らかであろう。

結局それは、マルクス＆エンゲルスの理論的な後継者を自称する人間（いわゆるマルクス主義者）たちが、唯物弁証法を教条主義的に護持するのみであったこと、唯物弁証法を科学の一般法則として批判的かつ客観的に吟味・検証し鍛え上げる努力を怠たってきたこと、これ以外のなにものをも意味しなかったのである。そのために彼らは、唯物弁証法を発展させるどころか、創始者の理論的水準からさえはるかに後退してしまっていた。

これを端的にいえば、かつての「矛盾論争」は、唯物弁証法が「富化・発展」したために起こった論争ではなく、逆に、貧化・退行したために起こった論争だったのである。

皮肉な言い方をあえてすれば、約四年間にわたって続けられたこの「矛盾論争」の最大の意義は、論争参加者のほとんどすべてが、いかに自分たちが唯物弁証法を科学の一般法則として鍛え上げる作業を怠たり、ただ言葉だけを無批判的に振り回してきたか、という事実を自己暴露して見せた点にある、ということになる。ここでいう「科学の一般法則として鍛え上げる作業」とはなにも特別なことではない。その法則が論理的に矛盾していないかを考察・吟味し、現実の対象と照合してその真理性を常に再検証し、さらに実際の問題に適用してその有効性と適用限界を明らかにしていくという、一般の科学分野であれば誰しもが実行しているごくあたりまえの作業のことを指しているにすぎない。

この「矛盾論争」は一九五八年末をもって一応打ち切られた。しかし、これは「矛盾論争」の問題点が論証的・実証的に解決されたからではない。この点を、三浦つとむは、以下のように手厳しく記している。

「矛盾論争は五八年のソボレフの論文をピークとして下火となり、自然消滅したが、これは論争の参加者が壁にぶつかってそれを突破できず、もはや意見が出つくしたためであって、決して論争が解決したわけではない」（注54）

注54：三浦つとむ「矛盾論争はなぜ行きづまったか」／三浦つとむ『レーニンから疑え』（芳賀書店）所収　90頁

ただし、論争の参加者が突きあたった壁は、三浦つとむが考えていたよりもさらに根の深いものであった。そのために、この「矛盾論争」のすぐれた批判者であった三浦つとむ自身でさえ、その壁を完全に突破することはできなかったのである。
この「矛盾論争」の主な論争点を整理すると、以下の三点にまとめることができる。
〔論争点Ⅰ〕《矛盾》が発展の原動力というのは正しいか
〔論争点Ⅱ〕「敵対矛盾」と「非敵対矛盾」の区別をどうとらえるか。さらにそれらの解決方法はなにか
〔論争点Ⅲ〕社会主義社会の基本矛盾をどうとらえるか。基本矛盾があるのかないのか。あるとすればそれはなにか
本章では、榊利夫編『矛盾——論争と問題点——』（合同出版／一九五九年発行）に収録された諸論文、さらに三浦つとむと毛沢東の矛盾論を吟味し、あわせて上記の〔論争点Ⅰ〕～〔論争点Ⅲ〕に関する理論的な解決を試みる。

第二節　「矛盾論争」の解決

――論争提起者ステパニャンの吟味を媒介にした矛盾論・外力論の展開――

この「矛盾論争」の口火を切ったのは、ステパニャンの論文「社会主義社会の発展のなかでの矛盾とその克服の方法」（一九五五年）であった。この論文において、ステパニャンは「矛盾論争」における〔論争点Ⅰ〕～〔論争点Ⅲ〕のすべてを問題提起しており、合わせて、それらに対する彼自身の見解も提示している。

そこで、初めに、このステパニャンの論文の主な内容を紹介・吟味しつつ、さらに併行して彼の見解・主張への批判を媒介にしつつ、この「矛盾論争」を私なりに解決していくことにする。それは同時に、私の矛盾論・外力論をさらに積極的に展開していくことでもある。

そして、次節以下において、この〔論争点Ⅰ〕～〔論争点Ⅲ〕に対する私の見解に基づいて、この「矛盾論争」に参加した他の論者たちの諸見解・諸主張を紹介・吟味・批判していくことにする。

一　発展のみなもとである矛盾一般

唯物弁証法における《矛盾》が発展の原動力というのは正しいか否かについての論争、すなわち〔論争点Ⅰ〕は、ステパニャンのこの論文の第一節である「一、発展のみなもとである矛盾についてのレーニンの考え」において提起された。まず、ステパニャン自身の見解の紹介・吟味から始める。〔論争点Ⅰ〕に関してステパニャンは、まず「すべての発展のみなもとである内部矛盾を否定する」（注55）見解を批判することから始めている。

注55：Ｔｓ・ステパニャン「社会主義社会の発展のなかでの矛盾とその克服の方法」／榊利夫編『矛盾』（合同出版）所収　9頁

マルクス主義者を自称する彼らが、なぜ、唯物弁証法の常識に過ぎないこのような初歩的な問題をめぐって論争しなければならなかったのか、と不思議に思われるかもしれない。しかし、実は、これは、スターリン時代に流行した「無葛藤理論」に対する批判なのである。

それでは、その「無葛藤理論」というのはどういうものであったのだろうか。

この「無葛藤理論」を主張した論者たちは、人類の「社会発展の矛盾は、社会主義の勝利にともなって消えてしまう」（注56）と考えていた。

注56：Ｔｓ・ステパニャン「社会主義社会の発展のなかでの矛盾とその克服の方法」／榊利夫編『矛盾』（合同出版）所収　７頁

そこで、その「社会主義のうちやぶることのできない統一がまるですべての矛盾の存在をもとりのぞいてしまった」（注57）というように主張していたのであった。

注57：Ｔｓ・ステパニャン「社会主義社会の発展のなかでの矛盾とその克服の方法」／榊利夫編『矛盾』（合同出版）所収　７頁

しかし、そういう社会主義体制に対する幻想的な「楽園」視に固執したため、反社会分子（反スターリン主義者）による反社会的行動の頻発という現実的な出来事との間の落差に直面せざるを得なくなった。そして、その実際の落差が無視できなくなると、自らの理論的な正当性を守るために、三浦つとむが指摘したように、以下のことを主張し実行せざるを得なくなった。

「現実に反社会分子が存在し反社会的行動が行われるとすれば、原理的に見てソ連の人民のあいだからそんなものが生れるはずがないのだから、これはどうしても対立する諸階級の影響による敵対的な矛盾と考えなければならなくなってくる。そこには『敵』がかくれているもの、すなわちソ連の人民と無縁な反革命分子やスパイが潜在しているものと考えなければならなくなってくる。当然ここに陰惨な粛清の嵐が吹きまくることになる」（注58）

注58：三浦つとむ「矛盾論争はなぜ行きづまったか」／三浦つとむ『レーニンから疑え』（芳賀書店）所収　88頁

その結果、スターリン体制下における現実的な「地獄」をつくり出してしまったわけである。ステパニャンは、この「無葛藤理論」の誤謬をつぎのように集約している。

①「第一のこの種のあやまりは、すべての発展のみなもとであり、動因である矛盾の普遍的性質を無視すること」（注59）すなわち「発展のみなもととしての矛盾は、あらゆる過程や現象のなかに、嵐のごとき発展の時期にも相対的な安定の時期にもはじめからおわりまで存在するというマルクス主義の原理が、本質的には修正されているのである」（注60）

②「第二の重大なあやまりは、第一のあやまりと密接なつながりをもっている。それは、対立物の統一と闘争という普遍的法則をしばしばせばめ、きりちぢめ、制限し、この法則を古いものと新しいものとの闘争に解消してしまうことである」（注61）。この誤謬が、形式と内容に関する矛盾

についても、つぎのような誤謬を誘発した。すなわち「形式がまだ新しくて内容と一致しているあいだは、形式と内容のあいだにはいかなる矛盾もないし、また存在しえないと信じている」（注62）という誤謬、これである。「形式と内容のあいだに存在する矛盾の否定は、矛盾と衝突とを混同することからよくおこる。実際には、すべての発展のみなもとである矛盾はつねに存在しているのであり、衝突は矛盾が極限まで先鋭化し、新しい内容が古い形式の廃棄を要求するときに、矛盾の発展の段階としてうまれるのである。（中略）矛盾と衝突の同一視は、生産の形式と内容の相互関係、つまり生産力と生産関係の相互関係を研究するさいにもあらわれている。資本主義社会をみるばあいでさえ、一部の宣伝活動家は、生産関係がまだ新しくて生産力の性質に照応し、生産力発展の主要な推進力となっているあいだは矛盾がないとかんがえている」（注63）

③「第三のもっとも本質的なあやまりは、（中略）弁証法の基本的法則の欠くことのできない要素である対立物の統一、矛盾する各面の統一を否定することである。このあやまりは、まえにのべた弁証法の歪曲とむすびついている。もし古いものが新しいもののさまたげとなり、ブレーキとなったときだけ矛盾が存在するとすれば、もちろんすべての統一物が矛盾をふくんでいるとはかぎらないということになる」（注64）

注59：Ｔｓ・ステパニャン「社会主義社会の発展のなかでの矛盾とその克服の方法」／榊利夫編『矛盾』（合同出版）所収　10頁

注60：同前　10頁
注61：同前　10頁
注62：同前　10頁
注63：同前　11頁
注64：同前　12頁

さらにステパニャンは、上の①〜③の「以上のすべてのあやまりの論理的結論は、矛盾そのものは発展のみなもとでなく、矛盾の克服こそが発展のみなもとだということである」（注65）と総括し、もしこの結論が正しいとするならば、その「矛盾が克服されるまえにはなにが発展のみなもとなのだろうか？　やはり外部の力らしいということになる。だがこのような形而上学的な見方は、マルクス主義の弁証法とはあいいれない」（注66）と皮肉のつもりで反問している。

注65：Ｔｓ・ステパニャン「社会主義社会の発展のなかでの矛盾とその克服の方法」／榊利夫編『矛盾』（合同出版）所収　12頁
注66：同前　12〜13頁

ステパニャンのこのような主張に対し、後にペルローフあるいはルーキナが反論を寄せて、発展の原動力は矛盾そのものではなく、矛盾の克服であると改めて主張することになる。ペルローフとルーキナの主張は後であらためて吟味することにして、ここではステパニャンがいささか唐突に持ち出した矛盾の《克服》という概念を、ステパニャン自身がどのようにとらえていたかを分析し、あわせてステパニャンの《矛盾》観を批判することにしよう。

ステパニャンは、まず、レーニンが彼のノート「弁証法の問題によせて」のなかに書き残した以下のような記述内容を無批判的に受け入れて、その最後の部分を引用する。

「世界のすべての過程を、その『自己運動』《самодвижение》において、その自発的な発展において、その生き生きとした生命において認識する条件は、それらを対立物の統一として認識することである。発展は対立物の『闘争』である。(中略)

対立物の統一(一致・同一性・均衡)は条件的、一時的、経過的、相対的である。たがいに排除しあう対立物の闘争は、発展、運動が絶対的であるように、絶対的である」(注67)

注67:レーニン「弁証法の問題によせて」/レーニン『哲学ノート』松村一人訳(岩波文庫・下巻)所収 197~198頁

そして、そういうレーニンの考え方を受けて、つぎのように自身の主張を展開している。

「矛盾とは統一体の二つのものへの分裂であり、客観世界のいろいろな事物や現象の内的につらなりあっている各側面と傾向のあいだの闘争である。矛盾を対立物の一側面、たとえばブレーキの作用をする古い側面と混同してはならない。矛盾は、前へみちびく進歩的な側面と、発展を阻害する保守的な側面との闘争である」（注68）

注68：Ｔｓ・ステパニャン「社会主義社会の発展のなかでの矛盾とその克服の方法」／榊利夫編『矛盾』（合同出版）所収　14頁

さらに、その主張を展開させて、つぎのように記している。

「それぞれの具体的な矛盾は、その発展のなかでつぎの三つの段階を経過する。一、発生あるいは形成の段階。二、成長の段階。三、解決の段階。矛盾はその発展過程中にいろいろのかたちをもっている。差異・対立・衝突は統一された事物・現象・過程の個々の側面のあいだの矛盾の表現形態である」（注69）

注69：Ｔｓ・ステパニャン「社会主義社会の発展のなかでの矛盾とその克服の方法」／榊利夫編『矛盾』（合同出版）所収　15頁

ここでステパニャンが記している矛盾の三つの段階を箇条書きにすると、つぎのようになる。

(a) 矛盾の発生あるいは形成の段階
(b) 矛盾の成長の段階
(c) 矛盾の解決の段階

そして、ステパニャンは、ここでいう(c)の「矛盾の解決の段階」を、矛盾を《克服》する段階と混同するのである。すなわち、矛盾の《解決》と矛盾の《克服》との混同である。その証拠に、ステパニャンはその箇所の少し前でつぎのように記している。

「マルクス主義の弁証法はこうおしえている——統一体の分裂、統一体の対立する両側面の闘争である矛盾は、非常にひろい概念であって、量的・質的発展のすべての段階、つまり矛盾の成熟と成長の段階も、成熟した矛盾を克服する段階をも反映している」（注70）

注70：Ts・ステパニャン「社会主義社会の発展のなかでの矛盾とその克服の方法」／榊利夫編『矛盾』（合同出版）所収　13頁

ここでのステパニャンは、矛盾の「すべての段階」を、矛盾の「成熟と成長の段階」と矛盾を「克服する段階」の二つしか明示していない。しかし、矛盾の「すべての段階」のなかには、この二つの段階に先立って「発生あるいは形成の段階」があるとステパニャンが認識していたことは、注69の引用箇所の「三つの段階」を見れば明らかであろう。すなわち、ここでステパニャンがその「発生あるいは形成の段階」を明示していないのは、ただそれを省略しているだけと判断できる。したがって、ステパニャンは、この注70の引用箇所では、矛盾の発展段階をつぎの箇条書きのようにとらえていたと判断することができるのである。

(i) 矛盾の発生あるいは形成の段階
(ii) 矛盾の成熟と成長の段階
(iii) 矛盾の克服の段階

ここで箇条書きにまとめた(i)~(iii)は、さきの(a)~(c)に対応していることは明らかである。したがって、ステパニャンは三つめの段階をつぎのように認識していたことも明らかなのである。

(C) 矛盾の解決の段階 ＝ (iii) 矛盾の克服の段階

すなわち、ステパニャンは、矛盾における《解決》と《克服》を同一視していたわけである。それでは、この矛盾の《解決》とはどのような概念なのであろうか。この点に関して、ステパニャンはどこにも明確な説明をしていない。仕方がないので、われわれはいくらかの推論を加えながら、ステパニャンのこの点に関する見解を吟味していくことにしよう。

本来、唯物弁証法において現実の事物の《自己運動》の発展過程をとらえる場合、本書の第一部における第一章の第一節において論じたように、つぎの三段階にわけるのが一般的である。

(イ) 発生の段階（第一の否定）
(ロ) 発展の段階
(ハ) 消滅あるいは止揚の段階（第二の否定）

さきに示したステパニャンの(a)〜(c)の発展過程は、この(イ)〜(ハ)に対応している。したがって、ステパニャンのいう矛盾の《解決》とは、矛盾の《消滅あるいは止揚》と同様のものとして用いられている、とみなしても大過ないことになる。しかし、矛盾の《解決》は、はたして矛盾の《消滅あるいは止揚》と同義とみなしてよいであろうか。この点に関して、ステパニャンはなんの問題意識もなかったようである。

ステパニャンは、自分の論理を展開する過程において、矛盾の《解決》と矛盾の《克服》という重要な二つの概念を、その概念規定を的確に明示しないままに、恣意的に使いわけている。さらに、これらの概念と矛盾の《消滅あるいは止揚》との関係も十分吟味せずに済ませている。この事実から、われわれは逆に、ステパニャンの理論にさまざまな誤謬や錯覚が含まれているであろう、ということが推測できるのである。

ところで、本書の第一部の第一章において《外力》論を考察してきたわれわれにとって、矛盾に関する上記の三つの概念、すなわち矛盾における《解決》と《克服》さらには《消滅あるいは止揚》という概念、を明確に規定し、相互の論理構造的な区別と関連を明らかにすることは、さほどむずかしくない。

まず矛盾の《解決》から始めよう。

一般的に《解決》という言葉を問題とする場合には、まず第一に《解決》を図るべき《主体》を明確にしなければならない。つぎに《解決》すべき《対象》を明確にしなければならない。つぎに《解決》する《目的》を明確にしなければならない。最後に《解決》するための《方法》を明確にしなければならない。

一般的には、ものごとを《解決》するための《目的》と《方法》について、その内容が時と場所あるいはその他の状況によって変化する可能性のあることを、あらかじめ十分に考慮に入れておかなければならない。ただし、当然、この場合の《解決》の《対象》は《矛盾》そのものであるから、ここで焦点となるのは《解決》の《主体》と《目的》および《方法》なのである。

実は、矛盾の《解決》というものは、何者（＝《解決主体》）かが、ある矛盾（＝《解決対象》）に対して、何らかの目的（＝《解決目的》）をもって、何らかの方法（＝《解決方法》）によって働きかける、一種の能動的な《外力》、すなわち《人為的な外力》の一種なのである。

すなわち、これは矛盾（＝《自己運動》）に対する、一種の《外力》の問題ということになる。別の表現をすれば、矛盾の《解決》とは、ある《解決主体》が《解決対象》たる矛盾に対して働きかける特殊な《人為的な外力》を意味する、ということになる。

それでは《人為的な外力》としてどのように特殊かというと、この《解決》という《外力》はその《解決対象》とする矛盾を《解決主体》の望む方向に目的意識的にコントロールするところの実践的な活動を意味する、という点で特殊なのである。

それゆえ、矛盾の《解決》の具体的な《解決目的》および《解決方法》は、その《解決主体》および《解決対象》たる矛盾、および、それが置かれたさまざまな条件のちがいによって、それぞれ規定されることになる。

たとえば、ある同一の矛盾に対しても、その《解決主体》が異なる場合には、その《解決》の《目的》および《方法》がまったく逆転する可能性も十分にあり得ることになる。

ある人間にとって、ある矛盾（＝《自己運動》）の存在は有益であり、そのためにその矛盾の《調和的実現》を図ることが《解決目的》であるとしても、他の人間にとっては、その同じ矛盾の存在が邪魔であり有害であって、その矛盾の早期な《消滅あるいは止揚》を図ることが《解決目的》であるという場合が起こり得る。この場合には、前者にとってはその矛盾を《維持・強化》することが《解決方法》であり、後者にとっては矛盾を《克服》することが《解決方法》となる。これらは、われわれが日常的に経験する事実と対応させて考えれば、いわば自明のことであるだろう。

ついでにいえば、同じ矛盾を同じ《方法》で《解決》するにしても、上手なやり方と下手なやり方がある。これもわれわれが日常の経験に照らして考えてみれば良く了解できるはずである。ある矛盾を上手に《解決》する場合には、ほんのちょっとした労力で簡単に、的確に、誤まりなくおこなうことができる。それに対し、下手にやると、多大な労力と時間を費やす割にはいつも問題を混乱させ、無駄が多く、失敗をくり返さないと《解決》できない。また、矛盾をうまく《解決》するためには、それなりの《技術》と《技能》がいる。これらの事実も、いわば自明のことであろう。なぜならば、矛盾の《解決》とは人間の実践的な活動の一種だからである。

つぎに、矛盾の《克服》の問題に移ろう。

矛盾の《克服》とは、すでに触れてきたように、矛盾の《解決方法》の一種であり、その特殊な形態である。矛盾の《克服》とは、もっぱら《解決主体》にとって邪魔になる、有害な矛盾（これをかりに《有害矛盾》と呼ぶことにする）を意識的に《消滅あるいは止揚》させることを意味している。すなわち、矛盾の《消滅あるいは止揚》を《解決目的》とした矛盾の《解決方法》なのである。

それゆえ、矛盾の《克服》を上手におこなえば、それだけ円滑に、無駄な混乱もなく矛盾を《消滅あるいは止揚》させることができる。逆に、下手なやり方や悪意のある方法でおこなうと、不必要な混乱や無くもがなの「衝突」を発生させてしまうことにもなりかねない。もちろん、そうはいっても、ある矛盾においては、その矛盾を《解決》するに際して、必然的に「衝突」的な段階を通過しなければならない場合がある、ということまでは否定できないが。

矛盾の《克服》は矛盾の《解決方法》の一つの典型的な形態である。それでは、他の《解決方法》としては、はたしてどういう典型的な形態があるだろうか。一つは、すでに記したように、矛盾の《維持・強化》というものである。これは《解決主体》にとって望ましい、有益な矛盾（これをかりに《有益矛盾》と呼ぶことにする）を意識的に《調和的実現＝発展》させることを《解決目的》とした矛盾の《解決方法》である。この他にも、矛盾を《変質》あるいは《変形》することを《目的》とした、矛盾の《改造》的方法。あるいは、新たな矛盾を《発生》させることを《目的》とした、矛盾の《創造》的方法を、矛盾の《解決方法》の典型的な形態として挙げることができる。これらの点については、後でまたくわしく説明することにする。

ともあれ、ステパニャンが矛盾の《解決》と《克服》とを混同したのは、矛盾の《解決》一般と、その《解決方法》の一特殊形態である《克服》とを混同してしまった、という誤謬の一種なのであった。

最後に矛盾の《消滅あるいは止揚》について考えよう。

これは、本来的には、矛盾（＝《自己運動》）の自然的発展過程における最終段階のことである。それゆえ《解決》あるいは《克服》などといった《外力》論的な概念からは、範疇的に区別されなければならない。いわば《自己運動》論的な概念なのである。事物は、その《自己運動》によってつぎの三段階を経過するが、その最終段階(ハ)のことなのである。

(イ) 発生の段階（第一の否定）
(ロ) 発展の段階
(ハ) 消滅あるいは止揚の段階（第二の否定）

このことから、ステパニャンが前に主張した矛盾発展の三段階、すなわち、

(a)　発生あるいは形成の段階
(b)　成長の段階
(c)　解決の段階

は、その《自己運動》の発展過程のなかに、それとは異なる《外力》の一形態である《解決》を混入させたものだということがわかる。これも、概念の範疇的な混乱にもとづく、範疇的混同という誤謬の一種なのである。

ステパニャンがこのような範疇的混同という誤謬に落ち込んだのは、なぜか。

矛盾の自然的な発展過程としての《消滅あるいは止揚》と、矛盾の《解決方法》の一特殊形態である《克服》とは、結果としてはたしかに矛盾が《消滅あるいは止揚》するという点で現象的に一致している。一見すると同じ現象であるにもかかわらず、後者の場合には前者にないところの《解決主体》による《人為的な外力》としての実践的な活動が媒介されている。このことを、ステパニャンは見抜けなかったのである。

以上に記したような、矛盾における《解決》と《克服》ならびに《消滅あるいは止揚》に関するステパニャンの混乱は、ステパニャン自身の運動・発展の一般理論において《外力》論的な視点を欠落させていたところから、必然的に生じた結果である。

そして、そのような《外力》論の欠落は、一連の「矛盾論争」に参加した論者たち全員に共通した欠陥であり、一人ステパニャンだけの誤謬ではない。それゆえ「矛盾論争」は、全体的にどこか焦点の合わない、低レベルの論争に終始してしまった。

ただ、後にくわしく記すように、独りウクラインツェフのみが《外力》を「外的条件」あるいは「外的矛盾」という呼称において、一定の限度内ではあるが、相対的に的確にとらえ、その発想に基づいて《外力》論的な論理展開をおこなっている。ウクラインツェフは《外力》論的な視点に近づいたその分だけ、矛盾の《解決》に関しても相対的に的確な見解を提示している。

結論に移ろう。

矛盾は、ステパニャンのいうように「すべての発展のみなもと」ではない。矛盾は、その矛盾に対応する《自己運動》の原動力であるにすぎない。その《自己運動》に外から加えられた《外力》に起因する運動・発展の原動力までも、その《自己運動》の矛盾にふくめることはできないのである。

すなわち、矛盾はけっして「すべて」の運動・発展のみなもとではない。しかし「すべて」の事物における《自己運動》の原動力ではある。そのため「すべて」の事物の運動・発展において《自己運動》が一般的であるのと同じレベルにおいては、運動・発展の一般的な原動力とみなし得るものなのである。

二 「敵対矛盾」と「非敵対矛盾」の区別およびそれぞれの《解決方法》

「敵対矛盾」と「非敵対矛盾」の区別、ならびに、それぞれの《解決方法》に関する論争、すなわち〔論争点Ⅱ〕は、ステパニャン論文の第二節である「二、社会主義社会の矛盾の特殊性とその特殊な解決方法」において提起された。まずステパニャン自身の見解を吟味することから始めよう。

ステパニャンは社会主義社会の矛盾とその《解決方法》の特殊性を、社会主義社会より前の社会、特に資本主義社会のそれと対比させながら、だいたいつぎのように説明している。

(1) 社会主義社会の矛盾の特殊性

i 矛盾が非敵対的であること。⟷ 資本主義社会における矛盾は敵対的である。

ii 矛盾がその発生から存在のすべての段階において成長・上昇・前進すること。⟷ 資本主義社会における矛盾は、その形成の時期には進歩的な上昇する矛盾であっても、やがて没落し消滅する運命にある矛盾である。

iii 矛盾の《克服》が矛盾の《消滅》をもたらすのではなく、矛盾を不断に恒常的に完成させ前進させる。⟷ 資本主義社会における矛盾は、その《克服》が矛盾そのものの《消滅》

をもたらす。

(2) 社会主義社会の矛盾の《解決方法》の特殊性

i 矛盾そのものが解決の条件を含んでいる。すなわち「なによりまず重工業を優先的に発展させる計画的な社会的生産全体の発展、経済と文化の平和的発展によって解決される」（注71）

↔ 資本主義社会における矛盾は経済恐慌により、部分的・一時的に解決され、しかもその解決はその矛盾をさらにふかめ、するどくする。

ii 矛盾は批判と自己批判、人民大衆の創造的な主動性、ソビエト社会発展の新しい原動力の強化によってばくろされ、克服される。↔ 資本主義社会における矛盾は、階級闘争のあらゆる形態をつうじてばくろされ、克服される。

iii 矛盾は、党・国家の上からの創意と人民大衆の下からの支持のもとで、だんだんと解決される。↔ 資本主義社会における矛盾は、共産党をはじめとする下層の人民大衆が革命的攻撃をおこない、爆発的に解決される。

注71：Ts・ステパニャン「社会主義社会の発展のなかでの矛盾とその克服の方法」／榊利夫編『矛盾』（合同出版）所収 17〜18頁

以上に要約したステパニャンの見解には、いくつかの重大な誤謬がふくまれている。

しかし、それ以前の問題として、ステパニャン自身が「社会主義社会の矛盾の主要な決定的な特長は、矛盾が非敵対的だということにある」（注72）とまで強調しているところの「非敵対的矛盾」に関して、その本質的な概念規定がステパニャンのこの論文から完全に欠落している、という事実を特に指摘しておかなければならない。すなわち「非敵対的矛盾」の本質的な説明がなんらなされないままに、その「非敵対的矛盾」であることが「主要な決定的な特長」であるところの、社会主義社会の矛盾およびその《解決方法》の特殊性のみが語られているわけである。

注72：Ts・ステパニャン「社会主義社会の発展のなかでの矛盾とその克服の方法」／榊利夫編『矛盾』（合同出版）所収　16頁

これは、一般的・基本的な問題の概念規定から順々に記述していく体系的方法（上向法）としては、決定的に不十分である。それでは逆に、具体的・個別的な対象の説明から始める分析的方法（下向法）の記述手順をとっているのかといえば、けっしてそうではない。分析的方法（下向法）の記述手順をとるつもりなら、まず社会主義社会における具体的・個別的な矛盾がなんであるかの指摘とその分析がなされていなければならないはずである。しかし、それらはこの第二節においてはまったく触れられていない。それらはステパニャン論文の次の第三節になって初めて展開されている。

すなわち、われわれは、直接の研究対象たる社会主義社会の矛盾そのものがなんであり、具体的にどのような運動形態をもっているのかという説明を受ける前に、突如として社会主義社会の矛盾の一般的特殊性についてのみ説教され、しかも、その一般的特殊性の主要で決定的部分であると御託宣下された「非敵対的矛盾」そのものの本質的概念規定はなにも説明されないといった按配なのである。ただあるのは言葉のみ。まことに概念のないところにも言葉はやってくるの図であるが、今回はさらに、分析のないところにも言葉がやってくるという図も加わっている。

旧ソ連公認のマルクス主義者の論文を吟味する場合、この程度のことで目くじらを立てていてはきりがないかもしれない。しかし、このことからだけでも、この部分のステパニャンの説明にはさまざまな誤謬や錯覚がふくまれていることを予測してかからなければならないのである。

われわれは、まず一般的なレベルにおいて《非敵対的矛盾》とはなにかということを検討しなければならない。

そのためには、その前に《敵対》関係とはなにかということをはっきりさせる必要がある。

一般的な《敵対》関係を語義どおりに解すれば、相互に関係する二者の一方が他方を自分にとって有害とみなし、相手を抹殺するかあるいは弱体化させるために闘争する関係のことを意味している。こういう《敵対》関係は、世界のいたるところに存在している、ごく一般的な事象であろうか。必ずしもそうではない。それどころか、そういう関係はむしろ例外的で特殊な事象なのである。なぜならば、関係する二者が《敵対》関係となるには、両者が相手を自分にとって《敵》であると認識するための判断力、さらに、その相手と実際に闘争するための実践力を備えている必要がある。あるいは最低でも、闘争本能くらいは備えていなければならない。厳密な意味でそれが可能なのは人間のみである。あるいは、せいぜい動物、最大限に拡大しても生物までであろう。すなわち《敵対》関係の具体的な適用範囲を厳密に規定しようとすれば、人間界（人間社会および思考）に限定されるのであり、適用範囲を拡大するにしても、せいぜい生物界以上には出ないのである。

ただし、この《敵対》という言葉自体の適用範囲を具体的にどこにおくかという問題は、多分に「言葉の問題」あるいは「文学的センスの問題」であり、実はそれほどの意味はない。たとえば《敵対》という言葉を比喩的に用いれば、月と地球の関係ですらそれにあてはめることができるからである。しかし、文学ではともかく、学問において重要なのは、この《敵対》関係が本来的にけっして世界の普遍的な事象ではないということの認識、これなのである。

この《敵対》関係を、その内容においてとらえるならば、人間界というごく狭い範囲、せいぜい生物界という狭い範囲にしか適用されない概念であり、世界の大部分を占めている非生物界には本質的に適用されるべきでない概念なのである。それは世界の歴史のいつの時点においてもそうであった。しかも重要なことは、人間界あるいは生物界という、全世界から見ればそれ自体がきわめて狭い範囲内の場合においてさえ、この《敵対》関係は必ずしも普遍的な事象ではないという事実にある。現に人間社会においてさえ、友好的な文化組織や同志的な政治組織などは、いつの時代にも存在していた。

それらが組織構成員相互の《非敵対》関係に基づく組織であることは、自明であろう。
三浦つとむはこの点に関して、彼の『弁証法はどういう科学か』のなかで、オーケストラの指揮者と奏者の関係などを例にあげてかなり具体的に説明している。

「オーケストラの指揮者と被指揮者という対立物の統一での活動は、よい音楽を創造することで利害が一致するために、この間の調和にも努力が払われることになります。同じように労働条件をよくすることで利害の一致する、労働組合の全国組織を考えてみましょう。（中略）組織の大衆は、自分たちは被指導者で、指導者という機能的に対立した人たちをせおっているわけですから、ここに一つの矛盾が存在します。これは正しく調和させ維持していくことによって組織の生命をささえていかなければなりません。ところが全国組織のように大きくなると、この組織の矛盾を実現するとともに解決する形態が、組織部の立体化となっていきます。県や市や職場の指導部は、それぞれ指導者でありながら、同時に自分たちよりも上の指導部からは被指導者でもあるという、直接的同一性が存在することになります。これらの指導部は、上から受けとる指導と、それをさらに具体化した下部に対する指導とを、正しく調和させるように努力して、非敵対的矛盾を維持していくことが解決です」（注73）

注73：三浦つとむ『弁証法はどういう科学か』（講談社現代新書）285～286頁

結局、人間界においてさえも《非敵対》関係は常に存在しつづけてきたのである。ステパニャンなどがいっているように、なにも社会主義社会になって初めて出現したわけではない。

つぎに、それでは《敵対矛盾》あるいは《非敵対矛盾》とはなにかを検討することとしよう。ステパニャンおよびその他の「矛盾論争」の参加者は、この《敵対矛盾》あるいは《非敵対矛盾》のことを、矛盾そのものが《直接》にもつ性質としてのみとらえている。すなわち、その矛盾における対立物が相互に《敵対》関係にある場合を《敵対矛盾》と呼び、その矛盾における対立物が相互に《非敵対》関係にある場合を《非敵対矛盾》と呼んでいるのである。矛盾内部における対立物相互の関係が《敵対》あるいは《非敵対》という問題は、いわば矛盾における《直接》的な意味での《敵対》性あるいは《非敵対》性の問題である、ということができる。

しかし、われわれの《外力》論的な視点に立つかぎり、このような矛盾の性格の《直接》的なとらえ方だけでは決定的に不十分ということになる。

すなわち、矛盾における《敵対》性および《非敵対》性の問題には、このような《直接》的な関係のほかに、ある矛盾とその矛盾に外部から関与するところの《解決主体》との間の関係において《敵対》的あるいは《非敵対》的な関係が存在する。このことをけっして忘れてはならない。それは、矛盾における矛盾そのものと《解決主体》との間の《媒介》的な意味での《敵対》および《非敵対》的な関係の問題である。

たとえば、図3に示すような三つの国が国境を接している場合を例に説明しよう。かりに、その三国をA国、B国、C国と名づける。それぞれの国家は相対的に独立した事物であるから、それぞれを一つ一つの矛盾としてとらえることができる。それらの矛盾における対立物を、それぞれA国はa_1とa_2、B国はb_1とb_2、C国はc_1とc_2であると仮定しよう。

それぞれの国家における矛盾が《直接》的な意味での《敵対矛盾》であるか、あるいは《非敵対矛盾》であるかは、それぞれの国家の事情によって決定される問題である。

かりに、A国は《直接》的意味での《敵対矛盾》であり、対立物a_1とa_2とは《敵対的》対立関係にあるものとする。またB国は逆に《直接》的意味での《非敵対矛盾》であり、対立物b_1とb_2は《非敵対》的対立関係にあるものとする。さて、今、この三国間に紛争が起こり、A国とB国は同盟を組んでC国と戦争を始めたと仮定する。

この場合、C国にとってみれば、A国はB国ともども自分に《敵対》している矛盾である。すなわち《媒介》的な意味における《敵対矛盾》として存在している。ところが、B国にとって、A国は自分の味方であり、《媒介》的意味での《非敵対矛盾》であるというように存在している。すなわち《直接》的な意味での《敵対矛盾》であるA国は、C国からみれば《媒介》的な意味でも《敵対矛盾》であるが、B国からみれば逆に《媒介》的な意味では《非敵対矛盾》となるわけである。同様に《直

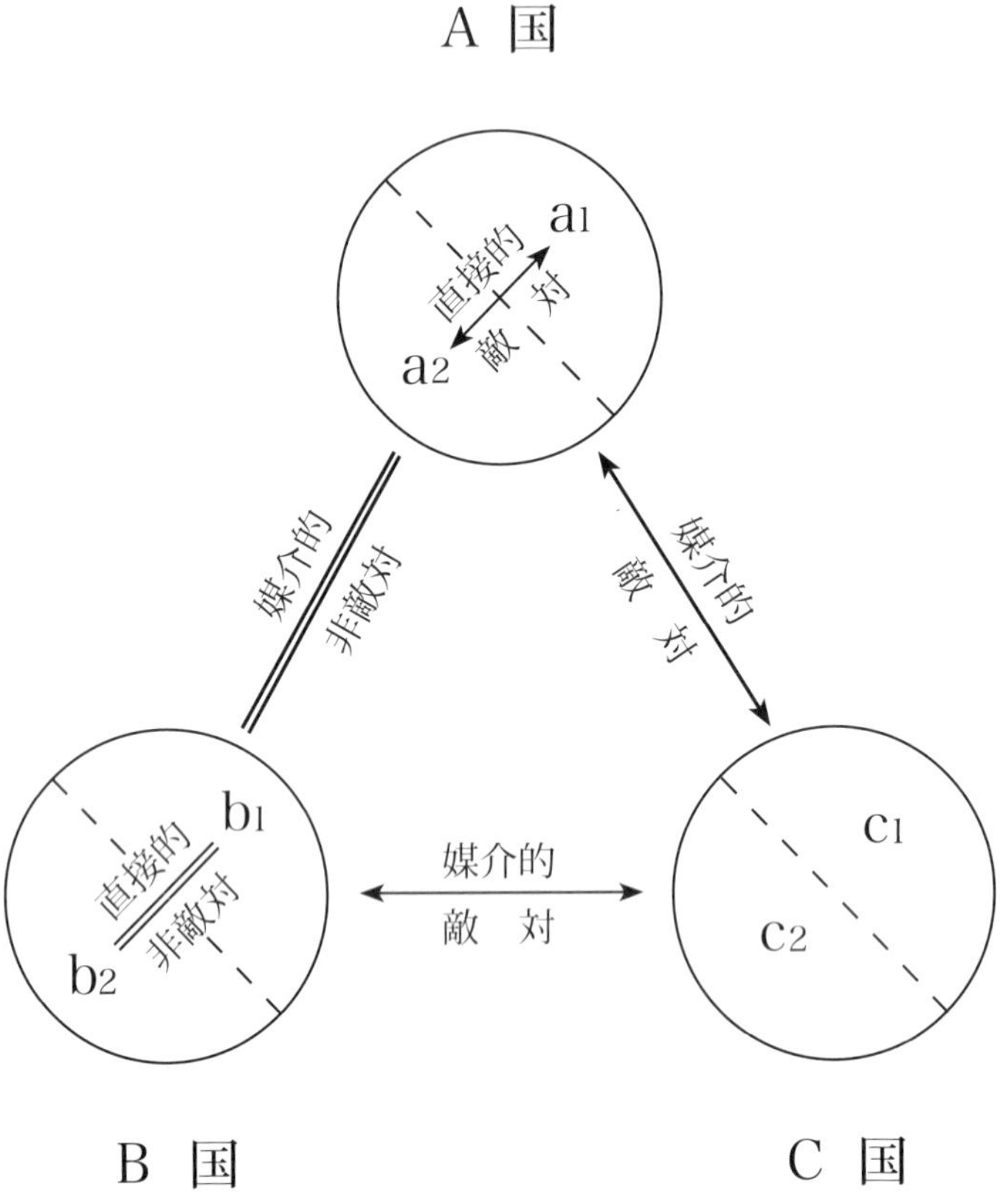

〔図3〕＜敵対矛盾＞と＜非敵対矛盾＞

接》的な意味での《非敵対矛盾》であるB国は、C国からみれば《媒介》的な意味での《敵対矛盾》であるが、A国からみれば逆に《媒介》的な意味でも《非敵対矛盾》ということになる。

このように、同じ矛盾が《媒介》的な意味においては、あるものにとっては《敵対矛盾》であるが、同時に他のものにとっては《非敵対矛盾》である、ということが起こり得る。これは弁証法でいう対立物の直接的統一（すなわち同一性）の一例である。

それでは《直接》的な意味における《敵対矛盾》と《非敵対矛盾》の間にはこのような直接的統一（同一）関係はないのであろうか。実は、そういう関係はあるのである。それは矛盾の本質的な性質に基づいて存在している。

矛盾とは、対立物が《対立》すると同時に《統一》されている関係を意味しているから、矛盾における対立物が相互に《敵対》関係にある場合にも、それと裏腹の関係において対立物の相互協調関係（＝《非敵対》的関係）は必ず継続的に存在している。この点が、単なる《外力》論的な対立関係、すなわち、矛盾とその外部との間の対立関係（その一形態として《媒介》的な《敵対》関係がある）の場合と、矛盾としての《自己運動》論的な対立関係、すなわち、矛盾内部における対立物同士の対立関係（その一形態として《直接》的な《敵対》関係がある）の場合とが、本質的に異なる点なのである。

たとえば、資本主義社会における企業の場合を考えてみよう。企業内部において資本家と労働者は敵対関係にあり、労働者は賃金闘争あるいは職場改善闘争などをおこない、資本家は労働組合の弾圧あるいは労働強化などをおこなって、相互に闘争している。しかし、それとは別の側面において、労働者と資本家は相互に協調しあわなければならない。労働者の方は、労働者が資本主義社会において現実に生活していくためには、資本家の指示に基づいて自分の所属する企業を維持し、強化していかなければならない。そのためには、いやでも資本家と仕事の上で協調しあわなければならない。資本家の方も、いくら労働者の要求や闘争が邪魔であっても、労働者がストライキを打ったり別の企業に移ってしまえば、たちどころに企業経営がいきづまってしまう。そういう事態を避けるためには、たとえ自分の意に沿わなくとも、あるときは妥協して労働者の賃金や職場条件の改善に応ずることもある。労働運動史上、労資対決路線と労使協調路線とが常に対立しながらも存続し続け、現実の労働運動がその二つの路線の間を揺れ動きながら進行してきたのは、このような企業という矛盾における、本質的な意味での矛盾的性格に根ざしている。

結局、この《直接》的な《敵対矛盾》とは、矛盾における対立物の《対立》関係が、その特殊形態たる《敵対》関係にある矛盾をいうのであり、その《敵対》関係の裏側には、矛盾における対立物の《統一》関係の特殊形態である相互《依存》、相互《親和》、相互《協力》などの関係（これらは《非敵対》的関係の一種である）が、常に付着している。その意味で《直接》的な《敵対矛盾》は、一方で《敵対》的であると同時に、他方では《非敵対》的でもあるのである。

蛇足としてつけ加えるならば、逆に《直接》的な《非敵対矛盾》には、このような意味における

《敵対》と《非敵対》の直接的統一関係（同一関係）は存在しない。なぜならば、この場合の対立物の《対立》は《非敵対》的対立であるし、対立物の《統一》はもちろん《非敵対》的であるから、いわゆる《敵対》関係が存在しないわけである。

ところで、この《直接》的な《敵対矛盾》と《非敵対矛盾》とは、形而上学的にはっきり区分されるものなのであろうか。両者の間に相互転化などという事態は発生しないのであろうか。そうではない。もともと《敵対矛盾》における対立物の《敵対》関係というものは、あくまで《対立》関係の一特殊形態にすぎない。したがって、その《敵対》関係の裏側に付着している相互《協調》関係（《統一》の一特殊形態）に引きずられて、ときには《非敵対》的対立関係に転化することも起りうる。また《非敵対矛盾》においても、対立物の《対立》関係（《非敵対》的対立）はあくまで現存するのだから、ときにはその《対立》関係が激化して《敵対》的な関係にまで転化することも起りうる。

たとえば、企業における資本家と労働組合が労資対決路線から労資協調路線に転化することや、反対に、本来は仲の良かった家族において財産相続などをめぐる紛糾が発生し、やがて互に仇敵のように憎みあう関係になってしまうこともある。

《非敵対矛盾》と《敵対矛盾》の本質的な概念規定とその説明はだいたい以上のとおりである。

ところで、これら《敵対》と《非敵対》という矛盾の区分法は、矛盾についての唯一の区分法であろうか？　けっしてそうではない。もともと《敵対》と《非敵対》という関係は、現実の事物の間の意識的そして実践的な相互関係の一特殊形態にすぎない。一般的に、現実の事物の間の意識的そして実践的な相互関係というものは、その他にもいろいろな種類が多数存在している。たとえば《指導》と《非指導》の関係、《啓発》と《非啓発》の関係、《恋愛》と《非恋愛》の関係、《干渉》と《非干渉》の関係、《育成》と《非育成》の関係などなど、いくらでもある。

矛盾論一般においては、もともと《敵対》と《非敵対》の関係などは、現実の事物の相互関係（このなかには矛盾における対立物相互の《直接》的な関係、および、矛盾自体と矛盾の《解決主体》の《媒介》的な関係が含まれている）における特殊な事例の一つにすぎない。この事実を明確にしておくことは重要である。これまで、マルクス主義者たちは、矛盾というと、この《敵対》と《非敵対》の関係を主なものとしてきた。その理由は、人間社会においては、この《敵対》と《非敵対》の関係がもっとも重要な、そして、もっとも切実な関係であった点にある。しかし、矛盾論一般としては、特殊な関係の一つに過ぎず、それ以上の特別な意味はないのである。

つぎに、ステパニャンが、社会主義社会の矛盾の特殊性はそれが《非敵対》的であるところにあるのであって、逆に資本主義社会をふくむそれ以前の社会の矛盾は一般に《敵対》的である、と主張している点を吟味しよう。ただし、ステパニャンには《外力》論が欠落しているため、彼自身は《非敵対矛盾》および《敵対矛盾》をもっぱら《直接》的な意味において用いている。

さきに記したように、世界においては、それが自然界であれ、人間界であれ、常に《非敵対矛盾》

は存在していた。それにもかかわらず、ステパニャンは資本主義社会以前の社会には《非敵対矛盾》が存在せず、社会主義社会になって初めて《非敵対矛盾》が登場したと主張している。この誤謬はステパニャンだけではなく、この「矛盾論争」に参加したマルクス主義者たちが共通に落ち入っていた誤まりなのである。なぜ、マルクス主義者たちは、このように単純な誤謬に足を取られたのであろうか。その責任の一端はレーニンにある。

レーニンは、さきの注67に引用したように「対立物の統一（一致・同一性・均衡）は条件的、一時的、経過的、相対的である。たがいに排除しあう対立物の闘争は、発展、運動が絶対的であるように、絶対的である」と記している。すなわちレーニンはここで、矛盾における対立物の《統一》を相対的なものとみなし、対立物の《対立》関係の一特殊形態にすぎない《敵対》関係に基づく相互《闘争》を絶対的なものとみなしている。

その結果、レーニンは二重の誤謬に落ち入ってしまった。一重目の誤謬は、矛盾における対立物の《対立》関係、および、それに基づく相互《否定》という一般概念と、その一特殊形態にすぎない《敵対》関係、および、それに基づく相互《闘争》という特殊概念とを、混同してしまった点である。二重目の誤謬は、矛盾における対立物の《対立》（レーニンは《対立》を《闘争》と混同している）と《統一》という二つの概念が、矛盾においては本質的に《統一》されているという意味で、いわば対等な関係にあるということを見落としてしまい、前者を絶対的とし、後者を相対的として、その位置づけに優劣をつけてしまった点である。

革命政党の指導者であり、自らの全神経を資本家階級と労働者階級の《敵対矛盾》という課題に集中していたレーニンにとって、それは無理からぬ誤謬であったのかも知れない。あるいは、その程度の誤謬は、レーニン本人においては、比較的容易に訂正し得たかも知れない小さな誤まりにすぎなかったという可能性もある。ところが、レーニンの後継者たちは、このメモを、さらには「弁証法の問題によせて」と題されたレーニンの私的なノートの全体を、神聖化して祭り上げてしまった。このような後継者たちの非科学的な行為の結果、この誤謬は深刻化かつ固定化された誤謬に転化してしまったのである。

すなわち、矛盾における対立物の相互《闘争》が絶対的ならば、対立物の関係が《敵対》的であることも、当然、絶対的とみなさなければならない。そして、そのような対立物をかかえた矛盾が《敵対矛盾》であることも絶対的でなければならなくなる。資本主義社会以前の矛盾がすべて《敵対矛盾》であるというステパニャンたちの誤謬は、ここに根ざしていたのである。

それでは《非敵対矛盾》が社会主義社会になって初めて出現したというステパニャンたちの認識は、どのようにして生まれたのであろうか。誰か勇気のあるマルクス主義者が、矛盾の対立物の闘争は絶対的であるというレーニンの言葉を批判して、新たな《非敵対矛盾》の出現を主張したのであろうか？　残念ながらそうではない。旧ソ連においては、レーニンの言葉を否定できる人間は、他ならぬレーニン以外には存在しなかったのである。ステパニャンのさきの見解が、レーニンの別の言葉に基づいていることを、ステパニャン自らがつぎのように言明している。

「社会主義社会の矛盾の主要な決定的な特長は、矛盾が非敵対的だということにある。レーニンははやくから社会主義のこの特長をみてとり、敵対と矛盾はまったくくちがったものだと書いている。社会主義社会において、前者はなくなるが、後者はのこるのである」（注74）

注74：Ｔｓ・ステパニャン「社会主義社会の発展のなかでの矛盾とその克服の方法」／榊利夫編『矛盾』（合同出版）所収　16頁

毛沢東も彼の『矛盾論』のなかで、レーニンのこの記述をブハーリン『過渡期の経済学』に対するレーニンの評註から直接引用して、ステパニャンと同じことを主張している。

「レーニンはいっている。『敵対と矛盾とは、はっきりちがう。社会主義のもとでは、敵対はなくなるが、矛盾は存続する』この意味は、敵対が矛盾の闘争の一つの形式であって、すべての形式ではないから、この公式をどこにでもあてはめてはならない、ということである」（注75）

注75：毛沢東「矛盾論」／『実践論・矛盾論』松村一人訳（岩波文庫）所収　82頁

すなわち、注67に引用したレーニンの前の言葉によって論理的に抹殺されていた《非敵対矛盾》が、他人ならぬレーニン本人の上の言葉（ブハーリン『過渡期の経済学』に対するレーニンの評註）によって、社会主義社会の矛盾についてだけは復活が許されたのである。

ところで、ここで注意しておきたいことは、レーニンやステパニャンとわれわれとでは、この《敵対矛盾》と《非敵対矛盾》のどちらが世界において一般的であるかという点に関して、その認識が完全に逆転しているという点である。レーニンやステパニャンにとっては、一方の《敵対矛盾》こそが世界における矛盾の一般的な形態であり、他方の《非敵対矛盾》は社会主義社会において初めて出現した特殊な矛盾である、という認識になる。われわれにとっては、すでに記したように、一方の《敵対矛盾》はたかだか生物界にだけ存在している（より厳密にいえば人間界にだけ存在している）ところの特殊な矛盾であり、他方の《非敵対矛盾》こそが生物界と自然界を含めた世界の大部分に存在している一般的な矛盾である、という認識になる。

ところで、レーニンの言葉だけに忠実なステパニャンその他のレーニンの後継者たちは、レーニンの上の二つの言葉を論理構造的に追跡して、両者の論理上の食いちがい、あるいは、異同を指摘することをまったくしていない。おそらくレーニン本人は、ブハーリン『過渡期の経済学』に対するさきの評註によって、以前の自分の考え、すなわち、対立物の闘争が絶対的であるという考えを自己訂正している、と考える方が自然であろう。しかし、レーニンの後継者たちは、レーニンの二つの言葉を二つながらに絶対的真理とみなしたのである。そのために、彼らはつぎのような、本来的に解決不能な難問（愚問）をかかえこむことになってしまった。すなわち《非敵対矛盾》における《非敵対》的対立物の間の相互《闘争》とはどのようなものか、という難問（愚問）である。

ドン・キホーテは風車を「敵」と見誤って「闘争」を挑んだけれども、本人の主観的な認識は首尾一貫しているし、その実践は主体性に満ちている。しかし、この「矛盾論争」に参加したドン・キホーテたちは、風車が別に憎むべき「敵」ではないことを自ら主張しながら、なおかつそれと「闘争」するために槍をかかえて突っ込もうと真面目に考えていたのである。彼らはドン・キホーテとはちがって正気であったかもしれない。しかし、彼らの認識と実践はレーニンの〝聖句〟に縛られ、彼らの主体性は枯渇させられていた。

馬鹿馬鹿しいと笑ってばかりもいられない。問題の「矛盾論争」の参加者全員が、この《非敵対矛盾》における「闘争」のあり方という単純な背理をいかに解釈し合理化しようかと頭をかかえたのであり、それが「矛盾論争」の中心的な論争点になっていたのである。この難問（愚問）を解決する彼らの手口については、これから追い追い拝見していくこととしよう。

ところで、この《非敵対矛盾》における「闘争」という単純な背理を、今後は簡便化のために《矛盾におけるレーニン的背理》と呼ぶことにする。もっとも、レーニン本人は、自分はそんな背理の責任を負わされるいわれはない、と異議を唱えるかもしれないが。

この《矛盾におけるレーニン的背理》を、ステパニャン自身は《非敵対矛盾》の《解決方法》の問題とからませて、さきに示した彼の論文の第二節である「二、社会主義社会の矛盾の特殊性とその特殊な解決方法」の(1)のii、iiiおよび(2)のi～iiiの説明によって、なんとか合理化しようとしている。

それではステパニャンの合理化の手口を見ることとしよう。

ただし、その前に、そのための準備として、もっと一般的な問題である〝人間社会一般の矛盾の特殊性とその特殊な解決方法〟をどうとらえるかについてのわれわれの見解、ならびに《敵対矛盾》と《非敵対矛盾》との一般的な《解決方法》とはどのようなものかについてのわれわれの見解を、以下に簡単に展開しておくこととしよう。

エンゲルスは《人間社会》の矛盾の特殊性について、つぎのように的確な説明をしている。

「ところで社会の発展史は一つの点で自然の発展史とは本質的にちがっている。自然のうちにあるものは――自然にたいする人間の反作用を度外視するかぎり――すべて無意識で盲目の力であり、これらの諸力が作用しあい、それらの交互作用のうちに一般的な法則が働いている。そこに起るすべてのもののうち――表面に現れてくる無数の外見上の偶然事のうちにも、またこれら偶然事の内部にある合法則性を確認する究極の成果のうちにも――意欲され意識されて起るものは一つもない。

これに反して、社会の歴史のうちで行動している人々は、すべて意識をもち、思慮や熱情をもって行動し、一定の目的をめざして努力している人間であり、なにごとも意識的な意図、意欲された目標なしには起らない。しかし、こうした相違は、歴史的研究にとって、とくに個々の時代や出来事の歴史的研究にとっては、非常に重要であるが、歴史の経過が内的な一般的法則によって支配されているという事実を少しも変えるものではない。ここでもまた、すべての個人は意識的に意欲された諸目標をもっているにもかかわらず、表面上では大体において外見上の偶然が支配してはいる。意欲されたことが起るのはまれで、大多数のばあい、多くの意欲された目的が交錯したり抗争しあったりするか、あるいはこれらの目的そのものがはじめから実現できないものであるか、または手段が不十分であったりする。このようにして歴史の領域における無数の個々の意志および個々の行為の衝突は、無意識の自然を支配しているのと類似した状態をもたらす。行為の目的は意欲されたものであるが、行為からじっさいに生じる結果は意欲されたものでなかったり、あるいは、はじめは意欲された目的に合致するように見えても、けっきょくは意欲された結果とはまったく別のものであったりする。このように、歴史的出来事は大体において同じように偶然に支配されているように見える。しかし、表面で偶然がほしいままにふるまっているばあいには、それは常に内的な、かくれた諸法則に支配されているのであって、大切なことはただこれらの法則を発見することである。

人間は、その歴史がどんな結果を生むにせよ、各人が各自の意識的に意欲された目的を追求することによって、その歴史をつくる。そしてこれらのさまざまの方向に働く多くの意志と外界にたいするこれらの意志のさまざまな作用との合成力が、まさに歴史なのである」（注76）

注76：エンゲルス『フォイエルバッハ論』松村一人訳（岩波文庫）67〜68頁

すなわち、自然も歴史も、それらを構成している要素（自然の構成要素は物質あるいはエネルギーであり、歴史の構成要素は人間である）の「無数の外見上の偶然」的な諸力の合成力として現われる。そして、そのかぎりにおいて、すなわち、その内部にある合法則性を貫徹するという点では同一である。しかし、自然と歴史が本質的に異なる点は、それらの構成要素の諸力が、自然の場合には無意識な盲目的な自然力そのままであるのに対し、歴史の場合には個々の人間によって「意識的に意欲された」意志を媒介とした人間力（実践力）である、という点にある。

ところで、こうした自然と歴史の本質的なちがいは、両者の発展の仕方にどのような影響を与えるであろうか。

自然は人間の加える「反作用」（＝《外力》）を「度外視するかぎり」、物質およびエネルギーの「無数の外見上の偶然」的な諸力の単なる合成力としてあり続けるだけである。しかし、歴史の場合には、歴史の構成要素たる人間が、歴史の発展それ自体の過程において、自分自身がその内部に所属している歴史そのものに対する認識能力を徐々に高めていく。

その結果、歴史の内部に貫徹している合法則性を発見し、明瞭かつ体系的に認識する段階に到達する。歴史科学、すなわち社会科学の誕生と発展がそれである。そして、やがては、歴史に対する人間の実践において、武谷三男がいう「客観的法則性の意識的適用」（注77）が可能となるような社会技術を身につけることによって、人間それ自身の望む方向に歴史それ自体を制御する段階にまでいたる。すなわち、歴史それ自体の《自己運動》的発展の結果、自らを技術的に制御しうる《外力》主体を自らの内に創り出すのである。

注77：武谷三男『弁証法の諸問題』（勁草書房）139頁

自然に対しては、人間はかなり昔から「客観的法則性の意識的適用」を駆使した「反作用」を加えている。その結果、われわれは、今日みるように、農業によってかなり安定した食糧を確保できるようになり、土木・建築によって生活環境を整備できるようになり、諸工業によって生活用品を豊富に使用できるようになっている。これらは農学や工学の学問分野の成果である。これらは、自然の客観的法則性を理論的に探究し、抽象的な法則として体系化する《自然科学》に対して、一般に《自然工学》と呼ばれている学問分野である。本来なら《自然技術学》と呼んだ方が、より的確と思われるのだが、日本では「Engineering」がなぜか「工学」と訳されている。

ともあれ、歴史に対してもその客観的法則性を探究し、法則として体系化するところのものを《社会科学》というならば、それに対応する《社会工学》（すなわち《社会技術学》）という技術分野の学問が求められて当然のはずである。

たとえば、マルクスが資本主義社会における経済的法則性を研究し、彼の『資本論』に結実させたのであるが、これは《社会科学》的な一業績である。つぎに、マルクスがその自己の《社会科学》的知見に基づいて、搾取を基礎とする資本主義社会を根本的に変革するためには、搾取される者が自らの立場を認識して団結し、現体制をプロレタリア革命によって打破しなければならないと主張するとき、その主張の学問的展開は《社会工学》の業績とみなすことができる。

そのマルクスが探究した《社会科学》および《社会工学》の理論に基づいて、その実際の応用に努力し、その方面において最初に成功した《社会技術者》がレーニンというわけである。

もちろん、その事実と、マルクスあるいはレーニンの業績が全面的に正しかったか否か、あるいは、最適であったか否かについては、当然、別の問題として検討・検証しなければならない。

自然界を対象とした自然科学、自然工学、自然技術の分野においては、どんなに優れた人間であっても結局は誤謬や不十分性からまぬがれることができなかった。そして、同じ分野の次代の人間に批判され、修正され、止揚され、また、そのような過程を通じてのみそれらの学問あるいは技術が発展してきた。そういう歴史的事実を考えてみれば、人間社会を対象とした《社会科学者》、および、《社会工学者》あるいは《社会技術者》であったマルクスやレーニンに、誤謬や不十分性がなかったなどと考えていたことの方が、よほど異常だったということがわかるはずである。

この《社会科学》、および、《社会工学》あるいは《社会技術学》の分野において著名な業績を上げた他の人物に、たとえばケインズがいる。ケインズは、資本主義社会における周期的な経済恐慌の原因が、資本主義社会の《自己運動》過程において、自律的かつ周期的に生ずる有効需要の減少にあることに着目した。そして、その有効需要を、政府の財政投融資や金融制御などの経済政策を意識的に適用することによって、増大させること。そういう経済政策によって、従来の自律的・周期的な経済恐慌を、人為的に消滅させることができる、と主張したのである。

これはまさしく《社会科学》および《社会工学》の分野の業績であった。そして、第二次世界大戦後の資本主義諸国は、このケインズの《社会科学》あるいは《社会工学》の分野の理論に基づいた《社会技術》を駆使することによって、怠慢なマルクス主義者の期待を裏切り、自律的・周期的な経済恐慌の発生を意識的に回避することに成功してきたのである。

この場合、歴史に対する人間のこのような働きかけを《外力》として取りあつかうことは正しいのか、という疑問が生じるかもしれない。なにしろ《外力》を発する《主体》も人間であるならば、その《外力》を受けとる《対象》も人間であり、しかもそのような《外力》主体を創り出したのが他ならぬ歴史の《自己運動》であったのだから。

たしかに、この場合の《外力》を支える《社会科学》と《社会工学》あるいは《社会技術》は、それぞれ人間による認識および実践の一形態であって、それらは歴史から切り離されたところで勝手に形成されたわけではない。歴史と、歴史に対する人間の認識とは、それぞれ対立しているが、相互に切り離すことのできないものとして関係づけられている。その意味で、総体的には一つの矛盾、すなわち一つの《自己運動》とみなさなければならない。

しかし、総体としては一つの《自己運動》とみなさなければならないということと、個別のその一つ一つが実際に作用する局面においてそれを《外力》とみなすことは、何ら矛盾するものではない。このような個別と総体の関係は、偶然と必然の関係に関連づけて、すでに、本書の第一章において展開した内容でもある。

ここでくわしくは再論しないが、自然界においても、あるいは、自然と人間との関係においても、総体としては《自己運動》ととらえることのできる現象が、個別にみれば《自己運動》とそれに対する《外力》との関係ととらえることができるし、また、そのようにとらえなければ実態をうまく説明できない場合が多いのである。

同じことが歴史に関してもいえるわけである。マルクスやケインズの提出した《社会科学》や《社会工学》の分野の認識に、人類の誰かがいつかは到達するであろうことは必然であり、そういう意味では、それは歴史の《自己運動》の一所産であった。しかし、個人としてのマルクスやケインズが、その時点において、その場所において、そして、その質的レベルにおいて、彼らの認識に到達し得たことは一つの偶然であった。それゆえ、そのような理論に基づいてレーニンあるいは戦後の資本主義諸国の指導者が、革命あるいは経済運営をおこなったところの個々の事例は、それぞれの国の歴史に与えた《外力》とみなし得るし、また、みなさなければならないのである。

さらにわかりやすい例をあげれば、資本主義経済がまだ十分に発達していない後進国において、その国の人間が先進資本主義国において最新の経済理論を学び、その理論を自国の経済運営に適用した場合を考えてみよう。先進資本主義国の経済理論は、本来、その後進国の経済条件とはほとんど無関係に成立したものである。それにもかかわらず、それを学んだ後進国の人間は自国にもどった後、その理論を意識的に自国の経済発展のために適用することができる。その場合、その経済理論は、その後進国の経済的発展とその後進国の人間との認識との交互作用によって自然成長的（すなわち《自己運動》的）に到達したところの学問成果とみなすことができるであろうか。否である。これは、後進国における経済の自己発展（すなわち《自己運動》的発展）に、先進国から持ち帰った経済理論（これは後進国の経済的基盤からは発生し得ないレベルの理論である）に基づいた経済諸政策を、一種の《外力》として作用させて制御した事例なのである。

このような《外力》は、歴史においてよくみられる事例である。特に、日本のように、おおむね他の先進国の文化にリードされてきた国の歴史はそうである。すなわち、日本の歴史は、その国独自の《自己運動》的発展と、当時の文化的先進国から受けた様々な形態の《外力》的作用による変質・変形的な影響とを、その《自己運動》と《外力》との区別と関連に基づいて解析していかなければ的確にとらえることができない。そういうかなり複雑な面をもっているのである。

以上によって《人間社会》の矛盾の《解決》とはなにかが、かなり明らかになってきたであろう。すなわち《人間社会》の矛盾の《解決》とは、人間が自ら構成している《人間社会》に対して実践的な活動としての《外力》を主体的に加え、一つの矛盾として《自己運動》する《人間社会》を自らの望む方向と形態に制御し改造することをいう。この場合の特殊性は、解決する《解決主体》と解決される《解決対象》としての矛盾の実体が共に人間であり、実体としては直接的に統一されている関係(同一関係)にある、という点にある。簡単にいえば、自分で自分を制御し改造するわけである。このように《自己運動》と《外力》主体とが実体的に同一であるため、なかなか論理構造的にこの二つを分けてとらえにくい、という側面があったのである。

ところで《人間社会》の矛盾とその《解決》が、このように《自己運動》と《外力》との関係においてとらえにくいのは、その他に別の理由がある。

すなわち、生産能力が低く人間同士の生存競争が避けられない時代においては、必然的に階級社会が成立する。その階級社会においては、人間の《人間社会》に対する認識が、その人間の所属する階級的利害やイデオロギーに左右されやすい。これが、もう一つの理由である。特に《社会工学》および《社会技術》の分野では、各階級間の利害が直接的に衝突するため、総体からみて真に合理的な

《解決》的実践が、社会共通の問題として直接的に貫徹することが不可能であった。

どうやら《人間社会》が特殊な《自己運動》として真の意味で科学的研究の対象となり、またそれゆえに客観的な《社会工学》あるいは《社会技術》の対象となることができるのは、生産力の増大にともなう階級・階層の消滅あるいは止揚をまたなければならないようである。

すなわち《自然》に対する人間の科学的対応が、神学的自然観とその基盤であった身分制社会から人間が基本的に解放された資本主義社会において、初めて意識的に可能になったと同様に、《人間社会》に対する人間の科学的対応が意識的に可能になるのは、人間が社会的利害関係（階級および階層間の利害関係）から基本的に自由になると予想される社会（マルクス＆エンゲルスがイメージした共産主義社会）の成立をまたなければならない、というわけである。

この間の事情をエンゲルスはつぎのように論じている。

「社会が生産手段を掌握するとともに、商品生産が除去され、そしてそれとともに生産物の生産者に対する支配も除去される。社会的生産の内部にある無政府状態にかわって、計画的、意識的な組織が現われる。各個人の生存闘争は終りをつげる。これによってはじめて、人間は、ある意味では、終局的に動物界から分離し、動物的な生存条件からぬけだして、真に人間的な生存条件のなかへ踏みこむことになる。人間をとりまく生活条件の輪は、これまで人間を支配してきたが、いまや人間の支配と統制とに服する。そして人間は、自分自身の社会組織の主人となるから、またそうなることによって、ここにはじめて自然の主人、自覚したほんとうの主人となるのである。人間の社会的行動の諸法則は、よそよそしい、人間を支配する自然法則として、人間に対立してきたが、こうなると人間によって十分な専門知識をもって応用され、従ってまた支配されることになる。人間自身の社会組織は、これまでは自然と歴史から押しつけられたものとして、人間に対立してきたが、いまやそれが人間自身の自由な行為となる。これまで歴史を支配してきた客観的な、よそよそしい力は人間自身の統制に服する。そのときからはじめて、人間ははっきり意識して自分の歴史を自分でつくるようになる。そのときからはじめて、人間が作用させる社会的諸原因が、大体において、人間がそれらに望んだとおりの結果を実際にもたらすようになり、ますますその度合いが高まってゆくことになる。これは必然の国から自由の国への人間の飛躍である」（注78）

注78：エンゲルス『反デューリング論』粟田賢三訳（岩波文庫・下巻）223頁

それでは、つぎに《敵対矛盾》と《非敵対矛盾》の一般的な《解決方法》はどのようなものかを検討することとしよう。この点に関しては、本節の第一項ですでに展開しておいたところの、矛盾の《解決方法》のいくつかの典型的な形態と対比させて検討する必要がある。

本節の第一項においては、矛盾の《解決方法》の諸形態には《克服》と《維持・強化》および《改造》と《創造》といった種類があると記しておいた。

ところで矛盾の《解決》という観点から《敵対矛盾》および《非敵対矛盾》を検討する場合には、さきに記したように《解決主体》と《解決対象》である矛盾との関係、すなわち《媒介》的な《敵対》関係と《非敵対》関係のことが問題となる。

従来のマルクス主義者においては、そもそも《敵対》関係と《非敵対》関係との区別が、その《直接》的な意味についてさえ曖昧であった。まして、その《媒介》的な意味については、従来のマルクス主義者、特に「矛盾論争」の参加者たちはまったく無自覚であった。そのために、それらの点について「矛盾論争」は、ただ混迷するばかりであった。

現に、多くの論者は、矛盾自体の性格によってではなく、矛盾の《解決方法》のちがいによって《敵対矛盾》および《非敵対矛盾》を区分し、かつ、定義づけるという有様だったのである。

たとえば、三浦つとむは、後で詳細に吟味するように、矛盾を《克服》することがその矛盾を《解決》することになる矛盾が《敵対矛盾》であると定義し、矛盾の《実現》がそのままその矛盾の《解決》であるような矛盾が《非敵対矛盾》であると定義している。すなわち、三浦つとむにおける《敵対矛盾》と《非敵対矛盾》は、字義通りの意味からかなり離れてしまい、結局《敵対矛盾》は《有害矛盾》に、また《非敵対矛盾》は《有益矛盾》および《無害無益矛盾＝中立矛盾》に、それぞれ近い意味で用いられるようになってしまったのである。

なぜ、字義通りの意味から離れてしまったかといえば、そもそもの《有害矛盾》には、それ自体は完全に無意識な自然物、たとえば台風や雷など、人間に害をおよぼす自然現象などがすべてふくまれているからである。それらは、はたして字義通りの意味において人間の《敵》なのであろうか？　どう考えても、そういうことにはならない。

そうはいうものの、この点を《解決主体》と《解決対象》という関係でみるかぎり、本来の《敵対矛盾》および《非敵対矛盾》の字義通りの意味から離れて用いても特に問題はない。したがって、われわれも今後、特にことわらないかぎり、この《媒介》的な《敵対矛盾》を《有害矛盾》の意味で、また《媒介》的な《非敵対矛盾》を《有益矛盾》あるいは《無害無益矛盾＝中立矛盾》の意味でも用いることにしよう。

さて、このように定義づけたとして、それぞれの矛盾の《解決方法》は三浦つとむのあげたもので正しいであろうか。必ずしもそうではない。

まず《敵対矛盾》の《解決方法》は、その矛盾の《消滅あるいは止揚》を目的とした《克服》だけにかぎられるものではない。その《敵対矛盾》を《非敵対矛盾》に《変質》《変形》させることを目的とした、矛盾の《改造》も《敵対矛盾》の《解決方法》の一種になる。

つぎに《非敵対矛盾》の場合はどうであろうか。

一方の《非敵対矛盾》＝《有益矛盾》の場合には、たしかに矛盾の《調和的実現＝発展》を目的とした矛盾の《維持・強化》が典型的な《解決方法》になるであろう。しかし、その他にも、その矛盾の《有益》性をより増大させるために矛盾を《変質》《変形》することを目的とした矛盾の《改造》も、十分に《解決方法》の一種として考えられるのである。

他方の《非敵対矛盾》＝《無害無益矛盾＝中立矛盾》の場合には、はたしてどうであろうか。この場合の矛盾は《解決主体》にとって直接の利害関係がないのだから、特にその矛盾を《解決》する必要はない。ただし、これらの矛盾を少しでも《解決主体》の役に立つように《変質》《変形》させるために矛盾を《改造》することは、一つの《解決方法》と考えることができるであろう。

以上に述べたような矛盾の《解決方法》の諸形態、すなわち《克服》と《維持・強化》と《改造》の他にも、新たな《有益矛盾》の《発生》を目的とした矛盾の《創造》も一種の《非敵対矛盾》の《解決方法》と考えることができる。ただし、人間は無からなにものをも《創造》することはできない。したがって、この《解決方法》は、他の矛盾の《克服》と《維持・強化》と《改造》に密接に関連づけられている。このことは、改めて記すまでもないであろう。

以上が《敵対矛盾》と《非敵対矛盾》の《解決方法》の一般的形態である。

このような若干の予備作業を終えた段階で、いよいよ、ステパニャンが試みた《矛盾におけるレーニン的背理》の合理化の手口を吟味していくこととしよう。

ステパニャンは、まず《敵対矛盾》の《解決方法》について、その形態が《克服》であり、その結果、その矛盾は《消滅あるいは止揚》することになる、と相対的に正しい見解を出している。

ただし、ステパニャンはここで資本主義社会の矛盾を「敵対矛盾」としてあつかっている。彼は《外力》論的視点が欠落しているために、その「敵対矛盾」が《直接》的な《敵対矛盾》であるのか、あるいは《媒介》的な《敵対矛盾》であるのか、という区別ができていない。その当然の帰結として、矛盾の《解決主体》が誰なのか、ということが不明確なままになっている。

しかし、この点は不問にしてもよい。なぜなら、ステパニャン自身は意識していないが、自称マルクス主義者であった彼が資本主義社会の矛盾の《解決》を問題にする場合、彼の念頭にあったところの《解決主体》は労働者階級、あるいは、その前衛を自称する革命政党以外ではあり得なかったことは、いわば自明であるからである。

ところが《非敵対矛盾》の《解決》については様子がちがってくる（ただしステパニャンは社会主義社会の矛盾を「非敵対矛盾」として検討している）。ステパニャンは、この《非敵対矛盾》というものはけっして消滅せず、永遠に成長・発展する、と主張している。その意味では、矛盾の《調和的実現＝発展》を目的とした矛盾の《維持・強化》こそが《非敵対矛盾》の《解決方法》であるということを、実質的には主張していたことになる。

しかし、ステパニャンはこのことをストレートには言明できない。なぜならば、旧ソ連における公認のマルクス主義哲学者としての彼には、矛盾における「闘争」は絶対的でなければならない。したがって、矛盾の《解決方法》は《克服》以外にはありえない、というレーニンの残した神聖不可侵な言葉からも逸脱することは許されない。そのために、ステパニャンは、その《非敵対矛盾》の《解決方法》のなかにも《克服》という言葉を無理やり押し込まなければならなかった。一見すると不可能としか思えないこの奇術は、はたしてどのようにしてなされたのか、その種明かしをしてみよう。

ステパニャンは、矛盾の《克服》という言葉を二つの異なったレベルに分けて使っている。

一つは、彼の論文の第一節において使っていたところの、対象とした矛盾そのものの発生から消滅にいたる発展段階における最終段階、すなわち《消滅あるいは止揚》に対応する意味の《克服》である。たとえば、資本主義社会という矛盾の《克服》とは、資本主義社会が発生し成長した後の最終段階として《消滅》し、社会主義社会に《止揚》される、ということを意味している。すなわち、矛盾総体における発展段階としての《克服》である。

二つは、つぎのとおりである。ある矛盾が発展する過程においては、その過程の内部に部分的な諸矛盾が立体的に組み込まれており、それらの諸矛盾が《発生》してから《消滅》するまでの諸過程が内部に含まれている。これらの部分的な諸矛盾の偶然的な運動・発展を通じて、総体としての矛盾の運動・発展が必然的に貫徹される。このように二重・三重の重層性と複合性をもつ立体的な構造が、実際の矛盾のあり方なのである。ところで、ステパニャンは、このある矛盾の内部を構成している部分的な諸矛盾の部分的な《克服》をも、元の総体としての矛盾の《克服》の意味で使っている。すなわち、これは、さまざまの部分的な矛盾を内包する矛盾総体の発展段階における総体的な《克服》と、その矛盾の発展過程に内在する部分的な矛盾の部分的《克服》との混同である。

そして、ステパニャンは、一方の《敵対矛盾》の《解決方法》としての《克服》には矛盾総体の総体的な《克服》を当て、他方の《非敵対矛盾》の《解決方法》としての《克服》にはその総体としての矛盾の内部に内在している部分的な矛盾の《克服》を当てているのである。このような言葉の使い分けにより、ステパニャンはつぎのように主張することができるようになる。

「社会主義以前のすべての社会構成体では、生産様式内部の矛盾の克服が、けっきょく現存する生産関係の体系の消滅をもたらした。だがこれとちがって、社会主義生産様式内部にある人類史上はじめての非敵対的矛盾は、生産関係の消滅をもたらすのでなく生産関係を不断に恒常的に完成し、共産主義の社会経済構成体をさらにかぎりなく前進させるのである。社会主義的生産様式の矛盾のこのきわだった特長により、共産主義の社会構成体は以前のあらゆる社会のように内部から破滅するのでなく、地球上に人類が存在するかぎり永遠に存在し、発展するものである」（注79）

注79：Ts・ステパニャン「社会主義社会の発展のなかでの矛盾とその克服の方法」／榊利夫編『矛盾』（合同出版）所収　17頁

かくしてステパニャンは、レーニンの言葉に忠実に、矛盾の《解決方法》は矛盾の《克服》であり、その点で《敵対矛盾》と《非敵対矛盾》の両者は変わりがない、と言明できることになったのである。ただし、その矛盾の内部的な矛盾の《克服》の結果、社会主義社会以前の《敵対矛盾》の場合は最終的に《消滅あるいは止揚》=《克服》されるが、社会主義社会における《非敵対矛盾》の場合は決して《消滅あるいは止揚》=《克服》されずにかえって永遠に存在し続けるという点が大いに異なる、ということになる。

手品の種はわかってしまえば単純である。すなわち、矛盾の《克服》という言葉を、矛盾の全体的な《克服》と、その矛盾の内部にある部分的な矛盾の《克服》との二つの意味に御都合主義的に使い分けているにすぎない。これは、誤謬論の立場からみれば、全体と部分の混同という、別に珍しくもない誤謬の一形態にすぎないのである。

もし、論理構造的に正しく考えれば、矛盾の《克服》という言葉をステパニャンが資本主義社会に対して使った意味で社会主義社会に対しても使うとするならば、社会主義社会という矛盾を《克服》することは社会主義社会の《消滅あるいは止揚》を結果するといわざるを得なくなる。反対に、矛盾の《克服》という言葉をステパニャンが社会主義社会に対して使った意味で資本主義社会に対しても使うとするならば、資本主義社会に内在する部分的な矛盾を《克服》することは資本主義社会全体の《調和的実現=発展》を結果するといわざるを得なくなるのである。

三　社会主義社会における《本質矛盾》

社会主義社会の「基本矛盾」をどうとらえるか、という〔論争点Ⅲ〕の問題に移ろう。

ただし、この場合、本来は「基本矛盾」という言葉よりも《本質矛盾》という言葉の方が的確である。なぜなら「基本矛盾」とは、現実の事物の諸特性の基本（土台）となる矛盾という意味であるが、それは必ずしも唯一である必要はない。ある事物には「基本矛盾」がいくつあってもさしつかえないし、また、ある事物の「基本矛盾」が同時に他の事物の「基本矛盾」であってもかまわない。それに対して、ここで使用しようとしている《本質矛盾》とは、ある事物がもつ諸特性を本質的に規定する矛盾という意味であり、それはその事物にとって唯一の《本質矛盾》なのである。しかも、その《本質矛盾》が、同時に他の事物の《本質矛盾》であることはできない。すなわち《本質矛盾》は、その事物においてのみ唯一無二の《本質矛盾》でなければならない。

かつての「矛盾論争」の参加者たちが探し求めた矛盾が、社会主義社会の《本質矛盾》であったことはいうまでもないであろう。そのため、今後は特にことわらないかぎり《本質矛盾》という言葉を使用することにする。

ステパニャンの見解を吟味する前に、マルクス＆エンゲルスがこの問題をどうとらえていたかを追跡し、整理することから始めよう。

ところで、社会主義社会の《本質矛盾》を明確にするためには、検討の対象をはじめから社会主義社会そのものに限定し、その特質をあれこれ考察するだけでは決定的に不十分である。研究対象を最初から狭く限定してしまうと、かえってその本質が見えにくくなり、ともすれば逸脱や混同を引き起すことになってしまう。そこで多少まわり道にはなるが、つぎに示すような順序で一つずつ問題を整理しながら、マルクス&エンゲルスの社会主義観を追跡していくことにする。

〔検討の順序〕

i　人間社会一般の《本質矛盾》の検討

ii　人間社会の《前史》、すなわち、原始共産主義社会と階級社会との《本質矛盾》の検討

iii　人間社会の《前史》における最高段階としての資本主義社会の《本質矛盾》の検討

iv　人間社会の《前史》に対する《本史》に相当する共産主義社会の《本質矛盾》の検討

v　《前史》の最高段階としての資本主義社会から《本史》としての共産主義社会へと移行する際の、過渡期としての社会主義社会の《本質矛盾》の検討

この順序は、人間社会の歴史をマルクス&エンゲルスに則して図4に示すような立体的構造におい

てとらえた場合、必然的にたどらなければならないものなのである。

(一) 人間社会一般の《本質矛盾》

マルクス&エンゲルスの唯物史観は、つぎのような唯物論的発想を人間社会の歴史観にも展開したものである。

「このばあいにもまたヘーゲルからの分離は唯物論の立場へ帰ることによっておこなわれた。すなわち、われわれは現実の世界——自然と歴史——を、先人の観念論的な幻想なしにそれに近づく者のだれにでも現われるままの姿で把握しようと決心した。われわれは、空想的な連関においてでなく、それ自身の連関において把握

<table>
<tr><td colspan="6">人間社会一般</td></tr>
<tr><td colspan="4">人間社会の
〈前史〉</td><td colspan="2">人間社会の
〈本史〉</td></tr>
<tr><td>原始共産
主義社会
(自然的分業)</td><td colspan="3">階級社会
(現実的分業)</td><td colspan="2">共産主義社会
(分業の止揚形態)</td></tr>
<tr><td colspan="2">資本主義に先行
する諸社会</td><td>資本主義
社会</td><td colspan="2">社会主義
社会</td><td>共産主義社会</td></tr>
</table>

〔図4〕人間社会の歴史的構造

された諸事実と一致しないあらゆる観念論的幻想を、容赦なく犠牲にしようと決心した。一般に唯物論とはこれ以上の意味をもっていない」（注80）

注80：エンゲルス『フォイエルバッハ論』松村一人訳（岩波文庫）60頁

それゆえ、マルクス&エンゲルスの唯物史観の出発点は、当然、つぎのようになる。

「われわれが出発する前提はなんら任意のもの、なんら教条ではない。それは、ただ想像のうちでのみ捨象されうるところの現実的な前提である。それは現実的な諸個人、かれらの行動であり、そして眼のまえにみいだされもすれば自分自身の行動によってつくりだされもするところのかれらの物質的な生活条件である。したがってこれらの前提は純粋に経験的なやりかたで確認されうるのである」（注81）

注81：マルクス&エンゲルス『ドイツ・イデオロギー』古在由重訳（岩波文庫）23～24頁

それでは、歴史の主体たる「現実的な諸個人」のあり方の本質を、マルクス&エンゲルスはどのように把握したのであろうか。マルクス&エンゲルスは端的につぎのように説明している。

「人間がかれらの生活手段を生産する方式は、まず第一に、眼のまえにみいだされそして再生産さるべき生活手段そのものの性状にかかっている。生産のこの方式は、たんにこれが諸個人の肉体的生存の再生産であるという面からだけ考察されてはならない。それはむしろすでにこれら個人の活動の一定の仕方であり、かれらの生活を表出する一定の仕方であり、これらの一定の生活様式（Lebensweise）である。諸個人がかれらの生活を表出する仕方は、すなわちかれらが存在する仕方である。したがって、かれらがなんであるかはかれらの生産に、すなわちかれらがなにを（was）生産するか、ならびにまたいかに（wie）生産するかに合致する。したがって諸個人がなんであるかは、かれらの生産の物質的条件にかかっている」（注82）

注82：マルクス＆エンゲルス『ドイツ・イデオロギー』古在由重訳（岩波文庫）24～25頁

「人間はかれらの表象、観念などの生産者である。ただしこの人間というのは、かれらの生産力とそしてこれら生産力に対応する交通（その末端の形成体まで含めての）との一定の発展によって制約されているような、現実的な、活動しつつある人間である。意識（Bewusstsein）とは決して意識的存在（das bewusste Sein）以外のものではありえず、そして人間の存在とはかれらの現実的な生活過程である」（注83）

注83：同前　*31*～32頁

すなわち、マルクス&エンゲルスにおける「現実的な諸個人」の存在の本質とは、かれらの「現実的な生活過程」である、というわけである。人間は自らの「現実的な生活」を生産し再生産することにより自らの存在を維持継続する。すなわち、人間の現実的な歴史をつくるのである。

ところでこの「現実的な生活」の生産と再生産は、個々の「現実的な諸個人」がそれぞれ別個に他と隔絶しておこなうわけではない。

マルクス&エンゲルスはつぎのように記している。

「ところで生活の生産は、労働における自己の生活の生産も生殖における他人の生活の生産も、そのますぐに二重の関係として――一方では自然的な、他方では社会的な関係として――あらわれる。ここに社会的というのは、どんな条件のもとにしても、どんな様式によるにしても、またどんな目的のためにしても、いくたりかの個人の協働という意味である」（注84）

注84：マルクス&エンゲルス『ドイツ・イデオロギー』古在由重訳（岩波文庫）36頁

この短い文章のうちに、マルクス&エンゲルスの「人間社会」観が見事に凝結されている。すなわち、人間社会（歴史）は、つぎのように把握すべきだというのである。

人間社会＝現実的な生活の生産および再生産における諸個人の協働過程（注85）

注85：唯物史観の基本に関する以上の一連の展開は、三浦つとむの「唯物史観小論」に多くを負っている／三浦つとむ『マルクス主義と情報化社会』（三一書房）所収

それでは、このようにとらえた「人間社会」の《本質矛盾》とは、どのようなものであろうか。人間が「現実的な生活」を生産する場合、その生産主体はいうまでもなく個々に独立して存在している「現実的な諸個人」である。しかし、それにもかかわらず「現実的な生活」の生産は社会的な関係において、すなわち「いくたりかの個人の協働」の関係においておこなわざるを得ない。そのような状態を指して《人間社会》とわれわれは呼ぶのである。別言すれば、現実的な活動主体として相対的に独立している諸個人が、相互に異なる見解や利害あるいは能力等々において対立を繰り返しながらも、その「現実的な生活」の生産において相互に依存・制約しあい、あるいは、創造しあって生きていかざるを得ない関係（＝「いくたりかの個人の協働」の関係）において存在している。これが《人間社会》の実体である。このように《人間社会》をとらえてみれば、その《本質矛盾》を現実的諸個人の対立と統一である、と把握することは容易であろう。

この《本質矛盾》は、また、個人と社会の対立と統一とも言い換えることができる。個人は社会か

らさまざまに制約され、規制され、強制されるために、その本質において対立せざるを得ないものとして存在している。同時に、個人は、個人としての存在自体が社会なしにはあり得ないという意味において、本質的に社会と統一せざるを得ないものとして存在している。すなわち、《人間社会》は「現実的な生活」の生産と再生産における個人と社会の対立と統一という《本質矛盾》をもつところの、一つの《自己運動》過程としてとらえることができるのである。

この点に関して、三浦つとむは、すでにつぎのように指摘している。

「社会の基本的な矛盾は何か。いいかえるなら、社会を成立させている基本的な矛盾は、敵対的な矛盾か非敵対的矛盾か。これは人間がその生活の生産において、労働を交換し労働を対象化しあうことによって高まっていく、一人は万人のために万人は一人のためにという非敵対的矛盾である」（注86）

注86：三浦つとむ「矛盾論争はなぜ行きづまったか」／三浦つとむ『レーニンから疑え』（芳賀書店）所収　121頁

三浦つとむの敵対矛盾や非敵対矛盾に対する考え方それ自体には、後でくわしく批判するように、誤謬が含まれている。しかし、その点を留保すれば、上記の指摘は基本的に正当である。

このようにとらえた《人間社会》の《本質矛盾》は、人類史の全体を通じて一貫して存在している。そして、それぞれの段階における《人間社会》は、この一般的な《本質矛盾》の特殊な形態、すなわち、特殊な矛盾をそれぞれの《本質矛盾》として内含しているのである。

(二) 人間社会の《前史》すなわち階級社会の《本質矛盾》

マルクス&エンゲルスは人間社会の歴史を、大きく二つに区分してとらえている。

一つは、諸個人が低い生産力水準に基づく社会的諸条件に規定され、相互に否応なしに社会的《分業》体制に組み込まれて相互に敵対せざるをえない段階である。マルクス&エンゲルスはこの段階を人間社会の《前史》と呼んでいる。

二つは、生産力が高度に発達したために諸個人が社会的《分業》の軛から解放され、各人が自由に自己活動をおこなって自己の能力を十全に発揮することのできる段階である。マルクス&エンゲルスはこの段階を共産主義社会と呼んでいる。この段階を、さきの《前史》と対応させて表現すると、これはさしずめ人間社会の《本史》とでも名づけられるべきものであろう。

そこで、まず、人間社会の《前史》をマルクス&エンゲルスがどのようにとらえ、なにをその《本質矛盾》としていたか、を追跡することから始めよう。

人間社会の《前史》の特殊性は、人間社会が諸階級に分裂し、一方が他方を支配し搾取する点にある。なぜ、このような事態が成立するようになったのであろうか。

エンゲルスは『反デューリング論』の「第三篇　社会主義」のなかでつぎのように記している。

「社会が搾取する階級と搾取される階級、支配する階級と抑圧される階級とに分裂したのは、これまで生産の発展が低かったこととの必然的結果であった。社会的総労働が、すべての人がかつがつ生存するのに必要なものをほんのわずか上廻る生産物しかもたらさないかぎり、従って労働が社会成員の大多数の全部の、またはほとんど全部の時間を必要としているかぎり、そのかぎり社会は必然的に階級に分かれる。このもっぱら労働であくせくしている大多数とならんで、直接の生産的労働から解放された階級が形づくられ、それらが労働の指揮、国務、司法、科学、芸術等々の、社会の共同の業務をはたすのである。従って、階級区分の根底にあるのは分業の法則である。しかし、それだからといって、この階級への区分が暴力や強奪、奸計や欺瞞によって遂行されたものではなかった、というわけではないし、また、ひとたび支配階級がその座にすわってしまうと、かならず、働いている階級を犠牲にして自分の支配を固め、社会的指揮を大衆の搾取［の強化］に変えてしまったことも、否定できないのである」（注87）

注87：エンゲルス『反デューリング論』粟田賢三訳（岩波文庫・下巻）220頁

また、マルクス&エンゲルスは『ドイツ・イデオロギー』のなかでもつぎのように記している。

「諸個人のたんなる『意志』には決して依存しないところのかれらの物質的生活、交互に制約しあうところのかれらの生産様式および交通形態こそ、国家の実在的な土台である。そしてそれらは、分業と私有がまだ必要であるようなすべての段階にわたって、諸個人の意志からはまったく独立に、そのような土台としてとどまる。これら現実的な諸関係は決して国家権力によってつくりだされるのではない。それらはむしろこれをつくりだす力である。これら諸関係のもとで支配する諸個人は、かれらの権力が国家として構成されなければならないということは別としても、これら一定の諸関係によって制約されたかれらの意志に、国家意志としての、すなわち法律としての一般的な表現をあたえなければならない。（中略）たとえば、生産力がまだ競争（=《生存競争》……引用者）を不用なものにするほどには発展していず、したがってどこまでも競争（=《生存競争》……引用者）をよびおこしてゆくであろうかぎり、支配される諸階級が競争（=《生存競争》……引用者）およびこれとともに国家と法律とを廃止しようとする『意志』をもっても、それは不可能事を欲することになるだろう」（注88）

注88：マルクス・エンゲルス『ドイツ・イデオロギー』古在由重訳（岩波文庫）193～194頁

すなわち《前史》の特徴である階級社会の根底にあるものは《分業》ということになる。それでは《分業》は、どのようなものとして、どのような過程において、人類の歴史のなかで発生したのであろうか。マルクス&エンゲルスは、同じ『ドイツ・イデオロギー』につぎのように記している。

「自然にたいする人間のかぎられた関係がかれら相互のかぎられた関係を制約し、そしてかれら相互のかぎられた関係が自然にたいするかれらのかぎられた関係を制約している。というのは、まさに自然がまだほとんど歴史的に変更されていないからである。しかも他方ではまわりの諸個人と結合(=《協働関係》……引用者)すべき必然性の意識、かれがとにかく一つの社会に生活するということ(=《協働関係》……引用者)についての意識の端初があらわれる。この端初はこの段階の社会生活そのものとおなじように動物的であり、それはたんなる群居意識である。そしてここで人間が羊から区別される点はただ、かれの意識がかれには本能のかわりをするということ、すなわちかれの本能が意識的なものであるということにすぎない。この羊意識あるいは種族意識は生産性の上昇、欲望の増加、およびこの両者の根底によこたわる人口増加によってなお一層の発展と発達をとげてゆく。それとともに分業が発展するが、これはもともとは性行為における分業にほかならず、つぎには自然的な素質(たとえば体力)、欲望、偶然などなどによってひとりでに、すなわち『自然成長的』（naturwüchsig）にできあがる分業であった。分業は、物質的労働と精神的労働との分割があらわれる瞬間から、はじめて現実的に分業となる」（注89）

注89：マルクス＆エンゲルス『ドイツ・イデオロギー』古在由重訳（岩波文庫）38〜39頁

現実的な《分業》が発生する根拠には、人間の協働による生産力増大への意欲と、そして、これこそが主要な根拠なのだが、生産力が低い段階に特有の人間相互の間の《生存競争》とが、相互に作用している。諸個人の共同体内部での直接的《生存競争》、および、共同体相互間の媒介的《生存競争》が、知らず知らずのうちに諸個人をして、相互の《生存競争》を内含したところの不平等かつ固定的な協働体制、すなわち、現実的な《分業》体制（＝階級的《分業》体制）に追いやり、そこから抜け出すことを不可能にしてしまったのである。すなわち、生産力の低い段階では、人類は《協働》関係にあるとともに各自が《生存競争》関係にあるという状態になる。

そして、実は、ここに見られる諸個人の《協働》と《生存競争》という対立物の統一が、このいわゆる《前史》の《本質矛盾》なのである。そして、この《前史》の《本質矛盾》が自らを示現するところの《自己運動》形態こそが、階級的な《分業》社会というわけである。

それゆえ、逆に、生産力が高度に発達し、諸個人が自らの生存に対する不安を根底からぬぐい去ることができる段階に到達すれば、人類は相互の《生存競争》から解放され、それとともに《分業》の轭からも解放されることになる。

それでは《分業》の発生によって、人間社会および諸個人はどのような影響を受けるにいたったのであろうか。同じ『ドイツ・イデオロギー』に、マルクス&エンゲルスはつぎのように論じている。


「分業のうちにはこれらすべての矛盾があたえられており、そして分業そのものはまた家族における自然成長的な分業と、たがいに対立する個々の家族への社会の分裂とにもとづいている――さてこの分業（Teilung der Arbeit）と同時にまた分配（Verteilung）が、しかも労働とその生産物との量的にも質的にも不平等な分配、したがって所有があたえられる。この所有は、妻や子供たちが夫の奴隷であるところの家族のうちにすでにその芽ばえ、その最初の形態をもっているのである。家族におけるこの奴隷制は、まだきわめて粗野な潜在的なものではあるが、最初の所有である。しかもこれはここでもすでに、所有をば他人の労働力にたいする自由処分だとする近代の経済学者たちの定義にぴったりあっている。とにかく分業と私有とはおなじ表現であり――おなじことが前者では活動についていいあらわされ、後者では活動の生産物についていいあらわされているのである。

――さらに分業と同時に、個々の個人または個々の家族の利害と、たがいに交通するすべての個人の共同利害との矛盾があたえられる。しかもこの共同の利害はたんに観念のなかに『一般的なもの』(Allgemeines）として存在などするのではなく、分業がおこなわれている諸個人のあいだの相互的な依存としてまず現実のなかに存在する。そして最後に分業はただちにつぎのことの最初の実例をわれわれに提供する。すなわち、人間が自然成長的な社会のうちに存在するかぎり、したがって特殊利害と共同利害との分裂が存在するかぎり、したがってまた活動が自由意志的にではなく自然成長的に分割されているかぎり、人間自身の行為はかれにとって一つのよそよそしい対立的な力となり、そしてかれがこれを支配するのではなく、これがかれを抑圧するということの実例である。すなわち労働が分配されはじめるやいなや、各人は一定の専属の活動範囲をもち、これはかれにおしつけられて、かれはこれからぬけだすことができない。かれは猟師、漁夫か牧人か批判的批判家であり、そしてもしかれが生活の手段をうしなうまいとすれば、どこまでもそれでいなければならない（中略）。　社会的活動のこのような定着化、われわれをおさえる物的な強力へのわれわれ自身の生産物のこのような固定化こそ（この強力はもはやわれわれの手におえず、われわれの期待をだしぬき、われわれの目算を水の泡にする）、いままでの歴史的発展における主要契機の一つである。そしてまさに特殊利害と共同利害とのこの矛盾にもとづいて、共同利害は、個別および全体の現実的な利害からきりはなされて国家として一つの独立な姿をとる。そしてそれは同時にまた幻想的な共同性としてである。しかしいつでもそれが実在的な土台としているのは、あらゆる家族集合体および種族集合体のうちに存在する紐帯、たとえば血肉、言語、比較的に大規模な分業およびその他の諸利害でありーーそしてとくに、われわれがあとで展開するように分業によってすでに制約されている諸階級、すなわちあらゆるそのような人間集団のなかでたがいに分立しそしてその一つが他のすべてを支配するところの諸階級である。ここからつぎの結論がでてくる。すなわち、国家の内部におけるすべての闘争、民主主義や貴族主義や君主主義のあいだの闘争、選挙権などなどのための闘争は、種々な階級のあいだのたがいの現実的な闘争がおこなわれるときの幻想的な諸形態にほかならないということ（中略）、そしてさらに、およそ支配をめざして努力している階級は、たとえプロレタリアートのばあいのようにその階級の支配がふるい社会形態全体と支配一般との廃棄の条件となるにしても、自己の利害をやはりまた一般的なものとしてかかげるためには（最初の瞬間にはこれはやむをえない）まず政治権力を奪取しなければならぬということである。諸個人はただかれらの特殊利害――かれらにとってかれらの共同利害と合致しない利害だけをもとめ、そしておよそ一般的なものは共同性の幻想的な形態である――それゆえにこそ、このものはかれらにとって『よそよそしい』（fremd）そしてかれらから『独立な』（unabhängig）利害、すなわちそれ自身ふたたび特殊なそして独自な『一般』利害（"Allgemein"-Interesse）としておしだされる。あるいはまたかれらは、民主制のばあいのように、このような決裂のままでたがいにまみえなければならない。したがって当然また他方では、共同利害および幻想上の共同利害にむかってたえず現実的に対立するところのこれら特殊利害の実践的な闘争は、国家としての幻想的な『一般』利害による実践的な干渉と制御を必要なものとする。社会的な力は、すなわち分業のために制約された協働（種々な個人の）によって発生するところの倍加された生産力は、この協働そのものが自由意志的ではなく自然成長的であるため、これら個人にはかれら自身の結合された力としてはあらわれずに、かれらのそとにたつよそよそしい強力としてあらわれる。そしてこれについてはかれらは、どこからきてどこへゆくのかを知らない。したがって、もはやかれらはこれを支配することができない。かえってこれはいまや独自な、人間の意欲や動向から独立な、いなこの意欲と行動をまず支配するような、一系列の位相と発展段階をたどってゆく。哲学者たちにわかりよくいうならば、この『疎外』(Entfremdung)はもちろんただ二つの実践的な前提のもとでのみ廃棄されることができる。それが一つの『たえられぬ』(unerträglich)力、すなわちそれにむかって革命がおこなわれるような力となるためには、それが人類の大衆をばまったくの『無産者』(Eigentumslos)としてうみだしていると同時に、富と教養との現存世界にたいする矛盾の形でうみだしていることが必要である。ただし富と教養とはいずれも生産力のおおきな上昇——生産力の高度の発展を前提するものである。——そして他方では生産力のこのような発展は(これと同時にすでに、人間の地方的な生存のうちにではなく世界史的な生存のうちに現存する経験的な存在があたえられている)、つぎの点からも一つの絶対に必要な実践的前提である。というのは、もしこの発展がなければただ欠乏だけが一般化され、したがって窮乏とともにまたもや必要物のための争いがはじめられ、そしてふるい汚物がそっくりたちなおるにちがいないからである。さらにまた、生産力のこの普遍的な発展とともにはじめて人間の普遍的な交通がなりたち、したがってこれは一方では『無産』大衆の現象をすべての民族のうちに同時にうみだし（一般的競争）、これら民族のいずれをも他の諸民族の変革に依存させ、そして地方的な個人のかわりに世界史的なすなわち経験的に普遍的な個人をおきかえたからである」（注90）

注90：マルクス＆エンゲルス『ドイツ・イデオロギー』古在由重訳（岩波文庫）42〜46頁

以上の引用から明らかなように、マルクス＆エンゲルスは、まず端的に「分業のうちにはこれらすべての矛盾があたえられ」ると記し、つぎに「分業と私有とはおなじ表現であ」るというきわめて重要なことを記している。そして、さらに、この《分業》の発生と発展によって人間社会は否応なしに、つぎのような宿業を背負わざるを得なくなった、と展開している。

① 生産物の不平等な分配＝所有の発生
② 特殊利害あるいは個別利害と共同利害の分裂＝諸階級および幻想的共同性としての国家の発生
③ 労働の自己疎外＝生産力の非制御化

それゆえ、人間社会が自ら招いたこの宿業を解消し、苦渋に満ちた《前史》から理想的な歴史段階とされる《本史》に移行するためには、諸悪の根源である《分業》の《消滅あるいは止揚》が不可欠な条件になる、というわけである。

さて、これまでの吟味によって、人間社会の《前史》の《本質矛盾》が、諸個人の現実的生活の生産における《生存競争》と《協働》の対立と統一、すなわち《分業》的生産様式にあることは明らかになった。それでは、この矛盾は、先に指摘した人間社会一般の《本質矛盾》がどのように特殊化されたものなのであろうか。この点に簡単に触れておこう。

現実的な生活の生産において、生産主体たる現実的な諸個人が、互いに対立（対立そのものは敵対とは異なる）しているとともに統一されている関係が、人間社会の《本質矛盾》であり、この《本質矛盾》が「自らを実現するとともに解決する」ところの運動形態が人間社会の歴史（＝現実的な生活の生産および再生産における諸個人の協働過程）であった。このような人間社会において、生産力が未だ低い段階では、現実的な諸個人の対立関係が《生存競争》という特殊な敵対的形態をとらざるを得ない。このように《生存競争》という特殊で深刻な対立関係があるにもかかわらず、否、特殊で深刻な対立関係があればなおさらのこと、人間が人間として生活し、かつ、そのような《生存競争》の渦中で生き抜いていくためには、生活の生産における協働関係という諸個人の統一関係を畸型的な協働関係（＝《分業》的協働関係）として強化せざるを得なくなる。このような現実的生活の生産における現実的諸個人の特殊な対立（＝《生存競争》）と特殊な統一（＝《分業》的協働）という矛盾（＝未だ生産力が低い段階における人間社会の《本質矛盾》の特殊形態）が「自らを実現すると共に解決する」ところの運動形態が、すなわち《分業》的生産様式に基づく人間社会の《前史》過程なのである。

この点を、マルクスは『経済学批判』の有名な序言のなかでつぎのように記している。

「人間は、その生活の社会的生産において、一定の、必然的な、かれらの意志から独立した諸関係を、つまりかれらの物質的生産諸力の一定の発展段階に対応する生産諸関係を、とりむすぶ。（中略）社会の物質的生産諸力は、その発展がある段階にたっすると、いままでそれがそのなかで動いてきた既存の生産諸関係、あるいはその法的表現にすぎない所有諸関係と矛盾するようになる。これらの諸関係は、生産諸力の発展諸形態からその桎梏へと一変する。このとき社会革命の時期がはじまるのである。（中略）一つの社会構成は、すべての生産諸力がそのなかではもう発展の余地がないほどに発展しないうちは崩壊することはけっしてなく、また新しいより高度な生産諸関係は、その物質的な存在諸条件が古い社会の胎内で孵化しおわるまでは、古いものにとってかわることはけっしてない。（中略）大ざっぱにいって、経済的社会構成が進歩してゆく段階として、アジア的、古代的、封建的、および近代ブルジョア的生産様式をあげることができる。ブルジョア的生産諸関係は、社会的生産過程の敵対的な、といっても個人的な敵対の意味ではなく、諸個人の社会的生活諸条件から生じてくる敵対という意味での敵対的な、形態の最後のものである。しかし、ブルジョア社会の胎内で発展しつつある生産諸力は、同時にこの敵対関係の解決のための物質的諸条件をもつくりだす。だからこの社会構成をもって、人間社会の前史はおわりをつげるのである」（注91）

注91：マルクス『経済学批判』武田隆夫他訳（岩波文庫）13～15頁

これは『ドイツ・イデオロギー』のつぎの箇所と対応している。

「すなわち生産力、社会的状態および意識というこれら三つの契機がたがいに矛盾におちいることがあり、またおちいらざるをえないのは、分業とともに、精神的活動と物質的活動が――享受と労働が、生産と消費が別々な個人の仕事になる可能性、いな現実性があたえられるからだということ、そしてそれらが矛盾におちいらずにすむ可能性はただ分業がふたたびやめられることのうちにのみ存するということである」（注92）

注92：マルクス・エンゲルス『ドイツ・イデオロギー』古在由重訳（岩波文庫）40頁

「生産力は個人たちからまったく独立な、ひきさかれたものとして、個人たちとならぶ独自な世界としてあらわれる。その根拠は、自分たちの力こそ生産力であるところの個人たちが分裂したままたがいに対立して存在するということ（＝《生存競争》……引用者）、しかも他方ではこれらの力はた

だこれら個人の交通と連関（＝《協働関係》……引用者）とのうちにおいてのみ現実的な力になるということにある」（注93）

注93：同前　*101*〜*102*頁

これらの引用から明らかなとおり、マルクス＆エンゲルスは、人間社会の《前史》の特徴たる生産力と生産関係の桎梏は《分業》にその本質的原因があり、その内実としては「自分たちの力こそ生産力であるところの個人たちが分裂したままたがいに対立して存在するということ、しかも他方ではこれらの力はただこれら個人の交通と連関とのうちにおいてのみ現実的な力になる」という人間社会の《前史》における《本質矛盾》が存在する、と主張しているのである。

(三)　人間社会の《前史》における最高段階としての資本主義社会の《本質矛盾》

マルクス＆エンゲルスは、資本主義社会を、人間社会の《前史》における最後の、そして、最高に発展した段階の社会としてとらえている。さらに、人類は、その資本主義社会を止揚することによって、共産主義社会、すなわち、人間社会の《本史》ともいうべき段階に突入すると主張したのである。

資本主義社会の《本質矛盾》については、エンゲルスが『反デューリング論』において極めて明確に記しているので、いわゆるマルクス主義者の間でもめずらしく異論の少ない部分である。エンゲルスは『反デューリング論』の「第三篇　社会主義」の「第二章　理論的なこと」のなかでつぎのように記している。

「資本主義革命――最初には単純協業とマニュファクチュアとによる工業の変革。これまで分散していた生産手段が大きな仕事場に集積され、それによって個々人の生産手段であったものが社会的な生産手段に転化する――この転化は大体において交換形態には影響がない。これまでの取得形態がもとのまま行なわれている。資本家が登場する。彼は生産手段の所有者の資格で生産物をも取得し、それらを商品とする。生産は社会的行為となっているが、交換、およびそれとともに取得は、あい変わらず個別的行為、個々人の行為である。社会的生産物が個々の資本家によって取得される。これが根本矛盾であり、それから一切の矛盾が発生し、今日の社会はそれらの矛盾を通じて運動してゆき、そして大工業がそれらの矛盾を明るみにさらけだすのである」（注94）

注94：エンゲルス『反デューリング論』粟田賢三訳（岩波文庫・下巻）224頁

すなわち、エンゲルスは、資本主義の《本質矛盾》は「社会的生産物が個々の資本家によって取得される」ことであって「これが根本矛盾であ」る、とここで明記している。この「社会的生産」と

「資本家的取得（私有）」という資本主義社会の《本質矛盾》は、人間社会の《前史》における《本質矛盾》、すなわち《分業》的生産様式における矛盾の特殊形態の一つである。

さて、一旦発生した資本主義社会は、自らのもつ内在的な必然性によってどのように自己発展していくであろうか。エンゲルスは、注94に引用した箇所のすぐ後につづけて、つぎのように記している。

「A　生産者が生産手段から分離する。労働者は終身の賃労働を宣告される。プロレタリアートとブルジョアジーとの対立。

B　商品生産を支配する諸法則がますますはっきり現われてきて、それらの作用がいよいよ強くなってくる。とめどのない競争戦。個々の工場内における社会的組織と全生産における社会的無政府状態との矛盾。

C　一方では、機械を完成してゆくことが、競争のために、個々の工場主にとって強制命令となり、そしてこのことは労働者の失職がたえず増大してゆくことと同じ意味である。すなわち産業予備軍。——他方では、生産の無制限な拡張、これもやはり各工場主にとって競争の強制的法則である。——この両面からもたらされる生産諸力のいまだかつてないほどの発展、需要に対する供給の超過、過剰生産、市場の充満、一〇年ごとの恐慌、悪しき循環。すなわち、こちらには生産手段と生産物との過剰があり——あちらには仕事も生活資料もない労働者の過剰がである。しかし生産と社会的福祉とのこの二つの槓杆《てこ》は協力することができない。なぜかといえば、資本主義的な生産形態は、生産力と生産物とがあらかじめ資本に転化していないかぎり、生産諸力を働かせることも、また生産物を流通させることも許さないからであるが、ほかでもなく、それら自体の過剰がそのような転化を妨げているのである。矛盾はついに背理（桎梏……引用者）になる。すなわち、生産様式が交換形態に反逆する。ブルジョアジーは、彼ら自身の社会的な生産諸力をもうこれ以上管理してゆく能力がないことを、承服させられる。

D　生産諸力の社会的性格を部分的に承認することが、資本家たち自身に強制される。大きな生産および交通・通信の組織体が最初は株式会社によって、のちにはトラストによって、そのつぎには国家によって取得される。ブルジョアジーがよけいな階級であることが明らかになる。資本家のすべての社会的機能は、いまや給料をもらっている使用人によってはたされる」（注95）

注95：エンゲルス『反デューリング論』粟田賢三訳（岩波文庫・下巻）224～226頁

このようにして資本主義の発展は、マルクス＆エンゲルスが『ドイツ・イデオロギー』で提示したところの《分業》による「疎外」を廃棄することが可能になるための「二つの実践的な前提」（注90を参照）を創出する。

すなわち「人類の大衆」の『無産者』化、および、「生産力の高度の発展」による「富と教養」の蓄積がそれである。その前提に基づいて資本主義社会が終焉することにより、社会的な《分業》に制約された人間社会の《前史》も終焉を迎える。

㈣　人間社会の《前史》に対する《本史》であるところの共産主義社会の《本質矛盾》

人間社会の《前史》における《本質矛盾》、すなわち《分業》的生産様式が消滅あるいは止揚されることによって、人間社会の《本史》たる共産主義社会が発生する。これが、マルクス&エンゲルスの理論である。それでは《分業》なき後の共産主義社会においては、それにかわってどのような生産様式が登場するのであろうか。エンゲルスは、同じ『反デューリング論』の「第三篇　社会主義」の「第三章　生産」のなかでつぎのように記している。

「社会は、生産手段を社会的に計画的に使用するために、全生産手段の主人となることによって、これまでのような、自分自身の生産手段への人間の隷属をなくなしてしまう。いうまでもなく、各個人が解放されなければ、社会は自己を解放することができない。従って、古い生産様式は根底から変革されなければならない。そして、とりわけ旧来の分業が消滅しなければならない。それにかわって、つぎのような生産組織が現われなければならない。すなわち、一方では、だれ一人として人間の生存の自然的条件である生産的労働に対する自己の持ち分を他人に転嫁することができず、他方では、生産的労働が、人間の隷属化の手段ではなくなって、各個人にそのすべての肉体的ならびに精神的な能力をあらゆる方向に発達させ発揮させる機会を提供することによって、人間の解放の手段となり、このようにして重荷であった労働が快楽になるような生産組織がそれである」（注96）

注96：エンゲルス『反デューリング論』粟田賢三訳（岩波文庫・下巻）240～241頁

そして、重要なことは、このような生産組織はたんに空想的なユートピアとしてあるのではない、と主張されている点である。すなわち、人間社会の《前史》の発展の最高段階である資本主義社会そのものが、自らの《自己運動》の過程で生み出した大工業によって、現実的にそのような生産組織が準備されるというのである。

エンゲルスは、注96に引用した箇所のすぐ後につづけて、つぎのように記している。

「これ（＝共産主義的生産組織……引用者）は今日ではもはや空想でも、あだな望みでもない。生産諸力の現在の発展程度があれば、生産諸力の社会化という事実そのものから生じる生産の増大だけでも、つまり資本主義的生産様式から出てくる障害や攪乱、生産物や生産手段の浪費を除去するだけでも、万人が労働に参加すれば、労働時間を今日の考え方から見てわずかなものに短縮することが、十分にできる。

同様に、旧来の分業をなくなすことも、労働の生産性を犠牲にしなければ実行できないような要求ではない。反対に、そのことは大工業によって生産そのものの一つの条件となっているのである。『機械経営では、同じ労働者を持続して同じ機能に従わせることによって、マニュファクチュア的に、さまざまな機械への労働者の配分を固定化する必要はなくなる。工場の全運動が、労働者からではなく、機械から出発するのであるから、労働過程を中断せずに、たえず人員を交替させることができる。……最後に、機械による労働が若い年頃に習得されるその速度の点からも、同様に、特定な部類の労働者をもっぱら機械労働者として養成する必要がなくなる』だが、一方、機械の資本主義的利用方法は、細部を固定化してしまう旧来の分業が技術的に無用になったにもかかわらず、そうした分業をさらに続けてゆくよりほかはないのであるが、機械そのものがこの時代錯誤に反抗する。大工業の技術的土台は革命的である。『機械装置や化学的処理法やその他の方法を通じて、近代工業は、たえず、生産の技術的基礎とともに、労働者の機能と労働過程の社会的結合を変革する。それはまた、そのことによって、たえず社会内部における分業を変革し、大量の資本と大量の労働者を一つの生産部門から他の生産部門に投げこむ。従って、大工業の本性は労働の転換、機能の流動、労働者の全面的な可動性を条件づける。……この絶対的な矛盾が労働者階級の不断の犠牲の祭、労働力の無際限の濫費と社会的無政府状態による荒廃という形で存分に荒れ狂うことは、すでに見たとおりである。これは否定的な面である。しかし、労働の転換がいまやもっぱら圧倒的な自然法則として、またいたるところで障害にぶつかる自然法則の破壊作用をもって、貫徹されるとすれば、大工業はそのもろもろの破局そのものを通じて、労働の転換と、従ってまた労働者のできるかぎりの多面性とを一般的な社会的生産法則として承認し、それが正常に実現されるように諸事情を適応させることを、その死活的な問題とする。大工業は、いろいろに変化する資本の搾取欲のために、予備として待機している窮乏した労働者人口という奇怪な事態を、いろいろに変化する労働の諸要求に応じうる人間の絶対的な利用可能性をもっておきかえ、一つの社会的な細部機能の担い手にすぎない部分的個人を、さまざまな社会的機能が自己のつぎつぎにいれかわる活動様式となっているような全面的に発達した個人をもっておきかえることを、死活的な問題とする』（マルクス『資本論』）」（注97）

注97：エンゲルス『反デューリング論』粟田賢三訳（岩波文庫・下巻）241～242頁

エンゲルスがここに記したように、マルクス&エンゲルスが当時の大工業程度の生産力によって「旧来の分業」を廃止し、共産主義的生産組織を形成・運営していくことが可能だと考えたのは、かなり見通しが甘かったといわざるを得ない。人間が自己の生存に対して持っている不安感やエゴイスチックな執着心は、マルクス&エンゲルスの予想以上に深刻かつ強烈であった。その上、永年の《前史》時代を通じて身にしみついた《生存競争》の習性は、そう簡単に止揚されはしなかった。同様に、資本主義的大工業は、マルクス&エンゲルスが予想したほど早くには「全面的に発達した個人」を創出させることもできなかったし、また、それほどはやく創出させる必要性もなかったのである。

しかしながら、そのような時間的な面での見通しこそ大きく外れてしまったが、マルクス&エンゲルスの洞察は本質的には的確だったように思われる。現代の大工業による生産力の発展は、着々と「旧来の分業」を止揚するための条件を形成しつつある、とみることができるであろう。

ともあれ、生産力の圧倒的な増大により、衣食住等の直接的生活における物質的な生産に直接必要な労働時間が少なくてすむようになれば、諸個人の自己生存に関する物質的な不安は徐々に解消し、それとともに各人の《生存競争》もその意味を失っていく。それゆえ《前史》時代のように、諸個人が自己の生活の手段を失うまいとして一定の専属の活動範囲に固執する必要もなくなっていき、同時に、それを他人に押しつける必要もなくなっていくことになる。すなわち、人間は《分業》から解放されることになっていくのである。

マルクス&エンゲルスは『ドイツ・イデオロギー』のなかでつぎのように記している。

「共産主義社会では、各人が一定の専属の活動範囲をもたずにどんな任意の部門においても修業をつむことができ、社会が全般の生産を規制する。そしてまさにそれゆえにこそ私はまったく気のむくままに今日はこれをし、明日はあれをし、朝には狩りをし、午後には魚をとり、夕には家畜を飼い、食後には批判をすることができるようになり、しかも猟師や漁夫や牧人または批評家になることはない」（注98）

注98：マルクス・エンゲルス『ドイツ・イデオロギー』古在由重訳（岩波文庫）44頁

そして、社会全員の直接的生活の生産に必要不可欠な分野であり、しかも諸個人の自発的な自己活動だけではその生産がどうしてもまかないきれない分野については、全員が平等にその生産のための労働を分担する。つまり、注96に引用したように「だれ一人として人間の生存の自然的条件である生産的労働に対する自己の持ち分を他人に転嫁することができ」ないのである。ただし、生産力の発達による生産性の向上と、どんな分野の生産にしても他人に強制されずともその仕事を自己の天職として自発的にかつ快楽としての自己活動の一環として実践する人々が必ず何人かは現われるはずである。そのために、実際に各人に割り当てられる非自発的な労働時間はかなり短くてすむことになるであろう。その全般的な調整は社会が直接におこなうわけである。

さらに、マルクス＆エンゲルスは『ドイツ・イデオロギー』のなかでつぎのように記している。

「この段階になってはじめて自己活動は物質的生活と合致するが、このことは全体的個人への個人の発展およびあらゆる自然成長性の脱却に対応する。そしてそのとき労働が自己活動へ転化することと、これまでの制約された交通が個人としての個人の交通へ転化することとが、たがいに対応する。団結した個人たちによる総体的な生産力の領有とともに私有制はなくなる。いままでの歴史はいつでも一つの特殊な条件が偶然的なものとしてあらわれたのにたいして、いまこそ人の分立そのもの、各人の特殊な私的生業そのものが偶然的なものになってしまっている。

もはや分業のもとに包摂されない個人を、哲学者たちは『人間』という名のもとに理想として心にえがき、そしてわれわれによって展開された全過程を『人間』の発展過程としてとらえてきた」（注99）

注99：マルクス・エンゲルス『ドイツ・イデオロギー』古在由重訳（岩波文庫）104～105頁

そして、以上のような条件によってはじめて人間は、社会から支配されることを止め、逆に、社会を支配するようになる。すなわち、注78に引用したように「必然の国から自由の国への人間の飛躍」がおこなわれる、というわけである。

それでは、この人間社会の《本史》たる共産主義社会の《本質矛盾》とはどのようなものであろうか。この点の参考になると思われる箇所を『ドイツ・イデオロギー』から引用してみよう。

「共産主義がいままでのすべての運動とちがうのは、つぎの点である。すなわちそれは、すべてのいままでの生産関係ならびに交通関係の基礎を変革し、すべての自然成長的な前提をはじめて意識的にいままでの人間の創造物としてとりあつかい、それらの前提の自然成長性をはぎとって、結合した個人たちの力にそれらを服従させるのである。したがって共産主義の建設は本質的に経済的であって、この結合の諸条件を物質的につくりだすことである。それは既存の諸条件をば結合の諸条件とする共産主義がつくりだすところの現存物こそ、個人から独立したすべての現存物を、この現存物がやはりなお個人そのもののいままでの交通の産物にほかならないかぎりにおいて、不可能にしてしまうための現実的な土台なのである。（中略）人格的な個人と偶然的な個人との区別は概念上の区別ではなくて、一つの歴史的な事実である。この区別は時代がちがえばちがった意味をもってくる。たとえば身分は一八世紀には個人にとってある偶然的なものであり、家族もまた多少ともそうだった。それは、われわれがそれぞれの時代にかわってしなければならない区別ではなく、それぞれの時代がそこにみいだす種々の要素のあいだに自分でする区別、しかも概念に応じてではなく物質的な生活上の衝突にせまられてする区別である。前代とは反対に後代にとって偶然的としてあらわれるもの、したがってまた前代から後代にひきつがれた諸要素のうちでも偶然的としてあらわれるものは、生産力の一定の発展に対応していた交通形態である。交通形態にたいする生産力の関係は諸個人の行動または活動にたいする交通形態の関係である。（中略）矛盾がまだおこってこないあいだ諸個人がたがいに交通しあうばあいの諸条件は、かれらの個性にぞくする諸条件であり、かれらにとってなんら外的なものではない。そしてそれらは、一定の諸関係のもとに生存するこれら一定の諸個人が、かれらの物質的生活およびこれにつながるものを生産しうるための唯一の諸条件である。したがってそれらはかれらの自己活動の諸条件であり、この自己活動によって生産されるのである。だからかれらが生産するばあいの一定の条件は、矛盾がまだおこってこないあいだは、かれらの現実的な被制約性、かれらの一面的な存在に対応する。そしてこの存在の一面性は矛盾の到来によってはじめてしめされ、したがって後代の人々にとって存在するようになる。このときこの条件は一つの偶然的な桎梏としてあらわれ、さらに、それが桎梏であるという意識が前代にもあてがわれることになる。――これら種々の条件は、はじめは自己活動の条件としてあらわれ、あとではそれの桎梏としてあらわれたが、歴史的発展全体のうちではひとつながりの系列の交通諸形態をかたちづくる。これら諸形態のつながりは、桎梏となった前代の交通形態のかわりに、一層発展した生産力に――したがってまた諸個人の自己活動の一層進歩した方式に対応する一つのあたらしい交通形態があらわれ、今度はこれがまた桎梏となって、さらに他の交通形態にとってかわられるというところにある。これら諸条件はそれぞれの段階において生産力の同時的な発展に対応するから、これら諸条件の歴史は同時にまた、発展をしながらそれぞれのあたらしい世代によってうけつがれてゆく生産諸力の歴史、個人みずからの諸力の発展の歴史でもある」（注100）

注100：マルクス・エンゲルス『ドイツ・イデオロギー』古在由重訳（岩波文庫）108〜110頁

「分業によって人格的な諸力（諸関係）が物的な諸力へ転化されているのをふたたび廃棄することは、それについての一般的な表象をわすれさせることによってはできず、ただ個人がこれら物的な諸力をふたたび自分たちのもとに包摂して分業を廃棄することによってのみできる。このことは共同体がなければ可能ではない。〔他人との〕共同体においてはじめて〔各〕個人は、かれの素質をあらゆる方面へむかって発達させる手段を〔もつ〕。したがって共同体においてはじめて人格的自由は可能になる。共同体のいままでの代用物すなわち国家などにおいては、人格的自由はただ支配階級の諸関係のなかで発達した個人たちにとってのみ、そしてただかれらがこの階級の個人たちだったかぎりにおいてのみ、存在していた。いままで個人たちが結合してつくりあげたみせかけの共同体は、いつもかれらにたいして独立したものとなっていた。そして同時にまたそれは、他の階級にたいしての一つの階級の結合だったから、支配される階級にとってはまったく幻想的な共同体だったばかりでなく、また一つのあたらしい桎梏でもあった。現実的な共同体においては、個人たちはかれらの連合のうちに、そしてまた連合によって、同時にかれらの自由をも獲得する。——

これまで展開してきたすべてのことから、つぎのことがあきらかになる。すなわち、一つの階級の個人がはいりこんだところの、そして第三者にたいするかれらの共同利害によって制約されていたところの共同関係は、いつでも、これら個人がただ平均的個人としてのみ所属していたところの共同体であり、かれらがただかれらの階級の生存条件のなかにいきていたかぎりでのみ所属していたところの共同体だった。つまりこの関係は、かれらが個人としてではなく階級成員として参加していたものである。これに反して革命的プロレタリアの共同体は、かれらおよびあらゆる社会成員の生存条件を自己の統制のもとにおくのであって、ここではまさにその反対である。これには個人が個人として参加する。これこそまさに、個人の自由な発展と運動との諸条件を自己の統制のもとにおくところの、個人の結合にほかならない（もちろん、いままでに発展した生産力の前提の内部での）。これらの条件はいままでは偶然にまかされており、個々の個人にたいして独立なものとなっていた。そしてこの独立化はまさに個人としてのかれらの分離とかれらの必然的な結合とによるものであって、この結合は分業とともにあたえられ、しかもかれらの分離によって一つのかれらにとってはよそよそしい紐帯になっていたのである」（注101）

注101：同前　113～115頁

マルクス&エンゲルスは、自由にそして自発的に自己活動するところの諸個人が、直接的に、彼ら白らが創造し統制するところの現実的共同体に参加する、という点に共産主義社会の本質的特長をみていた。このような社会における《本質矛盾》は以下の点に求めることができる。

すなわち、自由かつ自発的に自己活動をおこなう諸個人は現実的な共同体なしには存在し得ない。同時に、現実的な共同体は自由かつ自発的に自己活動をおこなう諸個人なしには存在し得ない。その意味で、自由かつ自発的に自己活動をおこなう《諸個人》と現実的な《共同体》は対立すると共に統一されている。これこそが、共産主義社会における《本質矛盾》なのである。

別言すれば、従来の《前史》時代のように、古代的市民諸階級、中世の身分的諸階級あるいは近代の経済的諸階級等の社会的階級を媒介としてはじめて諸個人が社会的に結合するのではなくて、諸個人が直接的にかつ単純にまたそれゆえにかえって全面的かつ高度に結びつくこと。すなわち、自由かつ自発的な自己活動主体としての諸個人が直接的かつ全面的に対立と統一の関係を創造し維持すること。そのような、人間社会一般の《本質矛盾》が、もっとも単純かつ純粋な形態で、そして、それゆえにもっとも高度かつ豊富な内容をもって現われるところの矛盾。これこそが共産主義社会の《本質矛盾》なのである。

共産主義社会は「いままでに発展した生産力の前提の内部」において創造されるものであり、人間社会の《前史》の全過程を総括し止揚したところの社会である。

また、共産主義社会は、人間社会の《前史》の初期における、すなわち《分業》がまだ《自然成長的》な段階にとどまっており、それゆえ《現実的な分業》にまで発展していない時代における、それゆえに《現実的な分業》に起因する種々の「矛盾がまだおこってこない」ために「諸個人がたがいに交通しあうばあいの諸条件は、かれらの個性にぞくする諸条件であり、かれらにとってはなんら外的なものではな」（注100の引用から）かったところの《原始共産制社会》、これと矛盾の構造的な側面においてはきわめて類似した性格をもっている。この事実は、初期の《原始共産制社会》から永年の《前史》を経て、共産主義社会という《本史》にいたる一連の過程が、人間社会一般の《本質矛盾》に本質的に規定されながら、無数の現実的な人間の血と肉と精神によって展開された、人間社会の発展過程における一つの壮大な《否定の否定》であることを示している。

(五)「資本主義社会から生まれたばかりの共産主義社会の第一段階」であるところの社会主義社会の《本質矛盾》

これまで展開した内容を踏まえて、いよいよ社会主義社会の《本質矛盾》について考察する段階にたどりついた。

ただし、ここでいう社会主義社会とは、マルクスが『ゴータ綱領批判』のなかで記したところの

「それ自身の基礎のうえに発展した共産主義社会ではなくて、反対に、資本主義社会から生まれたばかりの共産主義社会である。したがってこの共産主義社会は、あらゆる点で、経済的にも道徳的にも精神的にも、それが生まれてきた母胎である古い社会の母斑をまだ身につけている」（注102）ところの人間社会のことである。すなわち「長い生みの苦しみののち資本主義社会から生まれたばかりの、共産主義社会の第一段階」（注103）であるところの社会主義社会のことである。

注102：マルクス『ゴータ綱領批判』望月清司訳（岩波文庫）35頁

注103：同前　38頁

それでは、社会主義社会が「資本主義社会から生まれたばかりの、共産主義社会の第一段階」であるということは、いったいどのような意味であろうか。社会主義社会、すなわち「資本主義社会から生まれたばかりの、共産主義社会の第一段階」には存在し、しかも、そのつぎの共産主義社会の第二段階においては存在しなくなるものとは、いったいなんであろうか。それこそが、社会主義社会の《本質矛盾》に深く関係していることは、あらためていうまでもない。

まず、マルクス＆エンゲルスが、そのような社会主義社会がどのようにして発生すると考えていたか、という点を確認しておこう。確認する文献は、エンゲルスが書いた『反デューリング論』とマルクスが書いた『ゴータ綱領批判』である。

ここで念のために記しておくが、エンゲルスが『反デューリング論』を書いたのは一八七六年〜一八七八年である。そして、マルクスが『ゴータ綱領批判』を書いたのはその直前の一八七五年である。この時期、マルクス&エンゲルスはこの二つの論文を書くにあたって、それぞれの内容について特に緊密な連絡をとっていた。なぜなら、一八七五年五月にいわゆる「ゴータ綱領」を採択して発足した「ドイツ社会主義労働者党」に対し、マルクス&エンゲルスは共に厳しい批判的な立場をとっていた。また、その時期にその「ドイツ社会主義労働者党」のなかに大きな影響力をもっていたデューリングの社会主義学説に対しても、マルクス&エンゲルスは共に厳しい批判的な立場をとっていた。したがって、マルクス&エンゲルスはそれらに対して連携して厳しい批判をおこなうために、特に論争的な内容に関して相互に密接な意見交換をおこなう必要があったのである。そのために、この二つの論文の内容には、特に社会主義に関する内容には、マルクス&エンゲルスの共通の見解がこめられていると考えてさしつかえない。

まず、エンゲルスは『反デューリング論』の「第三篇　社会主義」において、社会主義社会がどのように発生し、どのように発展していくかについての概括的な見解を記している。

「資本主義的生産様式は、人口の大多数をますますプロレタリアに変えてゆき、そのことによって、没落したくなければぜひともこの変革をやりとげなければならない勢力をつくりだす。この様式は大きな社会化された生産手段の国有への転化をますますせまるのであって、そのことによって、この変革をやりとげる道をそれ自身で示してくれる。プロレタリアートは国家権力を掌握し、生産手段をまず国有に移す。しかし、それとともにプロレタリアートはプロレタリアートとしての自分自身を止揚し、それとともにあらゆる階級差別と階級対立とを止揚し、またそれとともに国家としての国家をも止揚する。階級対立の形で運動してきたこれまでの社会には、国家が必要であった。すなわち、搾取階級の外的な生産条件を維持するための、従ってとくに、現存の生産様式によって定められる抑圧の諸条件(奴隷制、農奴制ないし隷農制、賃労働)のなかに、被搾取階級を暴力的におさえつけておくための、そのときどきの搾取階級の組織が必要であった。国家は全社会の公式の代表者、それを目に見える一つの団体のかたちに総括したものであった。しかし、国家がそういうものであったのは、ただ国家がそれぞれの時代にそれ自身で全社会を代表していた階級の国家であったかぎりのことにすぎなかった。すなわち、古代では奴隷を所有する市民の国家、中世では封建貴族の国家、われわれの時代ではブルジョアジーの国家である。国家がついに事実上において全社会の代表者になれば、そのことによって、それは自分自身をよけいなものにしてしまう。抑圧しておかなければならないような社会階級がもはや存在しなくなると、階級支配や、これまでの生産の無政府状態にもとづく個人の生存闘争とともに、またそれから生ずる衝突や乱暴な行動も除去されてしまうと、すぐさま、特別な抑圧権力である国家を必要としたような、抑圧しなければならないものはもはやなにもなくなってしまうことになる。国家がほんとうに全社会の代表者として登場する場合の最初の行為――社会の名において生産手段を掌握すること――は、同時にそれの国家としての最後の独立な行為である。社会関係への国家の干渉は一つの領域から他の領域へとつぎつぎによけいなものになってゆき、やがてひとりでに眠りこんでしまう。人に対する支配にかわって、物の管理と生産過程の指導とが現われる。国家は『廃止』されるのではなくて、それは徐々に死んでゆくのである。『自由な人民国家』という文句はこの点から評価しなければならない。すなわち、それは一時的な扇動のためには正しくても、終局的には科学的に不十分なのである。国家を今明日中にも廃止してしまえという、いわゆる無政府主義者たちの要求も、同様にこの点から評価しなければならない」（注104）

注104：エンゲルス『反デューリング論』栗田賢三訳（岩波文庫・下巻）218〜219頁

「プロレタリア革命。諸矛盾の解決。すなわちプロレタリアートは公権力を掌握し、この権力によって、ブルジョアジーの手からすべり落ちつつある社会的生産手段を、公的な所有に変える。この行為によって、プロレタリアートは生産手段を、それらのこれまでの資本としての性質から解放し、それらの社会的性格に対して、自己を貫徹する完全な自由を与える。あらかじめ定めた計画による社会的生産がいまや可能になる。生産の発展によって、いろいろな社会階級がこれ以上存在してゆくことは時代錯誤になる。社会的生産の無政府状態が消滅してゆくにつれて、国家の政治的権力も眠りこんでゆく。人間はついに自分自身の社会組織の主人となり、それによって同時に自然の主人、自分自身の主人となる――つまり自由になる」（注105）

注105：エンゲルス『反デューリング論』粟田賢三訳（岩波文庫・下巻）226頁

以上のエンゲルスの見解をまとめると、つぎのようになる。

資本主義社会においては、生産が私的にではなく社会的におこなわれるにもかかわらず、その生産の成果が資本家のものになってしまう点、すなわち、私的所有に帰してしまう点に《本質矛盾》があった。資本主義社会において人々は、資本家階級とプロレタリア階級に分割され、相互に対立しているために国家が必要であった。ひとり資本主義社会にかぎらず、従来の「階級対立の形で運動してきたこれまでの社会には、国家が必要であった」。なぜなら、その階級社会における「搾取階級の外的な生産条件を維持するため」には「被搾取階級を暴力的におさえつけておくための、そのときどきの搾取階級の組織が必要であった」からである。国家とは「全社会の公式の代表者、それを目に見える一つの団体のかたちに総括したもの」であるが、実は「国家がそういうものであったのは、ただ国家がそれぞれの時代にそれ自身で全社会を代表していた階級の国家であったかぎりのことにすぎなかった」のである。

そういう資本主義社会の矛盾を解決するためには、資本主義社会における「被搾取階級」であるプロレタリアートが「プロレタリア革命」を起こし、その「国家権力を掌握し、生産手段をまず国有に移す」というところから始めなければならない。この「プロレタリア革命」によって「抑圧しておかなければならないような社会階級がもはや存在しなくなると、階級支配や、これまでの生産の無政府状態にもとづく個人の生存闘争とともに、またそれから生ずる衝突や乱暴な行動も除去されてしまうと、すぐさま、特別な抑圧権力である国家を必要としたような、抑圧しなければならないものはもはやなにもなくなってしまうことになる」。「社会の名において生産手段を掌握すること」、すなわち「生産手段をまず国有に移す」ことは、本来の「特別な抑圧権力である」はずの「国家がほんとうに全社会の代表者として登場する場合の最初の行為」なのであるが、それは「同時にそれの国家としての最後の独立な行為」なのであって、それ以降は「社会関係への国家の干渉は一つの領域から他の領域へとつぎつぎによけいなものになってゆき、やがてひとりでに眠りこんでしまう」のである。

しかし、このエンゲルスの説明だけでは、なぜ国家は「プロレタリア革命」を起こした直後に消滅しないのか、なぜ「国家を今明日中にも廃止してしまえという、いわゆる無政府主義者たちの要求」が「科学的に不十分」なのかが、必ずしも十分には理解できない。

この点を十分に理解するためには、それをマルクスの『ゴータ綱領批判』のつぎの箇所と関連づけて考察すべきなのである。

大切なところなので、先に注102と注103として引用した部分との重複をいとわずに、少し長く引用することにする。

「ここで問題にしているのは、それ自身の基礎のうえに発展した共産主義社会ではなくて、反対に、資本主義社会から生まれたばかりの共産主義社会である。したがってこの共産主義社会は、あらゆる点で、経済的にも道徳的にも精神的にも、それが生まれてきた母胎である古い社会の母斑をまだ身につけている。それゆえ、個々の生産者は、彼が社会にあたえたのときっかり同じだけのものを——あの諸控除をすませたあと——とりもどすのである。彼が社会にあたえたものとは、彼の個人的労働量である。（中略）個々の生産者は、ある形態で社会にあたえたのと同じ労働量を、べつの形態でとりもどすのである。

ここで支配しているのは、商品交換——それが等価物の交換であるかぎりで——を規制するのとあきらかに同一の原則である。内容と形式とはそれぞれ変化している。というのは、事態はいまや変化して、だれも自分の労働以外にはなにもあたえることはできなくなっており、また他方では、個人的消費手段以外のなにものも個々人の所有にうつりえなくなっているからである。しかし、個個の生産者たちのあいだでの個人的消費手段の分配についていえば、そこでは諸商品等価物の交換のときと同一の原則が支配するのであり、ある形態の労働がそれと等しい量のべつの形態の労働と交換されるのである。

だから平等な権利とは、ここでもまだやはり——原則的には——ブルジョア的権利である。とはいえ、原則と実際とがつかみ合いの争いをすることはもはやないし、それに諸等価物の交換とはいっても、商品交換のもとではそれはたんに平均してみれば成立しているというだけのことであって、個々の場合にも諸等価物の交換が成立しているわけではないのだ。

このような進歩があるにもかかわらず、ここでの平等の権利はつねにまだあるブルジョア的な制約を身につけている。生産者たちの権利はかれらの労働給付に比例しており、平等が、平等の尺度つまり労働で測られているのである。しかしある者が肉体的または精神的に他の者よりまさっていれば、同じ時間により多くの労働を給付するし、あるいはより長い時間労働することもできる。（中略）ここでの平等な権利は、不平等な労働にとっての不平等な権利である。だれでも他の者と同じように労働者にすぎないのだから、この平等な権利はいかなる階級差別をも認めない。だがそれは労働者の不平等な個人的天分と、したがってまた不平等な給付能力を、生まれつきの特権として暗黙のうちに認めている。だからそれは、すべての権利と同様に、内容においては不平等の権利である。権利とはその性質上、同じ尺度を適用する場合にのみなりたちうる。ところが、不平等な諸個人（彼らが不平等でないとしたら、彼らはなにも相異なる個人ではないことになる）も同じ尺度をあてれば測れるのであるが、それはただ、彼らを同じ視点のもとに連れてきて、ある特定の一面からだけとらえるかぎりにおいてである。たとえば以上の場合では、諸個人はただ労働者としてだけ考察され、労働者として以外の彼らの資質はいっさい認められず、ほかのすべてが無視されるかぎりにおいてである。さらに、ある労働者は結婚しているのに、他の労働者は結婚していないとか、ある者は他の者より子供が多い等々のこともある。こうして、同じ労働を負担し、したがって社会的消費基金に同じ持ち分をもつばあいでも、ある者は他の者より事実上多く受けとり、ある者は他の者より富んでいる等々ということが生ずる。これらすべての欠陥を避けるためには、権利は平等であるよりも、むしろ不平等でなければならないだろう。

しかしこのような欠陥は、長い生みの苦しみののち資本主義社会から生まれたばかりの、共産主義社会の第一段階では避けられないものである。権利は、社会の経済的な形態とそれによって制約される文化の発展よりも高度であることは決してできない。

共産主義社会のより高度な段階において、すなわち諸個人が分業に奴隷的に従属することがなくなり、それとともに精神的労働と肉体的労働との対立もなくなったのち、また、労働がたんに生活のための手段であるだけでなく、生活にとってまっさきに必要なこととなったのち、また、諸個人の全面的な発展につれてかれらの生産諸力も成長し、協同組合的な富がそのすべての泉から溢れるばかりに湧きでるようになったのち――そのときはじめて、ブルジョア的権利の狭い地平は完全に踏みこえられ、そして社会はその旗にこう書くことができる。各人はその能力に応じて、各人には

その必要に応じて！（中略）

これまで述べてきたことは別にしても、いわゆる分配について大さわぎをしてそれに主たる力点をおくことは、なんといっても誤りであった。

どんなばあいにも、消費諸手段の分配は生産諸条件の分配そのものの結果にすぎないのであって、生産様式そのもののひとつの特徴をなすのは生産諸条件の分配の方である」（注106）

注106：マルクス『ゴータ綱領批判』望月清司訳（岩波文庫）35～39頁

以上のマルクスの見解をまとめると、つぎのようになる。

社会主義社会（＝「資本主義社会から生まれたばかりの共産主義社会」）においては、プロレタリアート革命によって生産手段が国有化（公有化）されたために「個人的消費手段以外のなにものも個々人の所有にうつりえなくなっている」。したがって「だれも自分の労働以外にはなにもあたえることはできなくなって」いる。ただし、この社会主義社会においては、まだ「個々の生産者たちのあいだでの個人的消費手段の分配についていえば、そこでは諸商品等価物の交換のときと同一の原則が支配する」。すなわち「ある形態の労働がそれと等しい量のべつの形態の労働と交換されるのである」。なぜなら、社会主義社会（＝「長い生みの苦しみののち資本主義社会から生まれたばかりの、共産主義社会の第一段階」）においては、まだ「諸個人が分業に奴隷的に従属することがなくな」っておらず、それとともに「精神的労働と肉体的労働との対立もなくな」っていないからである。

そのような社会主義社会においては、すなわち、まだ「諸個人が分業に奴隷的に従属することがなくな」っていない段階の「資本主義社会から生まれたばかりの共産主義社会」においては、労働者の間の「平等な権利は、不平等な労働にとっての不平等な権利である。だれでも他の者と同じように労働者にすぎないのだから、この平等な権利はいかなる階級差別をも認めない。だがそれは労働者の不平等な個人的天分と、したがってまた不平等な給付能力を、生まれつきの特権として暗黙のうちに認めている。だからそれは、すべての権利と同様に、内容においては不平等の権利である」。

しかし、そのような社会主義社会の段階が終焉して「共産主義社会のより高度な段階」が到来すれば、すなわち「諸個人が分業に奴隷的に従属することがなくなり、それとともに精神的労働と肉体的労働との対立もなくな」る段階になれば、そのときはじめて「ブルジョア的権利の狭い地平は完全に踏みこえられ、そして社会はその旗にこう書くことができる。各人はその能力に応じて、各人にはその必要に応じて！」。

以上に示したマルクス＆エンゲルスの社会主義観を、再度、私なりの表現でまとめてみよう。

プロレタリアートは、プロレタリア革命によって国家権力を掌握し、その政治的権力によって強制的に資本家の既得権を取り上げ、生産手段を国有化（公有化）する。そうすることによって資本主義社会の《本質矛盾》を《解決》し、社会主義社会を実現する。

しかし、その最初の段階においては生産力が未だ低いために、生産における現実的な《分業》そのものを消滅させることが出来ない。それどころか、その段階における生産力の下では、適正な《分業》はむしろ必要ですらある。

ところで、生産手段に対する所有の面では国有化（公有化）によって諸個人が平等な関係をもつようになったにもかかわらず、その生産手段を使っておこなう現実の生産活動においては《分業》によって不平等な関係がおしつけられていること（たとえそれがその段階では必要であったとするにしても）、これは明らかに一つの矛盾である。

人間社会の《前史》においては、この《分業》による生産活動の不平等な関係は直接的な形ではあらわれず、身分（階級制）とか私有財産（所有制）という形態を媒介として自らを示現していた。ところが、資本家階級が消滅し、生産手段が国有化（公有化）された社会主義社会においては、この《分業》による生産活動の不平等性がいわばむき出しのかたちで直接的にあらわれることになる。しかも、同時に、この《分業》を止揚できない段階の低い水準の生産力では、諸個人の《生存競争》を完全に消滅させることができない。そのため、諸個人に対する生産物の分配も、この現実的な《分業》に規定された不平等性をまぬかれることができない。ただし、この場合の生産物の不平等な分配は「個人的消費手段」に限られている。なぜなら「社会的生産手段」の私的分配は国家権力によって意識的かつ強制的に禁止されているからである。

さて、以上のまとめから、マルクス&エンゲルスにおける社会主義社会の《本質矛盾》がなんであるかは、もはや明らかであろう。マルクス&エンゲルスにおける社会主義社会の《本質矛盾》とは、諸個人が「社会的生産手段」の所有に関しては平等であるにもかかわらず、現実の生産においては不平等であるという矛盾、別言すれば「社会的生産手段」の社会的所有と生産における《分業》との対立と統一の矛盾、これなのである。

もともと、社会主義社会の《本質矛盾》というものは、プロレタリアートが国家権力を媒介にして社会的生産手段を国有化（公有化）することによって発生し、生産力のさらなる増大によって《分業》が消滅して、社会が共産主義社会に転化することによって消滅するところの矛盾である。そこで、あらためて、注104および注105に引用したところのエンゲルスの予測による社会主義社会の発展過程を、彼に則しながらも、それを《分業》の消滅史としての側面からとらえ直してみることにしよう。

いわゆるプロレタリアートが主体的、すなわち、目的意識的に国家権力を掌握し、その国家権力を用いてこれまた主体的、すなわち、目的意識的に社会的生産手段を国有（公有）に変換させる。ここに社会主義社会は誕生する。しかし、この時点における社会主義社会は資本主義社会から生まれたばかりであり、生産力はまだ十分に発展していない。そのために社会的生産手段は国有化（公有化）してみても、即座に人間相互の《生存競争》の必然性を消滅させ、また《分業》を《消滅あるいは止揚》させることはできない。しかし、社会的生産手段を社会的所有下においたために、生産の無政府的性格が消滅し、合理的かつ計画的な生産が可能になる。すなわち「あらかじめ定めた計画による社会的生産がいまや可能」となる。

その結果、生産力は急速に発展し、最終的には「協同組合的な富がそのすべての泉から溢れるばかりに湧きでるようにな」る。このような生産力の発展によって人間相互の《生存競争》の必要がなくなっていくし、それと併行して現実的な《分業》が段階的に《消滅あるいは止揚》されていく。同時に「いろいろな社会階級がこれ以上存在してゆくことは時代錯誤になる」。それとともに「国家の政治的権力も眠りこんでゆ」き、共産主義的共同体が出現する。これは幻想的共同体から現実的共同体への転化であり、これによって「人間はついに自分自身の社会組織の主人とな」る。

結局、社会主義社会の《本質矛盾》は、人間社会の《前史》の本質的特徴である《分業》と、人間社会の《本史》の本質的特徴である社会的生産手段の社会的所有（これによって交通形態そのものの生産が初めて可能となる）との両面を、部分的に合わせもったところの、すぐれて過渡的な性格の矛盾である、ということになる。

このような《本質矛盾》をもつ社会主義社会における、本質的な課題とはなにか。それは、人間社会の《前史》における本質的特徴であった《分業》的生産様式を、どのように《消滅あるいは止揚》されていくのか、という課題に他ならない。より的確に表現すれば、いわゆるプロレタリア階級が、どのような過程を経て、自らを制約している《分業》的生産様式を、主体的に、すなわち、目的意識的に《消滅あるいは止揚》させていくのか、という課題である。

現実的な《分業》を意識的に《消滅あるいは止揚》させていく過程、これがマルクス&エンゲルスがとらえた社会主義社会である。すなわち、社会主義社会の《本質矛盾》には、現実的な《分業》が深く関係している。しかし、一般的な《分業》それ自体は人間社会の《前史》の全体を通じて貫徹される本質的特徴であって、必ずしも社会主義社会だけの特徴ではない。逆にいえば、社会主義社会における《分業》は、社会主義社会に特有な形態をもって現われるはずである。また、そのように特有な形態をもった《分業》こそが、社会主義社会の本質的特徴でなければならない。社会主義社会の前段階たる資本主義社会の《本質矛盾》は、社会的生産とその生産物の資本主義的取得形態（私有）との対立と統一の矛盾という《分業》の特殊なあり方であることはすでに述べた。それに対応するべき社会主義社会の《本質矛盾》の特殊なあり方はなにか。

それは、人間社会の《前史》において存在していながら、人間社会の《本史》においては《消滅あるいは止揚》しているところの《分業》の消滅期あるいは止揚期である、ということと本質的に同義である。これを《自己運動》の構造的側面からとらえれば、従来の《分業》的生産様式に基づく人間社会の《前史》という《自己運動》の最後の部分と、その直後に二重螺旋的に連結しているところの社会主義的生産様式に基づく社会主義社会という人間社会の《本史》という《自己運動》の最初の部分とが、同時に《消滅あるいは止揚》される過程、すなわち、一つの二重螺旋運動が二重ながらにその円環を終了する課程、これが社会主義社会の特徴ということになる。

社会主義社会のこの二重性が、すなわち、それ以前の資本主義社会、中世身分制社会などのようにその社会の《消滅あるいは止揚》が直ちには人間社会の《前史》の終了には結びつかない（その意味では単純な一重螺旋の終了にすぎない）社会との異質性が、これまで社会主義社会の《本質矛盾》の解明を妨げた大きな要因の一つであったと思われる。

以上、社会主義社会の《本質矛盾》とその特殊なあり方を明確にしたところで、いよいよステパニャンのこの点に関する見解を吟味していくこととしよう。

ステパニャンは記している。

「一部の者は、社会主義の基本矛盾は、新しい社会主義的諸関係と資本主義の残りかす＝『母斑』とのあいだの矛盾であるとかんがえている。べつの人たちは、社会主義の基本矛盾は生産手段にたいする平等と物質的状態における不平等との矛盾であるとかんがえている。このような矛盾は実在する矛盾ではあるが、基本的なものとかんがえることはできない。なぜなら、これらの矛盾は、共産主義の第一段階において作用するだけで、構成体全体に特有なものではないからである。われわれはつぎのようにかんがえるのがただしいとおもう。すなわち、全人民のかぎりなく増大する需要と、その時期に到達している物質・文化財の生産の発展水準とのあいだの矛盾が、社会主義の基本

矛盾である」（注107）

注107：Ｔｓ・ステパニャン「社会主義社会の発展のなかでの矛盾とその克服の方法」／榊利夫編『矛盾』（合同出版）所収　26頁

「共産党とソヴェト政府の活動の最高原則は、優先的に重工業を発展させ、そのうえ全ソヴェト人の物質的・文化的要求を不断にみたすよう配慮することである。この最高原則も、社会主義社会の基本矛盾からでている。

社会主義下では基本矛盾は、労働におうじた分配という法則にしたがって、人民大衆のたえず増大する需要を最大限に満足させることとかたくむすびついている。共産主義のもとでは、基本矛盾と基本的経済法則は変形する。そこでは、調和をたもって発展した人間の迅速に増大する需要をさらに十分かつ全面的にみたすことが問題になることはあきらかである」（注108）

注108：同前　27頁

ステパニャンが社会主義社会の「基本矛盾」（＝《本質矛盾》）を論定するに際して、共産主義の第一段階（これこそが社会主義社会である）においてのみ作用する矛盾ではなく、共産主義一般に作用する矛盾を捜さなければならぬと考えた時点で、彼の誤謬は不可避となったといえるであろう。それはともかく、ステパニャンが社会主義の「基本矛盾」と論定した矛盾を吟味してみよう。それは「全人民のかぎりなく増大する需要」と「その時期に到達している物質・文化財の生産の発展水準」とのあいだの矛盾であるという。この点について、ステパニャンはつぎのようにも記している。

「生産のたゆみない増大は、ますます新しい大衆の需要をもたらす。大衆の需要は不断に増大し、時の生産水準をつねにおいこす」(注109)

注109：Ｔｓ・ステパニャン「社会主義社会の発展のなかでの矛盾とその克服の方法」／榊利夫編『矛盾』(合同出版)所収　27頁

このステパニャンの論定した矛盾は、つぎの二つの意味に解釈することができる。

一つは、マクロ的な解釈である。それは、以下に引用するように、マルクス&エンゲルスいうところの人間社会の歴史を現実的に規定する一般的で主要な契機の一つである「新しい欲望の産出」と同義である、とマクロ的にとらえる場合である。

「満足された最初の欲望そのもの、満足させる行動、および満足のためのすでに手にいれた道具があたらしい欲望へみちびくということであり——そしてあたらしい欲望のこの産出こそ第一の歴史

的行為なのである」（注110）

注110：マルクス・エンゲルス『ドイツ・イデオロギー』古在由重訳（岩波文庫）35頁

しかし、この解釈にしたがうかぎり、この矛盾は、人間社会の発展の一般的推進力であるとステパニャン自身がいうような「生産力と生産関係のあいだの一般的矛盾を一定の制度の範囲内で特殊的に表現したもの」（注111）ではなく、むしろ、生産力それ自体における発展の一般的推進力とみなすべきもの、換言すれば、生産力それ自体の《本質矛盾》ととらえるべきものである。なぜならば「新しい欲望」は直接的には新たな生産力を導き出すものであり、生産力と生産関係のあいだの矛盾に対してはあくまで生産力を通じて間接的にしか作用しないものであるからである。この矛盾が社会主義社会の《本質矛盾》であると論定することは明白な誤謬でしかない。

注111：Ｔｓ・ステパニャン「社会主義社会の発展のなかでの矛盾とその克服の方法」／榊利夫編『矛盾』（合同出版）所収　25頁

もう一つは、ミクロ的な解釈である。ステパニャンの提起した矛盾を、そのときどきの具体的な生産物に対する商品市場における需要と供給のバランスの問題として、ミクロ的にとらえる場合である。この場合でも、この矛盾は、生産力それ自体に直接作用し、生産関係には間接的にしか作用しない。

ところで、この解釈に立つ場合、需要が供給を常に上まわるというステパニャンの命題は正しいか。否である。なぜなら、商品市場における需要と供給の関係は本質的に相対的なものであり、需要が供給を上まわることはもちろんあるが、同様に供給が需要を上まわることも十分起こり得るからである。通常の自由市場においては、物価の変動によって需給関係は最終的に均衡状態に収束する。

ただし、旧ソ連のように市場を統制し、消費物資の生産量を低く抑え、それと同時に小売価格も低く抑える、という典型的な統制経済政策を意識的に採用する場合は別である。このような場合には、一般大衆は物価に比べて高い賃金を支給されるという、一見素晴らしい状況下に置かれているかに見える。しかし、実際には、貨幣はあっても買う物が無いという、実質的な貧困状況下におとしめられているのである。換言すれば、一般大衆は常に空手形をつかまされている、ということになる。その結果は、闇物資の横行であり、経済外的な要因（政治権力や「顔」など）による物資の授受であり、外国からの旅行者へのたかりなどになって現われてくる。この場合には確かに「大衆の需要は不断に増大し、時の生産水準をつねにおいこ」しているかに現象する。しかし、このように一般大衆の生活を犠牲にした統制経済政策は、けっして社会主義社会一般の不可避的な特性ではないし、まして、その《本質的矛盾》などではまったくあり得ないことはいうまでもない。

以上に吟味したように、ステパニャンの提起した矛盾は、どのように解釈しても、社会主義社会の《本質矛盾》とは認められないことになるのである。

四　社会主義社会の《本質矛盾》の《解決方法》

社会主義社会の《本質矛盾》は、いずれは《克服》することによって《解決》しなければならない矛盾である。現実的な《分業》を《消滅あるいは止揚》することによって、生産手段の社会的所有と《分業》との矛盾を《消滅あるいは止揚》し、人間社会をいわゆる共産主義社会に転化させなければならないからである。

しかし、社会主義社会の《本質矛盾》を《克服》しなければならないといっても、それは、今すぐに可能というものではない。マルクス&エンゲルスが理想としたような共産主義社会を実現し、維持できるだけの高度な生産力が、この世に一足飛びに実現するわけではないからである。それゆえ人類は、いずれは《克服》しなければならないこの社会主義社会を、ある時期は、やむを得ない必然として受け入れなければならない、ということになる。

しかも、それは単にやむを得ない必然的な段階としてばかりではなく、いわゆる共産主義社会を実現するために通過することが必要不可欠であるところの段階として積極的にとらえ、それを最善の状態で実現し《維持・強化》しなければならない。すなわち、ある一定期間は、この矛盾を《調和的に実現》することが《解決方法》であるところの矛盾でもあるというわけである。

ところで、社会主義社会がある期間は必然であり、必要不可欠であるということは、生産手段が社会的所有になった条件下での《分業》がある時期は必然であり、必要不可欠であるということと同義である。しかも、この《分業》は、たとえそれが社会主義社会における《分業》であっても、諸個人を「一定の専属の活動範囲」に従属させ、諸個人の自由かつ自発的な自己活動を単なる労働におとしめている、という点に変わりはない。現実的な《分業》は、労働の不平等性とそれによる生産物の分配の不平等性の根源であり、社会的階級を存続させる現実的基盤である。

それゆえ、そのような《分業》は、たとえ社会総体としてはやむをえない必然性をもっていたとしても、具体的に個々の《分業》に隷属させられている諸個人にとっては、特に相対的に割の合わない活動範囲に従事させられている諸個人にとっては、望ましくない、一刻も早く《消滅あるいは止揚》させたいところのものなのである。

それゆえ、社会主義社会を《調和的に実現》させていく場合の中心的な課題は、この現実的な《分業》をいかに諸個人の犠牲が少ない形で実現させるか、というところにあるわけである。できれば、その時点で可能なかぎり、現実的な《分業》を人為的・政策的に《消滅あるいは止揚》させてしまうことが望ましい。

自由に空を飛ぶには重力を無くすことが本質的な必要条件である。しかし、重力が無くなるまで人間が空を飛べないというわけではない。人間は飛行機を発明し、本来ならば飛行の邪魔となるべき空気抵抗を逆に利用して浮力をつくり、かなり自由に空を飛ぶことができるようになった。

同じように、まだ、マルクスが記したような「協同組合的な富がそのすべての泉から溢れるばかりに湧きでる」生産力の水準に到達するところまでいたらず、それゆえ本質的には《分業》存続の必然性がある時代においても、人間の主体的な意志と努力によって、かなりの程度まで自らを《分業》の軛から人為的・政策的に解放しうるはずなのである。

それゆえ、社会主義社会の《本質矛盾》の段階的な《解決方法》とは、その時点の生産力を基本とした社会的条件下において、現実的な《分業》を可能なかぎり《消滅あるいは止揚》させること。そして、やむを得ず存続させざるを得ない《分業》については、それによって諸個人の受ける犠牲を極力少なくするように《調和的に実現》させること、これでなければならない。

五　歴史上二〇世紀に出現した自称「社会主義社会」とはなにか

マルクス&エンゲルスによれば、資本主義社会、社会主義社会、あるいは、共産主義社会においても、人間社会をもっとも基本的なところで規定しているものは生産力である。そして、マルクス&エンゲルスは、彼らの時代における先進資本主義諸国の生産力であっても、すでに社会主義社会に移行するための十分な水準に到達していると判断していた。さらに、マルクス&エンゲルスは、一旦、社会主義社会に移行してしまえば、社会主義社会下の計画経済による効率的な生産の実現と、諸個人の人間的解放による科学・技術の全面的かつ飛躍的な発展の結果、直ちに共産主義社会を支えるために十分な生産力水準に到達できる、と考えていた。

しかし、現実の歴史を顧みれば、マルクス&エンゲルスの予測が楽観的にすぎたことは歴然としている。人間社会の生産力が「協同組合的な富がそのすべての泉から溢れるばかりに湧きでるよう」な水準に到達するには、かつて資本主義社会を実現させた産業革命に匹敵するほどの、生産技術の飛躍的な発展が必要であろう。現在でも、その時期は、まだ当分先のように思われる。

そのような生産技術の飛躍的な発展が必要な分野のうち、そのもっとも基本となり土台となり得るのは、おそらくつぎの二つの分野であろう。

一つは、人類のあらゆる産業の基盤である、エネルギーに関する生産技術の飛躍的な発展である。エネルギー源を、石油、石炭あるいはウラニウムなどという局地的偏在性の高い地下資源に依存しているかぎり、マルクス&エンゲルスが構想した共産主義社会を支えるに十分な生産力を現出することは不可能であろう。産業革命においては、蒸気機関の発明が、水の落流条件というエネルギーの局地的偏在から製造業を解放する点で決定的な役割をはたした。同様に、全産業、特にエネルギー産業が、局地的に偏在する有限の地下資源から解放されたとき、初めて、人間は《生存競争》すなわち現実的な《分業》の軛から抜本的に解放されるようになると思われる。

二つは、人類が生存していくために直接的に必要な、食糧に関する生産技術の飛躍的な発展である。食糧源を地理的な条件や天候的な条件に強く左右される耕作農業に依存しているかぎり、マルクス&エンゲルスが構想した共産主義社会を支えるに十分な生産力を現出することは不可能であろう。食糧生産をすべて工業生産化（非耕作農業化）すること、すなわち、食糧源の確保を地理的な条件や天候的な条件から解放することである。この問題は、さきのエネルギーに関する生産技術の飛躍的な発展と密接にかかわっていると思われる。

マルクス&エンゲルスが、彼らの獲得した社会科学上の知見を基に、いわゆるプロレタリアート革命の歴史的な必然性と現実性を論証し、その本質的な方法として「万国のプロレタリア団結せよ！」と提起したのは一八四八年のことである。その時点から、人間社会の生産力が彼らの目指した共産主義社会を物質的に支えることのできる水準に到達する時点までの時間帯。これに関するマルクス&エンゲルスの予測と現実との食いちがい（恐らく数百年の食いちがいがあったのではあるまいか）が、歴史上二〇世紀に出現した自称「社会主義社会」の歪曲と悲惨を本質的に規定してしまった。

この点を、以下に大まかに考察してみよう。

まず、先進資本主義国について。

マルクス&エンゲルスを初めとする社会主義の諸理論が、先進資本主義諸国の労働者階級に自信と将来への展望を与え、彼らを団結させたことは確かである。また、その結果、労働者階級の経済的・政治的権力（すなわち社会的権力）を増強させることになったのも確かであろう。

それと同時に、それに対して、資本家階級の方も、それら社会主義の諸理論、および、それによって理論武装された労働者階級の社会的権力の増強に刺激され、経済と政治の分野における彼らの理論と体制を深刻に手直しせざるを得なくなった。これも確かなことであろう。

まず、いわゆるプロレタリア革命の導火線であり、また、自らの経済体制の破たんでもあった経済恐慌を回避するための理論的・実践的な試みが真剣におこなわれた。その歴史的な成果のひとつとして、ケインズの経済理論が案出されたのである。このケインズの経済理論によって、ある一定の限度内ではあるが、資本主義経済そのものを主体的・目的意識的に制御することが可能になった。その結果、それまでは必然的と思われていた周期的な経済恐慌を、人為的・政策的に制御・回避することに成功したのである。

同時に、資本主義経済を順調に発展させるために、いたずらに労働者階級を強圧的に抑え込むそれまでの方策が反省され、労働者階級に対する一定の経済的・政治的な譲歩がなされるようになった。特に、労働者階級の消費財購買力を、経済成長に必要な有効需要の重要な要素としてとらえるようになり、その一定限度内の意識的な確保・増大が図られるようにさえなった。

特に先進資本主義国においては、資本家階級が国家権力をほぼ全面的に掌握していたため、総資本的立場からみて適切な上記の諸方策が、比較的スムーズに貫徹されるようになった。これらは、資本家階級による資本主義社会という矛盾の《調和的な実現》とみなすことができる。

以上のような、一方での労働者階級の資本主義体制下における社会的権力の相対的な増強と、他方での資本家階級による資本主義社会の《調和的な実現》への努力とその一定の成功は、先進資本主義諸国の労働者階級をして、是が非でも暴力による政治革命・社会革命を主体的に遂行しなければならないという必要性（切実性）を減衰させたのである。

既存の政治・社会体制を破壊する暴力革命が、その過程において、資本家階級はもちろんのこと、労働者階級それ自身に対しても、諸個人のレベルで多大な犠牲を強いることは自明である。それゆえ、ある程度は満足（我慢）できる直接的生活が現に生産できており、また将来も再生産できる見通しがついている場合には、労働者階級はあえて暴力革命に踏み切る必要性はないし、また、踏み切る可能性もなかった。実際の歴史がそのことを雄弁に語っている。

さらに、このような先進資本主義社会の《調和的な実現》の成功による生産力の増強も、諸個人の《生存競争》を完全に無化し、現実的な《分業》の成立基盤そのものを崩壊させる水準にまでには未だいたっていない。そのため、社会条件にうながされた形での、いわば自然成長的に推進される政治革命・社会革命も、未だ発生する段階にはいたっていないのである。

結局、先進資本主義諸国においては、資本主義から社会主義への過渡期を、いわゆる混合経済という体制下で延々と経過しつつある、というのが現実の歴史となっている。

つぎに、後進（資本主義）諸国について。

後進（資本主義）諸国は、先進資本主義諸国の経済的実力によって完全に圧倒され、総体的な窮乏状況に抑え込まれる結果になった。

もちろん、経済的矛盾、政治的矛盾、社会的矛盾は労働者階級と貧農層に集中するため、彼らは早急に、たとえ現在の社会諸秩序を暴力的に破壊してでも、社会革命を目的とした政治革命を希求せざるをえない経済的・政治的・社会的条件下に追い込まれていった。

他方、後進（資本主義）諸国における資本家階級は、資本主義の未発達状態に規定され、完全には国家権力を掌握し切ることができなかった。彼らは封建的権力等の前資本主義的諸権力との妥協の下にしか国家権力を行使し得なかった。そのため、たとえ資本主義の《調和的な実現》を図るために、労働者階級と貧農層の社会的条件を主体的・目的意識的に改善することを考えたとしても、その政策は前資本主義的諸権力の利害と正面から激突するため、それを円滑に貫徹させることができなかった。

結局、後進（資本主義）諸国においては、総体的な窮乏化とその労働者階級と貧農層への集中化が放置されたままの状態になってしまった。それゆえ、戦争や経済的危機その他の社会的諸事件の発生を契機として、暴力的な政治革命が発生する必要性と可能性が高いことになったわけである。

かくして、マルクス&エンゲルスの予想とは正反対に、資本主義がさほど発達していないと思われた後進（資本主義）諸国において、いわゆる社会主義革命がつぎつぎと実現することになっていった。すなわち、経済的・社会的な側面からみると、もっとも社会主義社会の実現の基盤が弱いはずの諸国において、政治的な側面においては、逆に、もっとも社会主義社会の実現性が高いという、二〇世紀における歴史的な逆説現象が生じてしまったわけである。

これは、表面的には、上部構造は下部構造に規定されるという、マルクス&エンゲルスの理論に背反するように見えるかもしれない。しかし、この問題を、矛盾の《解決》という観点からみれば、すなわち《外力》論の視点からみれば、それほど奇妙な現象ではないのである。

すなわち、マルクス&エンゲルスの理論および革命戦略は、たしかに先進資本主義諸国の社会状況から抽出されたものであった。その意味においては、その社会状況（＝下部構造）に規定されていた。ところが、現実の二〇世紀の歴史において、マルクス&エンゲルスの理論および革命戦略は、後進（資本主義）諸国において活用された。すなわち、本来的には経済的・社会的条件が十分に整っていない後進（資本主義）諸国において、労働者階級と貧農層あるいは彼等の前衛を自称する一部の知識人によって、その国の社会的矛盾を《外力》的に《解決》するために適用されたというわけである。

意識とその発生基盤である社会との関係について、マルクス&エンゲルスは『ドイツ・イデオロギー』のなかでつぎのように記している。

「しかしながらこの理論、神学、哲学、道徳などが現存の諸関係と矛盾におちいるばあいでさえ、このことはただ、現存の社会的諸関係が現存の生産力と矛盾におちいっているということによってのみおこりうるのである――ただしこのようなことはまた、特定の国民的範囲の諸関係においては別な理由でもおこることがある。というのは、矛盾がこの国民的範囲のうちにはうまれずに、この国民的意識と他の諸国民の実践とのあいだに、すなわち一国民の国民的意識と一般的意識とのあいだにうまれるときである」（注112）

注112：マルクス・エンゲルス『ドイツ・イデオロギー』古在由重訳（岩波文庫）39頁

後進（資本主義）諸国のように、いわゆる社会主義社会を支えるだけの社会条件がまったく未成熟な社会において、人為的な《外力》を作用させて強引に社会主義を実現しようとした場合、そこで生れた社会主義社会は畸形的な歪を受けざるを得ない。これは、いわば当然であろう。まして、その社会主義革命によって生産諸力が急速に高まり、たちどころに「協同組合的な富がそのすべての泉から溢れるばかりに湧きでるよう」になったのであればまだしも、革命後何十年も経過してさえそのような生産力水準にはほど遠い状況におかれた社会においては、その社会主義社会の畸形化がそれだけ深刻化する危険は大いにあったのである。

生産力の低い段階においては、諸個人の《生存競争》も一層苛酷な形態をとり、それに規定されて

《分業》もその固定性と差別性を増強せざるを得ない。すなわち、諸個人はより固定的に、より差別的に「一定の専属の活動範囲」に「おしつけられて、かれはこれからぬけだすことができない」ようになったのである。

そのような状況下にあっては、労働者階級と貧農層がその生産活動能力においても、また、政治活動能力あるいは文化活動能力においても、未成熟な状態におとしめられてしまったことは必然である。また、本来は革命の主体となるべき階級が、このような未成熟な状態のままであるという条件下においては、一部の知識人が強引に、いわば人為的に革命を起こし、いわゆる社会主義社会を建設していくためには、一部の知識人あるいは権力者が全人民の名において強権的な指導性を発揮せざるを得なくなることも必然である。さらに、社会の歴史的条件によって押しつけられたこのような強権的指導体制が、指導する側の知識人あるいは権力者（膨大な数の中間指導者層も含めて）が超人的な自制心を発揮しないかぎり、その《指導》体制が徐々に《支配》体制に転化していくことも必然である。これら一連の必然的な動きを回避することは困難であろう。

まさに、エンゲルスが『反デューリング論』に、つぎのように記したとおりである。

「このもっぱら労働であくせくしている大多数とならんで、直接の生産的労働から解放された階級が形づくられ、それらが労働の指揮、国務、司法、科学、芸術等々の、社会の共同の業務をはたすのである。従って、階級区分の根底にあるのは分業の法則である。しかし、それだからといって、この階級への区分が暴力や強奪、奸計や欺瞞によって遂行されたものではなかった、というわけではないし、また、ひとたび支配階級がその座にすわってしまうと、かならず、働いている階級を犠牲にして自分の支配を固め、社会的指揮を大衆の搾取［の強化］に変えてしまったことも、否定できないのである」（注113）

注113：エンゲルス『反デューリング論』粟田賢三訳（岩波文庫・下巻）220頁

またマルクス&エンゲルスは、早くも『ドイツ・イデオロギー』につぎのように記していた。

「哲学者たちにわかりよくいうならば、この『疎外』（Entfremdung）はもちろんただ二つの実践的な前提のもとでのみ廃棄されることができる。それが一つの『たえられぬ』（unerträglich）力、すなわちそれにむかって革命がおこなわれるような力となるためには、それが人類の大衆をばまったくの『無産者』（Eigentumslos）としてうみだしていると同時に、富と教養との現存世界にたいする矛盾の形でうみだしていることが必要である。ただし富と教養とはいずれも生産力の大きな上昇――生産力の高度の発展を前提するものである。――そして他方では生産力のこのような発展は（これと同時にすでに、人間の地方的な生存のうちにではなく世界史的な生存のうちに現存する経験的な存在があたえられている)、つぎの点からも一つの絶対に必要な実践的前提である。というのは、もしこの発展がなければただ欠乏だけが一般化され、したがって窮乏とともにまたもや必要物のための争いがはじめられ、そしてふるい汚物がそっくりたちなおるにちがいないからである。さらにまた、生産力のこの普遍的な発展とともにはじめて人間の普遍的な交通がなりたち、したがってこれは一方では『無産』大衆の現象をすべての民族のうちに同時にうみだし(一般的競争)、これら民族のいずれをも他の諸民族の変革に依存させ、そして地方的な個人のかわりに世界史的なすなわち経験的に普遍的な個人をおきかえたからである。このことがなければ、(1)共産主義はただ地方的なものとしてしか存在できないだろう。(2)交通の諸力そのものは普遍的な、したがってたえられぬ力としては発展できなかったし、いつまでも土着的・迷信的な『境遇』(Umstände)のままだったろう。そして(3)交通のあらゆる拡大は地方的な共産主義を廃棄してしまうだろう。共産主義は経験的にはただ『一挙に』(auf "einmal")または同時になされる支配的な諸民族の行為としてのみ可能であるが、このことは生産力の普遍的な発展およびこれにつながる世界交通を前提している」(注114)

注114:マルクス・エンゲルス『ドイツ・イデオロギー』古在由重訳(岩波文庫)46~47頁

事実、二〇世紀において社会主義社会を自称した諸国家においては、精神労働と肉体労働の差別とその固定化、都市と農村の差別とその固定化、政治的支配と被支配の差別とその固定化、文化活動をもっぱらおこなう部分とそれを物質的に支える部分の差別とその固定化、などの傾向が顕著にみられた。この事実は、それらの自称「社会主義社会」が畸型化してしまったことの何よりの証拠である。

もちろん、二〇世紀に実現した自称「社会主義社会」がそのように畸形化してしまった要因の一つに、周辺に併存していた先進資本主義諸国からの有形無形の武力攻撃、経済制裁その他の敵対的な《外力》があったことはたしかである。しかし、それはあくまでも外的な要因であった。本質的な要因、あるいは、主要な要因は、あくまで内的なものであった。

そのように畸型化してしまった自称「社会主義社会」を矯正する本質的な方法は（もしあるとするならば）なにか。すでに記したように、それは、現実的な《分業》をその時点の生産力等の制約の範囲内においてできるだけ《消滅あるいは止揚》させることである。そして、そのもっとも基本となるものは、一部の知識人によって独占された経済的、政治的、文化的な支配体制を解体することである。すなわち、二〇世紀の自称「社会主義社会」が生み出した怪物、すなわち自称「共産党」の一党独裁という畸形的政治体制を根底的に解体することである。そして、フランス革命以後の人間社会が自らの歴史を積み重ねるなかで生み出してきた、人類の叡智としての基本的人権、特に、個人の自由と平等、政治結社の自由、思想信条の自由、普通選挙権などを徹底的に実現することである。

禁止事項は、本質的にはつぎの条文だけで済むはずである。すなわち、社会的生産手段の私有の原則的な禁止、これである。そして、これに違反した場合の罰則は、厳密な三権分立下における司法権によって、事実行為に対してのみ科せられるべきであることは当然である。

資本主義社会において営々と獲得せられ、深化された基本的人権は、マルクス&エンゲルスによれば、社会主義社会においてこそ全面的に開花すべきはずのものであった。そのような基本的人権は、いわゆる「プロレタリア独裁」という概念の畸型的な解釈によって、安易に投げ捨てられたり、形骸化されるべきものではけっしてない。

以上、マルクス&エンゲルスの思想と理論に照らしてみるならば、社会における《分業》の《消滅あるいは止揚》を現実的な中心課題として自らに課していない社会主義思想は、本質的に贋物である。そして、自らが希求する社会主義革命において、その社会主義革命が達成された後における自己消滅あるいは自己止揚の政治的な思想や現実的なプログラムを持たない社会主義政党は本質的に贋物なのである。

第二章　「矛盾論争」批判

第一節　クロンロード～クルイロフ

一　クロンロード

クロンロードの論文「社会主義における経済的矛盾」を吟味することにしよう。
クロンロードは〔論争点Ⅰ〕に関して、つぎのように記している。

「物質世界のすべての分野の統一体とおなじように、経済諸関係の総一体のなかにも、それに特有の指導的・決定的な矛盾の側面が存在する。したがって、経済的諸法則の作用の矛盾をもつ統一体のなかにも、発展にむかわせ、運動形態やその性質をあらわすような、決定的な作用の総体が存在するはずである」（注115）

注115：Y・クロンロード「社会主義における経済的矛盾」／榊利夫編『矛盾』（合同出版）所収33頁

これで、クロンロードが〔論争点Ⅰ〕について、矛盾が発展の原動力であるという認識に立っていることがわかる。

つぎに〔論争点Ⅱ〕および〔論争点Ⅲ〕についてみてみよう。

注115の引用文から判断すると、クロンロードはどのような事物についてもその事物に特有な《本質矛盾》が存在すると主張しているようである。ただし、社会主義社会に関してだけは、以下のように自分自身の主張をひるがえしている。

「いうまでもないことだが、社会・生産関係をふくめた物質・現象・客観世界の諸過程が内部に矛盾をはらんでいるという法則から、その矛盾性がある基本的な矛盾または諸矛盾の体系としてあらわれるかどうかといったぐあいに、その性質に結論をだすことはできない。いいかえると、弁証法の『基本的法則』の存在は、社会主義経済に基本的な矛盾が存在するかどうかを説くための論拠とはならないのである」（注116）

注116：Y・クロンロード「社会主義における経済的矛盾」／榊利夫編『矛盾』（合同出版）所収39頁

この部分のクロンロードは、さきの注115とは明らかに背反したことを主張している。どのような理屈がこの二つの主張を共存させているのか。それはつぎの部分で明らかとなる。

「どの敵対的な構成体においても、歴史的変化に照応した上述の諸点（＝資本主義的生産様式にともなう『基本矛盾』の特徴的形態……引用者）をすべてみいだせることはいうまでもない。これらの要素は、その構成体に本質的な基本矛盾の存在についてかたることができる。

社会主義的生産様式となると問題は根本的にかかわってくる。実際に、社会主義は歴史上はじめての（原始共同体制度をのぞいて）敵対的な関係をふくんでいない生産様式である。だからこそ、これには生産力の性質にたいする生産関係の完全な照応が本質的なのである。だがこのことは、社会主義には、部分的な経済形態と発展しつつある生産力にたいする個々の経済形態の部分的不照応しかないということを意味している。ここから結論づけられることは、社会主義的生産関係のなかには、その形態全体にわたって浸透し、その体系全体にかかわりのあるような矛盾は存在しないし、またおこりえないということである。このことははっきりしている。なぜなら、このような矛盾の発生は、ほかでもなく、生産力の性質にたいする生産関係の照応が根本的にやぶれることがさけられないことを意味するからである。ここからまた結論づけられることは、社会主義には、その他のすべての矛盾の運動を決定し、またすべてのあれこれの矛盾をつうじてあらわれるような矛盾はおきないということである。結局、社会主義には、生産関係の全体系の深部でうまれ、発展し、その革命

的な爆発なしには解決できないような主要な矛盾はおこりえないのである」（注117）

注117：Y・クロンロード「社会主義における経済的矛盾」／榊利夫編『矛盾』（合同出版）所収 39～40頁

ここでわかるように、クロンロードを牢固としてとらえているのは「矛盾」＝「敵対矛盾」という観念であり、矛盾論的な誤謬なのである。

クロンロードの矛盾論においては、矛盾は本質的に、いずれは《消滅あるいは止揚》されるものであり（この点は正しい）、同時に矛盾はそれを《消滅あるいは止揚》することによってしか《解決》できない（この点は誤り）、ということになる。それゆえ、クロンロードが社会主義社会は永遠に繁栄する（あるいは繁栄させなければならない）とか、共産主義社会に連続的に（つまり質的転化や飛躍なしに）発展すると考えるかぎり、社会主義社会を本質的に規定する《本質矛盾》が存在するなどということは信じられないことになる。

この点は、一人クロンロードのみならず、この「矛盾論争」に参加した人々が多かれ少なかれ落ち込んでいた誤謬なのである。

この種の誤謬から根本的に自由になるには、①社会主義社会の《本質矛盾》は《生産手段の社会的所有》と《分業》との矛盾であり、人類にとっては媒介的な意味でのいわゆる「敵対矛盾」であること、さらに、②共産主義社会は《主体的存在である諸個人》と《諸個人の協働関係からなり立つ社会》との矛盾であり、自然過程としては人類そのものが《消滅あるいは止揚》される場合にのみ《消滅あるいは止揚》される矛盾であること、を十分に認識できる的確な《矛盾》論的な視点に立たなければならない。

それだけではない。

これらの矛盾が自然過程としてはそのように《消滅あるいは止揚》されるべき存在であることを十分に認識しつつも、それに対して主体的に対処し、必要な《外力》を加えてその矛盾の自然過程を制御しなければ人間の自由は保証されないということ（共産主義社会においてはその《本質矛盾》を維持・強化・発展させるべく制御することが必要である）、そして、そのように《外力》を加えることが実は矛盾を《解決》するという運動論的な意味に他ならないこと、を十分に認識できる《外力》論的な視点に立つことも合せて必要なのである。

以上の視点をもたないクロンロードは、はたして、社会主義社会の矛盾の《解決》をどのようなものととらえたのであろうか。

「社会主義の経済的矛盾は特殊な運動形式をもっている。この経済的矛盾の客観的な性質とその本性は、それらの運動が自然発生的におこなわれることを意味するものではない。矛盾の運動は、社会主義経済が計画性をもって発展するなかでおこなわれる。したがって、矛盾の解決の形式も計画的である。

もし、社会主義的諸関係のある一つの形式がすでにふるくさくなり、生産力をそれ以上発展させることができなくなれば、これは、その形式と生産関係のその他のすべての体系とのあいだに矛盾がうまれたことを意味する。そしてこれが一定の段階にまで発展したとき、生産力をさらに一歩発展させることのできる新しい生産関係の形式によってとりかえられる。こうして、この矛盾は解決される」（注118）

注118：Y・クロンロード「社会主義における経済的矛盾」／榊利夫編『矛盾』（合同出版）所収44～45頁

すなわち、社会主義社会において、個々に、部分的に生じる矛盾を、それが社会にとって桎梏となる時点で、計画的に《消滅あるいは止揚》すること、これが社会主義社会における（すなわち、クロンロードのいうところの「非敵対矛盾」における）矛盾の《解決方法》であるというわけである。クロンロードは矛盾の《解決》を矛盾の《克服》に一面化してとらえている。そして社会主義社会の永続性とそこにおける矛盾の《解決》＝《克服》＝《消滅あるいは止揚》という図式を調和させるために、その《解決》すべき矛盾を《本質矛盾》からその部分的矛盾にすりかえている。結局《矛盾におけるレーニン的背理》を合理化する手口としては、クロンロードはステパニャンとほとんど同一のものを採用していることになる。

ただし、クロンロードが、ステパニャンの提出した社会主義社会の《本質矛盾》について、つぎのように批判しているのは正当である。

「その時どきに達成される生産力発展の水準と、つねに満足の可能性をおいこして発展する社会的需要とのあいだの矛盾、または生産と需要の矛盾は、もちろん存在している。だがこの矛盾は、一つまたはいくつかの社会の生産様式にのみつきものなのではなくて、歴史的にさだめられた社会の再生産過程の形態にかかわりなく、再生産過程の一般的な矛盾である。（中略）

社会主義の基本的な経済法則は、社会主義の社会・生産諸関係の体系の本質をあらわしているものであって、けっしてすべての構成体《フォルマーツィア》に固有の、一般的な矛盾をあらわすものではない」（注119）

注119：Y・クロンロード「社会主義における経済的矛盾」／榊利夫編『矛盾』（合同出版）所収41～43頁

クロンロードの誤まりは、せっかくこのように相対的に的確なステパニャン批判をおこないながら、それからさらに逸脱し、社会主義社会には《本質矛盾》が存在しない、という誤謬を主張してしまった点にある。

二　ペルローフ

ペルローフの論文「矛盾の問題には具体的な態度が必要だ」を吟味することにしよう。ペルローフは〔論争点Ⅰ〕に関して、つぎのように主張している。

「発展のみなもとは矛盾ではなくて、矛盾の克服だという見かたをステパニャンは批判している。ステパニャンは、それでは矛盾が克服される以前の発展のみなもとをどこにもとめるのか、と問いかけ、ついで、このような観点は発展のみなもとを外部の力にもとめるものだといったふうに主張している。

ステパニャンが矛盾の克服を一回きりの行為とみなし、それを過程としてみていないことは明らかである。われわれの考えでは、矛盾をその克服に対置することはどこからみても根拠のないものだ。矛盾があるところには、矛盾を克服するたたかいもある。

対立物の闘争こそが運動のみなもとである。現象あるいは体制の対立する側面のあいだの矛盾は、これらの対立物の闘争なしにはけっして存在しない。このばあい、周知のようにレーニンは、対立物の闘争を絶対的なものとみなし、対立物の統一を相対的なものとみている」(注120)

注120：I・ペルローフ「矛盾の問題には具体的な態度が必要だ」／榊利夫編『矛盾』(合同出版)所収　56頁

ここで、ペルローフは、明らかに「矛盾の克服」＝「矛盾における対立物の闘争」ということを主張している。

すなわち、ステパニャンにおいては、矛盾の発展段階の最終段階たる《消滅あるいは止揚》と同義のものとしてとらえられていた「矛盾の克服」が、ペルローフにおいては、矛盾における対立物の対立関係の一特殊形態たる「矛盾における対立物の闘争」と混同されているのである。

ペルローフは、なぜ、このような混同をしてしまったのであろうか。

その原因を論理構造的に推察することは、けっして無意味な作業ではない。

ペルローフは、矛盾の《解決》という問題が《解決主体》を抜きにして語ることができないことを、そして、矛盾の《解決》を《解決主体》による積極的・能動的な活動内容としてとらえなければならないことを、おそらくは無意識的に感得していたにちがいない。しかし、残念ながら《外力》論的な視点をもたなかったペルローフとしては、この《解決主体》を矛盾内部における対立物の一方に直接帰着させるほか道がなかった。そして、ステパニャンの見解、すなわち、矛盾の《解決》の形態であるはずの《克服》を、矛盾の発展の最終段階である《消滅あるいは止揚》と混同し、矛盾の自然過程の一部に還元してしまったステパニャンの見解、に反発した。そして矛盾の《克服》(ペルローフはこの《克服》を矛盾の唯一の《解決》だと考えていた)は、矛盾における対立物の一方の他方に対する主体的な「闘争」によってのみおこなわれるところの矛盾の《解決》過程としてとらえるべきだ、という結論に突っ走ったのである。

これに対してステパニャンは、矛盾の《克服》は矛盾の発展段階についての概念であり、それと矛盾の発展過程においてその発生から消滅まで連続して存在するはずの矛盾の「闘争」とを混同してはならない、と、本来は反論すべきであろう。しかし、ステパニャン自身もすでに《矛盾におけるレーニン的背理》を合理化するために、いわゆる「非敵対矛盾」の《克服》を説明する際に、ペルローフと類似の混同をしているから、正面からの反論はしにくかったはずである。

ペルローフは、矛盾そのものは運動の原動力ではなく、対立物の「闘争」こそが運動のみなもとである、と堂々と言明してしまった。そのため《矛盾におけるレーニン的背理》に正面衝突することになってしまった。以前に記したように、私が《矛盾におけるレーニン的背理》と名づけたものは、いわゆる《非敵対矛盾》であるにもかかわらず対立物同士が「闘争」する、という単純な背理のことである。本来ならば、ペルローフは、敵対矛盾と非敵対矛盾(社会主義社会における矛盾といわれているもの）の区別、ならびに、それらそれぞれの《解決方法》とその区別について論理的に説明しなければならなかったはずである。しかし、ペルローフは、彼の論文において、それらに関する言及をほとんどせず、いわば口をぬぐったままにしている。

つぎに〔論争点Ⅲ〕について、ペルローフはまず「ステパニャンは、基本矛盾の定義は共産主義の二つの段階を包括するものでなければならないという要求をだしている」（注121）と、ステパニャンの問題提起を紹介している。加えて「現在の科学上・教育上の実際活動のもっとも重要な任務は――共産主義の第一段階の矛盾を明らかにすることである」（注122）というように、ステパニャンのその問題提起の欠陥を正しく指摘した上で、以下のように主張している。

注121：Ｉ・ペルローフ「矛盾の問題には具体的な態度が必要だ」／榊利夫編『矛盾』（合同出版）所収　*60*頁

注122：同前　*61*頁

「ステパニャンは、生産手段にたいする人びとの平等な地位と物質的地位における不平等の諸要素との矛盾が社会主義の基本的矛盾だとする定義を批判しているが、われわれは、ぎゃくにその定義のほうが真理にちかいようにおもう。（中略）

この矛盾が共産主義の第一段階をとおしての特長だとしても、このことは、共産主義の第二段階にならなければこの矛盾は克服されないということを意味するものではない。

すでに社会主義のもとでも、党と国家はこの矛盾をよわめる一連の措置をとる。このばあい、共産主義制度下のこうした矛盾を完全に克服する条件がほかでもなく社会主義のもとで準備される、ということをあえていう必要はないだろう」（注123）

注123：I・ペルローフ「矛盾の問題には具体的な態度が必要だ」／榊利夫編『矛盾』（合同出版）所収　61頁

ここで、ペルローフはかなり正しいことをいっている。惜しいのは、ペルローフが「物質的地位における不平等」の根源をさらに深く検討しなかったことである。すなわち、社会主義社会においては建前的に「生産手段にたいする人びとの平等な地位」が獲得されたにもかかわらず、なぜ「物質的地位における不平等」が残存しているのか、という根源的な問題の解明である。

実は、マルクス&エンゲルスは、その現実的基盤をなすところのものが《生産活動＝労働の不平等》＝《分業》であるということを明確に認識していた。しかし、ペルローフだけでなく、この「矛盾論争」の参加者全員が、このマルクス&エンゲルスの認識にまで到達できていない。

その点を除けば、社会主義の基本矛盾は、共産主義社会を待つまでもなく《克服》できる可能性はあるし、また《克服》するよう努力しなければならない、というペルローフの主張は貴重である。なぜなら、当時の通常の機械的唯物論においては、社会主義社会に必然であった《生産活動＝労働の不平等》＝《分業》が消滅しない条件下にあって、その分配形態である「物質的地位における不平等」が存在するのは必然であり、むしろ正当である、という結論になるのが一般的だったのだから。

たとえば、ステパニャンとクロンロードは、この「物質的地位における不平等」のことを「労働におうじた分配」の「原則」あるいは「法則」と称して、それぞれつぎのように記している。

「労働におうじた分配の原則は、主要な生産手段にたいする社会成員の平等な関係と分配面での若干の不平等とのあいだの、社会主義の段階では歴史的にさけられない矛盾をあらわしている。（中略）労働におうじた分配の原則をおかせば、それが労働の支払いにおける人為的不均衡であっても、一様な均等化であっても、すべてこの矛盾をふかめ、さらによけいな困難をうみだし、大衆にたいする共産主義教育をさまたげ、人びとの意識中にいくらかある資本主義の残りかすを活気づける」（注124）

注124：Ｔｓ・ステパニャン「社会主義社会の発展のなかでの矛盾とその克服の方法」／榊利夫編『矛盾』（合同出版）所収　22頁

「労働におうずる分配は、客観的必然性であり、社会主義経済のなかで作用している経済法則である。この法則の作用は、労働にたいしてつよい物質的な刺激をあたえている。この作用は部分的ではあるが、重大な矛盾とむすびついている。この矛盾は毎日の経済生活のなかにあらわれるが、それは、社会をつうじて、労働におうずる分配の法則を計画的に利用することによって解決される矛盾である。

労働におうずる分配の法則が、社会全体とその成員一人ひとりの物質的な利益を統一したものだといわれるのは、この法則の作用によって社会的生産が発展し、これによって、社会も、その成員一人ひとりも利益をうけることができるからである」（注125）

注125：Y・クロンロード「社会主義における経済的矛盾」／榊利夫編『矛盾』（合同出版）所収49～50頁

しかしながら、必然である、ということと、正当である、ということとは、けっして同義ではない。われわれが人間であり、たんなる動物ではないかぎり、主体的な意志と努力によって歴史的・自然的な必然性を乗り越え、それを自らにとって望ましい方向に変えていかなければならないし、また変えていくことができるはずのものなのである。人間にとって「物質的地位における不平等」が望ましいものでない以上、たとえ《生産活動＝労働の不平等》＝《分業》が、その時点においては歴史的必然（＝歴史的制約）であったとしても、主体的で適正な社会運営と一定の自己抑制ならびに自己教育によって、その歴史的必然（＝歴史的制約）を克服し（ちょうど重力の法則＝自然的制約を克服して人間が空を飛ぶように）、物質的平等化への改善策を積極的に模索して実行していくべきなのである。同様に、たとえ生産力は《分業》を廃止するまでには発達していなくとも、人間にとって《分業》が望ましくないとわかった以上、人為的に（経済、政治、教育的な諸技術を駆使して）それなりの制約のうちにおいても、そういう《分業》を廃止する道を模索し、実践していくべきなのである。

自らを規定し、制約するものの実体とその法則性を積極的に把握し、一旦それらの実体とその法則性を把握し得た暁には、それらを逆手に利用して、自らをその必然性や制約から解放するために努力しかつ成功してきたのが人間である。ステパニャンやクロンロードのように、現時点での必然性や制約をただ宿命として受け入れるばかりか、逆に讃美するかのような発想は、人間が空を飛べないことを神の摂理と受けとめ、地を這うことを美化したり、あるいは逆に、なんとか空を飛ぶために努力している者を異端者として迫害する、中世の神学者と大差ないのである。

三　メドウェーゼフ

メドウェーゼフの論文「社会主義的生産様式の基本矛盾」を吟味することにしよう。

もっとも、メドウェーゼフの見解はステパニャンとほぼ同じであり、その意味で新味はない。ただ、社会主義社会の《本質矛盾》に関して、ステパニャンがある程度は文学的・哲学的に「全人民のかぎりなく増大する需要と、その時期に到達している物質・文化財の生産の発展水準とのあいだの矛盾」というように表現しているのに対して、メドウェーゼフの方がより経済学（？）的・形而下的に表現している点で多少のちがいがある。しかし、そのように表現してしまうと、内容が具体的になったその分だけ、その誤謬も味もそっけもない形で露呈してきてしまう。

「たかまりゆく社会的需要と社会的生産の発展水準とのあいだの矛盾が、社会主義的生産様式および共産主義的生産様式の基本的な、だが敵対的でない矛盾である。社会主義のもとで、購買要求が需要の度合いをあらわすことはいうまでもない。（中略）

そこでつぎのような疑問がうまれる。実際の購買要求が生産水準を上まわることがあるのだろうか、もしありうるとすれば、それはどのようにしておこるのか？　この問題は原則的に重要な意義をもっている。なぜなら、商品経済の存在する社会主義のもとで、現実の購買要求にうらうちされない需要は生産発展のために実際の意義をもつことができないからである。

（中略）資本主義のもとでは購買要求が生産からたちおくれるが、社会主義のもとではそのぎゃくである。ここで問題なのは、生産水準を上まわる購買要求のことであって、直接の生産物消費についてではないということを強調しなければならない。消費が生産を上まわると主張することはただしくない、なぜなら、生産されたもの以上に消費することができないことはだれの目にも明らかだからである。

購買要求についていうと、現実の事実が生産を上まわる購買要求の運動について証明している。ソ連邦で社会主義の基礎がうちたてられつつあった時期でも、社会主義の建設がおわって、社会主義から共産主義へだんだんうつりかわっていく現在でも、購買要求は生産を上まわっているし、工業と農業の発展をおしすすめるきっかけになっている。住民は、毛織物や履物や日用品にたいして、工業の生産規模を上まわる購買要求をだしている。こうした事実はよく知られており、それを証明するのにあえて統計資料をもってくる必要などすこしもない」（注126）

注126：N・メドウェーゼフ「社会主義的生産様式の基本矛盾」／榊利夫編『矛盾』（合同出版）所収　69～70頁

以上により、メドウェーゼフのいう「社会主義的生産様式の基本矛盾」が、さきにステパニャン批判のところで述べたところのミクロ的解釈の内容を意味していることは明白である。

メドウェーゼフの経済学（？）的な論述から一層はっきりと、旧ソ連の労働者がその労働に対する代価としてルーブルという空手形をつかまされていたことが判明する。物価統制によって表面的な価格は低く抑えられてはいるが「金はあれども、買うべきものがない」という潜在的なインフレ状況に落ち入っており、一般の労働者は慢性的な物不足に悩まされていたのである。

もし物価統制がなくなれば、狂乱的な物価上昇が現出するであろうことは、日本の敗戦直後の経験を想起するまでもなく明らかであろう。ただ同じ統制経済ではあっても、戦争中の日本とメドウェーゼフの活躍した旧ソ連とのちがいはある。当時の日本国民は、物不足とそれにともなう物価統制を、戦争に勝つまでの我慢すべきやむを得ざる事態であると公式に宣告されていた。それに対して、旧ソ連の国民は、メドウェーゼフなどの御用学者たちから、これこそ社会主義社会における正常な状態であり、これなくしては「工業と農業の発展をおしすすめるきっかけ」をつかむことができない、などという恥ずべき誤謬と宣伝を説教されていた。こういう点などは、そのちがいの一例である。

四　コーンニク

コーンニクの論文「経済法則の作用にともなう矛盾」を吟味することにしよう。

コーンニクは「社会主義社会の経済的諸法則の体系の統一」というような概念を媒介にして「社会主義的生産関係」と「社会主義の経済法則の作用過程でおこる矛盾」とを関連づけ、そこから社会主義社会における矛盾の《解決》の問題に言及している。

「社会主義の経済的諸法則の統一ということは、一部の経済学者がやっているように、ある経済法則の要求がほかの法則の要求によってうまれ、それによって規制されることだといったふうに解釈してはならない。社会主義の基本的な経済法則がその他の経済諸法則の作用を決定することはうたがいない。社会主義の基本的経済法則をはなれては、国民経済の計画的な均等発展という法則の内容を理解することはできないし、社会主義における価値法則の作用の特長などを理解することはできない。それにもかかわらず、これらの諸法則の要求は、社会主義の基本的な経済法則によってうまれるのではなく、社会主義的生産関係の特長によって条件づけられ、これらの特長の各側面を反映するのである。たとえば、労働におうじて分配するという経済法則の要求は、社会主義における分配関係の特長からきているのである。その特長とは、労働が実生活の第一の要求にならないうちは、生産にしたがう人びとの個人的な利益と社会的な利益をただしくむすびつけ、物質的な刺激をあたえる必要があるという点にある。また、価値法則の要求は社会主義の生産関係の特長からうまれているが、この特長というのは、二つの所有形態が存在し、国民経済の各領域における直接的な社会的労働が特殊な性質をもっていることなどのため、社会主義の生産関係が物質的・商品的形態をとるという点にある。

これからもわかるように、社会主義の経済的諸法則が支配的な生産関係の個々の側面をあらわしているという事実のなかに、社会主義社会の経済的諸法則の体系の統一がみられる。

だが、この統一は、経済諸法則のあいだに作用過程で矛盾のおこる可能性を否定するものではない。これは、経済的現実そのものにある客観的な矛盾の反映である。それどころか、それを前提にすらしているのである。社会主義の経済諸法則は内外情勢の複雑な条件のもとで作用する。これらの条件が経済諸法則のあいだにいくらかの矛盾をひきおこすので、実際には、経済諸法則の作用は相対的に一致するにすぎない。（中略）

このように、社会主義経済の発展の経験は、もし客観的につくられた具体的・歴史的な情勢が作用している経済諸法則の体系内に矛盾をうみだしたばあい、経済政策の任務はつぎの点にあることをしめしている。この任務とは、その時期にいったいどの経済法則が支配的であるべきかをさだめ、国民経済をいっそう進歩させる因素からそのブレーキに転化させないという条件のもとで、経済諸法則のあいだの矛盾の発展をどの程度までゆるせるかということをきめることである。

さいごに、経済諸法則のあいだの矛盾は、これらの法則の不貫徹や内外情勢の客観的条件からだけひきおこされるのでなく、経済諸法則の作用の内部的論理からもひきおこされるということを指摘しなければならない。たとえば、社会主義における価値法則の作用は、社会主義の基本的な経済法則と国民経済が計画的に釣合をたもって発展するという法則の要求に従属しているとはいえ、商品の生産と流通の実在的矛盾を反映する価値法則本来の矛盾は、この法則の作用が社会主義のその他の諸法則の要求に完全に従属することをさまたげているのである。

このことを理解するには、社会主義の経済諸法則自身のなかに、その作用過程でみられる矛盾の性質を研究しなければならない。

社会主義の経済法則の作用過程でおこる矛盾は、具体的な国民経済の条件のちがいや、経済法則を利用するときの柔軟性や熟練度のちがいなどによって、その鋭さに強弱がある」（注127）

注127：I・コーンニク「経済法則の作用にともなう矛盾」／榊利夫編『矛盾』（合同出版）所収80〜83頁

コーンニクの以上の見解は図5のように図式化することができる。

ここで、コーンニクが記している、社会主義の「経済的諸法則」を「条件づけ」ているところの「社会主義的生産関係の特長」の本質的な部分こそが、社会主義社会の《本質矛盾》なのである。しかし、コーンニクの考察はそこまではおよんでいない。なぜならば、コーンニクの基本的な発想は、矛盾は「諸法則」から派生する現象にすぎない、というところにある。そのため、それらの「諸法則」を本質的に規定するところの矛盾が「社会主義的生産関係」そのものの内に存在しているなどという考えは、頭から否定せざるを得なかった。コーンニクの発想にもとづくかぎり、矛盾は部分的な、現

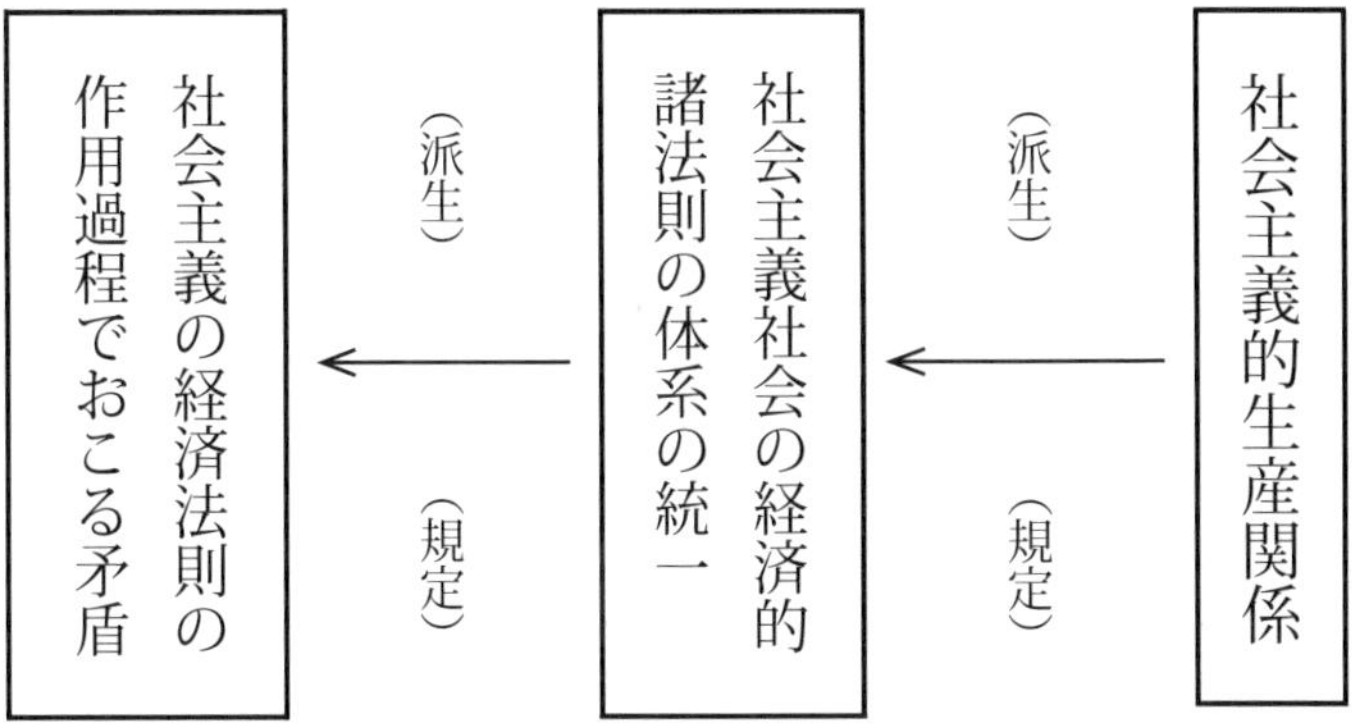

〔図5〕I.コーンニクの見解

象的な、派生的な障害物（＝桎梏）というとらえ方しかできないのである。

それとは逆に「経済的諸法則」はコーンニクにとって、たんに現実の経済現象の諸傾向（法則性）を人間が抽出した観念的な「反映物」としてあるのではなく、現実的な経済諸現象、特に経済的諸矛盾の背後に実在し、それらを派生させたり、あるいは、人間に様々な行動を「要求する」ところの実体として把握される。こういう「法則」の物神化は、もちろん一種の観念論である。

以上のような誤謬がある反面、コーンニクには《外力》論的発想の萌芽ともいうべき部分もないではない。上記の引用文のうち、経済的矛盾が発生した場合の経済政策の任務を論じている箇所がそれである。この引用箇所には、経済的諸矛盾を一つの《自己運動》として対象的にとらえ、その《自己運動》が「国民経済をいっそう進歩させる因素」であるかぎりは勝手に発展させておく（＝《調和的実現》が、それが「そのブレーキに転化」しそうになった場合は適度に手を加えて（＝《外力》を加えて）そうなることを防ぐべきである（＝《克服》あるいは《変質》）、という発想を見出すことができる。ただし、コーンニクは明確な《外力》論を持たないため、以下に示すように、転倒した形で論理を展開させているけれども。

すなわち、コーンニクが論理の中心に置いたのは「社会主義社会の経済的諸法則の体系の統一」なのである。そして、コーンニクは社会主義の主な経済的法則として、つぎの三つをあげている。

法則Ⅰ「全社会のたえずたかまりゆく物質的・文化的要求を最大限にみたすという社会的生産の目的が、この目的をたっするための手段を、つまり高い技術的基礎のうえに社会主義生産をたえず発展させ、改善する」（注128）という法則

（これが他の経済的諸法則を規定する「基本的経済法則」だとコーンニクはいう）

注128：Ⅰ・コーンニク「経済法則の作用にともなう矛盾」／榊利夫編『矛盾』（合同出版）所収 83〜84頁

法則Ⅱ「国民経済が計画的に釣合をたもって発展するという法則」（前出の注127）

法則Ⅲ「労働におうじて分配するという経済法則」（前出の注127）

（この法則は「価値法則」を土台にしているとコーンニクはいう）

コーンニクによれば、これらの三つの経済法則（?）は、つぎのように統一されている。法則Ⅰは社会主義の基本的経済法則として他の諸法則を規定している。法則Ⅱは注127のところで引用したとおり、法則Ⅲの土台たる「価値法則」を「従属」させているのであるから、当然、法則Ⅲをも規定していることになる。

ところが、すでに《外力》論的視点を獲得し、社会主義社会の《本質矛盾》を《生産手段の社会的所有》と《分業》の矛盾ととらえてきたわれわれにとっては、コーンニクの法則Ⅰ〜Ⅲも、その位置

づけがまさに逆転したものとして見えてくるから面白い。すなわち、社会主義社会においては、その生産様式が《分業》という制約から解放されていないため、たとえ生産手段は社会的所有下に組み込まれても、生産物の分配は「労働におうじて分配するという経済法則」(=法則Ⅲ)を押しつけられざるをえない。このように《分業》が存続し、分配形態が「労働におうじて分配する」という形をとる以上、その分配は「賃金」によって支払われざるをえず、生産物も商品形態から抜け出すことができない。それゆえ使用価値と価値の分裂に基づく「価値法則」も存続せざるを得ないことになる。このように《分業》の存続に規定されて、社会階級も存続し、生産物も商品交換という交通形態を通してしか諸個人のところへ到達しない以上、生産から交換・消費にいたる国民経済の内部にもさまざまな不均衡や障害が発生するのはやむを得ない。それらの諸矛盾が深化拡大して「恐慌」や「暴動」などにいたらないように、社会主義社会における国家は「国民経済が計画的に釣合をたもって発展する」(=法則Ⅱ)ように努力しなければならない。これは、国家が国民経済という《自己運動》に対して主体的に《外力》を加えて、自分に都合のよい方向へそれを制御することを意味している。そして、その制御方法、すなわち《解決方法》のもっとも基本的な内容の一つが「全社会のたえずたかまりゆく物質的・文化的要求を最大限にみたす」ためにこそ、コーンニクたちは「高い技術的基礎のうえに社会主義生産をたえず発展させ、改善する」(=法則Ⅰ)ことが必要なのだ、というように。

結局、コーンニクのように観念論的発想から抜けだすことができずに、しかも《外力》論的な視点が十分でなく、その上に社会主義社会の《本質矛盾》のなんたるかが不明である場合には、すべての経済的現象ならびにその内的連関が転倒した形でしか眼に入らないことになる。

また、せっかく、社会主義社会における経済的諸矛盾（＝不均衡あるいは障害）は、国民経済という矛盾を計画的に、釣合をたもって運営していくこと（＝《調和的実現》）によって、一つ一つ《克服》していくべきである、ということに気がつきながら、コーンニクはそれを《外力》論的に発展させてとらえることができない。そして「国民経済が計画的に釣合をたもって発展するという法則」（＝法則Ⅱ）などという、まがいものの法則（？）に解消することになってしまう。さらに、社会主義社会における矛盾を、経済的不均衡や障害としてしかとらえることができない。当然、それらは《克服》の対象として一括されてしまうのである。

「経済的諸法則の本質そのものからうまれるこれらの矛盾は、多かれすくなかれ長期的な性質をもっている。すなわち、これらの矛盾は、一定の具体的なかたちであらわれ、やがて克服されるが、その後新しいかたちでふたたびあらわれるのである。経済的現実に実在する諸矛盾を反映したこれらすべての矛盾の克服が、社会主義経済の前進運動と発展の土台をなしている」（注129）

注129：I・コーンニク「経済法則の作用にともなう矛盾」／榊利夫編『矛盾』（合同出版）所収94頁

五　ルーキナ

ルーキナの論文「推進作用をはたすのは、矛盾ではなくて、矛盾の克服だ」を吟味することにしよう。

ルーキナは矛盾そのものが発展のみなもとではなく、矛盾を克服しようとするたたかいとその克服そのものが発展のみなもとである、と主張している。その点で、ペルローフとほとんど同じ立場に立っている。またルーキナのこの論文は、前出のペルローフの論文ほど体系的ではなく、また誤謬も多い。

しかし、その半面、矛盾を克服しようとするたたかい（＝矛盾の《解決》の一形態）が、それをおこなうものの主体的な活動である、ということをより鮮明に打ち出している点で（すなわち《外力》論的な意味において）、ペルローフより一歩進んでいるともいえる。

「この批判すべき見解（矛盾そのものが発展のみなもとであるというステパニャンの見解……引用者）に賛成すれば、かならずしも矛盾を克服するたたかいをやる必要はないという結論をだすことができる。なぜなら、矛盾の存在そのものが、ソヴェト社会の発展のみなもとだからである。ここでは、

主観的（これは主体的という意味に理解すべきであろう……引用者）要素のもつ大きな意義が否定されている」（注130）

注130：E・ルーキナ「推進作用をはたすのは、矛盾ではなくて、矛盾の克服だ」／榊利夫編『矛盾』（合同出版）所収　95頁

しかし、ルーキナは、その「主観的（これは主体的という意味に理解すべきであろう……引用者）要素のもつ大きな意義」を《外力》論的視点にまで徹底的に掘り下げずに、従来どおり《自己運動》の内部に閉じ込めてしまっている。

この点が、ルーキナの限界だったのであろう。

六　ステファーノフ

ステファーノフの論文「非敵対的矛盾の性質」を吟味することにしよう。

ステファーノフは、まずつぎのように「非敵対的な矛盾の性格づけを正確・明瞭におこなわなければならない」という当然の一般論とレーニンの言葉の引用から始めている。

「社会主義下の矛盾の性質にかんする問題をただしく解明するには、まず非敵対的な矛盾の性格づけを正確・明瞭におこなわなければならない。なぜなら、非敵対的な矛盾こそ社会主義社会の典型的な矛盾であるからである。『敵対と矛盾はけっしておなじものではない。社会主義のもとでは、前者はきえてなくなるが、後者はのこる』。レーニンはこう書いている」（注131）

注131：N・ステファーノフ「非敵対的矛盾の性質」／榊利夫編『矛盾』（合同出版）所収　103頁

しかし、ステファーノフは以下のようにつづけて、彼の「非敵対的な矛盾の性格づけ」を展開するや否や、その矛盾論のレベルの低さを自ら露わにしてしまう。さらに合わせて、当時の社会主義国家圏における「矛盾論争」参加者たちの体質や風潮や言い回し方をも。

「多くの筆者は、敵対的矛盾と非敵対的矛盾のちがいを説明するさい、なによりまず、前者、つまり敵対的な矛盾は調和できない矛盾で、後者、つまり非敵対的な矛盾は調和できない矛盾ではないということを指摘している。一部の哲学者にいたっては、この点にこそ二つのタイプの矛盾の相違点をみいだすべきだと考えている。

このような主張から必然的にうまれる論理的な結論は、非敵対的な矛盾は調和できる矛盾だということになるはずだが、右の主張をもつ著者たちはふつうこのような結論をだしていない。しかし、このような著者がいくら口実をもうけようと、こうした主張からとうぜんうまれる非弁証法的なまちがった結論に背をむけることはできない。

マルクス主義の弁証法がおしえているところによると、それがどんな性質の矛盾であろうと、敵対的であろうと非敵対的であろうとすべての矛盾は、ひとしく調和できない性質をもっている。これは、いっさいの矛盾の本性そのものからきている。矛盾は、その深い本質からして、新しいものと古いもの、肯定的なものと否定的なもの、進歩的なものと反動的なもの、死んでいくものと生まれでてくるものの関係にほかならない。矛盾は克服されはするが、調和することはできない。これは、あらそう余地のないマルクス・レーニン主義の原理であって、徹底した弁証法的唯物論者であれば、だれであろうと、このことにうたがいをはさむことはできない。

社会主義のもとでの非敵対的な矛盾も、明らかに、調和できない性質をもっている。社会主義社会にとっては、非敵対的な矛盾が特長的だといっても、それは、相互に排斥するさまざまな傾向のたたかいも、ここでは本質からして、調和できないたたかいではない、ということにはけっしてならない」（注132）

注132：N・ステファーノフ「非敵対的矛盾の性質」／榊利夫編『矛盾』（合同出版）所収　103～104頁

理論的な著述において、言葉の強さは論理の強さに必ずしも比例しない。ステファーノフがいくら「あらそう余地のないマルクス・レーニン主義の原理」であるというような強い言葉で断定したところで、その論理的な弱さを補強することはできない。

ステファーノフの根本的な弱点は、矛盾をきわめて一面的にとらえているところにある。矛盾における対立物が「新しいものと古いもの、肯定的なものと否定的なもの、進歩的なものと反動的なもの、死んでいくものと生まれでてくるもの」の対立として存在するのは、あくまで特殊な形態の場合であり、けっして一般的な矛盾のあり方ではない。また、そのような対立関係にのみ注目することは、矛盾に対する視点としてけっして十分ではないし、本質的でもない。

新しいものと古いものの関係の場合を例にとれば、新しいものあるいは古いものをそれぞれ相対的に独立した事物として把握し、それぞれの事物の内部にある《本質矛盾》を探究することの方が、より本質的であり、より重要なのである。

たとえば、資本主義と社会主義との関係でいうならば、資本主義と社会主義との対立関係、あるいは、社会主義社会における社会主義的なものと資本主義的な残りかすとの対立関係、もしくは、資本主義社会における資本主義的なものと社会主義の萌芽的なものとの対立関係にのみ注目し、そのような対立関係のみを矛盾と断定するのがステファーノフの立場である。

これに対してマルクス＆エンゲルスは、まず資本主義社会そのものの本質的な矛盾を探究することから始めている。マルクス&エンゲルスは、その矛盾を社会的生産と私的所有という対立物の統一という点に見出したわけである。また、マルクス&エンゲルスは、この二つの対立物を、どちらかが新しくてどちらかが古いとか、一方が肯定的で他方が否定的だなどという範疇とは、まったく別の次元で対立しているものととらえていた。もしこれがステファーノフならば、資本主義社会の矛盾を探求するに際して、封建主義的な残りかすと資本主義的なものとの対立に重点を置いたところであろう。しかし、マルクス&エンゲルスはそうはしなかったのである。

しかし、と、ステファーノフは反論するかもしれない。マルクス&エンゲルスも資本主義の残りかすと共産主義的なものとの対立の統一として社会主義社会を把握していたではないか、と。

たしかにマルクス&エンゲルスは、資本主義社会と共産主義社会との過渡期社会として、社会主義社会を想定していた。しかし、その社会を単に資本主義の残りかすと共産主義的なものとが対立関係にある矛盾としてのみとらえる、などといった間の抜けた論及はしていない。マルクス&エンゲルスは、社会主義社会を資本主義社会から共産主義社会へと移行する際に必然的に通過せざるをえない過渡期社会として大きく把握しつつも、その社会主義社会を相対的に独立した独自の社会として認識し、その独自の社会たる社会主義社会の《本質矛盾》を探究しようとしたのである。

以上のことは、マルクス&エンゲルスの矛盾論の核心が、すでに第一部第一章において引用した『資本論』のつぎの箇所（注14として引用）にあることを理解すれば、いわば自明のはずである。

「諸商品の交換過程は、矛盾した・相互に排除しあう、諸連関を含んでいる。商品の発展は、これらの矛盾を止揚するのではなく、これらの矛盾がそれにおいて運動しうる形態を創造するのである。かくの如きは、総じて、現実的矛盾がもって自らを解決する方法である。たとえば、ある物体がたえず他の物体に落下し、また同じように絶えずその物体からとび去るということは、一の矛盾である。楕円は、この矛盾がもって自らを実現すると共に解決する運動諸形態の一つである」

ステファーノフは、マルクスのあげた楕円の例において、ある物体が他の物体に落下することと同時にとび去るということの対立において、どちらが新しいもの（あるいは肯定的、進歩的、生まれでてくるもの、等々）ととらえるのであろうか。なお、この点に関する一般的な論理は、すでに本書の第一部第二章において論及したとおりである。

ステファーノフの主張はさておき、マルクス&エンゲルスに則して矛盾をとらえた場合は、矛盾における対立物は、相互否定性（その一特殊形態が相互闘争である）と相互調和性を合わせ持った矛盾的性格をもっていること、そして、そのような矛盾的性格を表わす言葉が他ならぬ《対立の統一》という矛盾の概念規定そのものであることが、自ら理解できるはずである。そして、そのような矛盾を本質とする事物は、それがたとえどのようなものであろうとも、永遠の寿命は与えられておらず、世界の内にある時点で発生し、ある期間は成長し、そして、最後に《消滅あるいは止揚》される運命にあるわけである。

以上の意味においては、ステファーノフの注132の引用における「敵対的であろうと非敵対的であろうとすべての矛盾は、ひとしく調和できない性質をもっている」という指摘は、一面の正しさを含んでいる。ただし、それは、つぎの指摘を追加して初めて、全面的に正しいといい得るのである。すなわち、敵対的であろうと非敵対的であろうとすべての矛盾は、同様にひとしく調和できる性質をも合せもっていること、これである。そして、この不調和性と調和性とが統一されながら、やがて矛盾全体が《消滅あるいは止揚》される段階にいたること、これである。

そもそも、調和するか否かという問題それ自体が、敵対矛盾あるいは非敵対矛盾の区別の基準にはなり得ないものなのである。なぜなら、そもそも、社会における媒介的な意味での敵対矛盾と非敵対矛盾の区別は、矛盾の《解決主体》たる人間が、対象たる矛盾を、自らにとって《敵対》＝《有害》的と認識するか、または《非敵対》＝《有益》あるいは《無害無益》的と認識するかによって決定されるものなのだから。その結果、その人間に《敵対》＝《有害》と認識された矛盾は《解決主体》が《克服》しようと努力するであろうし、反対に《非敵対》＝《有益》と認識された矛盾は《解決主体》が《調和的に実現》しようと努力するであろう。これらは《解決主体》と《解決対象》たる矛盾との間の関係、あるいは《解決主体》の実践に関する問題である。その場合には《解決対象》たる矛盾そのものの直接的な調和性、不調和性などは、問題にならない。

以上のような《外力》論の視点に立てずに、媒介的な意味での《敵対》と《非敵対》の性格を矛盾そのものの直接的な性格に押しつけようとすると、はたしてどのようなことになるであろうか。ステファーノフがその典型的な一例を提供してくれている。

もちろん、その程度の弁証法や矛盾の理解レベルでは、ステファーノフが「非敵対的な矛盾が特長的だといっても、それは、相互に排斥するさまざまな傾向のたたかいも、ここでは本質からして、調和できないたたかいではない、ということにはけっしてならない」というような珍妙な《矛盾におけるレーニン的背理》の軛から抜け出すことなど不可能だったのである。

したがって、肝心な「矛盾論争」の主要な論点に関しては、ステファーノフの主張がつぎのような竜頭蛇尾の結論に終わっていることも当然なのである。


「こうのべたからといって、敵対的な矛盾と非敵対的な矛盾には境界がないといった結論をだすことにはぜったいにならない。非調和性という特質は、これらの二つのタイプの矛盾に共通のものである。しかし、この特質も敵対的な矛盾のばあいとでは、ことなった具体的な意味と内容をもっている。敵対的な矛盾のばあい、新しいものと古いものとのたたかいは、一つの性質をもち、一定の方法で解決されるが、非敵対的な矛盾のばあいはもっとちがった性質をもっている。非敵対的な矛盾のもとでも『やはりたたかいが存在するが、それは特殊なたたかいである……』とレーニンは書いている。

敵対的な矛盾は、つぎのような特長をもっている。

第一に、これは、利益の対立がぜったいに調和できない性質をもった諸階級のあいだの矛盾で、それは、非調和的かつ敵対的な矛盾である。これらの矛盾が非調和的かつ敵対的であるのは、根本的な問題における矛盾だからである。敵対的な階級社会では、つまり、敵対的な矛盾をうんだ現存の制度を土台にしては、敵対的な矛盾を克服することはできない。

第二に、これらの矛盾は、その発展過程ではげしく、深くなり、対立・衝突するようになる。

非敵対的な矛盾は、つぎのような特長をもっている。

第一に、これらの矛盾は、根本的な問題をめぐる矛盾ではなくて、副次的な問題をめぐる矛盾である。非敵対的な矛盾は、社会主義制度を土台にして、国民の道徳的・政治的統一を土台にして克服される。これらの矛盾を克服することが——社会主義社会をうちかためる条件である。なぜなら、これは発展中の矛盾であって、凋落と腐朽の過程でおこった矛盾ではないからである。

第二に、これらの矛盾は、その発展過程ではげしく、深くなり、衝突するようになるとはかぎらない。ただしい政策がとられれば、それぞれの新しい発展段階でこれらの矛盾は解決される。

第三に、これらの矛盾はたたかいをへて解決されるのだが、それでも、このたたかいは、敵対的

な矛盾につねにみられるような、諸階級のあいだの衝突形態をとることはない」（注133）

注133：N・ステファーノフ「非敵対的矛盾の性質」／榊利夫編『矛盾』（合同出版）所収　*105〜106*頁

まったく、このような龍頭蛇尾の結論では、三浦つとむならずとも、つぎのような皮肉をいいたくもなるであろう。

「彼（ステファーノフのこと……引用者）のいう『あらそう余地のない』『原理』も、目の前の現実と対面させられると、たちまちこのようなボロを出すことになる。そもそも問題の発端は、社会主義社会が発展するという、まさに『根本的な問題』をめぐっての原動力の解明ではなかったか？　ところがステファーノフは、非敵対的矛盾は『副次的な問題をめぐる矛盾』だというだけで、社会主義社会の発展という根本的な問題をめぐる矛盾については口を閉じている。すなわち問題の焦点から逃げたところでひとり演説をしているだけであり、事実上**彼のいう『争う余地のない』『原理』では社会主義社会の根本的な問題をめぐる矛盾が説明できないのだということを暗黙のうちに告白している**わけである」（注134）

注134：三浦つとむ「矛盾論争はなぜ行きづまったか」／三浦つとむ『レーニンから疑え』（芳賀書店）所収　*104〜105*頁

七　ロージンとトゥガリノフ

ロージンとトゥガリノフの論文「矛盾と原動力（矛盾が原動力ではない）」を吟味することにしよう。

ロージンとトゥガリノフのユニークさは、社会主義社会の発展の原動力として「矛盾の力」の他に、つぎのような「調和・統一・共同性の力」という新たな概念を打ち出した点にある。

「資本主義制度は、それをなやます内部矛盾を基礎にして発展する。資本主義制度にたいする社会主義制度のもっとも普遍的な優越性は、空想的社会主義者がすでに指摘したように、その調和性にある。この調和性は、社会主義制度の発展・強化の過程でますますつよまっていく。社会主義社会には、矛盾の力のほかに、それと弁証法的統一をもちながら、人びとの調和・統一・共同性の力が社会のあらゆる生活領域に存在し、発展し、社会を前進させている。社会主義陣営の力と威力のみなもとは、内部矛盾ではなくて、その全体の力の統一と団結である」（注135）

注135：V・ロージン&V・トゥガリノフ「矛盾と原動力（矛盾が原動力ではない）」／榊利夫編『矛盾』（合同出版）所収　108頁

ここには、正しい《外力》論の視点に立てずに、本来は媒介的な意味にとらえるべき敵対・非敵対の性格を対象たる矛盾そのものの直接的な性格に押しつけた場合の、ステファーノフの誤謬とは対極的な誤謬例を見出すことができる。

すなわち、本来は一つの矛盾の内に統一されているところの対立物の相互《否定》性と相互《調和》性のうち、相互《調和》性を矛盾から追放し、それらをひとまとめにして新たにつくり上げた「調和・統一・共同性の力」という概念のなかに亡命させたのである。そうすれば安心して、一方の資本主義社会（あるいはそれ以前の社会）に対して「闘争」やら「克服」やら「敵対」やらを振り分け、他方の社会主義社会に対しては「調和・統一・共同性」を振り分けることができる。

別言すれば、ロージンとトゥガリノフは敵対と相互闘争の絶対性を「矛盾の力」の方に、非敵対と相互調和を「調和・統一・共同性の力」の方に振り分けて、難題であった《矛盾におけるレーニン的背理》の軛から脱出しようと試みたのである。

しかし、このような安易な脱出法を選んだために、ロージンとトゥガリノフは社会主義社会の《本質矛盾》を探求すべき道を自ら断ってしまうことになった。あるいは逆に、社会主義社会の《本質矛盾》とその原動力を発見することができなかったために、仕方なく「調和・統一・共同性の力」などという新たな概念を案出し、代替させたのかもしれない。

「わが国では搾取階級と人間による人間の搾取が根だやしにされ、これと関連して、都市と農村のあいだの、頭脳労働と肉体労働のあいだの対立も根だやしにされている。これは経済・政治・イデオロギーのどれをとってみても、労働者階級と農民のあいだに利害の対立はないということを意味している。つねに労働者階級と農民の利害は一つであり、両者のあいだにいまなおみられる差異は、矛盾のあらわれとみなさるべきものではない。生産・経済・文化の各領域で社会主義的都市と社会主義的農村のあいだにみられる差異も、やはり矛盾とみなしてはならない。なぜなら、客観的にはわが都市と農村は、共産主義にむかって発展しているからである。もちろん、労働者と農民のあいだには、たとえば、コルホーズ市場の諸関係をめぐって矛盾がおこりうるが、これらは両者の関係のおもな面ではない。

同様に、わが社会の頭脳労働者と肉体労働者のあいだの差異も矛盾とみなしてはならない、なぜなら、インテリゲンチャも労働者も農民も、共産主義をめざして発展しているのであって、たがいに対立する関係にあるのではないからである」（注136）

注136：V・ロージン&V・トゥガリノフ「矛盾と原動力（矛盾が原動力ではない）」／榊利夫編『矛盾』（合同出版）所収　110～111頁

これは一見すると、ステパニャンが批判したところの「無葛藤理論」と同じではないかと思われるかもしれない。しかし、結論は似ていても、ロージンとトゥガリノフは「矛盾論争」とその歴史的背景をそれなりに通過しているために、その内実はいくらか進歩・成長している。

たとえば、さきに引用した注135の箇所の直前に、つぎのように記している。

「しかし、マルクス・レーニン主義のつくり手たちは、発展はいっさい矛盾を基礎におこなわれるとはけっして主張していない。このような発展は、弁証法のすべての法則の作用を基礎にしておこなわれる。さらに、対立物の統一と闘争の法則をただしく理解すれば、この法則が、対立物の闘争と相互排除をふくむだけでなく、対立物の統一の要素や対立物の対応をふくむことがわかる。対立物の統一と闘争の法則のこの面は、われわれの考えでは、社会主義社会の発展にとって特殊な意義をもっている」（注137）

注137：V・ロージン&V・トゥガリノフ「矛盾と原動力（矛盾が原動力ではない）」／榊利夫編『矛盾』（合同出版）所収　107〜108頁

これにより、ロージンとトゥガリノフが、矛盾の持つ矛盾的性格、すなわち《対立物の統一》が対立物の《相互否定》と《相互調和》とを統一した内実をもっている点に、もう一歩で気がつくところまで到達していることがわかる。
しかし、ロージンとトゥガリノフは、この矛盾的性格が「矛盾」そのものを「基礎」にしていると
は考えず、なにやら内容不明の「弁証法のすべての法則の作用」というものを「基礎」にしていると
主張するのである。そして、その「弁証法のすべての法則の作用」を「基礎」にした（「矛盾」を「基礎」にするのではなく）、ロージンとトゥガリノフが案出した「調和・統一・共同性の力」なるものが存在すると主張したのである。
また、ロージンとトゥガリノフは、ただ矛盾の矛盾的性格の把握に肉薄しただけでなく、ある意味における《外力》論的発想の萌芽段階にまでは到達していたように思われる。
たとえば、以下の箇所がそれに該当する。

「わが党やソヴェト国家やいく千万人民の活動は、すべて、矛盾を解決することに、矛盾を克服することに、さらに可能なかぎり矛盾から解放されることにむけられている」（注138）

注138：V・ロージン＆V・トゥガリノフ「矛盾と原動力（矛盾が原動力ではない）」／榊利夫編『矛盾』（合同出版）所収　108頁

「新しい矛盾のあらわれを宿命的にみてはならない。社会発展の法則を知っておれば、一方の矛盾

の作用範囲を制限したり、それから完全に解放されたりすることができるし、他方の矛盾の作用をよわめたり、第三の矛盾を防止したりすることができる」（注139）

注139：同前　109頁

「ソヴェト人は、客観的な矛盾を見積りにいれたうえで、新しいものが古いものにうちかつためにたたかい、それによって社会を前進させている」（注140）

注140：同前　112頁

矛盾を《敵対矛盾》＝《有害矛盾》だけに一面化してとらえてはいるが、人間が主体的に解決するべき対象として、矛盾にとりくんでいくべきであると主張したところの視点は、かなりはっきり芽ばえていることが看取されるであろう。

ロージンとトゥガリノフの理論はけっしてたんなる「無葛藤理論」のくり返しではない。類似した誤謬ではあっても、それなりに「矛盾論争」やその現実の背景をくぐり抜けた分だけ、いくらか進歩し、発展した形で、再び「無葛藤理論」と同じような誤謬に回帰したものなのである。すなわち、人間が認識過程においてたどったところの誤謬の《否定の否定》の実例といえる。

八　クリウォルーチコ

クリウォルーチコの論文「共産主義的構成体の基本矛盾とおもな矛盾」を吟味することにしよう。

クリウォルーチコは社会主義社会を含む「共産主義的構成体の基本矛盾」についてつぎのように主張している。その内容は、基本的にステパニャンと同じである。

「全人類にふさわしい社会における生産の真の使命は、社会のたえずたかまりゆく物質的・文化的需要をみたすことにある。わが社会の発展の不断の刺激剤、つまり原動力になっているのは、社会主義的生産全体の需要との相互作用、または矛盾である。

この矛盾が、社会主義における基本矛盾でもある」（注141）

注141：F・クリウォルーチコ「共産主義的構成体の基本矛盾とおもな矛盾」／榊利夫編『矛盾』（合同出版）所収　114頁

ただし、クリウォルーチコは、クロンロードによるステパニャン批判に対応して、ステパニャンを補完するように、新たに「おもな矛盾」という概念を案出している。

「共産主義的社会・経済構成体《フォルマーツィヤ》は、いくつかの時期をへて発展するが、これには社会主義の完成期も、社会主義から共産主義への漸次的移行期もふくまれる。この時期には、共産主義的構成体《フォルマーツイヤ》のもとでたえず作用する基本的な矛盾とならんで、共産主義的構成体《フォルマーツィヤ》のある発展段階でのみ作用する特殊な諸矛盾が存在する。これらの諸矛盾のなかにはおもな矛盾もふくまれる」（注142）

注142：F・クリウォルーチコ「共産主義的構成体の基本矛盾とおもな矛盾」／榊利夫編『矛盾』（合同出版）所収　116頁

社会主義社会の矛盾として、ステパニャンの「基本的な矛盾」に加えて、新たに「社会主義から共産主義への漸次的移行期」に作用する「特殊な諸矛盾」を案出し、その「特殊な諸矛盾」のなかに「おもな矛盾」という新たな概念を案出した点が、クリウォルーチコの特色である。

この「おもな矛盾」は、クリウォルーチコによれば「社会主義から共産主義への漸次的移行期」という「共産主義的構成体のある発展段階でのみ作用する特殊な諸矛盾」にふくまれている、ということになっている。したがって、この「おもな矛盾」こそが、社会主義社会とともに発生し、社会主義社会が共産主義社会に移行する段階で消滅するところの、本来の意味での社会主義社会の《本質矛盾》に相当するはずだ、ということは改めて指摘するまでもない。

ステパニャンは、当初、社会主義社会と共産主義社会を混同してあつかい、しかも、さらに人類史の全般にまで当てはまる矛盾を、その「社会主義＝共産主義」社会の「基本矛盾」として案出した。そして、その平板な論理構造をクロンロードに批判されたのである。その批判に対し、クリウォルーチコが新たに「おもな矛盾」なる矛盾を概念的に付加することによって、多少ともステパニャンの論理構造を立体化したわけである。これは一つの進歩といえる。

しかし、問題なのは、その「おもな矛盾」の中味である。

クリウォルーチコは、社会主義社会の「おもな矛盾」を、なんと「国家的所有形態とコルホーズ的・協同組合的所有形態とのあいだの矛盾」（注143）などという点に求めている。さらに、この矛盾は非敵対矛盾であり、その解決方法の特徴は「だんだん解決していく」（注144）という点にある、と主張している。普通の人間がこのような主張を聞けば、ただちにつぎのような疑問をもつであろう。なぜ「国家的所有形態とコルホーズ的・協同組合的所有形態とのあいだの矛盾」が社会主義社会の「おもな矛盾」といえるのか。あるいは、なぜその矛盾を一気に解決することができないのか。なぜ「だんだんと解決していく」ことしかできないのか、と。

注143：F・クリウォルーチコ「共産主義的構成体の基本矛盾とおもな矛盾」／榊利夫編『矛盾』（合同出版）所収　116頁

注144：同前　117頁

クリウォルーチコは、これらの疑問に正面から答えることができるのだろうか。否である。なぜならば、社会主義社会の《本質矛盾》は、クリウォルーチコが主張したところの、このような「おもな矛盾」にあるのではないからである。むしろ、そういう「おもな矛盾」が社会主義社会のうちでは一気に解決できず「だんだんと解決していく」ほかに方法がないところの、より根本的な理由、すなわち、社会主義社会においては《分業》的生産様式が押しつけられざるを得ないという理由のなかに存在しているからである。

ところが、クリウォルーチコは、そういう肝心な点にまったく気づいていない。

九　クルイロフ

クルイロフの論文「生産力の発展過程における諸矛盾」を吟味することにしよう。

クルイロフは、社会主義社会の《本質矛盾》およびその《解決方法》について、つぎのように記している。

「われわれの発展中のおもな矛盾――つまり生産水準とそれを上まわる社会の需要との矛盾の具体的なあらわれを克服しなければならないばあい、いつも生産的・技術的側面と社会的・経済的側面のどちらもわすれてはならない。技術的進歩を土台に、もっとも高い技術を基礎に全力をあげて全生産を発展さすことはいぜんとして、社会的需要を十分にみたす決定的手段である。だが、もっとも高い技術を基礎にというのは、いったいどんなことだろうか？　それは、自然力をひきつづき克服し、冶金工業・動力技術・機械製造などを発展させ、このさいうまれる社会と自然との矛盾を克服することによってということである」（注145）

注145：A・クルイロフ「生産力の発展過程における諸矛盾」／榊利夫編『矛盾』（合同出版）所収130頁

すなわち、クルイロフは、社会主義社会の《本質矛盾》を解決する方法は、生産力を向上させることである、と、あまり意味のない一般論を述べているにすぎない。当時の「矛盾論争」で問題となっている論争点に関して、クルイロフは論理構造上の前進性あるいは独自性を、少なくともこの論文においては、まったく発揮していない。

第二節　ウクラインツェフ――《外力》論の萌芽――

ウクラインツェフの論文「社会主義社会の矛盾を適時に解決する問題」を吟味することにしよう。

ウクラインツェフは、この論文において、かなり意識的な《外力》論的視点に立ちつつ、社会的矛盾とその解決方法に関する相対的にすぐれた見解を展開している。

ウクラインツェフの矛盾と矛盾の解決に関する理論水準が他の論者に比べて格段に高いにもかかわらず(あるいは格段に高いがゆえに)、一連の「矛盾論争」のなかではほとんど注目されなかったようである。その点は日本でも同じであった。榊原利夫は『矛盾――論争と問題点――』の編者として、この「矛盾論争」を日本に紹介した人間であるが、自ら記したこの本の解説において、ウクラインツェフのことを重要な論争者としてはあつかっていない。また、一連の「矛盾論争」のすぐれた紹介者であり、批判者でもあった三浦つとむも、彼の論文「矛盾論争はなぜ行きづまったか」のなかで、ウクラインツェフについてはまったく触れていない。

ウクラインツェフの論文が「矛盾論争」の参加者たちからほとんど無視されたも同然のあつかいを受けた原因としては、つぎの三点が考えられる。

① ウクラインツェフの理論水準が《外力》論的側面において孤絶して高かったという点
② ウクラインツェフの理論にもやはりいくつかの誤謬と不十分さとあいまいさが残っていた点
（特に敵対矛盾と非敵対矛盾に関する概念規定の欠落とそれに不可避的にともなう誤謬）
③ 学問的に独自の理論を提出する場合には不可欠であるはずの、他説に対する根底的な批判が欠落していた点

一般的に論理に弱い人間は、自分の理論を論理的に完全に超克した理論を提示されても、そのことに気づかない。あるいは、気づかない振りをして、あたかも自分の理論が生きつづけているように振舞い、自分の体面を保とうとする。特に、社会科学や人文科学の分野においては、そうである。したがって、社会科学や人文科学の分野においては、ことに学問的に論争している場合には、たんに正しい理論を提示するだけではまったく不十分である。批判すべき理論は学問的に根底的に批判し切っておくことが必要不可欠なのだ。しかも、そうすることが、批判する側の理論の正しさを学問的に自己検証するための、必要不可欠な方法でもある場合が多いのである。

それでは、ウクラインツェフの見解を、その展開に沿って少していねいに吟味していこう。

一　ウクラインツェフにおける《外力》論

ウクラインツェフは、論文「社会主義社会の矛盾を適時に解決する問題」の第一節である「一、社会主義社会の内・外部矛盾の性質」において、つぎのように主張している。

「社会主義社会の内部矛盾の発展と解決には、社会の外部的状況や条件がある程度影響をあたえる。後者は社会の内部矛盾を適時に解決するうえで一定の役割をはたすので、それにもかんたんにふれる必要がある」（注146）

注146：B・ウクラインツェフ「社会主義社会の矛盾を適時に解決する問題」／榊利夫編『矛盾』（合同出版）所収　137頁

さらに、ウクラインツェフは、その「社会の外部的状況や条件」（ウクラインツェフはこれらを別なところで「外矛盾」あるいは「外的矛盾」とも呼んでいる）を、敵対的なものと非敵対的なものに二分し、それぞれの実例をもってその影響の実際を説明している。実例の紹介はここでは省略するが、つぎの箇所は引用しておくことにしよう。

「社会主義が発展するさい（個々の国の枠内で、あるいは世界体制として）、その本来の矛盾が存在するだけでなく、一定の外的社会条件も存在している。ある歴史的時期における社会主義国家の発展をとりまく外的社会条件は同質のものではない。帝国主義諸国は社会主義諸国と敵対的な矛盾をもっている。帝国主義諸国は、社会制度としての社会主義をあらゆる方法でよわめ、あるいはまったく根絶しようとする。

第二次世界大戦ののち、アジアとヨーロッパに一連の人民民主主義諸国がうまれた。いま中国その他の人民民主主義諸国は着々と社会主義を建設している。社会主義陣営の国ぐにの本性がもともとおなじなので、それらの国ぐにのあいだに敵対的矛盾はおこりえない。もっとも個々の非敵対的矛盾はおこりうるし、またときどきおこっているが、そうした矛盾は経済的・政治的利害の一致とプロレタリア国際主義にもとづき平和的な方法で解決される。だから、これらの矛盾の性質は、わが社会の内部矛盾の性質と原則においてことなっていない」（注147）

注147：B・ウクラインツェフ「社会主義社会の矛盾を適時に解決する問題」／榊利夫編『矛盾』（合同出版）所収　137～138頁

ウクラインツェフはここで、敵対的矛盾とか非敵対的矛盾という言葉を用いている。しかし、これらの言葉について本格的な概念規定をしていない。そのためであろうか、ウクラインツェフの敵対矛盾と非敵対矛盾のとらえ方はかなり通俗的である。なぜならば、以下の引用箇所からも察知できるように、ウクラインツェフは矛盾の敵対的性格と非敵対的性格に関しては、たんに矛盾における対立物相互の対立関係としてしか、すなわち、直接的な意味としてしか、とらえていないからである。この点では、ウクラインツェフは、他の論者と同じレベルにとどまっている。

「社会主義以前の社会構成体のもとには、過去・現在をとおして、敵対的な矛盾と非敵対的な矛盾が存在している。しかし、人間による人間の搾取をもとにした社会では、敵対的な矛盾が支配的で、それらが発展を規制し、非敵対的な矛盾は第二義的な地位しかもっていない。たとえば、国政問題をめぐる支配的諸階級上層部の意見の対立や、ブルジョア政党間の対立および党内闘争の妥協的解決も、全体としての資本主義の敵対的矛盾をなくすものではないし、逆にそれらをするどくする。ブルジョア思想家がこうした妥協を全国民的な尺度での矛盾解決であるかのようにみせかけようとしても、事態はかわらない。

資本主義から社会主義への過渡期にも敵対的な矛盾と非敵対的な矛盾がある。しかし、ここではもう二つの矛盾形態のあいだの相互関係は変化をきたしている。プロレタリア独裁の政治制度が存在し、基本的な生産手段が社会主義的所有になっているので、都市や農村における搾取階級の残りかすをわりあいみじかい期間になくすことができる。社会主義がうちたてられると、たとえ個人(寄生的・投機的な連中など)と社会のあいだに敵対関係がうまれる可能性はあるとはいえ、社会的諸矛盾の敵対的な形態はすっかりなくなる。だがそのような敵対関係も、社会主義から共産主義に社会がうつっていくにつれてあらわれなくなっていく。こうして、非敵対的な矛盾だけがのこる。だが、こうした矛盾の意識的・平和的解決が無階級社会のたえまない改善の枠内で根本的な社会的諸改造をもたらすので、すでにこれらの矛盾は新しい意味をもってくる。敵対と矛盾はおなじものではけっしてない。『社会主義のもとでは、前者はなくなるが後者はのこる』とレーニンは指摘している」(注148)

注148：B・ウクラインツェフ「社会主義社会の矛盾を適時に解決する問題」／榊利夫編『矛盾』(合同出版)所収 136～137頁

さすがに、ウクラインツェフは、他の教条主義者のように、社会主義社会になる前の社会的矛盾はすべて敵対矛盾であり、社会主義社会になってはじめて非敵対矛盾が現われる、などということはいわない。逆に、ウクラインツェフが「社会主義以前の社会構成体のもとには、過去・現在をとおして、敵対的な矛盾と非敵対的な矛盾が存在している」と主張しているあたりは、他の教条主義者よりも、理論的にかなり先に進んでいる。

しかし、ウクラインツェフが矛盾の敵対性と非敵対性を直接的な意味にしかとらえておらず、媒介的にはとらえていないという限界をもっていることも、この注148の引用箇所から明らかであろう。敵対矛盾および非敵対矛盾に関するこの一面的な把握が、ウクラインツェフの矛盾の《解決方法》のとらえ方にもそれ相応の悪影響を与えていることは否定できない。

「社会主義のもとでの非敵対的矛盾の特質の一つは、それが平和的方法で解決される点にある。ソヴェト社会の非敵対的な内部矛盾を平和的に解決できる物質的基礎は、生産用具や生産手段の社会的所有——社会主義的生産関係の基礎——が社会主義的生産力の社会的性質に照応していること、搾取階級がいないことにある」（注149）

注149：B・ウクラインツェフ「社会主義社会の矛盾を適時に解決する問題」／榊利夫編『矛盾』（合同出版）所収　138頁

本来、矛盾の《解決》とは、一般的に《解決主体》が《解決対象》としての矛盾に《外力》を加え自らの望む方向に矛盾を制御することを意味している。

そこで、矛盾の敵対・非敵対的な性格を矛盾それ自体における対立物相互の関係としてのみとらえると、敵対矛盾の《解決》は暴力的方法によって、非敵対矛盾の《解決》は平和的方法によっておこなわれる、ということがあたかも当然のように思われるのであろう。

ところが、矛盾の敵対性・非敵対性を媒介的に、つまり《解決主体》と《解決対象》としての矛盾との間の関係という面からとらえてみると、この問題はそう簡単に割り切れるものではない、ということがわかってくる。

たとえば、ある人間（これを仮りにA君と呼ぼう）が麻薬にとりつかれ、その中毒患者になってしまったとしよう。A君（A君は自己運動する個人として、一つの矛盾とみることができる）と媒介的な敵対関係にあるB君は、A君を抹殺する（これは敵対矛盾に対する一つの《解決方法》である）ため、体力の衰えたA君を暴力的に殺害する絶好の機会と考え、暴力的方法で《解決》しようとする場合もたしかにあり得るであろう。しかし、B君が策謀家であるならば、逆に、A君の病室に親切をよそおって見舞いに行き、治療のための麻薬の排除によって禁断症状に苦しんでいるA君に対し「君の苦しみは同情に耐えない。治療のためとはいえ、このような目に合せるのは行き過ぎである。毒も場合によっては薬となる。これで少しは楽になりたまえ」というような甘言を弄して麻薬を再度服用させ、A君の麻薬中毒をぶり返させて、平和的方法で敵対矛盾を《解決》する（A君を抹殺する）ように策謀するかも知れない。それとは反対に、A君とは媒介的に非敵対関係にある親友のC君は、禁断の苦しみに耐えかねて再び麻薬にすがろうとするA君を、あえて暴力的方法で束縛し、治療を続行させるよう努力するであろう。この場合のC君は、非敵対矛盾を暴力的方法で《解決》することになるのである。

このように、現実の事例と対応させて吟味すると、ウクラインツェフの主張する形而上学的で同義反復的なつぎの見解は、決定的に不十分であり、誤謬であることがわかるはずである。

非敵対矛盾の《解決方法》＝平和的
敵対矛盾の《解決方法》＝暴力的

以上に指摘したような理論的な弱点を、ウクラインツェフはたしかにもってはいる。しかし、ウクラインツェフは矛盾を内部矛盾と外的条件（外的矛盾）に明確に区別してとらえており、この点においては《外力》論的見地に一歩近づいたものとして高く評価されるべきなのである。

それればかりかウクラインツェフは、その外的条件（外的矛盾）が内部矛盾に対して敵対的である場合と非敵対的である場合との二通りがある、という理解にまで到達していた。すなわち、ウクラインツェフは《外力》論的見地に近づいたその分だけ、矛盾の敵対・非敵対的性格に関する媒介的構造の把握に関しても、今一歩というところまで近づくことができていたのである。

社会主義社会の矛盾を、社会主義社会の内部矛盾と外的条件（外部矛盾）に区別してとらえなければならない、とするウクラインツェフの《外力》論的発想の鋭さは、社会主義社会の具体的な矛盾の《解決方法》を論ずる場合にも貫徹されている。われわれはその内容を論文「社会主義社会の矛盾を適時に解決する問題」の第二節において見ることができる。

しかし、その吟味に移る前に、第一節を総括した以下の部分を引用しておく。われわれはこの箇所からも、つぎの第二節において貫徹されているところの、ウクラインツェフの矛盾の《解決》に関する主体的発想（＝《外力》論の一形態）の一端を知ることができる。

「げんざいの歴史的条件のもとでは、敵対的な外的矛盾は社会主義陣営の国ぐにの勤労者の意志とはいちおう別個の存在である。なぜなら、わが地球上には社会主義とならんで資本主義がまだ存在しているからである。しかし、社会主義諸国の人民の意志しだいで、資本主義諸国の労働者階級の団結しだいで、これらの矛盾が武力による国際紛争にかわらないようにすることはできる。人民大衆の平和への意志と社会主義体制のもっている物質的諸手段は、侵略者をおさえることができる。エジプト侵略の挫折はその例である。

ソ連邦共産党とソヴェト政府は、その内外政策をとるさい外的矛盾の影響を考慮にいれ、それらの有害な作用を予防したり弱めたりするのに必要な措置をとっている。このような措置としては、ことなる社会制度をもった国ぐにの平和共存というレーニンの原則にもとづく一貫した平和的な対外政策、独立国家を維持しようとするかつての従属国の人民の諸権利の擁護、これらの諸国民にたいする政治的条件ぬきの経済援助などがあげられる。社会主義陣営の国ぐにの団結・同権とプロレタリア国際主義の原則にもとづく経済的・政治的・軍事的援助の強化は、決定的な意義をもつ措置としてあげられる（＝非敵対的な外的条件の強化……引用者）。

国内の経営・経済活動にたいする敵対的な外的矛盾の影響を考慮にいれる必要があるのは、国内の可能性と需要さえ出発点にすればいつも問題を解決できるわけではないからである。社会主義陣営を全体としてつよめるためには、したがって平和的発展の条件を保証するためには、われわれの希望はどうあろうとも、いくつかの内部の困難の克服をあとにひきのばすような資源再分配をやらなければならないこともときどきある。ざんねんながら、わが宣伝文書のなかでこのような事情がしかるべく明らかにされていることはたまにしかない」（注150）

注150：B・ウクラインツェフ「社会主義社会の矛盾を適時に解決する問題」／榊利夫編『矛盾』（合同出版）所収 *140*～*141*頁

二　ウクラインツェフにおける《矛盾》論

ウクラインツェフの《矛盾》論の中心的展開は、論文「社会主義社会の矛盾を適時に解決する問題」の第二節である「二、矛盾を適時に解決することは――困難を克服し、社会主義社会の発展テンポをひきあげるもっとも大切な条件である」においてなされている。

まず〔論争点Ⅰ〕について、ウクラインツェフはつぎのように論じている。

「客観世界のそれぞれの物体や現象につきものである内部矛盾の統一と闘争は、発展のみなもとである。非敵対矛盾をふくめた内部矛盾は、こうした対立物の闘争のあらわれである」（注151）

注151：B・ウクラインツェフ「社会主義社会の矛盾を適時に解決する問題」／榊利夫編『矛盾』（合同出版）所収　141頁

矛盾が発展の原動力であるとした点は正しいが、ウクラインツェフもまた、レーニンの言葉に忠実に、矛盾の定義を対立物の「統一と闘争」と記している。

この部分をあえて「統一と闘争」に対応させて表現するならば、対立物の「統一と対立」と訂正すべきであろう。そうすれば、非敵対矛盾における「対立物の闘争」などという《矛盾におけるレーニン的背理》に足を取られずに済むからである。

つぎに、ウクラインツェフは、矛盾の一般的な発展過程を三段階に分けて、概略、以下のように論じている。

(1) 矛盾の初期

「矛盾の運動の初期の段階はつぎのような特長をもっている。すなわち、この時期には、物体の発展のみなもととしての矛盾そのもののなかにある大きな進歩の可能性が現実化される——矛盾の発展が物体の量的変化をもたらしはするが、まだ根本的な質的変化をもたらしはしない。物体はまだ内部発展（進化）の可能力を多くもっている」（注152）

(2) 矛盾の発展期

「発展した矛盾は、やがて矛盾激化の状況下でその局面をかえていく。これは、その物体のこれまでの質的規定の枠内で新しいものが古いものとならんで発展していく可能性が基本的に消えさり、質的飛躍の条件を準備した質的諸変化がおこったことをしめす。これと関連して、その矛盾が解決され、ほかの矛盾があらわれる必然性がでてくる。後者は、発展の新しい内部因素になる力をもっている」（注153）

(3) 矛盾の解決期

矛盾はその終局段階において激しくなり「発展上の顕著な困難というかたちでおもてにあらわれ」（注154）、やがて最終的な「解決」にいたるのであるが、その矛盾の「解決」には大きく分けて二つの種類がある。一つは矛盾の「適時の解決」である。これは、矛盾の発展の法則性および必然性を意識的に利用したところの目的意識的活動を通じてなされる「解決」であり、平和的な方法でおこなわれるものである。他の一つは、矛盾の「盲目的な自己解決」（注155）と呼ぶべきものである。これは、矛盾の発展を激しくなるにまかせて放置した場合に発生するものであり、矛盾の激化が最後の一線を越え「衝突」によって終了する「解決」である。

注152：B・ウクラインツェフ「社会主義社会の矛盾を適時に解決する問題」／榊利夫編『矛盾』（合同出版）所収　141頁
注153：同前　141～142頁
注154：同前　142頁
注155：同前　144頁

以上に紹介した、いろいろと誤謬の混入したウクラインツェフの矛盾の発展段階に関する論理構造は、本書における第二部・第一章・第二節「『矛盾論争』の解決——論争提起者ステパニャンを媒介にした矛盾論・外力論の展開——」をベースにして吟味すれば、明瞭に透視することができる。すなわち、ウクラインツェフによる矛盾の「初期」→「発展期」→「解決期一（＝『適時な解決』）」という一つ目の発展コースは、矛盾の《自己運動》過程において外部者たる《解決主体》が目的意識的に《外力》を《解決対象》の矛盾に作用させ、自らの望む方向に制御するという内容を含んでいる。すなわち、矛盾の《自己運動》に、その矛盾の《解決主体》が的確な《人為的な外力》を作用させたところの、立体的な過程を平面化してとらえたものなのである。

そして、他の「初期」↓「発展期」↓「解決期二（＝『盲目的な自己解決期』）」という二つ目の発展コースは、矛盾の〈発生〉↓〈発展〉↓〈消滅あるいは止揚〉という矛盾の《自然的発展過程》、すなわち、矛盾の《自己運動》過程に対応している。

ウクラインツェフは、たしかに、矛盾の発展の人為的《解決》過程と自然過程を、同じような「解決」としてとらえる、という誤謬におちこんではいる。しかし、それらを、一つ目を「適時な解決」とし、二つ目を「盲目的な自己解決」とすることによって、実質的に両者を区別している点は、相対的に高く評価されるべきであろう。このように《解決主体》と《解決対象》との媒介関係において矛盾の《解決》をとらえようとするウクラインツェフの発想は、矛盾を「内部矛盾」と「外的条件（外的矛盾）」との区別と関連においてとらえたところの、このウクラインツェフ論文の第一節における《外力》論的発想と密接につながっている。

三　ウクラインツェフにおける矛盾の《解決》論

さて、実質的な《外力》論的視点に立ったウクラインツェフは、社会主義社会における矛盾の《解決》についても他の論者とは一味違った見解を提示している。

「矛盾がはげしくなると、ふつうそれは、発展上の顕著な困難というかたちでおもてにあらわれる。困難の発生の事実そのものは、矛盾がはげしくなっていることをうたがう余地なくしめしはするが、矛盾解決のかたちについてはまだなにひとつかたらない。社会の歴史を研究するさいわれわれの目にすることだが、あらゆる社会・経済構成体の発展過程にいろいろな困難があった。困難はじつに多種多様である。たとえば、わが社会の発展過程には、社会主義を発展させ、かためる大きな困難があったし、社会主義から共産主義にだんだんうつっていく困難がある。以前おくれていた国を工業化するうえで大きな困難があった。史上先例のない、新しい社会主義建設の事業ではあやまりもあった。しかし、ソヴェト社会の非敵対的矛盾は前進的発展の矛盾であり、そこでは、新しいものは最大限に有利な状況下で古いものとたたかい、平和的な手段で古いものをまかすことができるし、げんにそうしている。だから、ソヴェト社会における矛盾の解決は、本質において、上昇運動の困難の克服であり、欠陥の是正である。こうした欠陥は、社会的現象の個々の特質が老化したり、あやまりがおかされたりした結果である。」

以上からもわかるように、諸矛盾の解決方法や社会主義建設の過程でうまれた成長の困難の克服方法は、帝国主義のもとでのそれとは原則的にことなる。帝国主義は、凋落・腐敗・死滅という克服不可能の困難にとりつかれている。

社会主義のもとでは、社会発展の法則性は勝手な盲目的要素としてあらわれるのではなく（これは史上さいしょのことだ）、自覚された必然性としてあらわれる。それは、社会進歩の客観的諸法則の作用の結果につよい関心をもつ人民大衆の目的意識的活動をつうじて実現される必然性である」（注156）

注156：B・ウクラインツェフ「社会主義社会の矛盾を適時に解決する問題」／榊利夫編『矛盾』（合同出版）所収　142～143頁

この注156の引用箇所は、まだかなり曖昧だが、以下のようにいいかえることができる。すなわち、矛盾はその自然的発展過程のままに放置しておくと盲目的に激化してしまい、全体の発展に支障をきたす。それゆえ、矛盾の自然過程そのものとは異なる発展過程を経過するように矛盾を《解決》しなければならない。そのことは人間社会の矛盾においても同じである。しかし、人間が敵対階級に分裂している「帝国主義」のもとでは、人間が自らのつくり出した社会を目的意識的に制御できない。そのために、矛盾を「適時に解決」できず、もっぱら「盲目的な自己解決」すなわち自然的発展過程のままに身をゆだねるしかない。社会主義ではその反対に、社会が敵対階級に分裂していないため、人民大衆が社会の法則をつかみ、目的意識的にその法則性を応用することができる。それゆえ社会的諸矛盾も「適時に解決」することができる、と。

ついで、ウクラインツェフは、社会主義社会における矛盾を大きく二種類に区分する。すなわち「進歩のみなもと」になる矛盾と「ブレーキの役目しかはたさない」矛盾の二種類である。

ウクラインツェフは「ブレーキの役目しかはたさない」矛盾についてつぎのように主張する。

「社会生活では、進歩のみなもとになるのではなくてブレーキの役目しかはたさない矛盾もときたまあらわれることがある。たとえば、実際活動でおかされたあやまちや、個々のグループ間あるいは国家間の各種の誤解やあつれきとしてあらわれる。主観的要素と客観的要素のあいだの矛盾は、発展をさまたげるばかりである。こういった矛盾の発生をふせぐあらゆる可能性と、もしうまれても急速に解決するすべての可能性が社会主義社会には存在している」(注157)

注157：B・ウクラインツェフ「社会主義社会の矛盾を適時に解決する問題」／榊利夫編『矛盾』(合同出版)所収　143～144頁

この「ブレーキの役目しかはたさない」矛盾に対し、二種類目の「進歩のみなもと」になる矛盾については、ただやみくもに《解決》するばかりが能ではないと、ウクラインツェフは主張する。

「同時に強調しなければならないのは、客観的現実における具体的矛盾は、すべて、発生するやいなやすぐに解決できるし、解決しなければならないわけではないということである。まだたんなる差異の段階にある矛盾の早急な解決がいつも進歩をたすけるわけではない。ときには、そうすることによって発展の決定的動力の対象をうばうことがある。いくらかの矛盾は、それがあるていど成熟して、発展のみなもとからブレーキにかわりつつあるとき解決されなければならない。だから、矛盾を適時に克服するには、その成熟の度合いをたえず考慮にいれておかなければならない」（注158）

注158：B・ウクラインツェフ「社会主義社会の矛盾を適時に解決する問題」／榊利夫編『矛盾』（合同出版）所収　144頁

ウクラインツェフも、他の論者たちと同じように、矛盾の《解決》を《解決》＝《克服》＝《消滅あるいは止揚》というように一面的にとらえている。そのため、注157〜注158に引用した箇所も、それを念頭において吟味する必要がある。しかし、注意して吟味すれば、ウクラインツェフがここで、実質的にはつぎのような内容を主張していることが察知できるはずである。

すなわち、ウクラインツェフが、社会主義社会の矛盾には、即座に《克服》しなければならない矛盾（＝「ブレーキの役目しかはたさない」矛盾）もあるが、即座に《克服》してはならない矛盾、いいかえれば、しばらくの間（発展のみなもとからブレーキに変わるまでの間）は《実現》させておく必要のある矛盾、さらには、ある程度は積極的に「成熟」させなければならない矛盾がある、といっていること、これである。

それればかりではない。ウクライインツェフは他の箇所で以下のような見解を示し、矛盾の《変質》や《変形》および新たな矛盾の《創造》さえも、そのすべてが矛盾の《解決》になりうることを実質的に主張している。

「矛盾の解決は、ふつう、社会の発展過程におけるいくらかの質的変化によってなしとげられる。これはまったく法則にあっている。なぜなら、発展の基礎が改善され、新しい諸矛盾があらわれてくるからである。この例としては、ソ連邦における農業を急激にたかめる課題の解決をあげることができる。西部シベリアやカザクスタンの広大な処女地・休閑地の開墾は、穀物増産にかんする重要な措置の一つだった。三五五〇万町歩の新耕地を農業生産につかうこと自体は、外面からみれば耕地面積のたんなる量的増産にすぎないようであるが、処女地に最良の技術や新しい耕作法がとりいれられ、そこに基本的には国営農場《ソフホーズ》がつくられて、集団農場《コルホーズ》がつくられなかったことを考えにいれれば、じっさいにはたんなる耕地の量的増大ではない。

いく百の国営農場《ソフホーズ》ができたため、国の農業人口のあいだに重大な社会的変動がおこった。労働者階級の隊列がいちだんと補充され、農業における全人民的国家所有のしめる比重がたかまった。このように、処女地・休閑地の開墾は農業と全国内生活に質的な変化をもたらし、全人民的国家所有――社会主義から共産主義にうつっていく土台――の陣地をかためた」（注159）

注159：B・ウクラインツェフ「社会主義社会の矛盾を適時に解決する問題」／榊利夫編『矛盾』（合同出版）所収 *148* 頁

この箇所のウクラインツェフの見解には、国有化という問題を中心に、いくつかの深刻な誤謬あるいは不十分さがある。しかし、矛盾の《解決》という問題に限定するかぎり、ウクラインツェフの見解は、矛盾の正しい《解決》観にもう一歩というところまで近づいている。矛盾の《解決》＝《克服》＝《消滅あるいは止揚》というロシア＝マルクス主義の一面的な定説の制約下にあったという条件を考慮するならば、実質的に、かなり注目すべき内容をふくんでいる。ウクラインツェフは、自らの見解の内容を「矛盾の適時な解決」という言葉で総括している。

そこで、その「矛盾の適時な解決」の内容を、彼の論文「社会主義社会の矛盾を適時に解決する問題」の第二節である「二、矛盾を適時に解決することは――困難を克服し、社会主義社会の発展テンポをひきあげるもっとも大切な条件である」からさらにくわしく引用してみよう。

「社会主義社会の矛盾を解決することがおくれると、大きな損害をあたえる。それは、非敵対的な矛盾それ自体、ことなった二つの運動の可能性をもっているからである。すなわち、意識的・平和的・円満に、適時に解決する実在的可能性（これが、社会主義社会の発展の法則性である）と、さいごの一線まで激化させる抽象的可能性がそれである。後者のばあい、この線をこえれば、このましくない条件のもとで衝突《コンフリクト》にかわる盲目的な自己解決の過程がはじまる。われわれがこの可能性を抽象的とよぶのは、それが社会主義にとって合法則的なものではないからである。

一般的にいって社会的矛盾の盲目的な自己解決は手おくれの解決であって、このましくない条件のもとで進行し、進歩にたいしてはるかにすくない結果しかあたえない。無階級社会における盲目的な自己解決は『外見的なもの』である。というのは、それによって上昇的発展の現実の困難がとりのぞかれるわけではないからである。矛盾の自己解決は、組織的な、より実り多い運動をたすけないどころか、社会の発展をまわり道させ、時間浪費や発展速度の低下をもたらし、人力と物的資源をむだに支出させる。（中略）

この抽象的な可能性に注意しないことがときどきある。この可能性にたいするそのような過小評価は、社会主義のもとにおけるその他の任意の抽象的可能性にたいする過小評価一般とおなじく、ぜったいにゆるせない。このような過小評価は重大なあやまりと手ぬかりをうむおそれがある。なぜなら、抽象的な可能性は適当な条件のもとで実在的可能性になるからである。このような例としては、国内のいくつかの矛盾を適時に解決する措置がとられなかったハンガリーのかつての指導上のあやまりをあげることができる。これらの矛盾が盲目的に『解決』されるようになり、それが帝国主義反動によって反革命暴動の組織に利用された。

他方、いくらかの矛盾がやっとあらわれ、まだ進歩をさまたげない頃、それらを双葉のうちに解決しようとあせると、社会現象の必要な発展段階を冒険主義的に否定する結果になる。（中略）ばあいによっては（客観的現実に主観的表象が一致しないばあいは別として）、うまれた矛盾が現存のある社会現象の老化と不適性をまだすこしもしめさないこともある。社会現象が大した障害や困難なしに発展できるうちは、前進運動のおもな内的可能性がなくならないうちは、矛盾をただちに解決する問題を日程にのぼらせる必要はすこしもない。（中略）

ソ連邦の国営工業企業が二〇万以上にのぼり、国内各地に一〇万以上の建設工事がおこなわれるようになると、はばせまく専門化され、あまりに中央集権化された工業管理機構は、それぞれの企業をてきぱきと具体的に指導するのをさまたげるようになった。そのとき、ソ連邦共産党中央委員会は工業・建設管理機構をさらに改善する問題を提起した。これは、工業活動がわるくて計画がやりとげられなかったからではない。（中略）問題が全人民的な討議にかけられたのは、古い管理形態が基本的にその任務をおわり、そのなかでうまれ、かつ十分に成熟した矛盾の解決をかんがえなければならなくなったからである。

工業発展にいっそう大きな道をきりひらき、工業のもつあらゆる豊富な可能性を利用することが必要だったが、このためには新しい組織形態をみいださなければならなかった。（中略）新しい管理形態にかんする問題の提起と解決は、古い形式がその進歩的・積極的な影響をあたえる可能性をうしない、前進運動に新しい見通しをあたえないばあいの、時宜に適した矛盾解決の範例である」（注160）

注160：B・ウクラインツェフ「社会主義社会の矛盾を適時に解決する問題」／榊利夫編『矛盾』（合同出版）所収　144～147頁

以上のウクラインツェフの主張を《外力》論的に整理して言い換えると、つぎのようになる。社会主義社会における社会的諸矛盾は、通常は直接的な意味での非敵対矛盾として存在し運動している。しかし、それらの矛盾の《解決》に失敗すると、すなわち、目的意識的に《外力》を加え自らの望む方向に制御するやり方を誤まると、社会的混乱を引き起こし損害を生じさせる。失敗形態の一つは、社会的矛盾がその自己発展過程をたどるにつれて、媒介的な意味での非敵対矛盾（＝《有益矛盾》あるいは《無益無害矛盾》）から敵対矛盾（＝《有害矛盾》）に転化したことに気がつかず、その矛盾を《克服》する時期が手おくれになる場合である。

このように社会的矛盾が媒介的な意味での非敵対矛盾から敵対矛盾に転化したことに気がつかず、

矛盾の自然的発展にまかせておくと、直接的意味における非敵対性まで敵対性に転化してしまう恐れがある。そうなると矛盾の《解決》は完全に手おくれであり、社会的混乱は暴力的行為にまで発展してしまう。それが、いわゆる「衝突《コンフリクト》」である。

失敗形態の別例は、矛盾の《解決》における社会矛盾がまだ媒介的な意味での非敵対的矛盾であるにもかかわらず、敵対矛盾に転化してしまったと見誤り、無理矢理に《克服》しようとする場合である。たとえ将来的には敵対矛盾（＝《有害矛盾》）に転化することが予測される矛盾であっても、現段階において非敵対矛盾（＝《有益矛盾》）であるならば、それらを《調和的に実現》させるか、もしくは《変質》《変形》させて《有益》的側面を拡大し《有害》的側面を縮小させる方法こそが、その時点における矛盾の正しい《解決方法》である。それにもかかわらず、その矛盾の《有益》的側面を見落したり、逆に《有害》的側面を過大評価したり、あるいは、将来の《有害》化を恐れるあまりに、現時点での非敵対矛盾（＝《有益矛盾》）をあわてて《克服》しようとする誤りが、この失敗形態の構造である。この場合にも、いわゆる「衝突《コンフリクト》」が発生する。

ところで、現実に社会的矛盾が非敵対性から敵対性に転化した場合には、なるべく合理的で適切な方法でそれを《克服》する必要がある。しかし、そればかりではなく、その矛盾に代わるべき新たな非敵対矛盾（＝《有益矛盾》）を《創造》しなければならない。このように自らに望ましい新たな矛盾を積極的に《創造》することも一つの矛盾の《解決方法》なのである。社会的にいえば、これは新たな社会的組織あるいは制度の創出に相応している。

以上のようにウクラインツェフの主張を《外力》論的に整理して言い換えると、彼がここで実質的に展開している内容がかなり正当なことが明らかになるであろう。ただし、そのことは、ウクラインツェフの論理展開に種々の誤謬が混入していることを否定するものではない。また、実際の出来事、すなわち、ハンガリー事件や旧ソ連の共産党中央委員会の諸政策に関するウクラインツェフの評価が正当であることを意味するものでもない。

四　ウクラインツェフにおける矛盾の《解決主体》論

ウクラインツェフは、論文「社会主義社会の矛盾を適時に解決する問題」の第二節である「二、矛盾を適時に解決することは――困難を克服し、社会主義社会の発展テンポをひきあげるもっとも大切な条件である」で、矛盾の《解決》に影響を与える要素について以下のように記している。

「社会主義社会の現実にみられる矛盾の適時の解決は、なによりもまず客観的な状況いかんにかかっている。とはいえ、この問題をみるばあい主観的要素の積極的な役割を考慮しないわけにはいかない。あれこれの矛盾は実際生活のなかで法則的にあらわれてくる。社会主義社会は組織的にこれらの矛盾を解決し、社会主義建設をよりりっぱにやりとげようとつとめる。適時にということは、矛盾を意識的・組織的に解決するうえでの構成部分であり、そのおもな要素である。

矛盾を適時に解決するというのはどういうことだろうか？（中略）まとめていえば、社会現象の発展過程における盲目性をできるかぎり、最大限に排除することである。以上からわかるように、社会主義社会の矛盾を適時に解決するということは——社会の発展過程における盲目性が意識的改造の枠内でおさえられるように、成長の困難を克服することである。

矛盾をいともかんたんにとりのぞく時期が客観的にあらわれるとはいえ、それを適時に解決するかどうかは人びとの意志しだいである。したがって、矛盾解決の適時性の要素は社会生活をはなれては存在しないということを強調しなければならない。この要素は主観的な要素とかたくむすびついている。（中略）

矛盾の適時の解決が客観的な条件によってきまることをわすれてはならない。矛盾解決の過程がながびくのは、かならずしも、人びとの経験・知識・組織能力や社会発展の要求をただしく反映する能力からくるのではない。発展の困難があらわれ、その原因が明らかになり、矛盾があばかれ、そして矛盾の解決方法までたてられることがよくある。ところが、われわれの意志とは別箇に存在する事態のためにこの矛盾をすぐさまとりのぞくことができない。この論文のはじめに政治条件についてふれたが、それは、時として国内任務の急速な解決をさまたげる。また、矛盾の急速な解決を困難にする客観的な内的原因もないわけではない。たとえば歴史的条件によって、社会主義が世界ではじめて建設されはじめたのは経済的におくれた国であった。この客観的な状況は、新しい政治体制と勤労大衆の物質的生活条件との矛盾解決にわりあい多くの時間を必要とさせた。後者はとどのつまり労働生産性の水準によってきまる。（中略）

客観的な事情は、それが外部の事情であれ内部の事情であれ、矛盾のさいご的な解決をいくらかおくれさせるにすぎない。内部の客観的条件は、社会主義社会の人びとの手でその必要におうじてつくりかえられる。しかし、このためには一定の時間が必要であり、したがって、できるだけ前もってそれを考慮にいれるようにしなければならない」（注161）

注161：B・ウクラインツェフ「社会主義社会の矛盾を適時に解決する問題」／榊利夫編『矛盾』（合同出版）所収　*147*〜*149*頁

以上のウクラインツェフの主張を図式化すると、図6の(i)のようになる。さらにこれを《外力》論的視点からとらえなおせば、図6の(ii)のように図式化することができる。

ウクラインツェフの(i)における「主観的要因」「矛盾の外的要因」および「矛盾の内的要因」が、それぞれ(ii)における「《解決主体》からの《外力》」「自然・社会からの一般的《外力》」および「矛盾

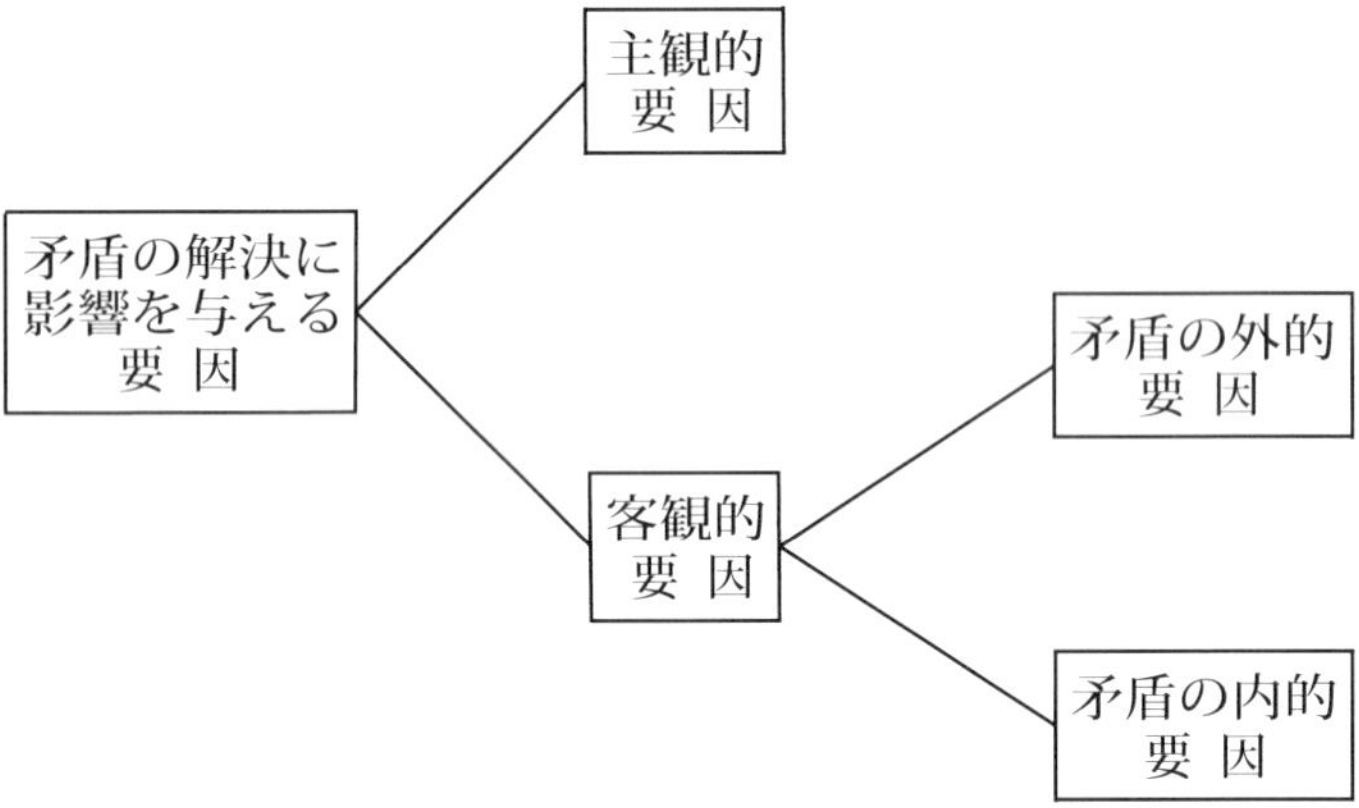

(i)　B. ウクラインツェフの見解

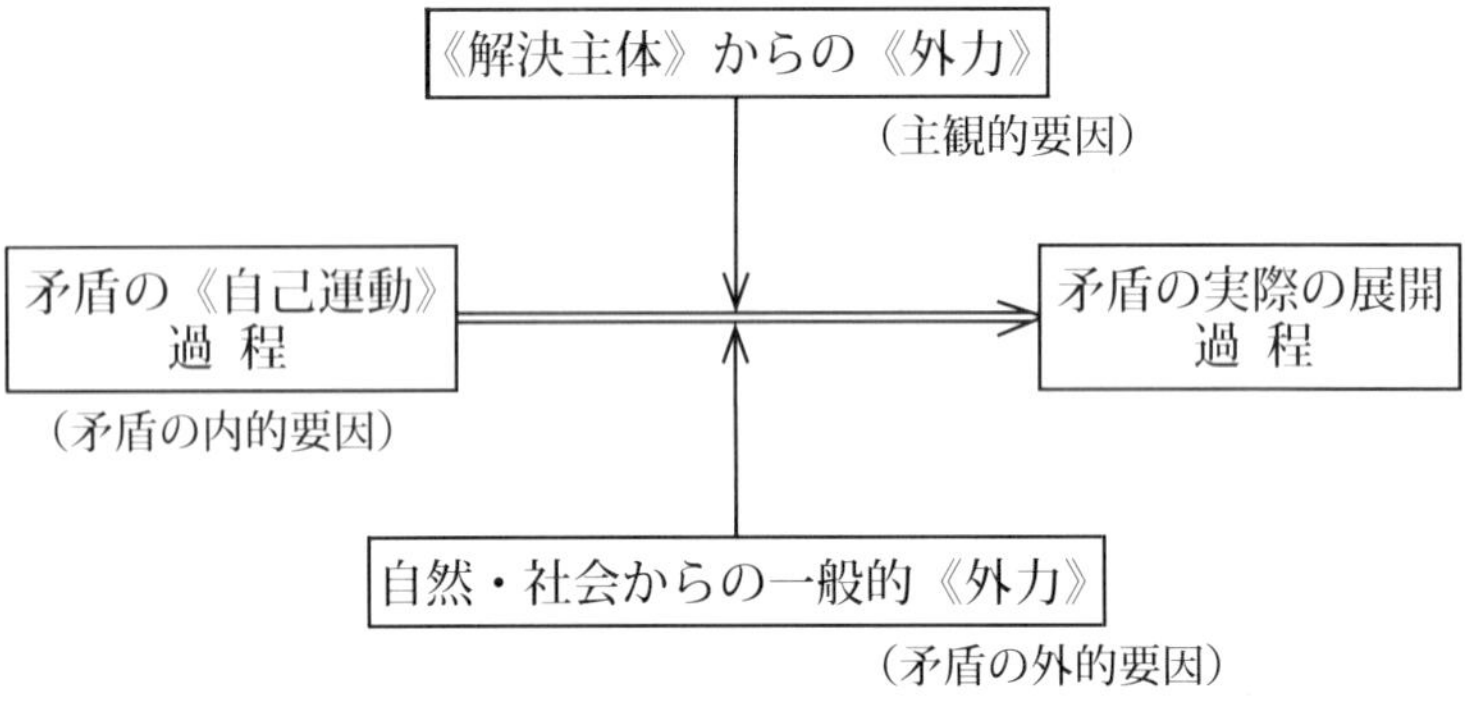

(ii)　(i)を《外力》論的にとらえなおしたもの

〔図6〕B. ウクラインツェフ矛盾論

の《自己運動》過程」に対応していることは改めて言うまでもないであろう。

以上に吟味してきたように、この第二節におけるウクラインツェフの論考は、種々の用語上の不十分性や曖昧性およびそれに引きずられての論理構造上の誤謬を内蔵しているとはいえ、その基本的発想と基本的論理構造において多くの注目すべき前進を示している。特に矛盾の《解決》という課題を考察する場合の、ウクラインツェフの《外力》論的な肉薄ぶりは、一連の「矛盾論争」における白眉とさえいえるものである。

五　ウクラインツェフにおける矛盾の《解決》に関する認識論と実践論

ウクラインツェフは、論文「社会主義社会の矛盾を適時に解決する問題」の第三節である「三、社会主義社会の発展過程における主観的要素と客観的要素の矛盾、それらの解決方法」において、社会的矛盾を解決する場合に落ち入りがちな誤謬の分析とそれに対する対策についても論じている。

これは誤謬論を中心とした一種の認識論および実践論とみなしうるものである。

ウクラインツェフはまず、社会主義社会における社会的矛盾の解決に、認識論および実践論が重要な意味をもっていることをつぎのように記している。

「認識された客観的諸法則を活用する自由が社会主義のもとで拡大されたので、社会的諸過程を支配するうえで主観的要素のもつ意義は何倍にもなっている。社会主義社会の矛盾を解決するさいの主観的要素の意義はとくに大きい。

マルクス・レーニン主義は、社会生活における客観的要素と主観的要素はあるていどの矛盾をもっているとおしえている。これは完全に法則にあっている。というのは、意識はいつも社会的存在からおくれるもので、変化していく社会生活の条件は客観世界の主観的映像として——多かれすくなかれ新しい社会的諸過程の本質に照応した思想として——人びとの意識に反映するものだからである。

階級的敵対からときはなたれた社会では、社会的思想が客観的発展法則により多く照応する客観的条件がうまれる。それは、社会生活についてのゆがんだ観念を保持することに経済的に利害関係をもつ階級が存在しないからである。社会主義社会は、客観的な社会法則の作用を認識し、利用することにつよい関心をもっている」（注162）

注162：B・ウクラインツェフ「社会主義社会の矛盾を適時に解決する問題」／榊利夫編『矛盾』（合同出版）所収　150～151頁

マルクスは、たしかに『経済学批判』の有名な「序章」において、つぎのように記している。

「人間は、その生活の社会的生産において、一定の、必然的な、かれらの意志から独立した諸関係を、つまりかれらの物質的生産諸力の一定の発展段階に対応する生産諸関係を、とりむすぶ。この生産諸関係の総体は社会の経済的機構を形づくっており、これが現実の土台となって、そのうえに、法律的、政治的上部構造がそびえたち、また、一定の社会的意識諸形態は、この現実の土台に対応している。物質的生活の生産様式は、社会的、政治的、精神的生活諸過程一般を制約する。人間の意識がその存在を規定するのではなくて、逆に、人間の社会的存在がその意識を規定するのである」（注163）

注163：マルクス『経済学批判』武田隆夫他訳（岩波文庫）13頁

しかし、マルクスは、ウクラインツェフが注162で主張している「意識はいつも社会的存在からおくれる」というような珍妙なことは記していない。マルクスは、エンゲルスとの共著『ドイツ・イデオロギー』に記したように、つぎのことを明確に認識していた。

「意識（Bewusstsein）とは決して意識的存在（das bewusste Sein）以外のものではありえず、そ

して人間の存在とはかれらの現実的な生活過程である」（注164）

注164：マルクス・エンゲルス『ドイツ・イデオロギー』古在由重訳（岩波文庫）32頁

そして、そういうマルクスとの共通認識を十分に踏まえた上で、エンゲルスは『反デューリング論』のなかに、つぎのように記したのである。

「こうした歴史的状態は社会主義の創始者たちをも支配した。資本主義的生産の未熟な状態、未熟な階級状態に対応して、理論も未熟であった。社会的課題の解決は、未発達な経済関係のなかにまだかくれていたので、それを頭のなかから生みださなければならなかった。社会は弊害を示すばかりで、それをとり除くのは思考する理性の課題であった。つまり、新しいもっと完全な社会制度の体系を考えだし、それを宣伝によって、できれば模範的な実験の実例を示して、社会に外から押しつけることが問題であった。これらの新しい社会体系は、最初からユートピアにおわる運命にあった。それらを細部にわたって仕上げてゆけばゆくほど、それらはいよいよまったくの空想におわらざるをえなかった」（注165）

注165：エンゲルス『反デューリング論』粟田賢三訳（岩波文庫・下巻）182頁

すなわち、人間の意識は人間の社会的存在に規定され、対応する関係にあるけれども、それは必ずしも「意識はいつも社会的存在からおくれる」ということを意味していない。意識は社会的存在から「おくれる」こともあるが、逆に先走ることも、あるいは、飛躍することすらある。ただ意識におけるどのような「おくれ」や先走りや飛躍も、結局は人間のその時点における社会的存在に規定され、対応する関係にある、というにすぎない。

以上に指摘したような誤謬を含んではいるものの、社会主義社会における矛盾の《解決方法》を論ずる場合に、ウクラインツェフがいうところの「主観的要素の意義」を重視し、同じく「客観的要素と主観的要素はある程度の矛盾をもっている」という問題を取り上げたのは、ウクラインツェフのすぐれた点であった。これもウクラインツェフの《外力》論的発想の所産であろう。

さて、ウクラインツェフがいうこの「客観的要素と主観的要素」の「矛盾」、すなわち、《解決対象》たる社会的矛盾と《解決主体》の関係についてであるが、これは社会主義社会においては少なくとも二重の媒介関係を通してあらわれてくる。

一つは、人間の認識に関する本質的な矛盾によるものである。三浦つとむは、この点について彼の『認識と言語の理論』の第一部「認識の発展」のなかで、つぎのように記している。

「認識の基礎となっているのは現実の世界であるが、この現実の世界を反映し模写するという認識の本質的なありかたがすでに一つの非敵対的矛盾を形成している。現実の世界は時間的にも空間的にもまたその多様性においても**無限**であるにもかかわらず、その現実の世界の一部分であるわれわれの頭脳への現実の世界の反映は、われわれの歴史的なありかたと個人の肉体的・精神的なありかたから規定されて、時間的にも空間的にもまたその多様性においても**有限**でしかありえない、という矛盾である」（注166）

注166：三浦つとむ『認識と言語の理論』（勁草書房・第一部）14頁

社会主義社会において発生する具体的な矛盾は、それこそ「時間的にも空間的にもまたその多様性においても**無限**である」から、どのようにすぐれた人間が真剣に矛盾を《解決》しようと努力したとしても、多かれ少なかれ誤謬を犯して失敗することはさけられない。この点に関してはウクラインツェフもつぎのように、だいたい正しい見解をもっていたようである。

「社会主義のもとでの諸法則の認識と、認識された諸法則の意識的利用は、客観的要素と主観的要素の矛盾をすくなくするとはいえ、それを完全になくすものではない。というのは、社会発展の過程で認識を、ついで利用を要求する新しい現象がうまれてくるからである。

客観的要素と主観的要素との矛盾の度合いは、主観的要素が社会発展の客観的法則をどれほどたしかに反映し、利用するかにかかっている。客観的なものと主観的なものの矛盾そのものが客観世界についての人間の知識の発展のみなもとであるとはいえ、社会主義社会の人びとはこの矛盾をすくなくすることに関心をもっているし、世界についてのゆがんだ観念論的概念の要素がうまれて世界を実践的に改造する事業にあやまりをうまないように、思考を現実からはなれさせまいとつとめている。ここから、理論とそれにもとづく実践を客観的現実にできるかぎり照応させ、実際生活の諸要求に指導をあわせていく必要性がうまれてくる。

これがやられないと、主観的要素と客観的要素との矛盾がずっとながびいて事態を複雑にし、ただしい指導下の社会発展の客観的論理によってはうまれえないような困難を社会生活にもたらすことがある。もっとかんたんにいうと、主観的要素と客観的要素との矛盾の激化は、あれこれの社会生活分野の指導のあやまりのなかにあらわれる。レーニンは、組織活動をふくめたすべてのしごとにあやまりのうまれる可能性があるといっている。問題は、大きなあやまちをおかさず、適時にそれをただすこと、すなわち主観的なものと客観的なものの矛盾がなるべくうまれないようにすることにある。社会主義のもとでの主観的要素と客観的要素のそれぞれの具体的矛盾の解決がその他のすべての矛盾を解決するおもな条件の一つだといってもたぶん過言ではないだろう」（注167）

注167：B・ウクラインツェフ「社会主義社会の矛盾を適時に解決する問題」／榊利夫編『矛盾』（合同出版）所収　151頁

このウクラインツェフの見解は、認識論および誤謬論としてはおおむね正当であり、いわゆるマルクス主義者によく見られるような、たんに政策上の誤謬や失敗あるいは認識上の対立を、階級的存在の反映であるとして、資本主義の手先だのスパイあるいは黒幕だなどとそれこそ気違いじみた調子できめつけるような低い水準からは離脱している。

しかし、それだけではけっして十分ではない。なぜならば、社会主義社会における「主観的要素と客観的要素との矛盾」には、もう一つ重要な媒介関係が内在するからである。それについてはマルクス＆エンゲルスが『ドイツ・イデオロギー』のなかで、つぎのように論及している。

「すなわち生産力、社会的状態および意識というこれら三つの契機がたがいに矛盾におちいることがあり、またおちいらざるをえないのは、分業とともに、精神的活動と物質的活動が――享受と労働が、生産と消費が別々な個人の仕事になる可能性、いな現実性があたえられるからだということ、そしてそれらが矛盾におちいらずにすむ可能性はただ分業がふたたびやめられることのうちにのみ存するということである」（注168）

注168：マルクス・エンゲルス『ドイツ・イデオロギー』古在由重訳（岩波文庫）40頁

ウクラインツェフは、社会主義社会の《本質矛盾》に関して、特に《分業》に関してなにも論及していない。そのために見落すのも無理はないが、社会主義社会においてもウクラインツェフのいう「主観的要素と客観的要素との矛盾」が存在し、ときにそれが激化してしまうのは、一方の「主観的要素」が他方の「客観的要素」に対応する場合に《分業》を媒介せざるをえない、という点にも重大な原因があるからである。たしかに社会主義社会においては、資本主義社会のように生産手段の私有を媒介とした敵対的階級は存在しない。その意味で「社会的思想が客観的発展法則により多く照応する客観的条件」があるといえる、しかし、社会主義社会においては、頭脳労働と肉体労働との分裂を中心とする現実的な《分業》は依然として存続している。そして、そうであるかぎり、マルクス＆エンゲルスが記したように「意識」と「社会的状態」との「矛盾」は変らずに存続しつづけている。まして、旧ソ連のように、成熟した資本主義社会を経由せずに「生産力」の低い条件下で社会主義体制に突入した社会においては、社会主義体制といっても現実的な「分業」は強固な地盤をもっており、それに対応して「社会的状態」と「意識」との「矛盾」も激しい形態で現象せざるを得ないのである。

ウクラインツェフは、当人のいう「主観的要素と客観的要素との矛盾」を克服する主な方法として「批判と自己批判」を真剣に実行することを提唱する。そして、そのことを社会制度および社会組織として保証する方法として、集団指導性の採用と各部局における幹部（＝中間指導者）の適正な配置と教育が重要だと主張している。

「集団指導の思想は実務的な批判の展開を予定し、熟練をつんだ多くの専門家の経験の総括をみこんでいる。これは、主観主義的性質のあやまちをふせぐ完全な可能性をあたえるものだ。集団指導のもとでは、意見をたたかわせることによって社会現象が全面的に研究され、その本質的な関連が明らかにされ、個々の人間が事態をみあやまる危険をすくなくすることができる。

集団指導の原則は指導者の経験を、つまり『上層部』の経験を総括するのを保証している。しかしこれだけでは不十分である。なぜなら、このほかに生産とむすびついた大衆の巨大な実際経験があるからである。だから共産党は、実践において集団指導の原則をまもる一方、大衆とのむすびつきをつよめ、党機関や政府機関のあらゆる部門にたいして大衆の意見を調査するよう要求し、批判的な指摘や提案に耳をかたむけ、大衆の要求を研究し、あれこれの欠陥の是正や困難の克服などにかんする予定の方策を大衆と相談するよう要求している。

社会主義社会の生活のあらゆる側面の指導を改善するうえでこのうえなく重要な意義をもっているものとして、幹部《カードル》の抜擢・教育・配置がある。諸矛盾の解決の機動性いかんは、具体的な人間に、その能力・素養・積極性にかかっている」（注169）

注169：B・ウクラインツェフ「社会主義社会の矛盾を適時に解決する問題」／榊利夫編『矛盾』（合同出版）所収　155頁

ウクラインツェフには《分業》が社会主義社会の《本質矛盾》に関係しているという認識が全く欠けていた。そのため、指導者と大衆との対立の解消、旧ソ連社会におけるその手始めとしての旧ソ連共産党の一党独裁体制の解消が、ウクラインツェフのいう「主観的要素と客観的要素との矛盾」を《解決》するためにもっとも重要な前提条件である、という発想が完全に欠落している。これが、旧ソ連における公認哲学者の限界であろうか。

いずれにしても、社会主義社会の《本質矛盾》として、この現実的な《分業》の問題を正面に据え、その《解決》に本気になってとり組んでいかないかぎり、ウクラインツェフがつぎに記したような「社会主義の矛盾を適時に解決する」ことすら、とうていできない相談なのである。

「社会主義の矛盾を適時に解決するには、教条主義や官僚主義的歪曲とたたかい、賢明な指導がおこなわれなければならない」(注170)

注170：B・ウクラインツェフ「社会主義社会の矛盾を適時に解決する問題」／榊利夫編『矛盾』(合同出版) 所収 154～155頁

第三節　ユーロビッキー～コルニエフスキー

一　ユーロビッキー

ユーロビッキーの論文「社会主義の基本的な経済法則と基本的な経済矛盾」を吟味することにしよう。

ユーロビッキーは、社会主義社会の《本質矛盾》について、つぎのようにステパニャンと同じ誤まりを主張している。

「この矛盾の真の本質は、生産の現水準が国民の消費によっておいこされるという点にある。これが社会主義の基本的な矛盾である」（注171）

注171：О・ユーロビッキー「社会主義の基本的な経済法則と基本的な経済矛盾」／榊利夫編『矛盾』（合同出版）所収　159頁

そして、この矛盾の《解決方法》としては、つぎのように矛盾を調和的に維持させるという方法を提起している。

「これらの矛盾を克服するうえでの条件と手段になるものとしては、なによりもまず、国民経済発展の計画性があげられる。（中略）計画性とは、釣合の特殊な型であって、その特長は、つねに釣合をたもち、見通しと合理的な調整とによってこの釣合を意識的にうちたて、また維持することにある」（注172）

注172：O・ユーロビッキー「社会主義の基本的な経済法則と基本的な経済矛盾」／榊利夫編『矛盾』（合同出版）所収 168～169頁

ステパニャンの「だんだんと解決する」とか、クルイロフの「生産力の向上によって解決する」に比べて、ユーロビッキーのこの《解決方法》はたしかに相対的に正しいことを主張している。ただし、ユーロビッキーの《解決方法》は、論証抜きで一般的な結論だけを押しつけているだけである。そのために、論理的な説得力に欠けている。懸案の《矛盾におけるレーニン的背理》をどう解決するかについては、もちろんなんの考察もなされていない。

二　コルニエフスキー

コルニエフスキーの論文「社会主義下の基本矛盾のカテゴリー」を吟味することにしよう。コルニエフスキーは、社会における《本質矛盾》のもつべき性質をつぎのように記している。

「存在期間からみても矛盾はまったく色さまざまである。一方の矛盾はわりあいはやく舞台から消えていくが、他方の矛盾は構成体の存在する全期間にわたって存在し、第三の矛盾はいく時代にもわたって存在することがある。

こういった『いつも作用する』矛盾としては、生産力と生産関係の矛盾、すべての生産様式の内容と形式の矛盾があげられる。生産の発展はこの矛盾の展開をつうじてすすむ。この矛盾は克服されて、またうまれ、つねに、あらゆる社会に存在している。この矛盾は、全体が一つにむすびついた、すべての社会的・経済的有機体《オルガニズム》の発展のおもな、たえず作用する原動力《スプリング》である。（中略）

しかし、生産にたいする生産関係の照応の法則の作用は、さまざまな構成体によってそれぞれちがう――それは支配的な経済条件いかんにかかっている。この法則の内的矛盾の性質もそれにつれて変化する。生産手段にたいする所有の支配的な型《タイプ》が生産力と生産関係との矛盾の性質（敵対的か非敵対的か）をきめ、それを労働力と生産手段の結合の実在的諸条件にしたがって具体化する。だから、生産力と生産関係との一般的矛盾はそれぞれの構成体によって独得の形態をとる。あれこれの生産様式のもとで具体化されたこの一般的矛盾がその社会の基本的経済矛盾でもある」（注173）

注173：R・コルニエフスキー「社会主義下の基本矛盾のカテゴリー」／榊利夫編『矛盾』（合同出版）所収　176～177頁

そして、コルニエフスキーは、この観点から、社会主義社会に《基本矛盾》はないと主張したコーンニクの見解を、つぎのように批判するのである。

「実際のところ、個々の段階でしかあらわれない副次的諸矛盾だけが原動力の役割をはたすということになれば、構成体の発展の連続性や発展方向の一定性をどうしてうんぬんできるだろうか？社会主義の基本的経済法則と諸矛盾とのむすびつきをほんの一時の、まるで偶然の現象のようにみるとき、コーンニクは完全にまちがっている。（中略）しかし、社会主義の基本的経済法則の作用に矛盾があらわれるのは一時的で、それも社会主義生産の正常な発展過程から逸脱した結果にすぎないというコーンニクの主張は、対立物の闘争が発展のただ一つのみなもとだというレーニンの教えとどうしてもあいいれない。

特殊な内的矛盾は、社会主義的拡大再生産の過程における客観的相互連関の一時的緊迫状態やある種の逸脱のもとであらわれるだけでなく、正常なもっとも順調な条件のもとでもあらわれる。これらの諸矛盾のそれぞれの意義と役割はそれぞれなりにちがう。非敵対的矛盾の総体からつぎのような矛盾をとりだすことができる。それは、その克服と自己更新が社会主義的生産過程でおもな役割をはたすような矛盾である。このような矛盾が基本的矛盾である」（注174）

注174：R・コルニエフスキー「社会主義下の基本矛盾のカテゴリー」／榊利夫編『矛盾』（合同出版）所収 180～181頁

以上の批判は、コーンニクに対するいくらかの誤解を含んでいるとはいえ、おおむね正当である。他の論者に対する批判まではよい。

しかし、それではコルニエフスキー自身は社会主義社会の「基本的矛盾」をどのようにとらえているか、という点になると、つぎのように、ステパニャンとまったく同一の主張をくり返しているにすぎないことが露呈されてしまう。

「社会主義社会のたかまりゆく要求とその時どきの物質財・文化財の生活水準との矛盾が、社会主義生産の目的とその達成手段との弁証法的統一内における基本的矛盾である。

この矛盾の発展は、資本主義の基本的矛盾とちがって、衝突《コンフリクト》にまでいくとはかぎらない。なぜなら、社会主義社会には全社会の利益に根本から反するような利害をもつ階級または社会グループが存在しないからである」（注175）

注175：R・コルニエフスキー「社会主義下の基本矛盾のカテゴリー」／榊利夫編『矛盾』（合同出版）所収　182頁

ところが、これだと社会主義社会と共産主義社会の区分がないではないか、というコーンニクなどからの反批判を考慮してか、コルニエフスキーはつぎのようなことを追加している。

「この矛盾は、共産主義とくらべれば社会主義の特長を反映していない、と論ばくする者があるかもしれない。ところが、まず第一に、社会主義と共産主義は二つのことなった構成体ではなくて、一つの構成体の成熟度のちがった段階にすぎない。所有制の型《タイプ》は共産主義の両段階をつうじておなじである。げんざい存在し、コルホーズ的・協同組合的所有関係にたいして指導的役割をはたしている全人民的所有は、共産主義的所有のひな型である。もちろん社会主義的諸関係と共産主義的諸関係のあいだに重大なちがいがあることはあらためていうまでもない――これは周知の事実である。しかし、これらの諸関係のあいだには根本的な対立点はないし、またありえないということも明ら

かである」(注176)

注176:R・コルニエフスキー「社会主義下の基本矛盾のカテゴリー」/榊利夫編『矛盾』(合同出版)所収 184頁

実は、コルニエフスキーは、社会主義社会と共産主義社会の本質的な違いがどこにあるかがつかめていない。

そのため、上に引用したように「重大なちがいがある」とか「これは周知の事実である」というただ強い言葉だけをいいまわすことで、自分の不明を糊塗しているにすぎないのである。

現に、コルニエフスキーのこの論文のどこをみても「周知の事実である」はずの社会主義社会と共産主義社会との「重大なちがい」がなんであるかの説明がまったくない。

そのかわり、コルニエフスキーは、つぎのようなことを注176の引用箇所の直後に記している。

「社会主義から共産主義へのうつりかわりはべつの構成体へのうつりかわりとはちがう。共産主義は人類の発展における最高の構成体で、それ以降にべつの社会制度がうまれることはない。というのは基本的矛盾の内容と性質が根本的な変化をうけいれないからである。この矛盾の発展は(それ以前の時代とちがって)革命的爆発による構成体の交代をもたらすのではなくて、構成体のたえまな

い発展をもたらす」（注177）

注177：R・コルニエフスキー「社会主義下の基本矛盾のカテゴリー」／榊利夫編『矛盾』（合同出版）所収　184～185頁

すなわち、コルニエフスキーは、社会主義社会と共産主義社会の「基本的矛盾」の「内容と性質」には「根本的な変化」がない、と主張しているわけである。これが、同じ論文で「もちろん社会主義的諸関係と共産主義的諸関係のあいだに重大なちがいがあることはあらためていうまでもない――これは周知の事実である」と主張した同じコルニエフスキーの言葉であろうか。しかも、当人が参加した「矛盾論争」で議論されている最大の課題が、他ならぬ「社会主義社会」それ自体の特徴を現わす《本質矛盾》の明確化とその《解決方法》であるにもかかわらず。

ところで、コルニエフスキーが主張している社会主義社会の「基本的矛盾」すなわち「社会主義社会のたかまりゆく要求とその時どきの物質財・文化財の生活水準との矛盾」が、実は社会主義社会それ自体の《本質矛盾》ではなくして、人間社会一般における《生産力》の《本質矛盾》であることを、当のコルニエフスキー本人がつぎのようなうまい表現で説明している。

「基本的矛盾の展開・発展によって社会主義生産の発展過程がすすむ。ことあるたびに生産を改善し、生産を新しい段階にひきあげながら、社会主義社会はたかまった要求とかつての生産水準との矛盾を克服していく。量的にふえた新しい労働生産物はより十分に当面の要求をみたす。こうしてそれぞれの段階の法則の矛盾が解決される。しかし、需要は生産をおいこしながらたえず発展していく。したがって、いま解決された基本的矛盾もつぎつぎにその克服を要求する。ここから、高い技術を土台にして生産をたえず発展させ、改善していく必然性がうまれる。生産のまえをいく需要は、比喩的にいえば、背にくっつけて生産をひっぱっていき、ひとところにたちどまるのをゆるさない」（注178）

注178：R・コルニエフスキー「社会主義下の基本矛盾のカテゴリー」／榊利夫編『矛盾』（合同出版）所収　182～183頁

すなわち、コルニエフスキー（とステパニャン）の主張する社会主義社会の「基本的矛盾」は、たんにコーンニクが批判しているように社会主義社会独自の矛盾ではないから不適切であるというばかりではない。それは（社会主義）社会それ自体の矛盾ではなくて、人間社会一般における《生産力》に関する矛盾であるために、社会主義社会の《本質矛盾》としては不適切なのである。端的にいえば、社会と生産力という別の範疇の矛盾を混同しているから、不適切なのである。

第四節　ソーボレフ――非敵対矛盾に関する若干の理論的前進――

ソーボレフの論文「社会主義社会の諸矛盾とその克服の道すじ」を吟味することにしよう。

一　ソーボレフの〔論争点Ⅰ〕と〔論争点Ⅱ〕に関する見解

まず、ソーボレフの〔論争点Ⅰ〕に関する見解を吟味しよう。

「矛盾は生活を前進させる――これは唯物弁証法のもっとも重要な命題の一つである。統一物の二分、対立物のあいだの深いむすびつきとその相互作用、対立物の闘争、これらは発展の普遍的な法則である。すべての過程・現象・物質のなかのどの一つをとってみても、この法則が普遍的なものであることがわかる。レーニンはこう書いている。『弁証法とは、本来の意味では、事物の本質そのものにある矛盾を研究することである……』*

＊『哲学ノート』、一九四七年版、一三七ページ、邦訳、理論社版下巻、一六六ページ参照。

唯物弁証法のカナメである対立物の統一と闘争の法則が明らかにされたことによって、物質がもともとうちにもっている、自然と社会における運動の内的なみなもとが確定されたし、発展の全過程の内容は新しい先進的なものと古い、老いこんだものとのたえまない交代として規定された」（注179）

注179：A・ソーボレフ「社会主義社会の諸矛盾とその克服の道すじ」／榊利夫編『矛盾』（合同出版）所収　*195～196*頁

以上から、ソーボレフが矛盾をあいまいに「すべての過程・現象・物質」における運動&発展の「普遍的」な原動力ととらえていることがわかる。ソーボレフもまた、矛盾が《自己運動》の原動力であるという、透徹した認識をもっていなかったのである。

ところで、ソーボレフも「対立物の闘争」を矛盾における「発展の普遍的な法則」と記している。この点で、レーニンの誤謬に追随している。

しかし、後にくわしく吟味するように、ソーボレフのレーニン追随は言葉の上だけであって、実際にはその誤謬を不十分ながらも是正しているのである。

つぎに、ソーボレフの〔論争点Ⅱ〕に関する見解を吟味しよう。

ソーボレフは、敵対矛盾と非敵対矛盾についてつぎのように記している。

「矛盾はその特質上敵対的な矛盾と非敵対的な矛盾にわけられる。この区分けは、矛盾の質的なちがいと矛盾を克服する手段の根本的なちがいを反映している。

敵対的な矛盾はいろいろな階級の根本的利害の対立、つまり奴隷と奴隷主、農奴と地主、労働者と資本家というような搾取者と被搾取者の矛盾を反映している。敵対的な矛盾は和解することができないので、搾取社会でのこの種の矛盾の発展は重大な社会的衝突《コンフリクト》をひきおこす。敵対的な矛盾の解決は、強制的な方法、つまり社会的・政治的革命をつうじて、寿命のつきた階級をうちたおす方法によってのみ可能である。革命の形式は状況によってかわるだろうが、このことはかわらない。

非敵対的な矛盾は、友好的な諸階級の根本問題のうえでの一致という枠のなかでうまれる対立面の相互作用を反映しており、階級的利害の対立性をうちにふくんでいない。社会主義社会における基本的・支配的な矛盾は非敵対的な矛盾である。社会主義国のなかにある敵対の諸要素はながい期間のこるだろうが、これらは従属的な役割をはたすものである」(注180)

注180：A・ソーボレフ「社会主義社会の諸矛盾とその克服の道すじ」／榊利夫編『矛盾』(合同出版)所収 196～197頁

以上からわかるように、ソーボレフは敵対矛盾を資本主義社会以前の階級的社会における矛盾とし、非敵対矛盾を社会主義社会以後の矛盾として、形而上学的に二分してとらえている。

このことは、ソーボレフ自身のつぎの主張によってさらに明白となる。

「対立物の統一と闘争の法則は社会主義のもとでも完全に作用している。だが、資本主義の崩壊と社会主義の勝利、つまり新しい社会機構の樹立は、この法則の作用のメカニズムを本質的にかえてしまい、この法則はさらに一歩発展的前進をとげた。社会主義の条件のもとでは、矛盾の性格も統一の性格もかわり、矛盾と統一の相互関係に特殊性がうまれ、矛盾を解決する新しい方法がうまれた」（注181）

注181：A・ソーボレフ「社会主義社会の諸矛盾とその克服の道すじ」／榊利夫編『矛盾』（合同出版）所収　196頁

「これらの矛盾（＝社会主義社会における矛盾……引用者）のもっとも重要な特長は、それらが社会的な敵対ではなくて、非敵対的な矛盾という新しいタイプの矛盾であることにある。この矛盾は、社会主義的生産の発展によって、合法則的に必然的にうまれてくる」（注182）

注182：同前　205頁

それでは、ソーボレフは敵対矛盾と非敵対矛盾の性格および《解決方法》のちがいをどのようにとらえていたのであろうか。この点について、以下に吟味することとしよう。

ソーボレフは、まず、社会主義社会においては矛盾と統一の性格が根本的に変化すると、つぎのように主張している。

「社会主義に固有な基本的矛盾を性格づけても、まだ矛盾の本質を十分に明らかにしたことにはならない。矛盾はたがいに作用しあう両側面が統一されている状態のもとでだけ存在するのだから、対立物の統一の本質の分析としっかりむすびつけて研究してこそ、社会主義下の諸矛盾をただしく理解することができる。

統一についての問題は社会主義のもとではとくべつな意味をもっている。なぜなら社会主義のもとでは、矛盾の性格だけがかわるのではなくて、統一そのものも新しい特長をもってくるし、また矛盾と統一の相互連関も根本的にかわってくるからである」（注183）

注183：A・ソーボレフ「社会主義社会の諸矛盾とその克服の道すじ」／榊利夫編『矛盾』（合同出版）所収　214頁

それでは、ソーボレフは、そういう社会主義のもとで非敵対の性格をもつ矛盾における「統一」の新しい特長をどのようなものと主張しているのか。ソーボレフは、それを「対立物の統一の第三の特長」として、つぎのように主張している。

「最後に、対立物の統一の第三の特長をあげる。この特長をかたちづくっている諸要素は敵対的階級にわかれている諸構成体のなかにあったものだが、その特長がかたちづくられ、存在するのは社会主義社会においてのみである。一定の条件のもとでは、対立物の統一はたんに対立する諸側面の相互連関を意味するだけでなく、それらのおもな利害の一致、基本的な発展傾向の一致、相互扶助、相互増大、相互強化などを意味する。対立物の相互関係においてこの新しい特長がうまれたことは統一と闘争の弁証法の法則が一歩前進し、ゆたかにされたことを意味するもので、このような進歩は、社会的諸関係が改造され、ゆたかにされたことによって、つまり社会主義的現実がうまれたことによってひきおこされたものである。社会主義社会での対立物の相互関係においてこのような特長がうまれたことから、社会発展における統一の役割と、歴史的進歩における統一の地位が根本的にかわった」(注184)

注184：A・ソーボレフ「社会主義社会の諸矛盾とその克服の道すじ」／榊利夫編『矛盾』(合同出版)所収 215〜216頁

ソーボレフは、以上のように、対立物の「統一」の特長が社会主義社会の発生によって変化したとした上で、それにともなって矛盾の《克服》の方法も別のやり方でおこなわれる、とつぎのように主張している。ただし、ソーボレフも他の論者と同様に、矛盾の《解決》そのものは矛盾の《克服》であり、その点においてはちがいがない、と主張する。ちがうのは「矛盾を克服する手段の根本的なちがい」の方である、と。

「哲学戦線の若干の活動家のあいだには、つぎのようなただしくない、一面的で現実にあわない考えがひろがっている。それは、統一はつねに停滞であり不動性であって運動・実生活をうみだすものはただ矛盾・激闘だけであるという考えである。かれらにしたがえば、矛盾はどんなときでも、どんな条件のもとでも統一よりもよいということになる。矛盾はいつも発展の革命的な側面を体現し、発展をうながしており、統一はいつも保守的な側面を体現し運動をひきとめているのだそうである。この見方でいくと、社会主義社会は統一を破壊し、矛盾をつくりだすためにけんめいにならなければならない。

だが、まず第一に、統一と矛盾をきりはなすことはできない。第二に、統一の保守的な役割という概念は、敵対的な矛盾が支配している搾取社会の諸関係の分析からひきだされた法則性を社会主義の現実にあてはめるところからうまれている。どんな敵対的な現象をとってみても、対立面は、きりはなしがたくむすびつき、その相互連関が現象の存在と質的規定性を保証するという意味で統一されている。ところで、この対立物の相互関係の内容とは対立物どうしの消滅をめざす闘争のことであって、この闘争は、新しいものの古いものにたいする闘争、革命的なものの保守的なものにたいする闘争をあらわしていて、最後には、古いものを体現する側面の消滅と、新しいものに依存する諸力の勝利によっておわる。

もし、革命的な階級と反動的な階級・のぼりゆく階級としずみゆく階級がたがいにたたかいをやめて和解するなら（もちろんこれは仮想にすぎないが）、それは運動の停止・停滞を意味するだろう。社会の運動はとまってしまい、人類はあわれな無意味な生活におちこむだろう。のぼりゆく階級の勝利と、死滅する階級の敗北のみが社会をより低い形態からより高い形態へと発展させるのである。

マルクスはこの過程を総括しつつ、つぎのようなひじょうに重要な命題をつくりあげた。『生産は、文明のそもそもの端緒から位階・身分・階級の敵対を土台にしていたし、いまでは蓄積された労働と直接的な労働の敵対を土台にしている。敵対なしに進歩はありえない。これがいまにいたるまで文明が隷属させられてきた法則である。これまで生産力は諸階級のこうした敵対状況のおかげで発展した』。

社会は、敵対的な諸矛盾を克服する唯一の可能な方法、つまり反動的な諸階級によってまもられている寿命のつきた社会的諸関係をつきくずし、発展の要求にかなった新しい社会的諸関係をうちたてる唯一の手段を知っている。それは、革命的な変革であり、のぼりゆく階級と老いこんでゆく階級との衝突で前者が勝利し、後者が敗北することである。ここから明らかなように、人間による人間の搾取を土台としているすべての社会の発展の唯一の動力は階級闘争であるはずだし、事実そうであった。敵対的な諸矛盾をやわらげようとしたり、敵対的な諸階級を和解させようとする試みは、みな歴史的進歩への攻撃であって、それは反動的な諸階級の立場をつよめ、革命的な諸階級の立場をよわめるものである。

共産主義的構成体《フォルマーツィヤ》（生産手段の社会的所有制が存在し、古いものの保存に死活の利害関係をもつ搾取階級がいない）にみられるような、根本的に新しい社会・経済組織は社会的な敵対を根だやしにし、社会の内的発展の動力としての階級闘争は共産主義的構成体の条件のもとで舞台からしりぞく。うえにのべたように、すべての社会の発展のただ一つの内的なみなもとは（共産主義社会をもふくめて）、もちろん法則にかなってうまれる諸矛盾である。しかしそこでは、諸矛盾の克服の方法は根本的にかわり、新しい諸動力が出現している。

社会主義のもとである期間保存される敵対的な矛盾の残りかすや諸要素、新しいものと古いものの衝突（このばあい、古いものはたんなる古いものではなくて、大なり小なり反社会的な内容をもっている）――こういった矛盾は、古いものを完全に根こそぎにする方法によって、つまり保守勢力を消滅する方法によって解決される。

だが、どんな敵対もうちにもっていない諸矛盾についていえば、その克服の方法にはべつのやりかたがとられる。ソヴェト社会の矛盾の大部分は、矛盾する各面の相互作用・相互影響によって克服される。このばあい、相互作用・相互影響とは相互扶助・相互強化の意味か、または相互制約の意味である。たとえば、労働者階級と農民の矛盾や、頭脳労働にたずさわっている人びとと肉体労働にたずさわっている人びと（一方インテリゲンチャ、他方労働者・農民）の矛盾は、これら社会勢力の相互扶助によって解決され、また個人的なものと社会的なものとの矛盾や中央集権と民主主義の矛盾は相互強化とともに相互制約によって解決される。（中略）

どちらかの一つ面が客観的・必然的にたちおくれたことからうまれた諸矛盾は、一つの面をつよめ、他のおくれている面をたてなおす方法によって、またおくれている面を先進的な面のレベルにまでだんだんひきあげることによって解決される。

たとえばソ連邦では、社会主義的所有は、最高の形態である全人民的所有とコルホーズ・協同組合的所有という二つの形態で存在している。この二つはその本質上一本であるとはいえ、そのあいだには弁証法的な、非敵対的諸矛盾がうまれている。これらの矛盾は、コルホーズ・協同組合的所有にますます大きくはたらきかけている全人民的所有の役割と影響をたえまなくつよめていくことで克服される。だがコルホーズ・協同組合的所有はおしつぶされるのではなくて、運動のなかで、うつりかわりの多くの段階をへて発展し、最高の所有形態のレベルまでたかまり、一本の全人民的所有をかたちづくることでそれにとけこんでいくだろう。経済とその管理形態のあいだにうまれる矛盾は管理機構をたてなおすことで解決される。

すべてこれらは、社会主義は諸矛盾を否定するのではなくて、矛盾の性格とその克服の道すじをかえるものであることを意味している。

（中略）敵対的な階級の存在する社会では諸階級のあいだの闘争が諸矛盾を解決する力だが、社会主義のもとでは、諸階級の相互扶助と相互強化と統一がその力である。これこそが、社会主義社会ではなぜ統一が社会的進歩の偉大な力であり、諸矛盾の克服と解決の、つまり歴史発展の決定的な手段であるかという理由である。新しい社会的・経済的諸関係が新しい動力をうみだしたのである」（注185）

注185：A・ソーボレフ「社会主義社会の諸矛盾とその克服の道すじ」／榊利夫編『矛盾』（合同出版）所収 216～219頁

以上、かなり長く引用したが、この部分でソーボレフは結局なにを主張しようとしているのであろうか。一言でいえば、敵対矛盾においては「闘争」が矛盾を《解決》するための方法であり、動力であるが、非敵対矛盾においては「統一」が矛盾を《解決》するための方法であり、動力である、と主張しているのである。

このソーボレフの見解は、レーニンの矛盾論における「対立面の闘争は、発展・運動が絶対的であるとおなじように、絶対的である」という命題と正面から激突する。

ロージンとトウガリノフは、発展の原動力を「矛盾の力」と「調和の力」に区分することによって《矛盾におけるレーニン的背理》を回避しながら、実質的には矛盾の調和的側面の重要性を論じていた。

それに対し、ソーボレフは、矛盾それ自体において、ある矛盾は「闘争の力」が動力となるが、他の矛盾は「統一の力」が動力となると主張することによって、いわば《矛盾におけるレーニン的背理》を正面から克服しようと試みたのである。

このソーボレフの試みの「矛盾論争」史上の意義は大きい。しかし、そのことと、ソーボレフの見解が全面的に正しいか否かということとは、また別の問題である。

ソーボレフの見解を、以下に吟味していくこととしよう。

まず、ソーボレフの見解とレーニンの見解を比較することから始めよう。

ただし、この場合のレーニンの見解とは、レーニンの後継者たちがレーニンの言葉を（レーニン自身の矛盾論における成長や進歩の過程を吟味することなしに）すべて聖句化したために勝手に落ち込んでしまったところの《矛盾におけるレーニン的背理》などではない。現実のレーニンが、実際に考えていたであろうと思われる見解である。

レーニンは『弁証法の問題によせて』をノートしたベルン時代（一九一四年～一九一五年）においては、たしかに、矛盾における対立物の「闘争」は絶対的である、という見解に立っていた、と思われる。

しかし、実際に社会主義建設の経験を積んだ後、遅くともブハーリン著『過渡期の経済学』に対する評注を執筆した時点（一九二〇年）においては、社会主義下に登場する非敵対矛盾に関しては対立物の「闘争」はないという見解、すなわち、矛盾における対立物の「闘争」は絶対的ではないという見解に到達（＝変化）していた、と思われる。

レーニンの、この二つの時点における見解の喰いちがいの原因を合理的に説明するためには、あるいは、レーニン自身があのように単純な《矛盾におけるレーニン的背理》を犯して平然としていられたほど無論理的な人間であったなどとレーニンを過小評価しないためには、このように推察するのがもっとも自然であると考えるわけである。

このように考えると、実はソーボレフの見解こそが、レーニン本人の実際の見解を受け継ぎ、さらに発展させたものだということが了解されるであろう。

それでは、このレーニン＆ソーボレフの見解は全面的に正しいのであろうか。もちろん否である。

レーニン＆ソーボレフは、実に二重の誤謬に落ち入っている。

一重目の誤謬は、社会主義以前の社会においては非敵対矛盾が存在せず（それゆえ、対立物の「闘争」

は絶対的である）、社会主義社会によって初めて非敵対的矛盾が発生するという形而上学的な発想による誤謬である。

この点については、三浦つとむがつぎのようにソーボレフを的確に批判している。

「けれどもソボレフが、社会主義社会において『のみ』このような矛盾（＝非敵対矛盾……引用者）が存在するのだと主張するのは、現象にひきずられたのか、あるいはレーニンが闘争の絶対性を主張したのは社会主義以前だったことを考慮したのかわからないけれども、これはあやまりである。労働の交換において人間がたがいにつくり合っているという、人間の『相互扶助、相互増大、相互強化』は社会にとって本質的なものであって、ただ階級社会にあってはこれが階級的な矛盾の存在によって歪められ、正しく発展できないだけのことである。社会主義社会は階級的な矛盾が除かれているから、この本質的な矛盾が表面化し、大きく発展していくだけのことである。この構造を理解せず社会主義社会ではじめて生れたかのように解釈するのはあやまりである。そればかりではない。学習グループの教師と生徒、革新的組織の指導者と被指導者、前衛と後衛など、すべて『相互扶助、相互増大、相互強化』によってかたくむすばれながらたがいに成長していくのであって、前衛と後衛という対立の統一がこのような発展をしないかぎり革命を成功させる力にはなりえない。革命前には前衛と後衛との矛盾は敵対的で、革命後は非敵対的に『根本的にかわった』などということは事実に反している。資本主義社会にあっても、その根本的矛盾は敵対的矛盾であるが、やはり社会としての本質的な非敵対的矛盾もあれば、さまざまな人間集団としての非敵対的矛盾もあることを認めなければならないのである」（注186）

注186：三浦つとむ「矛盾論争はなぜ行きづまったか」／三浦つとむ『レーニンから疑え』（芳賀書店）所収　113～114頁

矛盾の本質は、元来、対立物が統一されているところにあり、矛盾における対立物は相互《否定》の関係にあるとともに相互《調和》の関係にもあるという矛盾的性格をもっている。

そのため、対立物の対立面（相互《否定》関係）だけに注目すれば、すべての矛盾が敵対矛盾に見えてくることになる。たとえば『弁証法の問題によせて』を執筆した当時のレーニンはこの誤謬を犯していたように思われる。その反対に、対立物の統一面（相互《調和》関係）だけに注目すれば、今度は逆に、すべての矛盾が非敵対矛盾のように見えてきてしまう。かつての「無葛藤理論」がその典型的な誤謬の事例である。

これらの見解は、いずれも矛盾に対する一面的な見方であって、どちらも誤まりである。しかも、後者の誤謬に落ち込んだ場合は、さらに別の誤謬にも落ち込みやすい。すなわち、非敵対矛盾は対立物が敵対関係になく調和しているのであるから、それ自体としては未来永劫に存続しうる、という誤謬である。ところが、矛盾は、たとえそれがどのような内容であっても、対立物の相互《否定》関係を本質的にふくんでいるから、それを自然の発展過程（＝《自己運動》）にまかせておくかぎり、いつかは対立物の一方が他方を圧倒するか、あるいは、共倒れするかによって自己《消滅》あるいは自己《止揚》することになる。その意味において、すべての矛盾は共通した性質をもっている、といえるのである。

いわゆる敵対矛盾と非敵対矛盾の区分は、それらの共通した矛盾の性質に基づいた上で、対立物の相互《否定》関係が敵対的関係という特殊な性質をもつ矛盾と、そういう特殊な性質をもたない矛盾とにわけているにすぎない。また、前にも記したとおり、敵対矛盾と非敵対矛盾の区別は絶対的なものではなく、相対的なものであるに過ぎず、場合によっては相互に転化することもあり得るのである。

そういう観点から見ると、レーニン＆ソーボレフのように歴史の流れを中途で時間的に切断して、資本主義社会以前の社会には敵対矛盾を、社会主義社会以後の社会には非敵対矛盾を振り分けることが、いかに形而上学的で無意味な発想であるかが歴然としてくる。

レーニン＆ソーボレフの誤謬はそれだけではない。レーニン＆ソーボレフの二重目の誤謬は《外力》論的発想の欠落に関連している。敵対矛盾と非敵対矛盾の区分は、矛盾における対立物の相互《否定》関係のちがいによる区別という直接的な区分だけではない。その他に、矛盾そのものと、その矛盾の《解決主体》との関係のちがいによる区別という、媒介的な区分がある。この点についても、本書においてすでに記したとおりである。

そして、ソーボレフは《外力》論的な発想が欠落しているため、矛盾の敵対・非敵対関係における直接性と媒介性とを区分できずに、両者を混同してしまったのである。

なぜ、ソーボレフはこのような混同を犯してしまったのであろうか。

ソーボレフは「矛盾論争」における他の論者と同様に、自らはプロレタリアートの側に立っているものと主観的に思い込み、無意識のうちに、すべての社会矛盾を《解決》すべき《解決主体》はソーボレフ自身をふくめたプロレタリアート以外にはない、と思い込んでいた。

そのため、資本主義社会（あるいはそれ以前の社会）における《本質矛盾》は直接的にも媒介的にも敵対矛盾としてしかとらえられなかった。さらに、その矛盾の《解決》としては、プロレタリアートによる資本家階級に対する闘争（あるいは資本主義社会の《本質矛盾》に対する闘争）によってその矛盾を《克服》する、ということ以外には考えられなかった。

逆に、社会主義社会における《本質矛盾》については、直接的にも媒介的にも、非敵対矛盾としてしかとらえられなかった。さらに、その矛盾の《解決》としては、対立物同士の相互扶助、相互増大、相互強化（あるいは社会主義社会の《本質矛盾》に対する扶助、増大、強化）、すなわち対立物の「統一」の扶助、増大、強化による矛盾の《調和的実現》以外には考えられなかったのである。

かりに、資本主義社会によって利益を受けている資本家階級の立場に立ってみれば、上記の関係の媒介的側面が正に逆転してあらわれることは自明であろう。すなわち、資本家階級にとっては資本主義社会こそ対立物の「統一」の扶助、増大、強化によって《調和的に実現》しなければならない非敵対矛盾なのである。逆に、社会主義社会というものは、それを《克服》して《消滅》させなければならない敵対矛盾ということになってくる。

ソーボレフは、矛盾の《解決主体》としてはあくまで一つの特殊物にすぎないプロレタリアートを、特殊物として自覚的に取り上げることができなかったのであろう。そのために、その特殊な《解決主体》と矛盾との媒介的関係および《解決方法》のすべてを、矛盾そのものの直接的性質に押しつけてしまった。

このようにして、ソーボレフは、本来的には《対立物の統一》という共通した本質をもつ矛盾を、本質的に性質のことなる二つの矛盾に区分してしまったのである。

「矛盾はその特質上敵対的な矛盾と非敵対的な矛盾にわけられる。この区分けは、矛盾の質的なちがいと矛盾を克服する手段の根本的なちがいを反映している」（注187）

注187：A・ソーボレフ「社会主義社会の諸矛盾とその克服の道すじ」／榊利夫編『矛盾』（合同出版）所収　196頁

二　ソーボレフの《外力》論的な理論水準

つぎに、ソーボレフの《外力》論的な理論水準を、ウクラインツェフのそれと比較してみよう。まず《外力》一般についてのソーボレフの視点はどうであろうか。ソーボレフは、矛盾の《自己運動》をとりまく外的条件を「外的な矛盾」というようにとらえ、以下のように記している。

「どのような事物・現象にも内的な矛盾と外的な矛盾はつきものである。外的な矛盾は事物または現象の内的な本質を反映しておらず、矛盾発展の内的な諸法則を規制しない。だがこのことは、外的な矛盾は第二義的なものであって大きな意義をもっていないということを意味するものではない。ソ連邦についていえば、外的な矛盾は、なによりまず資本主義世界との矛盾だが、これは敵対的な性格をもっている。だが、現代の人類社会全体からみるならば、社会主義諸国と資本主義諸国のあいだの矛盾は内的な矛盾となる」（注188）

注188：A・ソーボレフ「社会主義社会の諸矛盾とその克服の道すじ」／榊利夫編『矛盾』（合同出版）所収　198頁

ここでソーボレフが論じているのは、本質的には《自己運動》と《外力》が立体的に組み合わさった問題なのである。しかし、残念ながら、ソーボレフには《外力》的な視点が欠落している。そのため《外力》という概念の媒介なしに、一挙に「外的な矛盾」などというかなり曖昧な概念に飛びついてしまっている。ソーボレフが、レーニンと同じように「すべての過程・現象・物質」は矛盾から成立するなどと主張していた以上、あらゆる外的条件を矛盾としてとらえないことには具合が悪いからである。

ところが、社会主義社会それ自体に注目し、それを《自己運動》としてとらえた場合、当時の世界に併存していた資本主義社会などは、社会主義社会の《自己運動》そのものにとって別に必要不可欠な存在ではない。すなわち、本来の社会主義社会にとって、併存する資本主義社会は、自己に対立しかつ統一する相手として必ずしも不可離不可分的な存在ではないのである。

もちろん、あらためていうまでもなく、社会主義社会と併存する資本主義社会と、社会主義社会の母体としての資本主義社会とは、区別しなければならない。社会主義社会にとって、前者は必ずしも必要不可欠な存在ではないが、後者は歴史的に必要不可欠な存在なのである。

そして、前者のような外的存在は、まさに《外力》として、社会主義社会という《自己運動》に作用するにすぎず、必ずしも「外的な矛盾」などという矛盾を形成して不可離的に関係づけられているわけではない。

ただし、ソーボレフのように、社会主義社会をそれ本来のものとして注目するのではなく、現実に「一国社会主義体制」として資本主義社会と併存し対峙しているところの特殊な社会主義社会というその特殊な面に注目しなければならない場合もある。その場合には、ソーボレフのいうように「現代の人類社会全体」という矛盾にふくまれる対立物的な要素として、その社会主義社会と資本主義社会を相互に不可離な関係においてとらえることもできる。すなわち「現代の人類社会全体」を一つの《自己運動》としてとらえる場合には、現存する社会主義社会と現存する資本主義社会とは、相互に対立しているとともに統一しているものとして、すなわち、矛盾における二つの対立物としてとらえることもできるのである。また、そうしなければ、当時の世界情勢（東西の冷戦状態）における、一種の畸形的な経済構造、政治構造、軍事構造を的確かつ立体的に解明することは不可能であったであろう。すなわち、ソーボレフの記したように「現代の人類社会全体からみるならば、社会主義諸国と資本主義諸国のあいだの矛盾は内的な矛盾となる」ととらえる視点も必要なのである。

ソーボレフには、このように社会主義社会の《自己運動》と「人類社会全体」の《自己運動》を区別してとらえようという立体的な視点があることはあった。しかし、両者を立体的に関連づける際に《外力》を媒介にするという視点が欠落していたため、ソーボレフのいう「外的矛盾」などという混乱した概念を曖昧なままに導入することになってしまった。その結果、社会主義社会に影響を与えるところの、外部に併存している資本主義社会からの諸作用の構造を明確にとらえることができなかったのである。

そうはいっても、ソーボレフは、ウクラインツェフとほぼ同様に、矛盾を「内的な矛盾」と「外的な矛盾」に区分した点で、他の論者たちよりも相対的に一歩前進したものと評価することができる。ただし、ウクラインツェフはたしかに「外的矛盾」という言葉を使用しているけれども、それを「外的（社会）条件」という言葉とおおむね併用して用いており、その分だけソーボレフよりも《外力》論的な発想が明確だったとみなし得る。ちなみに、ウクラインツェフのいう「外的（社会）条件」は、実は《場的あるいは定常的な外力》なのである。

つぎに《外力》の特殊形態としての人間の主体的活動に関する、ソーボレフの《外力》論的な理論水準をみることとしよう。ソーボレフは矛盾を「必然的な矛盾」と「偶然的な矛盾」にわけ、それぞれについてつぎのように説明している。

「矛盾は、その起りからみて、必然的な矛盾と偶然的な矛盾とに区別される。必然的な矛盾とは、社会発展のあゆみによって合法則的に条件づけられた矛盾である。偶然的な矛盾とは、社会主義の本質を反映しておらず、ふつう、客観的法則が破壊されたり、指導側の誤算や欠陥、またはその他の主観的原因からうまれる矛盾である。（中略）いまあるものとしては、わが制度の民主主義的な性格といくつかの機関・組織の官僚主義的なゆがみとの矛盾や、あれこれの集団の創意的な活動と

一部の活動家のお役所気分との矛盾などである」（注189）

注189：A・ソーボレフ「社会主義社会の諸矛盾とその克服の道すじ」／榊利夫編『矛盾』（合同出版）所収　199～200頁

「社会主義制度の本質を反映する必然的な矛盾と社会主義の法則性を破壊する偶然的な矛盾とをただしく区分けすることは、大きな政治的な意義をもっている。よく知られているように、帝国主義的ブルジョアジーの思想家たちは社会主義を中傷しようとやっきになり、社会主義の法則性の破壊からうまれた諸矛盾を社会主義の本質であるかのようにみせかけようとしている。すべてのマルクス主義者がさしせまってやらなければならないのは、この中傷を暴露することである」（注190）

注190：同前　200～201頁

以上から、ウクラインツェフにおいては矛盾の《解決》に積極的な役割があるとして重要な位置づけをあたえられていた「主観的要因」が、ソーボレフにおいては単に「偶然的な矛盾」を生みだすところのマイナス要因としてしか位置づけられていないことがわかる。この程度の認識では、矛盾の《解決》を《解決主体》と《解決対象》たる矛盾との間の特殊な《外力》関係としてとらえるという発想が生まれてくるはずがない。この点からみた場合、ソーボレフはウクラインツェフよりも明らかに後退しているのである。

三　ソーボレフの〔論争点Ⅲ〕に関する見解

最後に、ソーボレフの〔論争点Ⅲ〕に関する見解を吟味しよう。
ソーボレフも、一応は、人間社会における矛盾を立体的・重層的にとらえなければならないと考えており、つぎのように主張している。

「ソヴェト社会は多くの矛盾をもっている。そのなかからまず第一にあげられるのは、どんな構成体でも作用している一般社会学的な諸矛盾である。このようなものとしては、たとえば、自然と社会の矛盾や、可能性と現実性の矛盾や社会的存在と社会意識の矛盾などである。もちろん社会主義のもとでは、これらの矛盾とその解決には特殊性がある（後者についてはとくにこのことがいえる）。生産と消費、生産力と生産関係、土台と上部構造などの矛盾も一般社会学的な矛盾のなかにはいるが、社会主義下のこれらの矛盾の内容とその解決方法は、まったく独自なものだとみなければならないほど大きくかわっている。つぎに、社会主義のもとでは生産手段にたいする関係での平等と、物質財の分配での不平等との矛盾や、全人民的所有形態と集団的所有形態との矛盾がある。これとその他一連の矛盾は、社会主義における社会生活のもっとも重要な、もっとも本質的な各側面を反映している」（注191）

注191：A・ソーボレフ「社会主義社会の諸矛盾とその克服の道すじ」／榊利夫編『矛盾』（合同出版）所収　204〜205頁

ただし、ソーボレフの社会的矛盾に関する立体的・重層的な考察はこの程度で終わっており、少なくとも彼の論文「社会主義社会の諸矛盾とその克服の道すじ」においては、それ以上の進展は見られない。すなわち、この論文において、ソーボレフは、自分の摘出したこれらの諸矛盾をより具体的にそれぞれの立体構造的な連関において位置づけしたり、社会主義社会を本質的に規定している《本質矛盾》について論理的に解析したりしていない。ただ、それぞれの矛盾を並列的に列挙し、それらすべてが社会主義社会の「基本矛盾」であると指摘するにとどまっている。

ともあれ、ソーボレフの列挙した社会主義社会の「基本矛盾」を以下にまとめてみよう。

○「一般社会学的な諸矛盾」が「社会主義のもと」で「特殊性」をもったもの

・「自然と社会の矛盾」

・「可能性と現実性の矛盾」
・「社会的存在と社会意識の矛盾」
○「一般社会学的な矛盾」が「社会主義下」で「まったく独自なもの」になったもの
・「生産と消費」の矛盾
・「生産力と生産関係」の矛盾
・「土台と上部構造」の矛盾
○「社会主義のもと」での矛盾
・「生産手段にたいする関係での平等と、物質財の分配での不平等との矛盾」
・「全人民的所有形態と集団的所有形態との矛盾」

ソーボレフはここで、従来の「矛盾論争」参加者がこれこそ社会主義の《本質矛盾》であると主張したさまざまな矛盾をほぼ網羅的に列挙して、それぞれがすべて社会主義社会の「基本矛盾」であると優等生的に論じている。そのような八方美人的な論理感覚では、たとえ当時のソ連邦内の哲学界で政治的な名誉と生命を保つことはできたかもしれないが、真理を手にするべき学問的な名誉と生命を保つことなどできはしない。

社会主義社会における《本質矛盾》をこのように種々雑多にしかとらえ得なかったソーボレフは、

それらの矛盾の《解決方法》についても千差万別論的に考察することしかできなかった。そのような千差万別論的な《解決方法》を、無理に一般的に論じようとすると、つぎのように漠然としたお説教をすることしかできないのである。

「これらの矛盾のもっとも重要な特長は、それらが社会的な敵対ではなくて、非敵対的な矛盾という新しいタイプの矛盾であることにある。この矛盾は、社会主義的生産の発展によって、合法則的に必然的にうまれてくる。党と政府のただしい政策のもとでは、この矛盾は衝突《コンフリクト》にまではならず、はげしい衝突をへずに、平和的な方法によって、国民の組織的な行動によって克服される」（注192）

注192：A・ソーボレフ「社会主義社会の諸矛盾とその克服の道すじ」／榊利夫編『矛盾』（合同出版）所収 205頁

第五節　マルツィンケヴィチ～アイヒホルン

一　マルツィンケヴィチ

マルツィンケヴィチの論文「構成体《フォルマーツィヤ》の基本矛盾と基本的経済法則」を吟味することにしよう。

マルツィンケヴィチは、つぎのように主張し、自らがステパニャンの流れをくんでいることを示している。

しかし、その他の点については特に注目すべき見解を示していない。

「社会主義の基本的な経済矛盾は、時の生産力発展の水準と社会のたかまりゆく需要との矛盾にある」（注193）

注193：B・マルツェンケヴィチ「構成体の基本矛盾と基本的経済法則」／榊利夫編『矛盾』（合同出版）所収　229頁

二　江詩永

江詩永《ジャンシイン》の論文「社会主義的生産様式の基本的矛盾」を吟味することにしよう。

江詩永は、社会主義社会の発展の原動力が内在的な矛盾にある、とつぎのように主張する。

「弁証法の基本法則は、あらゆる事物の内部の対立性に、事物に内在する矛盾のなかに発展のみなもとをもとめる。社会主義的生産様式のばあいももちろん例外ではない」(注194)

注194：江詩永「社会主義的生産様式の基本矛盾」／榊利夫編『矛盾』(合同出版) 所収　232頁

この江詩永の見解は《自己運動》論的にみたかぎりでは、まったくその通りである。しかし、江詩永はただこの段階にとどまっているばかりである。彼には《外力》論的発想がまったくない。

社会主義社会における矛盾の一般的性格づけとその解決方法について、江詩永はつぎのように記している。

「中国共産党はマルクス主義の一般的原理をよりどころにし、ソ連邦の経験をくみとり、中国の具体的状況に密着しながら、中国の社会主義革命と社会主義建設の指導のなかでゆたかな経験をつくりだした。毛沢東同志は『人民内部の矛盾をただしく処理することについて』でこの経験をまとめ、国内の大規模な階級闘争が基本的におわったのち、人民内部の矛盾がおもな矛盾としてたちあらわれたことを明確に指摘している。また毛沢東同志は、人民内部の非敵対的矛盾と敵と味方のあいだの敵対的矛盾とは根本的に性質のちがう矛盾であると強調し、同時に中国共産党の整風の経験を創造的に総括して、団結――批判――団結の定式を人民内部の矛盾解決のただしい方法であるとみなした」（注195）

注195：江詩永「社会主義的生産様式の基本矛盾」／榊利夫編『矛盾』（合同出版）所収 232～233頁

江詩永は、ここで、つぎのような等式を前提として、自論を展開している。

社会主義社会の矛盾（これには当然、社会主義社会の《本質矛盾》も含まれる）

＝人民内部の矛盾（＝非敵対矛盾）

しかし、もしそうであるならば、その一般的な《解決方法》が「団結――批判――団結」であるという江詩永の見解は、決定的に不十分である。

社会的諸矛盾のすべてが「団結――批判――団結」という《解決方法》で《解決》されるはずはない。そんなことは、具体的な矛盾を想起すればすぐに判断できることである。

現に、江詩永自身が、当人が社会主義社会の「基本矛盾」と主張する矛盾の《解決方法》について、自分の主張する「団結――批判――団結」とは異なるものを提起している。

すなわち、江詩永は、社会主義社会の「基本矛盾」を生産と需要の矛盾と主張しているのだが、その《解決方法》についてはつぎのように記しているのである。

「ブルジョア的生産の基本矛盾は――生産の社会的性質と私的資本主義的取得形態との矛盾である。社会主義革命が勝利して、生産手段の共有制が資本主義の私有制にとってかわった。これによって、生産の社会的性質と生産物の社会的取得とが一致し、資本主義の基本矛盾が解決された。しかし社会主義制度が人類を解放し、自由な人びとの需要をも拡大したので、需要とその時どきの生産力の発展水準とのあいだに矛盾がかたちづくられた。したがって、生産と需要の矛盾だけが社会主義の基本矛盾になりうる。これが生産のたえまない前進を刺激し、社会主義から共産主義への発展をうながす。

（中略）

資本主義のもとでは、労働者の実質賃金がたえずさがり、消費物資にたいする支払能力ある需要がたえずさがるため、生産された大量の消費資料がうりさばかれず、相対的な生産過剰がおこる。過剰生産がおこれば、大量の商品ストックの圧力によって減価せざるをえなくなる。もちろん生産をつづけるのがむずかしくなり、生産規模を縮小せざるをえなくなる。これによって生産手段の需要もすくなくなる。ブルジョア的生産と需要の矛盾は、周期的な経済恐慌によって一時的に解決される。これは生産の破壊、生産力の破壊を意味する。これに反して、社会主義社会の生産と需要の矛盾は、需要が生産にたちおくれる点にあるのではなくて、勤労者の所得と需要が社会的生産の発展につれてたえずたかまっていく点にある。だからこの矛盾を解決する方法は——生産をたえずたかめる以外にない。もちろん生産の発展はさらに需要をひろげ、新しい需要をひきおこす。このような弁証法的発展過程はさらに高い段階で反復され、社会主義制度の前進にとってかぎりない生命力をつくりだす」（注196）

注196：江詩永「社会主義的生産様式の基本矛盾」／榊利夫編『矛盾』（合同出版）所収 241〜243頁

結局、江詩永は、ここで「社会主義の基本矛盾」は「生産と需要の矛盾だけ」であり、この矛盾を「解決する方法は——生産をたえずたかめる以外にない」と主張しているわけである。この「生産をたえずたかめる」という《解決方法》が、毛沢東や江詩永自身の主張する「団結——批判——団結」とちがうことは明白であろう。結局、人民内部の矛盾（＝非敵対矛盾）の一般的な《解決方法》を「団結――批判――団結」に定式化することは、明らかな誤まりであるという事実を、江詩永当人が自らの主張で告白しているわけである。

また、この「団結――批判――団結」という定式は、その内容においても重大な問題がある。その点については、毛沢東本人の矛盾論を検討するところであらためてくわしく吟味する。

さて、敵対矛盾と非敵対矛盾に関して、江詩永はつぎのようなことを主張している。

「社会主義制度下の人民内部の矛盾は、一般的には敵対的でないが、社会主義のもとにも敵対的矛盾が存在する。帝国主義の好戦グループがいぜんとして存在し、たえずスパイをおくりこんでいる状況のもとでは、社会主義と資本主義の矛盾は敵対的で、調和できない矛盾である。一方、社会主義の人民内部の矛盾も、その処理が不適当であれば、敵対的矛盾に転化することもある。たとえば、中国共産党史上にあらわれた張国燾《ジャンゴウタオ》、陳独秀《チエンドウシュー》、およびその後にうまれた高崗《ガオガン》、饒漱石《ラオソウシ》事件などは、このような矛盾の転化である。ハンガリー事件もこのような矛盾転化のきわだった例である」（注197）

注197：江詩永「社会主義的生産様式の基本矛盾」／榊利夫編『矛盾』（合同出版）所収　234頁

江詩永が敵対矛盾と非敵対矛盾の間に相互転化があり得ると主張した点は、一般的にはたしかに正しい。しかし、そのことと、注195の部分で江詩永自身が記した「人民内部の非敵対矛盾と敵と味方のあいだの敵対的矛盾とは根本的に性質のちがう矛盾である」という主張とは、論理的に両立し得ない。敵対矛盾と非敵対矛盾との間の相互転化を認めるならば、敵対矛盾と非敵対矛盾との間の性質のちがいも「根本的」ではなく、相対的であることを認めなければならない。

また江詩永は、非敵対矛盾が敵対矛盾に転化する原因を、もっぱら「その処理が不適当である」点に求めているが、現実はそれほど単純ではない。この点に関しては、矛盾の敵対性・非敵対性というものを直接的な意味と媒介的な意味の両面からとらえなければならないことを明確に認識しないかぎり、論理的・実践的に混乱する危険性が大きいのである。現に、中国共産党そのものが、人民内部の非敵対矛盾の《解決》に当たって「その処理が不適当」な場合がきわめて多かったことは、過去の自らの歴史が証明しているとおりである。

最後に、江詩永が社会主義社会の「基本矛盾」に関してどのような考察を加えているかみておくことにしよう。

「社会主義的生産様式の基本矛盾とは、いったいどういうものだろうか？　それは、ある同志たちがいっているように社会主義的諸関係と資本主義の残りかすとの矛盾なのだろうか？　資本主義から社会主義への過渡期という点からみれば、たしかにこの矛盾は基本矛盾である。過渡期の基本任務は——プロレタリアートとブルジョアジー——社会主義と資本主義のあいだの『誰が誰を』の問題を解決することであるが、これは右の基本矛盾によってうみだされたものである。しかし、これはけっして社会主義的生産様式の基本矛盾ではない。資本主義の残りかすを克服する問題が社会主義の発展にとって根本的・推動的な意義をもつ、とみとめるわけにはいかない。これは社会主義のその他のすべての矛盾を規定することもできないし、社会主義社会のもっとも深刻な本質を反映することはできない。

また、生産手段の利用における平等と生産物の享受における不平等との矛盾を社会主義の基本矛盾とみなす一部の同志の主張も正当とはみとめがたい。この矛盾は基本矛盾の表現形式あるいは派生的矛盾にすぎない。生産手段の利用における平等は生産手段の社会的所有および、このうえにうまれた生産関係を反映している。生産物の享受における不平等現象は、実際には『労働におうじてうけとる』という社会主義の原則をしめすものである。これらは実際には、社会主義社会とそれ以前の搾取社会との本質的ちがいを反映している。しかも、労働におうじた分配という原則は、社会主義ときたるべき共産主義とを区別する基本原則である。だがどうして人びとは、社会主義的共有制にもとづいて生産手段を平等に利用できながら、生産物を平等に享受できないのだろうか？　この矛盾のみなもとはどこにあるだろうか？　これは、社会主義の生産力の発展水準によるものである。社会主義は資本主義より高い生産力をつくりだし、生産力にかぎりない発展の余地をあたえたとはいえ『需要におうじてうけとる』原則を採用するまでには消費物資の生産もまだ発展していない。ここからもわかるように、生産手段の利用における平等と生産物の享受における不平等現象との矛盾は、べつのさらに根本的な矛盾を、すなわち人民のたえずたかまりゆく需要と当時の物質財・文化財の生産水準との矛盾を反映しているにすぎない。もっとかんたんにいえば、それは生産と需要の矛盾である」（注198）

注198：江詩永「社会主義的生産様式の基本矛盾」／榊利夫編『矛盾』（合同出版）所収 236〜237頁

まったく、せっかくの論理展開が途中でズッコケルとはこのことをいう。ここにおける「だがどうして人びとは、社会主義的共有制にもとづいて生産手段を平等に利用できながら、生産物を平等に享受できないのだろうか？　この矛盾のみなもとはどこにあるだろうか？」という江詩永の自問は、その自問それ自体に誤謬をふくんではいるものの、きわめて本質的かつ切実であり、一連の「矛盾論争」におけるもっとも良質な問題意識であり問題提起であった。ここまでは、大いに良い。ここまでは、大いに良いのだが、その後が良くない。

どうして江詩永は「生産手段を平等に利用できながら、生産物を平等に享受できない」のは、人間社会が労働の不平等性、すなわち《分業》の軛から離脱できないためである、ということに気づかないのであろうか。他人ならぬマルクス＆エンゲルスが、彼らの共著である『ドイツ・イデオロギー』

やその他の論文において、あれほどかんでふくめるように論述しているではないか。なぜ江詩永は「この矛盾のみなもと」を、「人民のたえずたかまりゆく需要と当時の物質財・文化財の生産水準との矛盾」の方に短絡的に求めてしまうのだろうか。なぜ「生産力の平等に享受できない」ことと「生産力の発展水準」の低さとの間に《分業》の問題を媒介させてとらえないのであろうか。

これは一人江詩永のみの問題ではない。実は「矛盾論争」の参加者全員が《分業》に関しては一様に無関心なのである。これは、たんに彼らの能力の問題なのであろうか。それとも彼らが職業として頭脳労働を受けもっており、当時の社会主義国における《分業》体制の内部で恵まれた階層に属していたために、無意識に《分業》の問題を回避してしまった結果なのだろうか。あるいは、なにか別の政治的な理由や意図があったのであろうか。

資本主義社会には、マルクスが当時から軽蔑していた俗流経済学者や俗流哲学者が多数いたし、現在もいる。しかし、この点では、いわゆる社会主義社会も同じだったようである。

三　シャリコフ

シャリコフの論文「生産力と生産関係の矛盾が――社会主義の基本矛盾」を吟味することにしよう。

シャリコフは、社会主義の「基本矛盾」は生産力と社会主義的生産関係との間の矛盾である、と主張する。社会主義的生産関係は、生産力との間の矛盾関係に規定されて、ある場合には生産発展の主動力となり、また、ある場合には生産発展の主要なブレーキとなる。それゆえ、社会主義社会の「基本矛盾」を《解決》する方法は、一方では生産の発展段階に適合した新しい生産関係を《創造》すること、他方では生産の発展段階に適さなくなった古い生産関係を《克服》することであると主張して、つぎのように記している。

「生産関係の個々の側面をたえず変化させていく必要を適時に理解し、実際にそれを変化させる最良の新形式をみいだすことは——社会主義の基本矛盾克服の決定的な前提をつくりだすことを意味する。そしてこれによって生産と社会主義社会全体を共産主義にむかって最大限にはやく発展させる前提がつくりだされる」(注199)

注199：I・シャリコフ「生産力と生産関係の矛盾が——社会主義の基本矛盾」／榊利夫編『矛盾』(合同出版)所収　251～252頁

以上の見解は、一般論ないしは抽象論ではあるけれども、それなりに正しい側面をふくんでいる。しかし、シャリコフ自身がつぎのように自問自答していることからもわかるとおり、この段階にとどまっているならば、それはまったく不十分なのである。

「生産力と生産関係の矛盾はあらゆる構成体に特徴的な全般的矛盾であって、基本矛盾はそれぞれの構成体に独自のものでなければならないといった反論もある。このさい引きあいにだされるのが、資本主義の基本矛盾——生産の社会的性質と私的取得方法との矛盾——の独自性である。だがこの例はなんの証拠にもならない。基本的社会矛盾の意義をきめるのは、生産力の発展におけるその主導的役割であるが、このような矛盾になりうるのはつねに生産様式の両側面のあいだの矛盾だ。生産様式があらゆる構成体で決定的な力であるということを根拠にして、社会主義社会の発展における生産様式の決定的役割を否定することはできない。では、資本主義の基本矛盾の特徴はどうかというと、この特徴は生産力と生産関係の矛盾の資本主義的表現形態をあらわしているにすぎない。基本的社会矛盾の実質はつねにかわるところがない。ただかわるのは、その社会的色あい、すなわち階級的本性と作用様式だけである」（注200）

注200：I・シャリコフ「生産力と生産関係の矛盾が——社会主義の基本矛盾」／榊利夫編『矛盾』（合同出版）所収　251頁

言葉としては、そのとおりであるかもしれない。ただし、残念なことに、シャリコフ自身はそういう言葉を発しているだけなのである。シャリコフの論文「生産力と生産関係の矛盾が――社会主義の基本矛盾」のどこを見ても、シャリコフが主張しているような「資本主義の基本矛盾の特徴」に対応する形において、シャリコフ自身がいっているような「生産力と生産関係の矛盾」の社会主義的「表現形態」の内容を見いだすことができない。

このような有言不実行では、生産と社会的需要の矛盾が社会主義社会の「基本矛盾」であると主張したユーロビッキーやコルニエフスキーのことを、つぎのように批判する資格はないのである。

「ユーロビッキーやコルニエフスキーは、需要が生産をうごかし、生産が新しい需要をうみだすなどという極度に一般的な命題を操作するだけで、大衆の生産上の積極性をたかめる方法の検討を事実上はばみ、ぎゃくに科学と実践を本質からそらし、社会主義社会の発展にたいする抽象的・思弁的な態度をうみだしている。生産とたかまりゆく需要の矛盾を確認すれば、なるほど生産力を発展させ、労働生産性をあげ、生産規模をひろげるといった当面の諸課題をおもいださせることはできても、このような一般的な問題提起では、矛盾克服と課題解決の方法を明らかにする鍵はつかめない。ここでは真の基本矛盾が無限にひろい矛盾とすりかえられている」（注201）

注201：I・シャリコフ「生産力と生産関係の矛盾が――社会主義の基本矛盾」／榊利夫編『矛盾』（合同出版）所収　254頁

もし、シャリコフが「生産力と生産関係の矛盾」の社会主義的「表現形態」として《生産手段の社会的所有》と《分業》の矛盾を提起し得ていれば、それで正しい解答となったわけである。

しかし、シャリコフは、そのはるか手前で立ち止まったまま、一般的ないしは抽象的な言葉を並べているにすぎない。

ただし、もし、シャリコフがこの正しい解答に到達し得ていたならば、シャリコフが自身の論文の冒頭に記したつぎの文章は訂正しなければならないのだが。

「社会主義的生産関係は、一定の歴史的タイプとして、生産力の性質に照応している。なぜなら、生産手段の社会的所有のもとには生産関係の現状を固定化しようとする社会勢力がいないからである。社会主義のもとでは、すべての人間が、社会生活の改善を保証する生産関係の発展に関心をもつ。だから生産力と生産関係の諸矛盾は衝突《コンフリクト》にまで成長しない」（注202）

注202：I・シャリコフ「生産力と生産関係の矛盾が――社会主義の基本矛盾」／榊利夫編『矛盾』（合同出版）所収　247頁

残念ながら、当時の社会主義社会を自称していた社会の現実は、シャリコフが主張しているようだなものではなかった。未だ生産力が低く、人間が《分業》の軛から解放されていなかった当時の自称社会主義社会においては、残念ながら「社会生活の改善を保証する生産関係の発展」に関しても、人間は《分業》の軛を媒介にしてでなければ「関心をもつ」ことができなかった。その証拠に、彼らの社会主義社会においても、人間は、労働に応じた分配がなされなければ生産意欲を持たなかった、と他人ならぬ社会主義国の指導者たちが証言しているではないか。

社会主義社会のその時点の《分業》体制において有利な立場にある「社会勢力」は、自分たちに有利な「生産関係の現状を固定化しようとする」か、あるいはより一層自分たちを有利にする方向に動きやすかった。それゆえ、場合によっては、その時点における《分業》体制において不利な立場にある「社会勢力」との間に「衝突《コンフリクト》」を発生させることもままあったわけである。

シャリコフの主張には、社会的、あるいは、歴史的なリアリティーがまったく欠けている。

四　アイヒホルン

アイヒホルンの論文「過渡期における矛盾の問題とその解決の道」を吟味することにしよう。

アイヒホルンは、自分の属する旧ドイツ民主共和国の社会を、資本主義社会から社会主義社会へ移行する過渡期の社会としてとらえていた。

「ドイツ民主共和国においては、資本主義から社会主義への過渡期の一定の矛盾、すなわち社会主義と資本主義の矛盾、一方の労働者階級および勤労者と他方の搾取階級の残りかすとの矛盾が作用している。ドイツ民主共和国における労農権力の諸条件のもとでは、この矛盾は複雑な性格をもっている。これを理解するには、敵対的矛盾と非敵対的矛盾とをぜひ区別しなければならない。

敵対的な矛盾は、なによりもまず搾取するものと搾取されるものとの非和解的階級対立をあらわしている。これに反して、非敵対的矛盾は、社会的発展の根本問題における共通の利害を土台にしたもので、それは勤労者の各グループのあいだに（たとえば労働者階級と勤労農民層のあいだに）存在する。敵対的矛盾は、一般的には搾取社会において、その発展過程でするどくなり、階級衝突と社会革命をもたらす。そこに敵対的矛盾の解決がある。しかし敵対的矛盾の方法は一国の具体的な諸条件、なによりもまず階級間の力関係できまってくる。非敵対的矛盾は社会的動乱にみちびきはしないし、みちびくことができない。それは根本的利害の共通の土台の上にたっているので、共通の努力つまり説得・教育・批判によって解決される」（注203）

注203：W・アイヒホルン「過渡期における矛盾の問題とその解決の道」／榊利夫編『矛盾』（合同出版）所収　258～259頁

アイヒホルンは、敵対矛盾と非敵対矛盾をつぎのように定義づけている。敵対矛盾は「搾取するものと搾取されるものとの非和解的階級対立」とその統一である。この矛盾は、一般的に階級衝突を起し、社会革命によって《解決》される。それに対して非敵対矛盾は「社会的発展の根本問題における共通の利害を土台にしたもので、それは勤労者の各グループのあいだに存在する」対立の統一である。この矛盾は「社会的動乱にみちびきはしないし、みちびくことができない」ものであり、結局は「共通の努力つまり説得・教育・批判によって解決される」のである、と。

しかし、アイヒホルンはその直後に以下のように記し、自らの見解が論理構造的に混乱していることを自己告白している。

「敵対的矛盾の解決が具体的な社会的諸関係に依存することは、わが共和国をみればはっきりする。労働者階級と資本主義勢力との矛盾は、それ自体敵対的なものである。しかし、わが労農権力が存在し、社会主義世界陣営が存在する諸条件のもとでは、この矛盾は、ブルジョア勢力の社会的地位をかえることによって平和的方法で解決することができる。すなわち、敵対的矛盾がしだいに非敵対的矛盾の特徴をおびていき、非敵対的矛盾に転化する。わが党の指導のもとに社会主義建設のなかで私的資本主義勢力をしだいに転化させる政策（たとえば国家関与の形態で）を実行することによってこの転化の過程が完成される。わが党は、ずっと以前からこの矛盾を解決する具体的綱領をしめしてきたが、第五回党大会でさらに発展させられた。われわれが熱望している社会主義と私的資本主義勢力との矛盾の解決は、資本主義企業への国家の関与あるいは、大農の農業生産協同組合（LPG）への加入、およびそれらと結合した生産関係の変革、共同作業の強化といっそうの発展によっておこなわれるのである」（注204）

注204：W・アイヒホルン「過渡期における矛盾の問題とその解決の道」／榊利夫編『矛盾』（合同出版）所収　259頁

アイヒホルンは、ここで「労働者階級と資本主義勢力との矛盾」すなわち「搾取するものとされるものとの非和解的階級」同士の矛盾が、ある特定の社会的条件下では非敵対矛盾に転化するといっている。アイヒホルンによれば、非敵対矛盾とは「社会的発展の根本問題における共通の利害を土台にしたもので、それは勤労者の各グループのあいだに存在する」対立の統一であったはずである。まさかアイヒホルンは、資本家を「勤労者の各グループ」の一つととらえているわけではないはずである。したがって、アイヒホルンのこのような論理展開上の自己矛盾は、当人の敵対矛盾・非敵対矛盾の定義が誤まっていることのなによりの証左となっているわけである。

また、アイヒホルンはつぎのように記している。

「にもかかわらず、わが共和国の資本家が私的資本主義的所有による搾取をたとえ制限されていても、なお多かれすくなかれかれらのイデオロギーが再生産されるということをわすれてはならない。そのかぎりにおいては、なによりもまず労働者階級と私的資本主義的諸勢力の矛盾は、なおいぜんとして敵対的性質をもっている。階級闘争および矛盾解決の形態と方法は、なによりも資本主義勢力自身の行動いかんにかかっている。それはかれらが勤労大衆との協同作業の必要性と労働者階級の党の指導的役割を認めるかいなか、すなわち転向するかしないか、かれらが労農権力に敵対する行動をやるかどうか、西方帝国主義者と同盟をむすぶかどうかにかかっている。党は、階級闘争の指導にあたり、労農権力に誠実であるブルジョア勢力と、まだ動揺している停滞的資本主義勢力とを区別しなければならない」（注205）

注205：W・アイヒホルン「過渡期における矛盾の問題とその解決の道」／榊利夫編『矛盾』（合同出版）所収　260～261頁

以上のアイヒホルンによる混乱し切った主張を、正しくいいかえるとつぎのようになる。

資本主義階級と労働者階級との間の対立と統一は、本質的には敵対矛盾である。しかし「資本主義から社会主義への過渡期」においては、資本主義的生産体制は一定の現実性を有している。短兵急に

《消滅あるいは止揚》する必要性も、あるいは、その可能性もない場合がある。この場合には、労働者階級は、掌中に収めた国家権力（あるいは労農権力）を媒介にして、自らが望む方向に資本主義的生産体制が発展するよう《外力》を加えて制御しなければならない。すなわち資本家階級を政治的に統制するか、あるいは、教育することによって、彼らのマイナス面、すなわち、過度の利潤追求や労働者からの過度の搾取等を少しでも減らす方向に働きかける必要がある。あるいは、また、その時点における彼らのプラス面、すなわち、企業間競争に勝ち抜くための販売努力・経費節減・業務合理化への努力、および、コストダウンのための技術革新への努力等を、助長する方向へ働きかけるわけである。そして、社会主義的生産体制が十分に機能を充実させ、資本主義的生産体制がその現実性を喪失した段階にいたれば、すみやかに資本主義的生産体制を《消滅あるいは止揚》させればよい。

論理構造的にいうと「資本主義から社会主義への過渡期」における部分的な資本主義的生産体制は、それがその時点において存在すべき現実性があるかぎりは、直接的な意味での敵対的な性格をもってはいても媒介的な意味での非敵対的な性格をもちうる可能性がある。その場合には、この矛盾の《解決》は《調和的実現》を目的とした《維持・強化》の方法によるか、あるいは《変質・変形》を目的とした《改造》によっておこなわれる。このような《外力》的制御により、本来は直接的な意味での敵対性があるこの矛盾を、その裏に付着している非敵対性の側面を助長することによって、あるいは敵対性の側面を制約することによって、極力、非敵対的な方向に誘導することになる。もちろん、この矛盾がその現実性を喪失する段階にいたれば、媒介的な意味での敵対矛盾（＝《有害矛盾》）に転化することになるから、なるべく円滑なやり方で《消滅あるいは止揚》すべく《克服》する方法で《解決》する必要がある。

アイヒホンは、恐らく、実質的には上記のようなことを認識し得ていたと思われる。しかし《外力》論的な視点がないため、この内容を構造的に解析することができず、前述したような論理的混乱に落ち込んでしまったわけである。

第三章　三浦つとむ「矛盾論」批判

三浦つとむは論文「矛盾論争はなぜ行きづまったか」において、一連の「矛盾論争」に対する総括的な批判を試みている。この論文を中心にして、三浦つとむが「矛盾論争」における三つの論争点に対しどのような見解を示しているか、を吟味することにしよう。

一 〔論争点Ⅰ〕に対する三浦つとむの見解

まず〔論争点Ⅰ〕に関する三浦つとむの見解を吟味することにしよう。

「発展は運動であり、運動は矛盾のありかたであるとエンゲルスは強調した。レーニンもそれを受けいれている。それゆえ、発展を認めるなら、その内部にその運動をつくり出している矛盾が存在することを認めなければならない」（注206）

注206：三浦つとむ「矛盾論争はなぜ行きづまったか」／三浦つとむ『レーニンから疑え』（芳賀書店）所収　91頁

この点に関しての三浦つとむの見解は、必ずしも十分に正しいとはいえない。なぜならば、三浦つとむのこの見解は、事物の運動・発展は事物本来の《自己運動》と外部から加えられる《外力》との重層的かつ複合的な総和であり、矛盾は本質的には《自己運動》の原動力としてのみとらえられなければならない、という運動・発展に関する立体的な構造の認識にまで到達していないからである。この、三浦つとむにおける自覚的な《外力》論の欠落は、つぎに記すように〔論争点Ⅱ〕に関する三浦つとむの見解を制約し、誤謬に追いやっている。

二　〔論争点Ⅱ〕に対する三浦つとむの見解1
――「敵対矛盾」と「非敵対矛盾」――

まず〔論争点Ⅱ〕における「敵対矛盾」と「非敵対矛盾」の区別を、三浦つとむはどうとらえていたか。これらの問題に対する三浦つとむの見解は、ソーボレフのそれと本質的に一致している。

「ソボレフは、スターリン時代のこの矛盾と統一の切りはなしに一応反対する。そして、これまでの討論が矛盾ということばに『否定的な意味しか与えてこなかった』ことに反対して、原動力にはまったく性格を異にする二つの種類があることを積極的に主張している。この論文にもまだ不十分な点があるが、前年の毛沢東論文とちがって、非敵対的矛盾の解決とは何かについて事実上正しい説明を与えているのであるから、毛沢東論文よりもソボレフ論文のほうを上位におくべきであろう」（注207）

注207：三浦つとむ「矛盾論争はなぜ行きづまったか」／三浦つとむ『レーニンから疑え』（芳賀書店）所収　*110*頁

「それでは、ソボレフはどこで敵対的矛盾と非敵対的矛盾とを区別するか。彼は毛沢東のように闘争の形態で敵対と非敵対とを区別することはしない。これは明白に質的なちがいだと主張する点で、毛沢東を超えている。

『矛盾はその特質上、敵対的な矛盾と非敵対的な矛盾にわけられる。この区分けは、**矛盾の質的なちがいと矛盾を克服する手段の根本的なちがい**を反映している』

非敵対的矛盾の特質は第三の特徴（注208……引用者）に示したとおりであり、ソボレフ自身が強調を附したところであるが、それでは克服する手段の根本的なちがいは一体どこに求められるのであろうか。

『共産主義的構成体に見られるような、根本的に新しい社会・経済組織は、社会的な敵対を根だやしにし、社会の内的発展の動力としての階級闘争は共産主義的構成体の条件のもとで舞台からしりぞく。……すべての社会発展のただ一つの内的なみなもとは（共産主義社会をふくめて）、もちろん法則にかなって生れる諸矛盾である。しかしそこでは、諸矛盾の克服の方法は根本的にかわり、新しい諸原動力が出現している。社会主義のもとである期間保存される敵対的な矛盾の残りかすや諸要素、新しいものと古いものとの衝突（この場合、古いものは単なる古いものではなくて、大なり小なり反社会的な内容を持っている）――こういった矛盾は、古いものを完全に根こそぎにする方法によって、つまり保守勢力を消滅する方法によって解決される。だが、どんな敵対もうちに持っていない諸矛盾についていえば、その克服の方法にはべつのやりかたがとられる。ソビエト社会の矛盾の大部分は、矛盾する各面の相互作用、相互影響によって克服される。この場合**相互作用・相互影響とは相互扶助・相互強化の意味である**』

そのとおりだ！　しかしながらソボレフはここで一体何を主張していることになるのか？　この克服の方法を、さきに引用した矛盾の特徴づけとつき合わせてみて、ソボレフの主張を浮きぼりにしてみよう。非敵対的矛盾は対立物の統一であるが、これは『相互扶助・相互増大・相互強化などを意味する』統一であり、しかもそれが『相互扶助・相互強化』によって『克服される』のだと、ソボレフは主張していることになる！　つまり、**矛盾が存在しているということと、矛盾を克服するということとは、同じことだというわけである！**　これまた、尻かくさずである。このような『克服』は、ただ『克服』ということばを使っただけのことであって、このことばがあるために

⑵の規定（注209……引用者）に忠実なように見えるが実はすこしも忠実ではなく、非敵対的矛盾に関しては⑵を修正しているといわなければならない。そして、**矛盾の存在と矛盾の『克服』とが同じことであると見ることは、矛盾の存在を矛盾の実現といいかえ、矛盾の『克服』を矛盾の解決といいかえることによって、矛盾が実現することはとりもなおさず矛盾の解決であるという規定に到達する。**これこそ、マルクス＝エンゲルスの非敵対的矛盾の解決についての考えかたであり、マルクスが『資本論』で楕円の例をあげて、エンゲルスが『反デューリング論』の生命論において、説明したところと一致するものである」（注210）

注208：注184、注187、注185の引用箇所を参照。（A・ソーボレフ「社会主義社会の諸矛盾とその克服の道すじ」／榊利夫編『矛盾』所収　215～216頁、196頁、216～219頁

注209：三浦つとむが「哲学者にとって常識になっているところの矛盾についての重要な規定は、つぎの四つに帰着する」として列挙したうちの二番目の規定のこと。その内容は「矛盾を克服することが矛盾の解決である」というもの。三浦つとむ「矛盾論争はなぜ行きづまったか」／三浦つとむ『レーニンから疑え』（芳賀書店）の91頁を参照のこと

注210：三浦つとむ「矛盾論争はなぜ行きづまったか」／三浦つとむ『レーニンから疑え』（芳賀書店）所収　114～116頁

（傍点はA・ソーボレフによる強調、太字は三浦つとむによる強調）

すなわち、三浦つとむは、ソーボレフと同様に、矛盾を「敵対矛盾」と「非敵対矛盾」という本質的に性質の異なる二種類に区分されるものとしてとらえていた。また、矛盾の《解決方法》もそういう二種類の矛盾の性質の違いに応じて異なっており、「敵対矛盾」の《解決方法》は矛盾の「克服」であり、「非敵対矛盾」の《解決方法》は矛盾の「実現」であると主張している。

「われわれが死にたくないならば、自分の生命の矛盾がやまないように、この矛盾を維持しなければならない。また、われわれが搾取で苦しみたくないならば、資本制社会の矛盾がやむように、この矛盾を消滅させなければならない、ここに、二つの根本的に対立した性格の矛盾と、二つの根本的に対立した性格の矛盾の解決方法がある」（注211）

注211：三浦つとむ『毛沢東主義』（勁草書房）69頁

三浦つとむは、このような観点から、レーニンやこれまでの「官許マルクス主義」者たちがマルクス＆エンゲルスの矛盾論から決定的に後退してしまった、と批判している。すなわち、マルクス＆エンゲルスがすでに「非敵対矛盾」とその《解決方法》について論及していたことに気がつかず、矛盾は即「敵対矛盾」であると解釈してきた、と批判しているのである。

それでは、そういう三浦つとむ自身は、マルクス&エンゲルスの矛盾論のどういうところから、この「敵対矛盾」とは「根本的に対立した性格」をもつところの「非敵対矛盾」を見いだしたのであろうか。三浦つとむは、レーニンの矛盾論とマルクスの矛盾論を比較しながら、この点を以下のように論じている。

「レーニンは『媒介と同時に直接性をふくんでいないものは、天にも、自然にも、精神にも、どこにも存在しない』というヘーゲルのことばを抜き書きしていながら、対立物の統一もまた媒介と同時に直接性をふくんでいること、直接的統一こそ『同一』であることの理解にまですすむことができなかった。そのために、彼は対立物の『相互浸透』という概念に到達することができず、エンゲルスの理解に追いつくことができずに終ったのである。

このレーニンの『同一』の理解の弱点は『弁証法の問題によせて』における混乱となってあらわれた。彼はまず、矛盾を『対立物の同一性』と規定したが、すぐこう附け加えている。

『おそらく、より正しくいえば『統一』か？ もっとも同一性という用語と統一という用語の差異はここで特に本質的なものではない。ある意味では両方とも正しい』

つまり『統一』と『同一』との論理的な関係を正しく理解してはいなかったにしても、ヘーゲル論理学全体に目をとおしただけあって、『統一』のほうが正しいのではないかとおぼろげながら感じてはいたわけである。そしてこの曖昧だったことが、つぎのように矛盾の規定に大きな影響をおよぼすことになった。

『対立物の統一（合一、同一性、均衡）は条件付、一時的、過渡的、相対的である。相互に排撃する対立物の闘争は、発展、運動が絶対的であるのと同様に絶対的である』

このような、相対性は統一の部分に、絶対性は闘争の部分にという発想は、私が『ふりわけ論』とよぶ一種の形而上学的な思考で、弁証法的思考でも何でもない。レーニンが『合一、同一性、均衡』などを、すべて『統一』の特殊な形態であると明確に区別してつかんでいたならば、これらの形態はいろいろ変化ししたがって相対的であるが、それらが『統一』であることに変りはなく、したがってこの点では絶対的であると理解できたであろう。それでは対立物の闘争はどうであろうか。そこには何ら相対性はないのであろうか。

まずヘーゲルのいうところを聞こう。

『関係の諸規定においては矛盾は直接に現われる。上と下、右と左、父と子、その他無限に多くの極めて卑俗な実例は、すべて自己の中に矛盾を蔵している』

マルクスはいう。

『すでに見たように、諸商品の交換過程は矛盾した・かつ相互に排除しあう・諸関連をふくんでいる。商品の発展は、**これらの矛盾を止揚しはしないが、しかし、これらの矛盾がそれにおいて**

運動しうるところの形態を創造する。かくの如きは、総じて、現実の諸矛盾がもって自らを解決する方法である。たとえば、ある物体が絶えず他の一物体に落下し、また同じように絶えずその物体から飛び去るということは、一つの矛盾である。**楕円は、この矛盾がもって自らを実現するとともに解決するところの、運動諸形態の一つである**』

矛盾を関係としてとらえた場合、上と下であるとか、右と左であるとかいう関係は、直接的な同一性として、上は同時に下であるとか、右は同時に左でもあるとかいうような矛盾として存在している。有限は同時に無限であるとか、有は同時に無でもあるとかいうような、矛盾をとりあげることもできる。これらはたがいに相いれない両面の統一であるが、ここに果して闘争が存在するであろうか。飛ぶ矢が空間の一点に存在すると同時に存在しないという、運動の矛盾をとりあげて、存在する矢と存在しない矢との『闘争』を論じることができるであろうか。マルクスが問題にしている『総じて、現実の諸矛盾がもって自らを解決する方法』は、いわゆる非敵対的矛盾の解決方法であるが、このような解決方法についてはレーニンは何ら考慮を払っていないのである。

階級的矛盾その他、いわゆる敵対的矛盾にあっては、相いれない両面が闘争している。すなわち対立物の闘争は絶対的である。だが力学的運動にしても有機体としての運動にしても、いわゆる非敵対的矛盾にあっては、相いれない両面が闘争するのではなく、遠心力と求心力との調和や同化と排除との調和など、調和を正しく維持することによって矛盾が存在するのである。したがって、矛盾全体として見るなら、対立物の闘争は相対的なのである。この点でもレーニンの規定はあやまりだということになる」（注212）

注212：三浦つとむ「レーニンから疑え」／三浦つとむ『レーニンから疑え』（芳賀書店）所収　39～42頁

以上の三浦つとむの見解は正しいであろうか。ヘーゲルはひとまず置くとして、まずマルクスの上記の引用箇所の内容と、それに対する三浦つとむの解釈を吟味してみよう。

三浦つとむのいうように、はたして、マルクスはここでいわゆる「非敵対矛盾」の性質とその《解決方法》を論じているのであろうか。そうではない。マルクスがここで問題にしているのは「現実の諸矛盾」の一般的なあり方、ならびに、その矛盾とそれが「もって自らを実現するとともに解決するところの運動諸形態」との関連のあり方、これなのである。いいかえれば、マルクスは、ここで、この世に存在している《現実的矛盾》とそれが自らを示現するところの《自己運動》との一般的関連のあり方を、問題にしているわけである。

それゆえ、この場合には、たとえその矛盾が「敵対矛盾」であろうが「非敵対矛盾」であろうが、そんな区分は別にかまわないことになる。すなわち、それが《現実的矛盾》でありさえすれば、マルクスがここに記している矛盾論の対象たりうるのである。マルクスが「**総じて**」という言葉をわざわざ挿入していることからも、それは明らかであろう。

しかし、三浦つとむは、マルクスがここで記している矛盾論を「非敵対矛盾」に関するものと解釈しているから、この肝心な「**総じて**」という表現を自説に都合のよい言い方に置きかえて解説することになる。三浦つとむがマルクスのこの記述箇所を引用・解説する場合には常にそうである。

たとえば、三浦つとむ著『毛沢東主義』のなかで、マルクスの同じ論述部分を引用した後に、つぎのように解説している。大切なところなので、重複をいとわず、三浦つとむがマルクスから引用した部分をふくめて、三浦つとむの解説をくわしく引用しておく。

「『すでに見たように、諸商品の交換過程は、矛盾した・且つ相互に排除しあう・諸関連をふくんでいる。商品の発展は、これらの矛盾を止揚しはしないが、しかし、これらの矛盾がそれにおいて運動しうるところの、形態（Form）を創造する。かくの如きは、総じて、現実の諸矛盾がもって自らを解決する方法である。たとえば、ある物体が絶えず他の一物体に落下し、また同じように絶えずその物体から飛び去るということは、一の矛盾である。楕円は、この矛盾がもって自らを実現するとともに解決するところの、運動諸形態の一つである』
『商品に内在的な使用価値と価値の対立、私的労働が同時に直接的に社会的な労働として現われねばならぬという対立、特殊的・具体的労働が同時に抽象的・一般的な労働としてのみ意義を持つという対立、物象の人格化と人格の物象化との対立、——こうした内在的な矛盾は、商品の姿態変換上の諸対立において、それの発展した運動諸形態を受けとる』（マルクス『資本論』第一篇第三章第二節……三浦つとむの付した注）

哲学の教科書でマルクス主義の矛盾論と称するものを学んだ人びとは、この説明をかみしめて唖然とするかも知れない。ここでとりあげられている矛盾は、哲学の教科書にはまったく脱け落ちているからである。**マルクスはここで、自然の中に存在する矛盾や人間が社会的な実践に必要なものとしてつくり出す矛盾をとりあげて、それらの多くが独自の運動形態を創造することによって自らを実現すると同時に解決していることを、矛盾を克服（すなわち止揚）するかたちで解決しているのではないことを、指摘しているのである**」（注213）

注213：三浦つとむ『毛沢東主義』（勁草書房）51～52頁

また、三浦つとむは彼の『言語学と記号学』のなかで、マルクスの同じこの論述箇所を引用した後に、つぎのように解説している。

「『商品の発展は、これらの矛盾を止揚しはしないが、しかし、これらの矛盾がそれにおいて運動しうるところの、形態を創造する。かくの如きは、総じて、現実の諸矛盾がもって自らを解決する方法である』（『資本論』第一部第一篇第三章第二節）。これはマルクスの矛盾論の核心の一つであり、現実の諸矛盾にこの種のものがすくなくないことを指摘している」（注214）

注214：三浦つとむ『言語学と記号学』（勁草書房）52頁

マルクスの「総じて」という表現と、三浦つとむの「**それらの多く**」とか「この種のものがすくなくない」という表現の間には、たんなる言葉の綾《あや》以上の本質的なちがいがある。

たとえば、三浦つとむが「敵対矛盾」の典型として疑問の余地なく位置づけているはずの資本主義社会について考えてみよう。資本主義社会はなるほど、いわゆる「敵対矛盾」であるかもしれない。しかし、同時に、マルクスのいう《現実的矛盾》の一種でもある。それゆえ、マルクスの矛盾論が正しいとするならば、この部分に資本主義社会における《本質矛盾》を代入しても、そのまま当てはまるはずである。試みに、有名な楕円に関する記述部分と並べて、それに資本主義社会における《本質矛盾》を代入した記述を以下に示してみよう。

【楕円について】

「ある物体が絶えず他の一物体に落下し、また同じように絶えずその物体から飛び去るということは、一つの矛盾である。楕円は、この矛盾がもって自らを実現するとともに解決するところの、運動諸形態の一つである」

【資本主義社会について】

「生産手段が社会的になったにもかかわらず、その社会的生産物が個々の資本家によって私的に取得されるということは、一つの矛盾である。資本主義社会は、この矛盾がもって自らを実現するとともに解決するところの、運動諸形態の一つである」

以上の二つの文章に、誤まりや不自然な点があるだろうか。あるいは、矛盾論的な喰いちがいがあるだろうか。そんなことはないのである。資本主義社会が、現実に一つの《自己運動》をおこなっている事実を認めるならば、資本主義社会についての文章は、楕円についてのマルクスの文章とまったく同じに、的確な論理を表現している。この事実は、三浦つとむの見解にしたがうならば、資本主義社会が「非敵対矛盾」であることを意味することになってしまうはずである。

しかし、真正のマルクス主義者を自認する三浦つとむは、資本主義社会が「非敵対矛盾」であることなどは敢然と否定するはずである。ここにいたって、三浦つとむの理論はまったくの背理に落ち込まざるを得なくなってしまう。

三浦つとむがマルクスの《現実的矛盾》を「非敵対矛盾」と取りちがえて解釈し、また《現実的矛盾》が自らを《自己運動》として実現するあり方を「非敵対矛盾」の《解決方法》と取りちがえて解釈してしまったのは、マルクスの表現にもいくらか誤解を招きやすい部分があったためかも知れない。すなわち、マルクスはたしかに「商品の発展は、これらの矛盾を止揚しはしないが、しかし、これらの矛盾がそれにおいて運動しうるところの形態を創造する。かくの如きは、総じて、現実の諸矛盾がもって自らを解決する方法である」と明言している。

そこでわれわれは、ここでマルクスが記している「解決」すなわち「諸矛盾がもって自らを解決する方法」であるところの「解決」の意味を、あらためて検討しなければならない。

たとえば、この部分の「商品の発展」の替りに「資本主義社会の発展」を代入するとどうなるのであろうか。自称マルクス主義者が眼をむくような、しかし、本質的に正しい、つぎのような表現に変貌するのである。

「資本主義社会の発展は、これらの矛盾を止揚しはしないが、しかし、これらの矛盾がそれにおいて運動しうるところの形態を創造する。かくの如きは、総じて、現実の諸矛盾がもって自らを解決する方法である」

マルクスの矛盾論を、資本主義社会という一つの《現実的矛盾》にあてはめると、たしかにこのような結論になる。しかし、その同じマルクスが、彼の盟友であるエンゲルスが『反デューリング論』

において、資本主義社会という矛盾はプロレタリア革命により《消滅あるいは止揚》させることによって初めて《解決》できる、と、つぎのように表現し、発表することに同意したのも事実である。

「プロレタリア革命。諸矛盾の解決。すなわちプロレタリアートは公権力を掌握し、この権力によって、ブルジョアジーの手からすべり落ちつつある社会的生産手段を公的な所有に変える。この行為によって、プロレタリアートは生産手段を、それらのこれまでの資本としての性質から解放し、それらの社会的性格に対して、自己を貫徹する完全な自由を与える」（注215）

注215：エンゲルス『反デューリング論』粟田賢三訳（岩波文庫・下巻）226頁

これはマルクスあるいはエンゲルスにおける背理ではないのか？　たしかに「解決」という言葉面だけを見ると、そのような疑惑が生じるかもしれない。しかし、われわれはそのような言葉面によってではなく、論理によってマルクスの表現を吟味していかなければならない。

ひとたび《外力》論的な視点に立つと、この問題は容易に解決することができる。

マルクスの前者における「解決」、すなわち「現実の諸矛盾がもって自らを解決する方法」における「解決」は、矛盾の外部に第三者として《解決主体》をみたてた場合のような、われわれが通常用いる意味での《解決》ではないのである。ここでのマルクスは、現実的諸矛盾が一つの《自己運動》形態を創造することによって自らを示現し運動・発展するという意味、すなわち「これらの矛盾がそれにおいて運動しうるところの形態を創造する」という意味における「解決」である。いわば擬人法的な表現として「解決」という言葉を使用しているにすぎない。

それゆえ、これらの矛盾（=《自己運動》）をそのままそれ自身の自然的発展過程にまかせたままにしておいた場合には、その自然的発展過程の最終段階として、自らを《消滅あるいは止揚》するようになることまでを否定しているわけではない。この自らを《消滅あるいは止揚》するような「解決」は、ウクラインツェフのうまい表現を借りれば「矛盾の盲目的な自己解決」というべきものなのである。論理構造的な観点からいえば、ここでマルクスが表現している「現実の諸矛盾がもって自らを解決する」ところの「解決」とは、ウクラインツェフの「矛盾の盲目的な自己解決」の「解決」と同じく、明らかに《自己運動》論の範囲に属する内容なのである。

ところが、後者の『反デューリング論』における資本主義社会という矛盾の《解決》の場合には、資本主義社会という矛盾そのものとは相対的に独立して存在している事物であるところのプロレタリアートというはっきりした《解決主体》の存在が想定されている。前者の場合のような擬人法的な表現ではないところの、通常われわれが用いる意味における《解決》なのである。

この場合には、矛盾の《解決主体》たるプロレタリアートにとっては、この《解決対象》たる資本主義社会は本質的には忌まわしい、廃絶したいところの「敵対矛盾」である。そのため、この矛盾を《消滅あるいは止揚》することが《解決目的》であり、その《解決方法》としてはプロレタリア革命という《外力》を用いた矛盾の《克服》以外にはない、ということになる。

ただし、それは、あくまでプロレタリアートにとっての《解決目的》であり、その《解決方法》である。プロレタリアートに対立する資本家階級にとっては、まったく異なる《解決》が求められるのは当然であろう。

プロレタリアートに対立する《解決主体》である資本家階級にとっては、その《解決対象》たる資本主義社会という矛盾は本質的に好ましい、存続させたい「非敵対矛盾」である。そのために、その矛盾を《調和的に実現》することこそが《解決目的》なのである。そして、その《解決方法》とは、ブルジョア独裁によって確保している国家権力を媒介にして、さまざまな政治・経済政策を《外力》として用いることによって、矛盾を《維持・強化》する以外にはない、ということになる。この意味において、資本主義社会という一つの《現実的矛盾》は、「敵対矛盾」と「非敵対矛盾」が直接的統一(同一)において存在しているところの矛盾であるといい得るわけである。

以上から『反デューリング論』における場合の《解決》は、明らかに《外力》論の範囲に属する内容ということになる。

結局、三浦つとむが、マルクス&エンゲルスの用いた二つの「解決」という言葉を正しく区別できなかったのは、三浦つとむに自覚的な《外力》論が欠落していたからに他ならない。

三浦つとむは、矛盾における敵対的あるいは非敵対的な性格には、直接的な側面と、その矛盾の《解決主体》の媒介関係においてとらえるべき媒介的な側面があることに気がついていない。それゆえ《解決主体》との媒介においてとらえるべき敵対と非敵対の内容を、その《解決対象》たる矛盾そのものの直接的な性格に押しつけてしまう、という誤謬を犯している。その結果、三浦つとむは、以下に示すように、「敵対矛盾」と「非敵対矛盾」を「根本的に対立した性格」のものとして形而上学的に二分してしまう。そして、矛盾の《解決方法》の方は、その《解決対象》たる矛盾の「根本的に対立した性格」によって自動的に決定される、と解釈してしまうことになるのである。

「それゆえ、矛盾の種類によって解決もまったく異らないわけにはいきません。客観的な矛盾には、矛盾の止揚によって解決されるような矛盾と、矛盾の実現そのものが解決であるような矛盾と、二種類あることをマルクス学派は指摘します。いいかえれば、実現から解決へ媒介される矛盾と、実現が直接解決である矛盾とを区別します。対立する両者が闘争し、止揚によって矛盾を克服して解決される矛盾を**敵対的矛盾**といい、反対に両者が調和するように努力しなければならない、実現そのものが解決である矛盾を**非敵対的矛盾**といいます」（注216）

注216：三浦つとむ『弁証法はどういう科学か』（講談社現代新書）282〜283頁

以上のような形式論理をそのまま推し進めれば、マルクスの「楕円は、この矛盾がもって自らを実現するとともに解決するところの、運動諸形態の一つである」という矛盾論における、楕円をはじめとする《現実的矛盾》を「非敵対矛盾」と混同するのは必然であろう。これは、三浦つとむがよくいう「論理的強制」である。三浦つとむがマルクス&エンゲルスの用いた矛盾の「解決」の内容を構造的に誤まってとらえたり、マルクス&エンゲルスのいう《現実的矛盾》を三浦つとむの「非敵対矛盾」と混同したり、マルクスの「**総じて**」を「**それらの多く**」とか「この種のものがすくなくない」というように誤読したのは、決して偶発的なミステイクではない。自覚的な《外力》論の欠如によって根本的に規定された、必然的な誤謬なのである。

三浦つとむのこのような誤謬は、さらに別の誤謬を誘発する。それは「非敵対矛盾」は永遠に《消滅あるいは止揚》しないし、させることもできない、という考え方である。

「エネルギーは無から生れたものでもなければ無に向って減少していくものでもなく、無限に存在しつづけるものだということを自然科学が証明しました。そしてこれと同時に、個々のエネルギーのありかたはつぎつぎに変化していき、一つのありかたとしては有限であるということも明らかになりました。無限が有限のかたちをとって存在する、というのは矛盾です。しかしこの矛盾を破壊して、無限だけにするとか有限だけにするとかいうことはできません。わたしたちが同一物でありながら変化しているという矛盾を破壊して、同一物だけにするとか変化だけにするとかいうこともできません。人間から死を排除しようという不老不死は空想です。人間の生のうしろにかくれている死が、優位になって、常識でいう『死』がおとずれたとき、すべての細胞がついに死んでしまって『生』が失われたとき、これによって生物は死ということの存在しない無生物に変ってしまいます。それゆえ、皮肉ないいかたをすると、どうしても死を排除しようと思えば生を排除する以外に道はないのです。止揚というのは弁証法の術語で、形式は破壊するが内容はすくいとることを意味しています。矛盾の止揚というのは、矛盾というかたちを破壊してそこに存在している必要な部分をすくいとることです。多くの矛盾は破壊するわけにいかない、止揚できないあるいは止揚してはならない矛盾ですが、プロレタリアートとブルジョアジーの矛盾とかガン細胞と健康な細胞の矛盾のように、矛盾を破壊し止揚しなければならない矛盾もあります」（注217）

注217：三浦つとむ『弁証法はどういう科学か』（講談社現代新書）281～282頁

「客観的な矛盾に二種類あること（注218……引用者）や、それらの特徴がどこにあるかの理解が欠けていると、混乱が起ります。西田哲学や田辺哲学でも、弁証法をとりいれて『生即死』『有限即無限』などといい、客観的な矛盾の存在することを認めてはいます。これを認めることは正当です。

けれども、これらの哲学はすすんで客観的な矛盾の構造を分析せず、客観的な矛盾のすべてにこれらの性格をもちこみます。『生即死』は人間にとって避けえられない矛盾であり、『有限即無限』は世界から除くことのできない矛盾です。これらの性格をプロレタリアートとブルジョアジーとの矛盾や、社会主義国と資本主義国との矛盾にもちこむと、これらの矛盾も人間のあるかぎり避けえられないもの、世界から除くことのできないものになり、資本主義の永続を主張してブルジョアジーの欺瞞のお役に立つことになってしまいます。これとは反対に、敵対的な、止揚し克服しなければならない矛盾ばかりを強調して、非敵対的な、調和させ維持していかなければならない矛盾を正しくとりあげようとしない、多くのマルクス主義者は、これらの観念論哲学の矛盾論をちょうど裏がえした立場に立っているものといわなければなりません」（注219）

注218：「敵対矛盾」と「非敵対矛盾」の二種類のこと。注216の引用箇所を参照のこと

注219：三浦つとむ『弁証法はどういう科学か』（講談社現代新書）287〜288頁

三浦つとむは、注217に引用した箇所で「多くの矛盾は破壊するわけにいかない、止揚できないあるいは止揚してはならない矛盾です……」と無造作に記している。しかし、実は、矛盾を「破壊するわけにいかない、止揚できない」ということと、矛盾を「止揚してはならない」ということの間には論理構造的にみて本質的な差がある。三浦つとむは、それを「あるいは」という一言で安直に結びつけ

ることの危険性に、はたして気づいていたであろうか。前者は矛盾そのもののありかたを客観的に記したもので《自己運動》論的な範囲の表現だが、後者は《解決対象》である矛盾に対する《解決主体》の意志を主体的に記したもので《外力》論的な範囲の表現なのである。両者を無造作に同一視している点にも、三浦つとむに自覚的な《外力》論が欠落していた欠陥が露出している。

ここに典型的に示されているように、上記の引用箇所における三浦つとむの表現はあいまいではある。しかし、三浦つとむの論旨を整理すれば、三浦つとむがここで「非敵対矛盾」は永遠に《消滅あるいは止揚》しないし、また、そうさせることもできない、と主張していることが明らかになるであろう。そのような見解は正しいであろうか。さらに、三浦つとむは、三浦つとむのこの見解を、マルクスの例の矛盾論、すなわち「商品の発展は、**これらの矛盾を止揚しはしないが、しかし、これらの矛盾がそれにおいて運動しうるところの形態を創造する**。……」から導びき出しているが、マルクスに関するこの部分の理解の仕方はそれで正しいであろうか。

以下、この点について吟味することとしよう。

マルクス&エンゲルスが「現実の諸矛盾」の永続性に対していかなる見解を持っていたかは、エンゲルスの『フォイエルバッハ論』が明確に表明している。

「現実的なものはすべて合理的であるという命題は、ヘーゲル的思考方法のあらゆる規則にしたがって、すべて現存するものは滅亡に価するという他の命題に変るのである。

ところで、ヘーゲル哲学の真の意義と革命的性格は（われわれはここではカント以来の全運動の終結としてのヘーゲル哲学にかぎらなければならない）まさにそれが人間の思考および行為のあらゆる産物の究極性に一挙にとどめをさしたところにある。哲学が認識すべきものとしての真理にしても、ヘーゲルにおいてはもはや、一度見いだされたら暗記しておきさえすればいいというような、できあがった教条的な命題のよせ集めではなかった。真理は今や認識の過程そのもののうちに、哲学のながい歴史的発展のうちにあった。そして哲学は認識のより低い段階から次第により高い段階へのぼっていくが、いつかいわゆる絶対的真理を発見して、もはやそれ以上進めず、手をこまねいて、得られた絶対的真理をおどろきながめる以外になにもすることがないというような点に達することはないのである。そして哲学的認識の領域においてそうであるように、その他すべての認識の領域においても、また実践的活動の領域でも、そうである。認識と同じように、歴史もまた人類のある完全な理想的状態のうちに完結点を見いだすというようなことはない。完全な社会とか、完全な『国家』とかいうようなものは、ただ空想のうちにしかありえないものである。これに反して、つぎつぎとあらわれてくるすべての歴史的状態は、低いものから高いものへと進む人間社会の果しない発展の行程における一時的な段階にすぎない。それぞれの段階は必然的であり、したがってその段階を生みだした時代と諸条件にたいしては正当である。しかし、それは、それ自身の胎内でしだいに発展してくる新しい、より高い諸条件にたいしては、存在理由と正当性を失い、より高い段階に席をゆずらなければならなくなる。そしてこのより高い段階自身にもまた衰え亡びる順番がまわってくる。ブルジョアジーが大工業と競争と世界市場とによって、あらゆる安定した、伝来の制度を実践的にうちこわすように、この弁証法的哲学は究極的な絶対的真理やそれに対応する人類の絶対的な状態やについてのあらゆる観念をうちこわしてしまう。この哲学のまえには、なんらの究極的なもの、絶対的なもの、神聖なものも存在しない。それはありとあらゆるものについて消滅性を示す。この哲学のまえでは、生成と消滅の不断の過程、より低いものからより高いものへの果しのない向上の不断の過程以外、なにものも永続的でない。そしてこの哲学自身は、この過程が思考する頭脳のうちに反映したものにすぎないのである。この哲学ももちろん保守的な面をもってはいる。それは認識および社会の一定の段階がそれぞれの時代と事情にたいしては正当なものであることをみとめる。しかしそれ以上ではない。この見方の保守性は相対的であり、その革命的性格は絶対的である――それは、この哲学がみとめる唯一の絶対的なものである」（注220）

注220：エンゲルス『フォイエルバッハ論』松村一人訳（岩波文庫）16～18頁

すなわち、エンゲルスは《現実的矛盾》は必ず《消滅あるいは止揚》するものである、と主張しているわけである。

このような見解と、前のマルクスの「商品の発展は、これらの矛盾を止揚しはしないが、しかし、これらの矛盾がそれにおいて運動しうるところの形態を創造する。かくの如きは、総じて、現実の諸矛盾がもって自らを解決する方法である」という見解とは矛盾するであろうか。

両者はけっして矛盾しない。なぜならば、マルクスはここで《現実的矛盾》が永遠に止揚されない、などということを主張しているわけではないからである。

マルクスは、ここではたんにつぎのこと、すなわち《現実的矛盾》は自らがそれにおいて示現し、運動・発展し得るところの《自己運動》形態を創造するということ、ならびに、そのように《自己運動》することそれ自体はその《現実的矛盾》を止揚することには直ちには結びつかないこと、を主張しているにすぎない。エンゲルスの文脈でいえば、「現実的なものはすべて合理的である」とか、「それぞれの段階は必然的であり、したがってその段階を生みだした時代と諸条件にたいしては正当である」とか、あるいは「認識および社会の一定の段階がそれぞれの時代と事情にたいしては正当なものであることをみとめる」という部分に対応した内容なのである。

したがって、その矛盾が《観念的》なものではなく《現実的》なものであり、その《自己運動》が《観念的》なものではなくて《現実的》なものであるかぎり、その《矛盾》あるいは《自己運動》はやがてその内的必然によって《消滅あるいは止揚》されるべき運命にあることまでを否定しているわけではない。たしかに《現実的矛盾》あるいはその《自己運動》の「それぞれの段階は必然的であり、したがってその段階を生みだした時代と諸条件にたいしては正当である。しかし、それは、それ自身の胎内でしだいに発展してくる新しい、より高い諸条件にたいしては、存在理由と正当性を失い、より高い段階に席をゆずらなければならなくなる」のである。

三浦つとむは、このように理解すべきマルクスの言葉を、逆に《現実的矛盾》は止揚されないというように誤まって解釈し、さらにその《現実的矛盾》を「非敵対矛盾」と混同したのである。

それればかりではない。実は、三浦つとむが、彼自身のいう「非敵対矛盾」について、それが「破壊するわけにはいかない、止揚できない」というように考えた背景には、さらにもう一つの誤謬が介在していた。それは《観念的矛盾》と《現実的矛盾》との混同という誤謬である。

注212に引用した箇所から明らかなとおり、三浦つとむはマルクスのいう《現実的諸矛盾》のうちに、ヘーゲルの《観念的矛盾》、すなわち《空想的矛盾》あるいは《抽象的矛盾》あるいは《概念的矛盾》などの実例をも押し込んで解釈している。三浦つとむは、この点について、他のところでもつぎのようにいっている。

「大地の上と下、紙の表と裏、道の左と右、壁の前と後なども、すべて対立物の統一であって、闘争はどこにあるのかと聞かれても文字どおりの意味では説明できない。それでソビエトの哲学者は『意味からはなれて理解』することを要求し、**非敵対的矛盾の説明にも使えるように**、闘争を『相

互作用』に解消させてしまうことにした」（注221）

注221：三浦つとむ「矛盾論争はなぜ行きづまったか」／三浦つとむ『レーニンから疑え』（芳賀書店）所収　120頁

ヘーゲルのいう「関係の諸規定」、すなわち、上と下、右と左、あるいは、父と子などの実例は、それ自体としては、現実の人間の認識活動、あるいは、現実の男の家族内での成長過程を抽象化し、理想化し、固定化したところの概念に他ならない。このような概念それ自体における矛盾、すなわちの《現実的矛盾》に対するところの《観念的矛盾》は、もちろん、自らがそれにおいて運動し得るところの《自己運動》形態を創造するわけもなく、それゆえ《消滅あるいは止揚》されることがないのも当然である。いうまでもなく《観念的矛盾》それ自体の《自己運動》を主張するのは一種の観念論なのである。逆に、これらの《観念的矛盾》に反映されているところの現実の人間の現実的な認識活動、あるいは、現実の男の家族内における現実的な活動とその成長は、それ自体が《自己運動》を現実におこなっているところの《現実的矛盾》なのであり、それはやがて自らの内的必然性によって《消滅あるいは止揚》されるべきものなのである。

たとえば「上と下」という問題について考えてみよう。これを、重力方向における物体の位置関係に関する人間の認識活動という面でとらえた場合、その認識活動はつぎのように発展していく。初めは、たんに上と下という認識しかなかったものが、地球が球体であることを知ってからは、地球の反対側ではこちら側の上が即下であり、下が即上であるという認識に発展する。さらに、地球が宇宙の中心ではなく多数の天体のうちの一つにすぎないことを知ってからは、上と下の関係は単に各天体における重力の中心に向いた重力方向に対する位置関係にすぎないという認識に発展する。このように人間の現実的な認識活動が発展するたびに、この「上と下」に関する認識の《現実的矛盾》は自らを新たな高度の段階につぎつぎに止揚していったのである。遠い将来において、人類が重力そのものを制御できるようになり、宇宙空間を自由に行き来する段階にいたれば、古い「上と下」という概念それ自体が不十分かつ不要なものとして人類から忘れさられてしまうかもしれない。そのようなときがもし来れば、それが「上と下」に関する認識の《現実的矛盾》が自らを最終的に《消滅あるいは止揚》する段階なのである。

マルクスのあげた楕円の例も、これを古典力学的な理想状態においてとらえるならば、その運動は無限に続き、その矛盾は永遠に《消滅あるいは止揚》されないといい得る。しかし、これを《現実的矛盾》としてとらえるならば、たとえば、エンゲルスが『自然の弁証法』で記している以下のように表現されなければならないのである。

「惑星運動の一方の要素、直接に向心的な要素が重さ、すなわちその惑星と中心天体との間の牽引、によって表わされるならばもう一方の要素、切線的な要素の方はガス球の個々の微粒子の根源的な斥撥の推移し変遷した形態においての一つの残骸として現われる。一個の太陽系の現存過程は今や牽引と斥撥との交代変動として現われ、この変動の中にあって斥撥が熱の形で宇宙空間に放出され、従ってこの系から段々に失われていくことによって牽引が徐々に優勢を獲得する」（注222）

注222：エンゲルス『自然の弁証法』田辺振太郎訳（岩波文庫・上巻）96〜97頁

「そして地球、月と同様な死滅し凍結した一個の球体が、底知れぬ暗黒の中で同じく死滅した太陽の周りに絶えず縮まりゆく軌道を周回し、遂にはそれへ落ち込んでしまうその時節が、押し寄せてくる」（注223）

注223：同前　40頁

ここで、これまで記してきたところの三浦つとむの誤謬の基本がなんであるかを、わかりやすく要約してみよう。

三浦つとむは、本来は、図7(i)として立体的にとらえるべきところを、《現実矛盾》と《観念的矛盾》と《非敵対的矛盾》の三つを混同してしまったために、図7(ii)のように平面的にとらえてしまったのである。

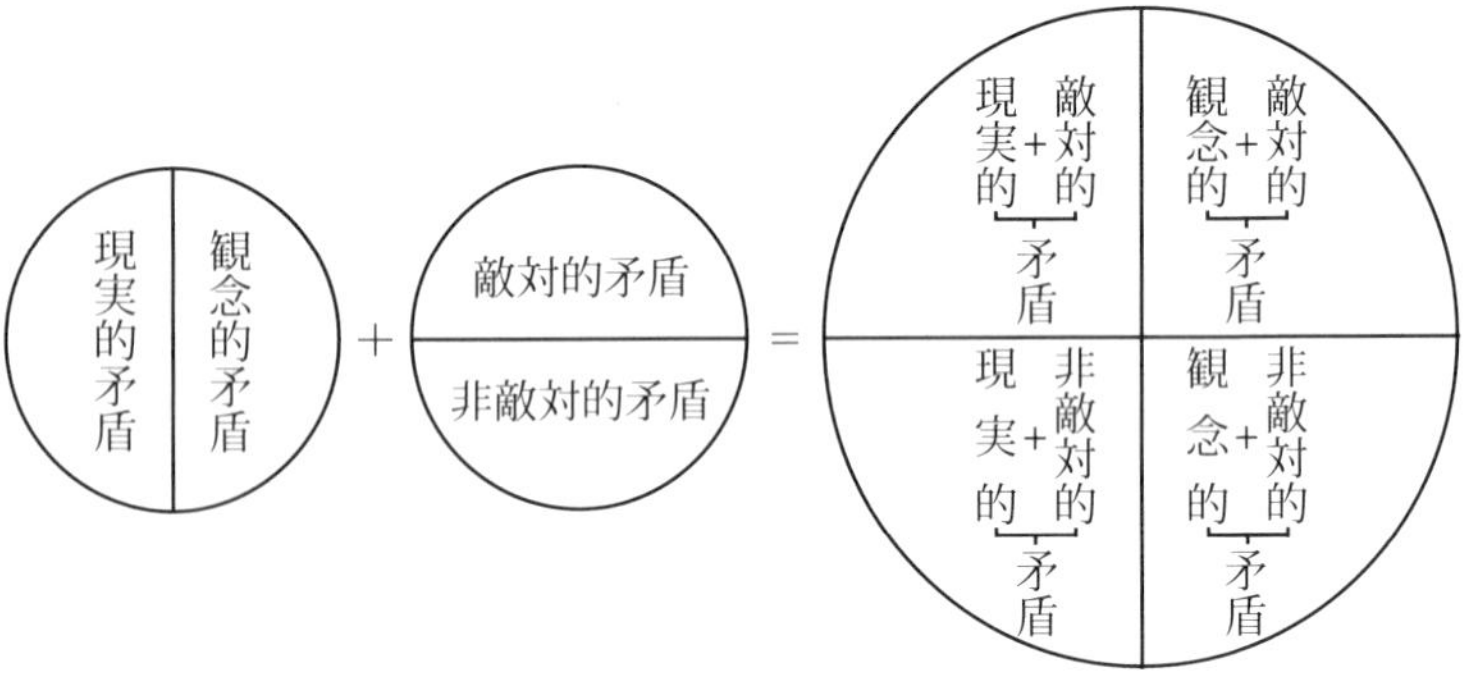

(i)　本来の立体的なとらえ方

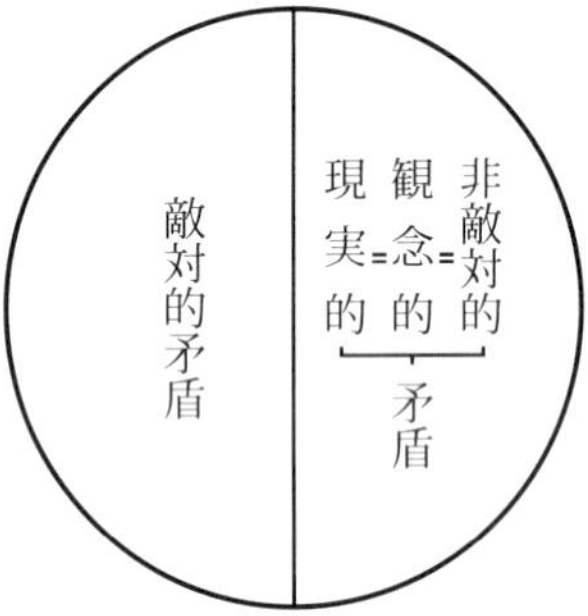

(ii)　三浦つとむの平面的なとらえ方

〔図7〕矛盾における《現実》対《観念》と《敵対》対《非敵対》の関係

以上に展開してきた三浦つとむに対する批判の的確性を裏付けるに恰好な表現を、エンゲルスが『反デューリング論』に記してくれている。ついでに、それを引用しておくこととしよう。

「社会的生産と資本主義的取得との矛盾は、個々の工場における生産の組織化と社会全体における生産の無政府状態との対立として再生産される。

資本主義的生産様式は、それの起源にもとづいてそれに内在している矛盾のこの二つの現象形態をとって運動する。それはフーリエがすでにこの様式について発見していたあの『悪しき循環』を描き、そこから逃げだすことができない。フーリエがもちろんその当時はまだ見抜くことができなかったのは、この循環がしだいにせばまってゆくこと、運動がむしろ螺旋形になり、遊星の運動と同様、中心との衝突によって終りをつげざるをえない、ということであった」（注224）

注224：エンゲルス『反デューリング論』粟田賢三訳（岩波文庫・下巻）207～208頁

以上で〔論争点Ⅱ〕における「敵対矛盾」と「非敵対矛盾」の区別をどうとらえるか、という点についての三浦つとむ批判を終了する。

三　〔論争点Ⅱ〕に対する三浦つとむの見解2
――矛盾の《解決方法》――

つぎに〔論争点Ⅱ〕における「敵対矛盾」と「非敵対矛盾」の《解決方法》はなにか。この問題について、三浦つとむの考えを吟味していくことにする。

この問題についての三浦つとむの考えを吟味する前に、まず、マルクス&エンゲルスがいうところの《現実的矛盾》としての現実の事物の《自己運動》を、それとは相対的に独立した関係にある《解決主体》が《外力》論的な《解決》を図るとした場合、その目的と方法にはどういうものが考えられるかを正面から考察するところから始めよう。

その場合の典型的な形態としては、つぎの四つが考えられる。

具体的な例として、人間が打ち上げた人工衛星による楕円運動を例にとって考えてみよう。

第一に、人間が人工衛星を打ち上げるということ、すなわち、人為的な楕円運動それ自体を《発生》させることを目的に人工衛星による楕円運動を《創造》すること、これ自体がすでに一つの《解決》形態に属するといえるであろう。

第二に、すでに《発生》した人工衛星による楕円運動を《有益》と判断して、その《調和的実現》

を目的に、人工衛星の軌道補正用噴射装置を作動させるなど、この楕円運動を《維持・強化》すること、これも一つの《解決》形態といえるであろう。

第三に、すでに打ち上げた人工衛星に、さらに他の人工衛星をドッキングさせ、より大きな宇宙ステーションを建設したり、あるいは、軌道を変更して静止衛星にするなど、すでに発生している楕円運動を《変質・変形》させることを目的に、これを《改造》すること、これも一つの《解決》形態といえるであろう。

第四に、敵国の軍事組織が打ち上げたスパイ衛星など、自国の《解決主体》にとって《有害》な楕円運動を《消滅あるいは止揚》させることを目的に、ミサイル攻撃などによりこれを破壊して《克服》すること、これも一つの《解決》形態といえるであろう。

その他にも、いろいろ細いニュアンスで区分けしていけば、実際にはさまざまな《解決》形態が想起されるはずである。

しかし、矛盾の《発生》から《消滅あるいは止揚》にいたる一連の《自己運動》の発展形態に則して典型的な《解決》形態を大きく抽出すれば、上記の四つの形態に集約することができる。

実は、三浦つとむは、矛盾の《解決方法》として上記の第二の形態《維持・強化》と第四の形態《克服》を抽出し、その二形態を三浦つとむのいう「非敵対的矛盾」と「敵対矛盾」の《解決方法》として形而上学的に振り分けたのである。

この点に関して、三浦つとむはソーボレフと論理的な構造において一致している。

ただ、ソーボレフが世界を社会主義社会の発生時点を境に時間的に横方向に分断し、それ以前と以後に敵対矛盾と非敵対矛盾をそれぞれ形而上学的に振り分けたのに対し、三浦つとむは、世界を空間的あるいは質的に縦方向に分断し、一方に敵対矛盾を、他方に非敵対矛盾を、というようにそれぞれ形而上学的に振り分けたという点が異なるだけである。

四 〔論争点Ⅲ〕に対する三浦つとむの見解
——社会主義社会の基本矛盾——

最後に〔論争点Ⅲ〕に関する三浦つとむの見解を吟味することとしよう。

三浦つとむは、社会主義社会の「基本矛盾」を探究する方法論を以下のように記している。

「それでは、論争の中のいま一つの問題、すなわち社会主義社会の基本矛盾は何かという問題はどうなったかといえば、これまた結局のところ正しい解決へ到達できずにいる状態である。それは、非敵対的矛盾の正しい性格づけができなかったこととも関係があるが、そればかりではなく、理論家たちが矛盾の持つ立体的な構造と、社会主義社会の特殊性を正しくつかんでいなかったことが、大きな原因をなしていた。

『社会主義**社会**』において基本的な矛盾は何かということ（力点は社会にある）と、『**社会主義**社会』において独自の基本的な矛盾は何かということ（力点は社会主義にある）とは、関係はあるが別のことであって、混同してはならない。論争に参加した者の多くがこれを混同している。さらに具体的にいうと、

(A)社会の基本的な矛盾は何か。いいかえるなら、社会を成立させている基本的な矛盾は敵対的な矛盾か非敵対的矛盾か。これは人間がその生活の生産において、労働を交換し労働を対象化しあうことによって高まっていく、一人は万人のために万人は一人のためにという非敵対的矛盾である。

しかし、分業の発展の中で階級分裂が起り、対象化された労働が生きた労働を支配するという敵対的な矛盾が発生する。社会主義社会においてはこの敵対的な矛盾が克服され、社会の基本的な矛盾が表面化してくる。

(B)社会主義社会に独自の基本的な矛盾は何か。いいかえるなら、社会主義社会に移行することによって新しく発生し、発展し、共産主義社会において克服される矛盾は、敵対的矛盾か非敵対的矛盾か。

これは論理的に見て、敵対的な矛盾だといわなければならない。(A)とは本質的に異った矛盾であり、物質的な生活の生産において、このような矛盾を見出さなければならない。
このように、まず問題を正しいかたちで提出しなければ、混乱が起ることは避けられない。矛盾の立体的な構造がつかめない場合にも、(A)(B)の矛盾の性格のちがいが理解できない場合にも、混乱は必然的に生れるのである」（注225）

注225：三浦つとむ「矛盾論争はなぜ行きづまったか」／三浦つとむ『レーニンから疑え』（芳賀書店）所収　120〜121頁

以上の三浦つとむの基本的な見解と方法論は、当人の「敵対的矛盾」とか「非敵対的矛盾」という言葉の定義の内容にこだわらなければ、基本的に的確である。しかし、そのように的確な見解と方法論をもっていながら、三浦つとむが自身の結論として提出している社会主義社会の「基本矛盾」は、以下に示すように決定的に不十分なものであった。

「『賃金の平均化』に反対する点では、ステパニヤンも同じ意見である。これがソ連の定説であって『経済学教科書』の社会主義社会における賃金論もやはり平均化反対論をのべている。だが、実はこの賃金論こそ、エンゲルスが『反デューリング論』でのべたところの、社会主義社会が労働者の養育費を負担するから労働者の労働の質が高くても多くの賃金を要求しえないという、主体的条件にもとずく賃金平均化の理論を修正するものにほかならない。

生産における敵対的矛盾が消滅した社会主義社会では、当然分配における敵対的矛盾が残存するわけであって、**労働による分配と欲望による分配との矛盾**に注目しなければならない。これが止揚され、労働による分配が消滅するときに、共産主義社会が実現するからである」（注226）

注226：三浦つとむ「矛盾論争はなぜ行きづまったか」／三浦つとむ『レーニンから疑え』（芳賀書店）所収　126頁

同じことを、三浦つとむは論文「レーニンから疑え」において、さらにくわしく記している。

「資本制社会では、熟練あるいは特殊な知識にもとずく複雑労働の少量が、簡単労働の多量というかたちに還元されて扱われる。この還元は、価値関係として、社会的な過程においてなされている。それゆえ、この還元が必要なかぎり、熟練あるいは特殊な知識にもとずく労働にたずさわる労働者と、単純な労働にたずさわる労働者のあいだの賃金のちがいを計算するために、価値関係のご厄介にならないわけにはいかないし、また複雑労働の問題を無視して誰にも同じ賃金を支払うとすれば、これはいうまでもなく悪平等を意味している。ではこの問題を社会主義社会においてはどう解決するか？　エンゲルスは『反デューリング論』で明快にのべている。

『私的生産者の社会においては、私個人またはその家族が、教養ある労働者の養育費を負担する。したがって、その教養ある労働者のヨリ高い価格もまた、まずその私個人に帰属する。すなわち熟練ある奴隷はヨリ高価に売られ、熟練ある賃労働者はヨリ高い賃金を与えられるのである。これに反して、**社会主義の社会においては、社会がこの費用を負担し、したがってその果実、すなわち複雑労働の生産したヨリ大なる価値もまた、その社会に属する。労働者自身は余分の要求をなしえない**』

社会主義的賃金論の核心はまさにここにある。社会主義革命は生活の生産関係の根本的な変革であって、生活資料の生産関係ばかりでなく労働者自身の生産関係もまた根本的に変革されることを必要としている。そしてこの観点に立つとき、いくつかの重要な政策が必要になってくる。まず、社会主義の初期には、旧社会で個人あるいは家族が養育費を負担した労働者がすくなくないのであるから、賃金とは別にある程度の補償を行うことになろう。これは結果として熟練労働者がヨリ多くの収入を得ることになるが、その補償は一定の期間に限られているばかりでなく、賃金についての正しい教育が行われるわけである。つぎに、学校教育に必要な教科書・学用品その他をすべて無料とし、高級学校を卒業しても多くの賃金を与えないことにする。職場の労働者が働きながら教育を受ける場合も同じである。さらに労働力を健康に維持するために、医療もすべて無料でなければならない。これらは、資本主義的な発想からぬけ切れない観察者からは『社会保障』に見えるが、資本主義国家においては教育も医療も原則として個人負担であり、特殊の場合にのみある程度の公的負担が行われるのに対して、社会主義社会においては原則として無料だという点で本質的に異っている。これは、欲望に応じ必要に応じて与えるという、共産主義的分配の萌芽であって、**労働に応じた分配とこの欲望に応じた分配との対立の統一という矛盾こそ、社会主義社会という共産主義社会への過渡期に特徴的な矛盾**であり、生産力の発展がこの矛盾を克服し労働に応じた分配を消滅させることによって、経済的に共産主義社会へと入っていくわけである」（注227）

注227：三浦つとむ「レーニンから疑え」／三浦つとむ『レーニンから疑え』（芳賀書店）所収　67～69頁

ここで三浦つとむの提示した社会主義社会の「基本矛盾」は、一連の「矛盾論争」において他の誰もが提唱しなかった独特のものである。その適否を検討する前に、まず、三浦つとむの立論の中心となっている「社会主義的賃金論」の内容を吟味することにしよう。

三浦つとむの見解によると、社会主義社会においては、労働者が熟練労働や複雑労働をおこなうための能力を獲得するに必要な養育費は、社会がこれを負担するのであるから、労働者個人はそれに関する特別の請求権をもたない、ということになる。それゆえ労働者の受け取るべき賃金は、労働の内容が単純労働・熟練労働・複雑労働の別にかかわらず、一労働時間に対して平等でなければならない。賃金格差はただ労働時間の差によってのみ生ずることになる。

「養育費を社会が負担することによって、合理的に賃金の平等化がすすめば、分配は労働の量によって決定され、政府の高官も大学教授も工場の技師長も基本的には女子工員や郵便配達人と同じ賃金を受けとることになる。賃金の計算が簡単になるばかりか、知的労働のほうが収入が多くいい生活ができるからと肉体労働をいやがることもなくなり、官庁が廃止されるとホワイトカラーから労働者になって収入が減るという心配からイスにしがみつく官僚主義もなくなり、オートメーションの発展で熟練工が一夜にして非熟練工に転落し収入が減ることを恐れる必要もなくなる。社会は貨幣の消滅や社会的分業の廃止に向って大きく前進することになる」（注228）

注228：三浦つとむ「レーニンから疑え」／三浦つとむ『レーニンから疑え』（芳賀書店）所収　70頁

三浦つとむのこの見解は正しいであろうか。残念ながら、誤まっているといわざるを得ない。この点を以下に論証していくことにしよう。

まず、三浦つとむが注227のなかで引用した、エンゲルスの『反デューリング論』における記述の位置づけを明確にすることから始めよう。エンゲルスのこの部分の記述は、はたして共産主義社会にいたる前段階としての社会主義社会における賃金論を基礎づけるものであろうか。けっしてそうではない。これは明らかに、共産主義社会そのものにおける労働者（？）の請求権を考える場合に、複雑労働と単純労働の対立がいかに止揚されるかについて論及したものに外ならない。現にこの記述箇所の二つ前の段落において、エンゲルスはつぎのように記している。

「人間の労働力を商品としてのその地位から解放しようとする社会主義にとって、労働はどんな価値ももたないし、またもちえないという洞察は、非常に重要なものである。この洞察によって、未来における生活資料の分配を一種のより高い賃金として規制しようとする一切の試み――これを自然発生的な労働者社会主義からデューリング氏は受けついでいるのであるが――は、くずれてしまう。この洞察からはさらに、分配は、それが純経済的な考慮に支配されるかぎりでは、生産の利益によって規制されるであろうということ、そして生産は、すべての社会成員がそれぞれの能力をできるかぎり全面的に発達させ、維持し、かつ行使することができるようにするような分配様式によって、もっともよく促進されるということについての洞察が出てくる。職業的な荷車引きも建築家ももはやまったくなくなってしまい、半時間ほど建築家として指図していた人が、建築家としての彼の活動がふたたび必要になるまで、しばらく荷車を引くということなどは、デューリング氏に伝えられている有識者階級の考え方からすれば、もちろん奇怪なことに思えるにちがいない。お見事

な社会主義だ、職業的な荷車引きを永久化するとは！」（注229）

注229：エンゲルス『反デューリング論』粟田賢三訳（岩波文庫・下巻）92〜93頁

エンゲルスは、このような社会、すなわち、共産主義社会としての社会主義社会について論じた文脈の流れのなかで、三浦つとむが引用した単純労働と複雑労働の問題に論及している。

さて、エンゲルスは、この共産主義社会としての社会主義社会における生産組織（分配は生産によって規定される）について、同じ『反デューリング論』の「第三篇　社会主義」の「第三章　生産」において、つぎのように記している。

「社会は、生産手段を社会的に計画的に使用するために、全生産手段の主人となることによって、これまでのような、自分自身の生産手段への人間の隷属をなくなしてしまう。いうまでもなく、各個人が解放されなければ、社会は自己を解放することができない。従って、古い生産様式は根底から変革されなければならない。そして、とりわけ旧来の分業が消滅しなければならない。それにかわって、つぎのような生産組織が現われなければならない。すなわち、一方では、だれ一人として人間の生存の自然的条件である生産的労働に対する自己の持ち分を他人に転嫁することができず、他方では、生産的労働が、人間の隷属化の手段ではなくなって、各個人にそのすべての肉体的ならびに精神的な能力をあらゆる方向に発達させ発揮させる機会を提供することによって、人間の解放の手段となり、このようにして重荷であった労働が快楽になるような生産組織がそれである」（注230）

注230：エンゲルス『反デューリング論』粟田賢三訳（岩波文庫・下巻）240～241頁

それでは、このような社会主義社会（＝共産主義社会）においては、生産物はどのように分配されるのであろうか。この点に関してエンゲルスは同じ第三篇の「第四章　分配」のところにおいてつぎのように明確に記している。

「けれども、商品生産は決して社会的生産の専一な形態ではない。古代インドの共同体でも、南スラヴの家族共同体でも、生産物は商品に転化しない。共同体の成員たちは生産のために直接に社会的に結合しているのであって、労働は慣習と欲望とに従って分配され、生産物も、消費に向けられるものにかぎり、同様にして分配される。直接な社会的生産と直接な分配が行なわれているため、一切の商品交換、従って（少なくとも共同体の内部では）生産物の商品への転化、それとともにまたそれらの価値への転化はありえないのである」（注231）

注231：エンゲルス『反デューリング論』粟田賢三訳（岩波文庫・下巻）263頁

すなわち、共産主義社会としての社会主義社会にあっては「共同体の成員たちは生産のために直接に社会的に結合している」ため、労働そのものが「慣習と欲望とに従って分配され」ることとなる。したがって、それに対応してその生産物も「消費に向けられるものにかぎり、同様にして分配される」のである。三浦つとむは、注227で引用したとおり「**労働に応じた分配とこの欲望に応じた分配との対立の統一という矛盾こそ、社会主義社会という共産主義社会への過渡期に特徴的な矛盾**」であると主張している。しかし、エンゲルスの論述によれば「**労働に応じた分配**」と「**欲望に応じた分配**」とは別に対立などしないのである。そもそも「**欲望に応じた分配**」とは「**労働に応じた分配**」の一特殊形態であるにすぎず、両者は本来的に対立概念とはならない性格のものなのである。

エンゲルスは、さらに、前の引用箇所のすぐ後につづけて、共産主義社会における単純労働と複雑労働の関係について以下のように説明している。

「社会が生産手段を掌握して、生産のために直接に社会的に結合して、それらを使用するようになれば、すぐさま各人の労働は、それ特有の有用性がどれほど異なっていても、はじめから直接に社会的労働となる。そうなれば、一つの生産物に含まれている社会的労働の量を確かめるために、廻り道をする必要はなくなる。日々の経験が、平均的にどれほどの労働が必要であるかを直接に示す。社会は、一台の蒸気機関や、最近の収穫された小麦一ヘクトリットルや、一定品質の布一〇〇平方メートルに、どれだけの労働時間が含まれているかを、簡単に計算することができる。従ってその場合、社会は生産物に投下された労働量を直接に絶対的に知っているから、それをそれの自然的な十全な絶対的な尺度である時間によらず、なお引き続いて、単に相対的な、ぐらぐらしている、不十分な、以前には間に合わせとしてやむをえなかった尺度、つまり第三の生産物で表現しようなどということは、社会にとって思いもよらないことである。これはちょうど、原子量を絶対的に、それの十全な尺度で、すなわちほんとうの重さで、一兆分の一または一兆の二乗分の一グラムというふうに表現することができるようになったときにでも、やはりなお水素原子という廻り道をして相対的にそれを表現しようなどということが、化学にとって思いもよらないことであるのと同様である。従って、右のような前提のもとでは、社会は生産物に実際どんな価値をも付与しない。社会は、一〇〇平方メートルの布がその生産に、まあかりに一、〇〇〇労働時間を必要としたという簡単な事実を、この布は一、〇〇〇労働時間の価値をもつなどという、見当はずれの無意味な仕方で表現することはしないであろう。もちろん、そうなっても、社会は、それぞれの使用対象をつくるのにどれだけの労働が必要かということを、知っていなければならないであろう。社会は生産手段――それにはとくに労働力もはいる――に応じて、その生産計画を立てなければならないであろう。種々な使用対象の効用が、相互に、またそれらをつくるのに必要な労働量と比較考量されたうえで、計画を最後的に決定することになるであろう。人々は大評判の『価値』の仲介をまたずに、万事を

しごく簡単にかたづけることになるであろう。（原注）

原注　このように、生産の決定に際して、効用と労働支出とを比較考量することが、経済学の価値概念のうちから共産主義社会になってもなお残るもののすべてであるということは、私がすでに一八四四年に述べたところである（『独仏年誌』95頁）。しかし、この命題の科学的な基礎づけは、人も知るように、マルクスの『資本論』によってはじめて可能になったのである」（注232）

注232：エンゲルス『反デューリング論』粟田賢三訳（岩波文庫・下巻）264～265頁

すなわち「共産主義社会」になると「旧来の分業が消滅」し、社会が「生産のために直接に社会的に結合して」生産手段を「使用するようになれば、すぐさま各人の労働は、それ特有の有用性がどれほど異なっていても、はじめから直接に社会的労働となる」ようになる。これは、換言すれば、単純労働と複雑労働の差異などは止揚されてしまい、問題とならなくなることを意味している。ところで「共産主義社会」においても「生産の決定に際して、効用と労働支出とを比較考量する」ことは必要である。したがって「共産主義社会」になっても「社会は、それぞれの使用対象をつくるのにどれだけの労働が必要かということを、知っていなければならない」のである。しかし「共産主義社会」の場合には「社会は生産物に投下された労働量を直接に絶対的に知っているから」「一つの生産物に含まれている社会的労働の量を確かめるために、廻り道をする必要はなくなる」ようになる。すなわち

「それの自然的な十全な絶対的な尺度である時間によ」れば十分になるのである。

先の注227において三浦つとむが「社会主義的賃金論の核心」として引用したエンゲルスの記述は、以上に示した文脈の流れにおいて位置づけて吟味する必要があるわけである。

すなわち、エンゲルスが記した「**社会主義の社会においては、社会がこの費用を負担し、したがってその果実、すなわち複雑労働の生産したヨリ大なる価値もまた、その社会に属する。労働者自身は余分の要求をなしえない**」という記述は、三浦つとむのように、

「賃金の平等化」＝「政府の高官も大学教授も工場の技師長も基本的には女子工員や郵便配達人と同じ賃金を受け取ること」

というように誤読してはならない。エンゲルスがここで想定している共産主義社会においては、すでに《分業》が廃止されているのだから、もはや「政府の高官も大学教授も工場の技師長」も「女子工員や郵便配達人」と共にこの世には存在していない。したがって、そのような社会においては、労働の対価として「賃金を受け取ること」自体が無意味化している。当然、エンゲルスのいう「**労働者自身は余分の要求をなしえない**」という箇所は、同時に《労働者自身は余分の要求をなす必要もない》というようにも読解すべきなのである。なぜなら、この言葉の背後には、共産主義社会においては

「労働は慣習と欲望とに従って分配され、生産物も、消費に向けられるものにかぎり、同様にして分配される」というエンゲルスの見解が確固として存在しているからである。この点を見落して「政府の高官」「大学教授」「工場の技師長」と「女子工員」「郵便配達人」の「賃金の平等化」などの職種に拘泥していると、エンゲルスから「お見事な社会主義だ、職業的な荷車引きを永久化するとは！」とからかわれることにもなりかねない。

それでは、肝心な共産主義社会にいたる前段階としての社会主義社会における賃金論について、マルクス＆エンゲルスはどのような見解を持っていたであろうか。この点を的確に理解するためには、エンゲルスが『反デューリング論』を書いた約二年前に、すでにマルクスによって書かれていた『ゴータ綱領批判』を見なければならない。

「ここで問題にしているのは、それ自身の基礎のうえに発展した共産主義社会ではなくて、反対に、資本主義社会から生まれたばかりの共産主義社会である。したがってこの共産主義社会は、あらゆる点で、経済的にも道徳的にも精神的にも、それが生まれてきた母胎である古い社会の母斑をまだ身につけている。それゆえ、個々の生産者は、彼が社会にあたえたのときっかり同じだけのものを――あの諸控除をすませたあと――とりもどすのである。彼が社会にあたえたものとは、彼の個人的労働量である。たとえば、社会的労働日は、個人的労働時間の総和からなる。個々の生産者たちの個人的労働時間は、社会的労働日のうち彼が給付した部分、すなわち社会的労働日のうちの彼の持ち分である。個々の生産者は（共同の基金のための彼の労働を控除したのち）これこれの量の労働を給付したという証書を社会から受けとり、そしてこの証書をもって消費手段の社会的な貯えのなかから、それとちょうど等しい量の労働がついやされている消費手段をひきだす。個々の生産者は、ある形態で社会にあたえたのと同じ労働量を、べつの形態でとりもどすのである」（注233）

注233：マルクス『ゴータ綱領批判』望月清司訳（岩波文庫）35〜36頁

「ここで支配しているのは、商品交換――それが等価物の交換であるかぎりで――を規制するのとあきらかに同一の原則である。内容と形式とはそれぞれ変化している。というのは、事態はいまや変化して、だれも自分の労働以外にはなにもあたえることはできなくなっており、また他方では、個人的消費手段以外のなにものも個々人の所有にうつりえなくなっているからである。しかし、個々の生産者たちのあいだでの個人的消費手段の分配についていえば、そこでは諸商品等価物の交換のときと同一の原則が支配するのであり、ある形態の労働がそれと等しい量のべつの形態の労働と交換されるのである。

だから、平等な権利とは、ここでもまだやはり――原則的には――ブルジョア的権利である。とはいえ、原則と実際とがつかみ合いの争いをすることはもはやないし、それに諸等価物の交換とはいっても、商品交換のもとではそれはたんに平均してみれば成立しているというだけのことであって、個々の場合にも諸等価物の交換が成立しているわけではないのだ」（注234）

注234：同前　36頁

「このような進歩があるにもかかわらず、ここでの平等の権利はつねにまだあるブルジョア的な制約を身につけている。生産者たちの権利はかれらの労働給付に比例しており、平等が、平等の尺度つまり労働で測られているのである。しかしある者が肉体的または精神的に他の者よりまさっていれば、同じ時間により多くの労働を給付するし、あるいはより長い時間労働することもできる。そして労働が尺度にされるためには、それは長さか強度かによって規定されなければならない。そうでなければ、労働は尺度ではなくなる。ここでの平等な権利は、不平等な労働にとっての不平等な権利である。だれでも他の者と同じように労働者にすぎないのだから、この平等な権利はいかなる階級差別をも認めない。だがそれは労働者の不平等な個人的天分と、したがってまた不平等な給付能力を、生まれつきの特権として暗黙のうちに認めている。だからそれは、すべての権利と同様に、内容においては不平等の権利である。権利とはその性質上、同じ尺度を適用する場合にのみなりたちうる。ところが、不平等な諸個人（彼らが不平等でないとしたら、彼らはなにも相異なる個人ではないことになる）も同じ尺度をあてれば測れるのであるが、それはただ、彼らを同じ視点のもとに連れてきて、ある特定の一面からだけとらえるかぎりにおいてである。たとえば以上の場合では、諸個人はただ労働者としてだけ考察され、労働者として以外の彼らの資質はいっさい認められず、ほかのすべてが無視されるかぎりにおいてである。さらに、ある労働者は結婚しているのに、他の労働者は結婚していないとか、ある者は他の者より子供が多い等々のこともある。こうして、同じ労働を負担し、したがって社会的消費基金に同じ持ち分をもつばあいでも、ある者は他の者より事実上多く受けとり、ある者は他の者より富んでいる等々ということが生ずる。これらすべての欠陥を避けるためには、権利は平等であるよりも、むしろ不平等でなければならないだろう。

しかしこのような欠陥は、長い生みの苦しみののち資本主義社会から生まれたばかりの、共産主義社会の第一段階では避けられないものである。権利は、社会の経済的な形態とそれによって制約される文化の発展よりも高度であることは決してできない。

共産主義社会のより高度の段階において、すなわち諸個人が分業に奴隷的に従属することがなくなり、それとともに精神的労働と肉体的労働との対立もなくなったのち、また、労働がたんに生活のための手段であるだけでなく、生活にとってまっさきに必要なこととなったのち、また、諸個人の全面的な発展につれてかれらの生産諸力も成長し、協同組合的な富がそのすべての泉から溢れるばかりに湧きでるようになったのち——そのときはじめて、ブルジョア的権利の狭い地平は完全に踏みこえられ、そして社会はその旗にこう書くことができる。各人はその能力に応じて、各人には

その必要に応じて！」（注235）

注235：同前　37～39頁

以上に引用したマルクスの《社会主義賃金論》を素直に読めば、共産主義社会にいたる前段階としての社会主義社会においては賃金格差が必然的に生じざるを得ない、とマルクスが主張していることがはっきりと確認できるであろう。

すなわち、共産主義社会にいたる前段階としての社会主義社会においては、未だ《分業》が残存しているのであるから、そのなかで生きていかなければならない「個々の生産者は、彼が社会にあたえたのときっかり同じだけのものを――あの諸控除をすませたあと――とりもどす」よう社会的に規制されてしまう。しかも「ここで支配しているのは、商品交換――それが等価物の交換であるかぎりで――を規制するのとあきらかに同一の原則」なのである。換言すれば「ある形態の労働がそれと等しい量のべつの形態の労働と交換される」ことになる。このような条件下においては、個々の生産者が受け取るべき「生産者たちの権利はかれらの労働給付に比例しており、平等が、平等の尺度つまり労働で測られている」ことになる。そうであるならば当然「ある者が肉体的または精神的に他の者よりまさっていれば、同じ時間により多くの労働を給付するし、あるいはより長い時間労働することもできる」わけである。すなわち「ここでの平等な権利は、不平等な労働にとっての不平等な権利」になってしまう。もっとも、社会主義社会においては生産手段が社会的所有に転化している。したがって「だれでも他の者と同じように労働者にすぎないのだから、この平等な権利はいかなる階級差別をも認めない」ことになっている。しかし、前述の原則にしたがって、たとえば「労働者の不平等な個人的天分と、したがってまた不平等な給付能力を、生まれつきの特権として暗黙のうちに認めている」のである。

それに対して三浦つとむは、社会主義社会においても「不平等な労働」が生ずること、すなわち、単純労働と複雑労働との対立が生ずることまでは認めるけれども、決して「不平等な権利」が生ずることまでは認めない。なぜならば、三浦つとむは「不平等な労働」が生ずる原因をすべて「養育費」の差に還元し、しかも、その「養育費」をすべて社会が負担すると考えたために、個々人には「不平等な権利」を請求する資格がない、と主張しているからである。

三浦つとむは、どこでまちがえたのであろうか。

三浦つとむは、三浦つとむ自身が『反デューリング論』から引用したエンゲルスの記述の内容を、われわれが問題としている社会主義社会、すなわち「資本主義社会から生まれたばかりの共産主義社会」についての記述であると誤解してしまった。本当は、エンゲルスがここで論じていたのは、本来的な共産主義社会についてであったにもかかわらず。しかし、三浦つとむは自身のこの誤解に引きづられて、マルクスがそういう「資本主義社会から生まれたばかりの共産主義社会」においては「労働者の不平等な個人的天分と、したがってまた不平等な給付能力を、生まれつきの特権として暗黙のうちに認めている」という事実を見落してしまったのである。

それればかりではない。三浦つとむは「養育費」の社会的負担についても、マルクスが三浦つとむ自身の見解とは異なる見解を提示していることに気づかなかった。マルクスは、現実には「ある労働者は結婚しているのに、他の労働者は結婚していないとか、ある者は他の者より子供が多い等々のこともある」から、実質的に「同じ労働を負担し、したがって社会的消費基金に同じ持ち分をもつばあいでも、ある者は他の者より事実上多く受けとり、ある者は他の者より富んでいる等々ということが生ずる」としている。そして、これらの「欠陥」が社会主義社会では「避けられないものである」ことを明言しているのである。この事実は、マルクスが、自身の考えていた社会主義社会においては、労働者が自分の妻子の「養育費」は自分で負担するという見解、少くとも、社会がすべての「養育費」を負担するものではないという見解、を持っていたことを逆に示している。なぜなら、もし三浦つとむの主張するように、社会主義社会においては子供の「養育費」を社会が負担するならば、マルクスのいう「不平等な権利」などは「生ずる」はずがないからである。

以上を要約すると、①「労働者の不平等な個人的天分」の存在と、②「養育費」の個人負担の存在の二点により、社会主義社会における賃金は個人格差が生ぜざるを得ない、というのがマルクスの「社会主義賃金論」だということになる。三浦つとむのそれとは明らかにちがっている。

社会主義社会における「養育費」と賃金の関係について、さらに突っ込んで検討してみよう。

三浦つとむ賃金論の特徴は「養育」の問題をすべて「養育費」の問題に還元してしまっている点にある。たしかに、学校教育や通信教育、あるいは、図書館や資料館などの諸施設のように、直接お金に換算できる部分の「養育」に占める比重は大きい。しかし、複雑労働あるいは熟練労働を可能にする能力は、こうした公教育的なもの、あるいは、公共施設的なもののみで養成されるわけではない。子供のときからの家庭教育や親の躾、あるいは、当人の義務感、情熱、志や野心などに支えられた自発的練習や独学などの自己訓練によるところも、また、大きいのである。これらがはたして「養育費」の問題にすべて還元できるであろうか。ましてや、それらをすべて社会負担化することができるであろうか。とうてい、できはしないのである。

そして、さらに重要なことは、かりに複雑労働なり熟練労働なりの能力がすべて公教育的な手段で手に入れられるものだとしても、社会主義社会においては、その成果を社会に属するものとして賃金の平等化に結合しえない点にある。なぜならば、現実的な《分業》がまだ残存している社会主義社会にあっては、これら諸個人の「養育」は、少しでも条件の良い職業を確保するための《生存競争》という付着物と不可分に結びついている。そのため、より有利な公教育を受けることそれ自体が、すでに《生存競争》的な自己訓練の目的であり結果なのである。したがって、首尾よく有利な公教育を受けた者は、それまで彼自身が積み上げてきた《生存競争》的な自己訓練の対価として、ある種の「特権」的分配を要求するようになるのはいわば必然だからである。

ところで、社会主義社会における賃金格差には「不平等な個人的天分」や「養育」の他にも、いくつかの要因が考えられる。たとえば、特別に危険な作業に従事する労働者に対する危険手当的なもの、あるいは、孤島や高山や寒冷地などいわゆる僻地に勤務する労働者に対する特別手当的なものなどがある。これらの労働給付は、本来は賃金などには換算できないにもかかわらず、ある程度は割り切って社会的な相場に基づいて支給される付加賃金となる。

以上のようにさまざまな要因に基づき、未だ《分業》が残存する社会主義社会においては、労働者間の賃金格差は必然的に発生することになってしまう。その意味で、この「社会主義賃金論」にかぎっていえば、三浦つとむよりもいわゆるロシア＝マルクス主義者の方がマルクスの見解に近く、また、現実的でもあったのである。ただし、マルクスといわゆるロシア＝マルクス主義者が決定的にちがう点がある。それは、マルクスが社会主義社会における賃金格差を望ましくない「欠陥」、すなわち、社会主義社会では解消したくとも解消することができない「欠陥」としてとらえているのに対して、いわゆるロシア＝マルクス主義者の方は生産力を高め社会主義社会を前進させるために是非必要なものであると美化してとらえている点にある。

マルクスは、社会主義社会における賃金格差の存在は「諸個人が分業に奴隷的に従属」しているところから発生する必然ととらえており、この《分業》を《消滅あるいは止揚》するためには「諸個人の全面的な発展」が必要であると主張している。反対に、賃金格差を美化し、その拡大と固定化を促進して恥ないいわゆるロシア＝マルクス主義者は、その《分業》を拡大・固定化しようとしていることになる。その意味で、彼らはマルクスの精神からはもっとも遠い人間といえるであろう。それに対して、三浦つとむは「社会主義賃金論」においてこそ誤謬に落ち入っているにもかかわらず、賃金を平等化することによって「社会的分業の廃止に向って大きく前進する」ことを願う点で、マルクスの精神にもっとも近い人間である、ということができる。

以上のように、三浦つとむの「社会主義賃金論」が理論的・文献的に否定された（現実的にはとっくの昔に否定されている）以上、三浦つとむの提起した社会主義社会の「基本矛盾」そのものも無意味化してしまうことはいたしかたない。かりに、そうでないとしても、三浦つとむのあげた「基本矛盾」は、つぎの二つの面から批判されなければならないものだったのである。

一つは、三浦つとむの提起したところの「**労働に応じた分配**」と「**欲望に応じた分配**」の「**対立の統一**」という社会主義社会の「基本矛盾」の構造そのものが、実は、旧いものと新しいものとの間の《対立と統一》の一種にすぎず、この対立の図式はスターリン的発想による矛盾のとらえ方であるという点である。他の一つは、三浦つとむの提起したような分配そのものに関する矛盾は、そもそもマルクス的発想にしたがえば、社会主義社会の《本質矛盾》に本来的になり得ない、という点である。マルクスはこの点について、注235に『ゴータ綱領批判』から引用した部分の少し後に、つぎのように論及している。

「これまで述べてきたことは別にしても、いわゆる分配について大さわぎをしてそれに主たる力点をおくことは、なんといっても誤りであった。

どんなばあいにも、消費諸手段の分配は生産諸条件の分配そのものの結果にすぎないのであって、生産様式そのもののひとつの特徴をなすのは生産諸条件の分配のほうである。たとえば資本主義的生産様式の基礎は、物象的な生産諸条件が資本所有と土地所有という形態で働かざる者たちに配分されている一方、大衆は人格的な生産条件つまり労働力の所有者でしかない、ということにある。生産の諸要素がこのように分配されているからこそ、消費手段の今日のような分配方式がおのずから生まれているのである。物象的な生産諸条件が労働者たちの協同組合的所有であるならば、同様に、今日のそれとはちがった消費手段の分配方式が生まれるであろう。俗流社会主義は（そしてさらに民主主義者の一部も彼らにならって）、ブルジョア経済学者たちの手口をうけついでいる。この経済学者たちは、分配を生産様式から独立したものとして考察し、またとり扱い、したがって社会主義の中軸をなす問題は分配であるというふうに説明するのだ。真の関係はとっくの昔に明らかになっているのに、なぜもういちど逆もどりするのか？」（注236）

注236：マルクス『ゴータ綱領批判』望月清司訳（岩波文庫）39～40頁

第四章　毛沢東「矛盾論」批判

毛沢東は一九三七年に論文「矛盾論」を執筆し、坑日軍事政治大学で講演した。さらに、その二〇年後の一九五七年に論文「人民内部の矛盾を正しく処理する問題について」を執筆し、当時の「矛盾論争」に参加している。これらの事実からわかるように、毛沢東は唯物弁証法の核心である矛盾論に一貫して強い関心を持ちつづけた人間であった。

毛沢東は、そういう理論家としての側面の他に、現実の中国革命を指導して成功させ、かつ革命成功後も長期にわたって政治権力を掌握しつづけた革命家および政治家としての側面をも合わせもっていた。そのために、毛沢東の理論を吟味し批判する場合、多くの論者は毛沢東の革命家および政治家としての側面にひきずられて、親毛派あるいは反毛派という狭義の党派性にとらわれた主観的・イデオロギー的な評論の域にとどまる傾向が強かった。

そのなかで、三浦つとむは、かつてスターリンに対してそうであったように、毛沢東に対しても客観的で批判的な学問者としての眼を失わなかった。三浦つとむの著書『毛沢東主義――理論と実践の歴史的検討――』は、毛沢東の理論的研究と政治的実践という両側面の業績を歴史的かつ理論的に鋭く批判した学問的な名著である。ただし、三浦つとむは、この著作において、毛沢東の「矛盾論」に対する批判を論理展開上の主軸に据えているが、そこに三浦つとむ自身の「矛盾論」の誤まりに規定されたいくつかの誤謬が混入することになってしまった。以下に、毛沢東の「矛盾論」およびそれに対する三浦つとむの批判を、併行して吟味していくこととする。

一　毛沢東「矛盾論」の吟味

まず、毛沢東の論文「矛盾論」における毛沢東の矛盾に関する見解、および、その毛沢東の見解に対する三浦つとむの批判の内容を、検討することから始めよう。

毛沢東は論文「矛盾論」の「一　二つの世界観」に、つぎのように記している。

「形而上学的な世界観とは反対に、唯物弁証法的な世界観は、事物の発展を、事物の内部から、およびある事物の他の事物にたいする関係から、研究するように主張する。すなわち、事物の発展を、事物の内部的な、必然的な自己運動とみ、またそれぞれの事物の運動は、すべて、その周囲の他の事物とたがいにつながりをもち、たがいに影響しあっているものとみるのである。事物の発展の根本原因は、事物の外部にあるのではなくて、事物の内部にあり、事物の内部の矛盾性にある。どの事物の内部にもこのような矛盾性があり、それによって、事物の運動と発展がひきおこされる。事物の内部のこの矛盾性が事物の発展の根本原因であり、ある事物と他の事物がたがいにつながりあい、たがいに影響しあうことが、事物の発展の第二の原因である。このように、唯物弁証法は形而上学的な機械的唯物論や卑俗な進化論の外因論または受動論につよく反対する。単なる外部的原因は、事物の機械的運動、すなわち、範囲の大小、量の増減をひきおこしうるにすぎないから、事物になぜ性質上の千差万別《せんさばんべつ》があり、また、それがたがいに変化しあうかを説明しえないことはあきらかである。事実、たとえ外部的な力によってうごかされる機械的運動であっても、事物の内部の矛盾性を通じておこらなければならない。植物や動物の単純な成長、量的な発展も、主として内部的な矛盾によってひきおこされる。同様に、社会の発展は、主として外部的原因によるのではなく、内部的原因によるのである」（注237）

注237：毛沢東「矛盾論」／毛沢東『実践論・矛盾論』松村一人訳（岩波文庫）所収　35〜36頁

「唯物弁証法は、外部の原因を排除《はいじょ》するものだろうか。けっして排除しない。唯物弁証法は、外部の原因は変化の条件であり、内部の原因は変化の根拠《こんきょ》であって、外部の原因は内部の原因を通じて作用すると考える」（注238）

注238：同前　37頁

ここにおける毛沢東は、矛盾（ないしは《自己運動》）と《外力》の区別と関連を、かなり自覚していたかのように表現している。

それにともなって、矛盾の《解決》に関する考え方も、以下の表現のように、ある程度は《解決主体》が《解決対象》に働きかける《外力》の一種として把握していたかのようにも思われる表現をしている。

「この弁証法的世界観が主として教えることは、いろいろな事物の矛盾の運動をよく観察し、分析し、そうして、この分析にもとづいて、矛盾の解決の方法を示すことである。したがって、事物の矛盾の法則を具体的に理解することは、われわれにとってひじょうに重要なことである」(注239)

注239：毛沢東「矛盾論」／毛沢東『実践論・矛盾論』松村一人訳（岩波文庫）所収　39頁

ところが、同じ論文「矛盾論」の「二　矛盾の普遍性」においては、矛盾の普遍性を強調するあまり、運動・発展における《外力》要因を無視するかのように、以下のように記している。

「エンゲルスは、『運動そのものが、一つの矛盾である』といっている。対立物の統一の法則にたいしてくだしたレーニンの定義によれば、それは、『自然（精神も社会もふくめて）のすべての現象と過程のうちにたがいに矛盾した、たがいに排除しあう、対立的な諸傾向をみとめること（発見すること）である』。この考えは正しいであろうか。正しい。すべての事物のうちに含まれている矛盾の側面の相互の依存と相互の闘争とが、すべての事物の生命を決定し、すべての事物の発展をう

ながす。どんな事物でも矛盾をふくんでいないものはなく、矛盾がなければ、世界はない」（注240）

注240：毛沢東「矛盾論」／毛沢東『実践論・矛盾論』松村一人訳（岩波文庫）所収　40頁

すなわち、毛沢東は論文「矛盾論」の「一　二つの世界観」においては、彼なりに、事物の運動・発展における矛盾（ないしは《自己運動》と《外力》との立体的な組み合わせを見出していた。ところが、同じ論文「矛盾論」の「二　矛盾の普遍性」においては、レーニンの矛盾（ないしは《自己運動》）一辺倒の誤謬に引きづられ、「一　二つの世界観」における毛沢東自身の見解を実質的に変更＆後退させている。

後に何回か指摘することになるが、毛沢東の論理的一貫性に対する鈍感さ、あるいは、無頓着さが、ここにも典型的に現われている。もっとも、この面における毛沢東の欠点は、逆に、たとえ毛沢東自身の相対的に誤まった理論体系からは逸脱しても、無遠慮に毛沢東自身の相対的に正しい直観的・経験的知見を論文中に挿入するという、プラスの要因をなしてもいる。毛沢東の論文が非体系的で混沌たる印象を読者に与え、しかも、ところどころにキラリと光る真理の存在を読者に感じさせる、ある種の不可思議な魅力を持っている理由の一半は、実はこういうところに根ざしている。これは、毛沢東のカリスマ性を助長した一要因でもあるかも知れない。

ともあれ、毛沢東はこれ以降、この論文「矛盾論」においても、また、後の論文「人民内部の矛盾を正しく処理する問題について」においても、自覚的な《外力》論をまったく展開していない。すなわち、毛沢東の《外力》論は『矛盾論』の「一　二つの世界観」の中におしこめられ、「二　矛盾の普遍性」においてあっさり流産させられてしまったのである。

二　三浦つとむの毛沢東批判

三浦つとむは著書『毛沢東主義』の「第三章　毛沢東主義『哲学』の出現――修正主義的体系化としての成長」において、毛沢東の論文「矛盾論」の内容を吟味し、批判している。しかし、上記の毛沢東の《外力》論に関する問題点については一言も論及していない。もともと《外力》論的発想がない三浦つとむとしては、それはやむをえないことではあるが。

そのかわり、三浦つとむは、論文「矛盾論」の「一　二つの世界観」および「二　矛盾の普遍性」における毛沢東のその他の面での誤謬や欠陥については、おおむね的確で鋭い批判をおこなっている。本書ではその一つ一つの内容を詳細に吟味する余裕はないので、三浦つとむの指摘した毛沢東の誤謬や欠陥を以下に個条書きにまとめるにとどめておく。

(1) 形而上学的発想を誤謬として全面的に否定してしまったこと
(2) 矛盾の本質的な概念規定を欠いたまま矛盾論を展開したこと
(3) 差異と矛盾とを同一視したこと
(4) 矛盾の《解決》とは矛盾の《克服》であるという一面的な理解に落ち込んだこと
(5) 共産党の《本質矛盾》とその《解決方法》について誤まった見解を展開したこと

特に(5)の点に関する三浦つとむの批判は、毛沢東の理論的側面に対する批判（＝毛沢東「矛盾論」批判）と政治的側面に対する批判（＝「プロレタリア文化大革命」批判）とを媒介するところのキーポイントであり、三浦つとむのこの著書『毛沢東主義』の白眉ともいえるすぐれた内容である。本書の後の論理展開にも関係しているので、この点についてのみ、少し長くなるが、以下に引用しておく。

「矛盾が普遍的であるならば、革命政党である共産党にもまた矛盾が存在するはずである。それゆえ毛も、共産党内の矛盾とその解決について論じている。彼が材料に使った哲学の教科書もこれを論じていたが、絶えず自らを定立しながら同時に解決する矛盾が抜け落ちているから、これも止揚する矛盾として扱っていた。毛はこの哲学の教科書から、さきに見た『共産党内の矛盾は、批判と自己批判の方法によって解決される』という解釈を継承して、さらに自分流に発展させたのである。

『党内の異った思想の対立と闘争はつねに生ずるものであり、これは社会の階級的矛盾と新しいものと古いものとの矛盾の党内における反映である。党内にもし矛盾と、矛盾を解決する思想闘争がなくなれば、党の生命もやむのである』

これは矛盾論としてナンセンスであるばかりか、認識論としても誤っている。まず矛盾論として検討してみよう。哲学者は、共産党の矛盾をとりあげるに際して、止揚する矛盾しかさがせなかったから、党内の思想の対立に目をつけたけれども、共産党の矛盾を自らを定立すると同時に解決する矛盾として調べてみれば、この種の矛盾が至るところにウヨウヨしていることに気がつくはずである。この、共産党の生命を維持するために、維持していかなければならない諸矛盾の中で、もっとも根本的な、それが失われれば直ちに共産党が崩壊するような特殊な矛盾をとりあげて、これを根本矛盾と規定するのがマルクス主義の矛盾論である。それは具体的には民主集中制という形態をとっていて、これによって成立した党の意志が普遍的意志として党員の個別的意志を規定する。ここに党の意志の統一と団結が成立している。党の発展はこの矛盾を止揚するものではなく、党員に対しては自覚的にこの制度を維持し強化するよう求められている。この制度が破壊され、党の意志の統一という意志における調和した矛盾が失われれば、『党の生命もやむ』ことを、矛盾論を持たない指導者も経験的に知っているはずである。

党内における異った思想の対立・闘争という問題もたしかに重要であって、これを批判と自己批判で克服しなければ党の意志の統一を傷つけることになり、党の危機を招くことにならぬとも限らない。この思想の矛盾を解決しなければならぬと強調すること自体は、何ら誤ってはいない。けれどもこの矛盾は、当面解決を迫られている矛盾であって、毛のことばでいうならば主要矛盾に属している。この矛盾が激化して、党内が思想的に分裂し、指導部の思想に反対する人びとが指導を拒否する態度に出るならば、民主集中制が破壊され、党の組織的な分裂ともなる。けれども毛は、主要矛盾を根本矛盾と混同し、すり変えてしまった。彼は、エンゲルスの生命論の中の、『矛盾がやむや否や、生命もやむ』という説明を、止揚によって解決する矛盾の説明だと錯覚したから、共産党内の矛盾を異った思想の対立・闘争としてつかんだばかりでなく、この矛盾の説明にこれに対立した性格の矛盾についてのエンゲルスの説明を教条主義的につなぎ合わせるという、二重の誤りをおかすことになってしまったのである。

毛のことばを聖書的に信仰する態度を止めて、自主的に素朴な気もちで読んでみれば、彼の党内矛盾の説明がおかしいと気づくはずである。**もし、党内に異った思想の対立・闘争がなければ、党の思想は完全に統一されているのであって、意志の一致のもとに行動しなければならぬ組織として、理想的な状態というべきであろう**。民主集中制は強化されこそすれ、破壊されることはない。ただこの場合にも、全党員が正しいと信じている思想が実は誤っているという事態は起りうる。これは害悪をまねくわけであるから、全党員はつねに批判精神を失わず、批判・自己批判をすすんで行う態度を失ってはならない。ところが、毛の右の教条主義的なつなぎ合せからすると、何としてでも異った思想の対立・闘争が存在していなければならないことになる。思想が完全に統一されてこの矛盾がなくなり思想闘争がなくなるや否や、党が崩壊し『党の生命もやむ』と結論づけられているからである。毛も毛沢東主義者も、このナンセンスをマルクス主義だと思いこんで実践をつづけてきた。現に党内に異った思想の対立・闘争が存在している場合はもちろん、存在していない場合にも党の生命がやまないように党内に異った思想をさがしもとめ、その異った思想（と思われるもの）と激烈な闘争を行うこととなった。しかも、これが階級闘争だと解釈されて、戦後の中国共産党に大きな混乱をまねくことになったのである。

それだけではない。『毛の党内の異った思想』の認識論的な説明は、マルクス主義ではなくて機械的反映論なのであるから、右の文章は実に三重の誤りをふくんでいる。党内に誤った思想が生れたとしても、それを『社会の階級的矛盾と新しいものと古いものとの矛盾の党内における反映』だと規定して、外部の矛盾から説明するにとどめているのであるから、ここでは認識それ自体に独自な矛盾、いうならば内部の矛盾からも誤った思想が生れることがまったく無視されている。毛は『矛盾の普遍性』をことばとして掲げているけれども、ここでは認識それ自体から生れるものを事実上否定している。真理はデューリングの主張するようにどんな場合にも変わらないものではなく、その妥当する分野の外に適用しようとするなら、誤謬に転化する。このような過程をとって、党内

の誤った思想が生れる実例は、すでにレーニンが山のように示してくれている」(注241)

注241：三浦つとむ『毛沢東主義』(勁草書房) 70～73頁

この点に関する三浦つとむの批判は、基本的には全く的確である。

毛沢東は論文「矛盾論」の「五　矛盾の諸側面の同一性と闘争性」においても、自らの矛盾に関する誤謬や不十分性を集中的に露呈している。毛沢東はつぎのように記している。

「矛盾の普遍性と特殊性の問題を理解したら、われわれは、すすんで矛盾の諸側面の同一性と闘争性の問題を研究しなければならない。

同一性、統一性、一致性、相互浸透《しんとう》、相互貫通《かんつう》、相互依存《いぞん》、相互連結、あるいは相互合作《がっさく》など、これら異なった言葉は、すべて同じ意味であって、つぎの二つのことがらを意味している。その一つは、事実の発展の過程のうちにあるそれぞれの矛盾の二つの側面が、それぞれ、自己に対立する側面を自己の存在の前提としており、双方が一つの統一体のうちに共存しているということであり、もう一つは、矛盾する双方が、一定の条件にしたがって、それぞれ、その反対の側面に転化するということである。この二つのことが、同一性とよばれるものである」(注242)

注242：毛沢東「矛盾論」／毛沢東『実践論・矛盾論』松村一人訳 (岩波文庫) 所収　70頁

ここで毛沢東は、矛盾の本質的概念規定である《対立の統一》と、矛盾による《自己運動》の主法則の一つである《両極的な対立物の相互の浸透と頂点にまで押しやられた際の相互の間の転化》の法則とを平面的に混同し、一括して「同一性とよばれるもの」だなどと論じている。

そういう毛沢東の論理的な鈍感さに対し、矛盾における《対立の統一》の構造をその立体構造において厳密に追究していた三浦つとむは、いささか呆れ気味に批判している。

三浦つとむは『毛沢東主義』においてこの問題を以下のよう定式化している。(注243)

注243：三浦つとむ『毛沢東主義』(勁草書房) 78頁、81頁

対立物の統一
- 直接的な統一（同一性）
- 媒介的な統一

対立物の統一
- 量質および逆の転化
- 対立物の浸透
- 否定の否定

唯物弁証法における矛盾を構造的に明確に把握するためには、マルクス&エンゲルスによって《対立の統一》と定義された矛盾それ自体の矛盾的性格を十分に理解すべきである。さらに、エンゲルスのあげた《主法則》を、矛盾の《自己運動》を立体的にとらえた一般法則として理解することが必要不可欠となる。しかし、毛沢東は矛盾をそのようには理解できていないのである。

三　毛沢東の「敵対矛盾」と「非敵対矛盾」についての見解

毛沢東は、論文「矛盾論」の「六　矛盾における敵対の地位」において、この問題を論じている。毛沢東はまず、矛盾における「闘争」と「敵対」の関係をつぎのように説明する。

「矛盾の闘争性の問題には、敵対とはなにかという問題がふくまれている。われわれは、敵対とは、矛盾の闘争の一つの形式であって、矛盾の闘争の普遍的な形式ではない、と答える」（注244）

注244：毛沢東「矛盾論」／毛沢東『実践論・矛盾論』松村一人訳（岩波文庫版）所収　79頁

毛沢東はここで「敵対とは、矛盾の闘争の一つの形式であって、矛盾の闘争の普遍的な形式ではない」と主張している。逆にいえば、毛沢東のいう「矛盾の闘争」には「敵対」以外の形式があると主張していることになる。この「敵対」以外の形式というのは、当然「非敵対」の形式ということになる。したがって、この毛沢東の主張は、以下のように定式化できる。

「矛盾の闘争」の形式＝「敵対」＋「非敵対」

すなわち、毛沢東もまた《矛盾におけるレーニン的背理》につまずいてしまい、それがたとえ「非敵対」関係であるとわかっているにもかかわらず、なにがなんでも「闘争」しようとする、ドン・キ・ホーテよりもひどい妄想に落ち込んでしまった一人だったのである。

上記の引用箇所のつぎの頁に、毛沢東は以下のように記している。

「矛盾と闘争は普遍的であり、絶対的であるが、矛盾を解決する方法、すなわち闘争の形式は、矛盾の性質のちがいによって異なってくる。一部の矛盾は公然たる敵対的性質をおびているが、他の一部の矛盾はそうではない。事物の具体的な発展にもとづいて、一部の矛盾はもと非敵対的であったものから敵対的なものに発展し、また一部の矛盾はもと敵対的であったものから非敵対的なもの

に発展する」(注245)

注245:毛沢東「矛盾論」/毛沢東『実践論・矛盾論』松村一人訳(岩波文庫版)所収 80〜81頁

すなわち、毛沢東は、ここでまず、つぎのように主張している。

矛盾を解決する方法=「矛盾の闘争」の形式

これを前の定式に代入すれば、つぎようになる。

矛盾を解決する方法=「敵対」+「非敵対」

毛沢東はその上に「一部の矛盾は公然たる敵対的性質をおびているが、他の一部の矛盾はそうではない」と論じているのである。すなわち、矛盾の「敵対」あるいは「非敵対」というものは矛盾の「性質」であると解釈している。

矛盾の性質=「敵対」+「非敵対」

これを上記の定式に代入すれば、つぎのような結論にならざるを得ない。

矛盾を解決する方法＝矛盾の性質

このような結論、すなわち「矛盾の性質」それ自体が「矛盾を解決する方法」であるなどという毛沢東の主張は、誰が見てもナンセンスであろう。矛盾の性質とその《解決方法》とを区別すべきは自明なのだから。しかも、他人ならぬ毛沢東自身が「矛盾論」の「三　矛盾の特殊性」では両者を相対的に正しく区別しているのである。

「質的に異った矛盾は、質的に異なった方法によってのみ解決することができる。例えば、プロレタリア階級とブルジョア階級との矛盾は、社会主義革命の方法によって解決され、人民大衆と封建制度との矛盾は、民主主義革命の方法によって解決され、植民地と帝国主義との矛盾は、民族革命戦争の方法によって解決され、社会主義社会における労働者階級と農民階級との矛盾は、農業の集団化と農業の機械化の方法によって解決され、共産党内の矛盾は批判と自己批判の方法によって解決され、社会と自然との矛盾は、生産力を発展させる方法によって解決される。過程が変化し、古い過程と古い矛盾がなくなり、新しい過程と新しい矛盾が生れると、矛盾を解決する方法も、それにしたがって異なってくる。ロシアの二月革命と十月革命が解決した矛盾、およびそれが矛盾を解決するためにもちいた方法は、根本的に異なったものであった。異なった方法によって異なった矛盾を解決すること、これはマルクス・レーニン主義者の厳格にまもらなければならない原則である。教条主義者はこの原則をまもらない。かれらは、さまざまな革命情勢のちがいを理解せず、したがってまた、異なった方法によって異なった矛盾を解決しなければならないということをも理解しない。そして改めてはならないと思いこんでいる公式を、千篇一律《せんぺんいちりつ》に用いてどこにでもあてはめるにすぎない」（注246）

注246：毛沢東「矛盾論」／毛沢東『実践論・矛盾論』松村一人訳（岩波文庫版）所収　48～49頁

この事実も、毛沢東の論理的な鈍感さを示す一つの証拠である。もっともこれは毛沢東一人の誤謬ではない。矛盾の《解決》という問題を《外力》論的に、すなわち《解決主体》と《解決対象》との媒介としてとらえるのではなく、一連の「矛盾論争」の参加者の大部分がそうであるように、矛盾そのものの内在的なものとして、すなわち、矛盾における直接的なものとして誤まってとらえている以上、矛盾の性質と矛盾の《解決方法》とを同一視するような表現を、ついうっかり使ってしまうことはやむをえないところなのである。

ところで、注245に引用した箇所の後半部分「事物の具体的な発展にもとづいて、一部の矛盾はもと非敵対的であったものから敵対的なものに発展し、また一部の矛盾はもと敵対的であったものから非敵対的なものに発展する」において、毛沢東は、矛盾における敵対および非敵対的な性質は相互転化する場合がある、ということを主張している。毛沢東のこの見解は相対的に正しい主張である。ところが、三浦つとむは「敵対矛盾」と「非敵対矛盾」を根本的に別のものとして形而上学的に区別してとらえている関係上、毛沢東のこの相対的に正しい見解を誤謬として批判することになる。

「毛が敵対とよぶのは『外部的』なもの、闘争の『あらわれ』であるから、別のことばでいうならばこれは矛盾の示す現象をさしている。矛盾として本質的に同じでも、『一つの統一体に共存して』いて敵対的な現象を示していない場合もあれば、『外部的敵対の形態』をとって爆発に発展する場合もあって、非敵対と敵対とは同じ矛盾の現象形態のちがいである。このちがいをきめるのは『一定の条件』なのである。この説明は、矛盾が本質的に一種類であるという前提に立つ以上、論理的に必然的に出てくるのであるが、さて現実の矛盾はどうかといえば、かならずしもこの説明どおりではない」（注247）

注247：三浦つとむ『毛沢東主義』（勁草書房） 97頁

「階級的矛盾の解決から類推して、矛盾の解決とはすべてすでに定立されている矛盾を闘争によって止揚することなのだと思いこむならば、矛盾は本質的に一種類だということになろう」（注248）

注248：同前　94頁

「エンゲルスがせっかく生命の矛盾をくわしく説明してくれたのに、毛は理解できなかったことがわかる。哲学の教科書をはなれて、自分の頭で考えてみるがよい。われわれが死にたくないならば、自分の生命の矛盾がやまないように、この矛盾を維持しなければならない。また、われわれが搾取で苦しみたくないならば、資本制社会の矛盾がやむように、この矛盾を消滅させなければならない。ここに、二つの根本的に対立した性格の矛盾と、二つの根本的に対立した性格の矛盾の解決方法がある。解決の方法のちがいを論じるなら、まずこの二大別から論じるのがマルクス主義である。それにもかかわらず、毛がここで『原則』と名づけて提出しているのは、いわば千差万別論である。矛盾はみんなちがっているからそれはみんなちがった方法で解決するのだ、といっているだけである」（注249）

注249：同前　69頁

毛沢東と三浦つとむは、この問題に関しては一長一短である。両者とも部分的な正しさを保持していると同時に、部分的な誤まりを犯している。

矛盾は、それが《現実的矛盾》であるかぎり、本質的には一種類なのである。

三浦つとむが「敵対矛盾」と「非敵対矛盾」を「二つの根本的に対立した性格の矛盾」と理解し、それぞれに「二つの根本的に対立した性格の矛盾の解決方法」があると考えたのは、誤まりである。

そもそも「敵対矛盾」は《現実的矛盾》の一特殊形態なのであり、しかもその敵対的性格は、それが直接的な意味の敵対であろうが、媒介的な意味での敵対であろうが、まさに毛沢東のいうとおりに「一定の条件にしたがって」逆の「非敵対矛盾」に転化しうるのであり、その逆もまたしかりなのである。この点では、毛沢東の方が三浦つとむよりも相対的に正しい理解を示している。

しかし、矛盾の《解決方法》が「闘争」とそれにともなう矛盾の《克服》の一種類しかないという毛沢東の見解は、誤まりである。この点では、矛盾の《解決方法》を、敵対矛盾の《消滅あるいは止揚》を目的とした《克服》のみにかぎらず、非敵対矛盾の《調和的実現》を目的とした《維持・強化》をくわえた二つに大きく分類した三浦つとむの方が、相対的に正しい理解を示している。

いずれにしても、毛沢東と三浦つとむの両者がそれぞれの誤謬から抜け出すためには、矛盾の《解決》を、その《解決対象》たる矛盾（＝《自己運動》）そのものと、それから相対的に独立して存在しているところの《解決主体》からの媒介的作用（＝《外力》）との相互関連からとらえる、という《外力》論的な視点を確立することが必要なのである。

四　毛沢東「人民内部の矛盾を正しく処理する問題について」の吟味

毛沢東は論文「矛盾論」（一九三七年）の二〇年後に、当時進行中の「矛盾論争」に対応しつつ論文「人民内部の矛盾を正しく処理する問題について」（一九五七年）を執筆した。その論文の問題点をいくつかとりあげてみよう。

毛沢東は社会主義社会においても社会的矛盾は存在するとし、その矛盾を二種類に区分する。

「われわれの前には二種類の社会的矛盾、つまり、敵味方のあいだの矛盾と人民内部の矛盾がある。これは、性質のまったく異なった二種類の矛盾である。（中略）敵味方のあいだの矛盾は敵対性の矛盾である。人民内部の矛盾は、勤労人民のあいだでは非敵対性のものであり、被搾取階級と搾取階級とのあいだでは、敵対性の一面のほかに、非敵対性の一面もある」（注250）

注250：毛沢東「人民内部の矛盾を正しく処理する問題について」／毛沢東『毛沢東選集』（外文出版社・第五巻）所収　566～567頁

「労働者階級と民族ブルジョア階級との階級闘争が、一般に、人民内部の階級闘争に属するのは、わが国の民族ブルジョア階級が二面性をもっているからである。ブルジョア民主主義革命の時期には、民族ブルジョア階級は革命性の一面をもつとともに、妥協性の一面ももっていた。社会主義革命の時期には、かれらは労働者階級を搾取して利潤を手にいれるという一面をもつとともに、憲法を擁護し、社会主義的改造をうけいれようとする一面ももっている。（中略）労働者階級と民族ブルジョア階級とのあいだには搾取と被搾取との矛盾が存在しており、これはもともと敵対性の矛盾である。しかし、わが国の具体的条件のもとでは、この二つの階級の敵対性の矛盾は、もしも適切に処理すれば、非敵対性の矛盾に転化することができ、平和的な方法によってこの矛盾を解決することができる。もしも、われわれが適切に処理せず、民族ブルジョア階級にたいして団結・批判・教育の政策をとらなかったり、あるいは民族ブルジョア階級がわれわれのこの政策をうけいれなかったりすれば、労働者階級と民族ブルジョア階級とのあいだの矛盾は敵味方のあいだの矛盾に変わることになる」（注251）

注251：同前　567〜568頁

この毛沢東の見解に対し、三浦つとむはつぎのように批判する。

「毛は、『矛盾論』で、敵対的矛盾と非敵対的矛盾について独自の・現象的な・解釈を与えていたが、これは新しい論文にどう継承されたであろうか？　ここでは、『敵と味方の矛盾』に敵対的矛盾を、『人民内部の矛盾』に非敵対的矛盾を、それぞれふりわけている。その正否は別として、新しい論文は『まったくちがった種類』の二種の矛盾を設定したのだが、これに矛盾の闘争のちがった形態、すなわち矛盾のあらわすちがった現象を連結するという、機械的なやり方を重ねたのである」（注252）

注252：三浦つとむ『毛沢東主義』（勁草書房）150〜151頁

しかし、そう批判する三浦つとむも、毛沢東と同じように「『まったくちがった種類』の二種の矛盾を設定し」、これに矛盾の「解決」のちがった形態を「連結するという、機械的なやり方を重ね」ているのであるから、その形而上学的傾向に関しては互いに五十歩百歩なのである。

この点の三浦つとむの欠陥が、労働者階級と民族ブルジョア階級との間の矛盾の二面的性格に対する三浦つとむ自身の見解を誤謬に導いている。三浦つとむはつぎのように記している。

「労働者階級と民族ブルジョア階級との間には、経済的矛盾もあれば政治的矛盾もあって、この立体的な構造を平面的にいっしょくたにするような矛盾論はマルクス主義の矛盾論ではない。資本家と労働者との敵対的な関係は生産関係であり経済的な構造における矛盾であるから、これは経済的矛盾である。資本家と労働者との間の搾取と被搾取との矛盾は、労働者が意識するとしないとにかかわらず存在し、意識しない労働者が搾取に甘んじ労資協調のイデオロギイを受け入れてニコニコした資本家と手をにぎっていても、生産関係における敵対的な関係が存在していないことを意味するものではない。（中略）社会主義国としての中国では、プロレタリア階級と民族ブルジョア階級との間に、政治的な妥協が成立している。敵対的矛盾の性格を持つ政治的矛盾が存在しない。経済的矛盾と政治的矛盾とを区別しないで、『労働者階級と民族ブルジョア階級との矛盾』を平面化し、『わが国の具体的な条件のもとで』『非敵対的矛盾に転化できる』と、矛盾全体を非敵対的なものに解釈するのは、敵対的矛盾を闘争の形態だと思いこんできた毛として当然である。**しかし、それほど敏感でないマルクス主義者にしても、資本家と労働者との経済的矛盾が敵対的であることは資本主義国でも社会主義国でも変らないくらいはわかるから、すぐこれはマルクス主義の修正だと気づくはずである**」（注253）

注253：三浦つとむ『毛沢東主義』（勁草書房）151～152頁

三浦つとむはここで、社会主義国としての中国におけるプロレタリア階級と民族ブルジョア階級との間の矛盾の性格を、敵対的性格は経済的矛盾の方へ、非敵対的性格は政治的矛盾の方へ「それぞれふりわけている」。しかし、社会主義国として共産党の支配体制が一応確立されている中国において、なぜ、民族ブルジョア階級が階級として存続でき、あまつさえ、プロレタリア階級が政治的に妥協しなければならないのか。これをたんに「帝国主義・地主階級・官僚ブルジョア階級」と闘うために政治的に利用する（妥協する）ためである、とだけとらえるのは、あまりに皮相な見方であろう。そのような見方では、ネップ採用時におけるレーニンの苦悩と勇気、あるいは「三面紅旗」の失敗を受けて劉少奇が提起した「三自一包」の現実性について、的確に判定し、それなりの評価をあたえることはできない。

生産力の低い段階において成立した社会主義社会では、ある程度の資本主義的生産様式（民族ブルジョアジーによる企業がその具体例である）が「経済的矛盾」そのものとして有益であり、必要ですらある場合があるのである。もちろん、その部分的な資本主義的企業の下に働く労働者にとっては、この「経済的矛盾」は一面では自らを搾取するところの「敵対矛盾」であるであろう。しかし、その資本主義的企業の生産性が他の社会主義的企業（国営企業等）よりも高く、労働者の受け取る賃金もそれに対応して相対的に高い場合には、その労働者にとって件の資本主義的企業は《維持・強化》して《調和的に実現》させるべき「非敵対矛盾」として存在することも、また、一面の真理なのである。また、その社会主義社会に属する全人民（その内には、当の資本主義的企業に働く労働者も含まれる）の立場から考えても、教条的・官僚的で、かつ、企業経営に不慣れな「前衛」党の指導によって沈滞してしまった社会主義的企業に刺激をあたえ、良質で廉価な商品を供給する資本主義的企業は、ある『一定の条件』の下においては経済的に有益かつ必要な「非敵対矛盾」であり得ることになる。

このような現実的かつ経済的な有益性・必要性が背景にあるからこそ、それを土台にした政治的妥協の必要性も出てくるのである。これは正に「経済的矛盾」におけるところの「敵対矛盾」から「非敵対矛盾」への転化である。このような事実は、三浦つとむのように「二つの根本的に対立した性格の矛盾と、二つの根本的に対立した性格の矛盾の解決方法がある」とする形而上学的発想からは説明することができない。また、ある矛盾が敵対的であるか非敵対的であるかというとらえ方については、その敵対性と非敵対性に《直接》的な側面と《媒介》的な側面があるという理解ができないと、この事実はなかなか説明することができない。毛沢東の見解も粗雑で論拠薄弱であるが、少なくとも、矛盾がそのものとして「敵対矛盾」から「非敵対矛盾」へ、あるいはその逆に相互転化しうるという事実を見逃さなかった点で、三浦つとむよりも相対的に正しいのである。

それでは、つぎに、毛沢東の提唱する「人民内部の矛盾」を解決する方法「団結——批判——団結」という公式と、それに対する三浦つとむの批判を吟味することにしよう。

毛沢東は論文「人民内部の矛盾を正しく処理する問題について」につぎのように記している。

「一九四二年、われわれは人民内部の矛盾を解決するこうした民主の方法を、『団結——批判——

団結』という公式に具体化した。すこし詳しくいうと、団結の願いから出発し、批判または闘争をつうじて矛盾を解決し、これによって、あたらしい基礎のうえであたらしい団結に達するということである。われわれの経験によれば、これは人民内部の矛盾を解決する正しい方法である。一九四二年、われわれは共産党内部の矛盾、すなわち教条主義者と広範な党員大衆とのあいだの矛盾、教条主義思想とマルクス主義思想とのあいだの矛盾を解決するためにこの方法をとった。『左』翼教条主義者がかつてとった党内闘争の方法は『無慈悲な闘争、容赦のない打撃』というものであった。これはまちがった方法である。(中略) ここでは、なによりもまず、団結の願いから出発することが必要である。なぜなら、団結しようという願いがなければ、いったん闘争となると、どうしても事態が混乱し、収拾がつかなくなるからである。そうなっては、それこそ『無慈悲な闘争、容赦のない打撃』となるではないか。そうなっては、どこに党の団結などがあるだろうか。この経験から、われわれは、団結——批判——団結という公式をさがしあてた。それはまた、前の誤りを後のいましめとし、病をなおして人を救う、ということでもある。われわれはこの方法を党外にもおしひろめた」(注254)

注254:毛沢東「人民内部の矛盾を正しく処理する問題について」/毛沢東『毛沢東選集』(外文出版社・第五巻) 所収 573~574頁

現実に存在しているさまざまな「人民内部の矛盾」の《解決方法》を具体的に検討していけば、毛沢東のいう「団結――批判――団結」という公式はけっして「人民内部の矛盾」の一般的な《解決方法》ではない、ということがすぐにわかるはずである。現に、他人ならぬ毛沢東自身が論文「人民内部の矛盾を正しく処理する問題について」の「一　二つの世界観」、すなわち、社会主義社会の「基本矛盾」の《解決方法》を分析した箇所において、また、「二　矛盾の普遍性」以降におけるさまざまな「人民内部の矛盾」の具体的な《解決方法》を分析した箇所においても、この「団結――批判――団結」という公式とはまったく異なった《解決方法》を提示している。

それでは、この公式はどのような矛盾の《解決方法》なのであろうか。これは、ある組織内において、理論・思想・意志・実践等の面で意見の喰いちがいが発生した場合、その組織を分裂させずに、それらの喰いちがいを《消滅あるいは止揚》させるための《解決方法》なのである。

この問題をより本質的に論ずると以下のようになる。

組織というものは、組織構成員一人一人の「個別」の理論・思想・意志・実践等を媒介にして、組織「全体」の理論・思想・意志・実践等を実現するものであり、またその逆でもある。したがって、理論・思想・意志・実践等における「個別」と「全体」との《対立と統一》という《現実的矛盾》が組織である、ととらえることができる。それゆえ、毛沢東の「団結――批判――団結」という公式は、この矛盾を《調和的に実現》させるための《解決方法》、すなわち、矛盾を《維持・強化》するための一つの《外力》形態、として提起されたものとみるべきなのである。

それゆえ、この《解決方法》をすべての「人民内部の矛盾」に対する一般的な《解決方法》であると主張するのは、明らかに毛沢東の逸脱ということになる。

以上の前提を確認した上で、いよいよこの「団結――批判――団結」という公式それ自体の吟味にとりかかろう。まず、三浦つとむのこの公式に対する見解を確認することから始める。


「毛は、くりかえして『経験』からつかんだ方法であり、公式であるという。われわれはこの『経験』を、マルクス主義すなわち科学として仕上げなければならないのであるから、毛が公式に使った概念の内容を吟味しておく必要があろう。『団結』とはなにか？　それはまず意志の統一にはじまる。党の大会で団結が生れたという場合には、そこに示された綱領や規約や方針について党員の意志が一致し、それを党の意志であると認め、全党がこの意志にもとづいて行動することに決定した事実をさしている。意志は実践的認識であり、実践のためにつくり出された認識である。綱領や規約や方針は、党員の実践のためにつくられたのであって、これらを頭の中で承認したとしても、実践にうつそうとしないで、個人ないし党内分派の別の意志で実践するのでは、団結していることにはならない。それゆえ『団結』は、意志の統一にもとづく行動の一致をさしている。この概念の内容にはイデオロギイから現実への過程がとらえられている。これに対して『団結の願望』というのは、観念的な願望であって、団結を目標として設定しているだけである。『団結』が現実の行動の一致をとりあげているのに対して『団結の願望』は観念的でしかないから、この両者は正しく区別しなければならないし、意識しないで両者をいっしょくたにするならば観念論へのふみはずしである。毛はこの両者を正しく区別しないで、『団結の願望』であるにもかかわらず公式のほうには『団結』としか記していないことに、注意しよう。

われわれが『団結の願望』を持つときにも、つぎの二つの場合がある。一つは現実に団結が存在しない場合で、未組織で個々バラバラになっているとか、組織されたが分裂状態にあるとかいう場合に持つ願望である。いま一つは現実に団結が存在している場合で、一応行動の一致が存在してはいるのだが、組織の中にちがった思想の流れがあらわれたり現状についての判断がくいちがったりして対立が生まれていることから、これが組織としての意志の不統一をまねき団結が失われるのではないかと憂慮した場合の願望である。正しくいうならば『団結維持の願望』である。毛の『団結の願望』は、実は第二の場合であって、現実に団結が存在してはいるのだが、『事はもつれて始末がつかず』意志の統一が不可能になることを憂慮しているわけである。従がって公式の最後の『団結』も、ここでそれまで存在していなかった団結が実現するのではなくて、『団結の願望』のときに存在した団結が失われることなく継続し強化されることである。図式化するならば、

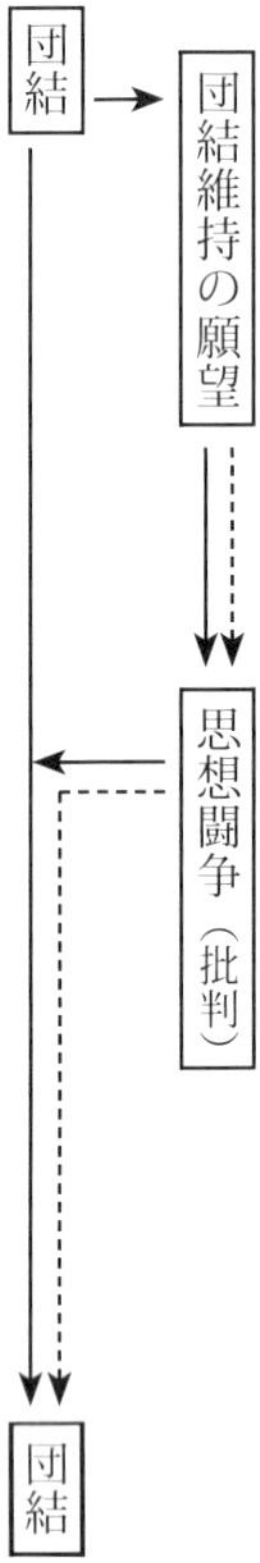

の実線で示した立体的な構造である。毛が平面的に公式化したのは、点線で示した過程である。

異った諸矛盾をいっしょくたにする誤った矛盾論に、異った諸矛盾をいっしょくたにする誤った解決方法が提示されるというのは、合理的である。だがそれらを、これこそマルクス主義でいう非敵対的矛盾でありこれこそその解決方法であるというのは、マルクス主義を理論的に後退させるものでしかない。毛の公式が、思想闘争に際しては団結を維持しなければならぬことを自覚させ、団結が失われるまでに思想闘争を激化させないように抑圧できたという有効性を、われわれはそれなりに認めるとともに、これをマルクス主義の矛盾論で正しくつくり変えなければならない。ここには二種類の矛盾がふくまれている。『団結』それ自体一つの矛盾であって、これこそがマルクス主義の矛盾論における非敵対的矛盾であるが、これに対して思想闘争での対立する思想は敵対的矛盾を形成し、『団結』に結びつく」（注255）

注255：三浦つとむ『毛沢東主義』（勁草書房）155～157頁

さきの毛沢東の見解も、この三浦つとむの見解も、ともに《外力》論的な視点が欠けているために、不十分な段階にとどまっている。その《外力》論的な視点に立脚した正しい解答を図式化して示すとつぎのようになる。

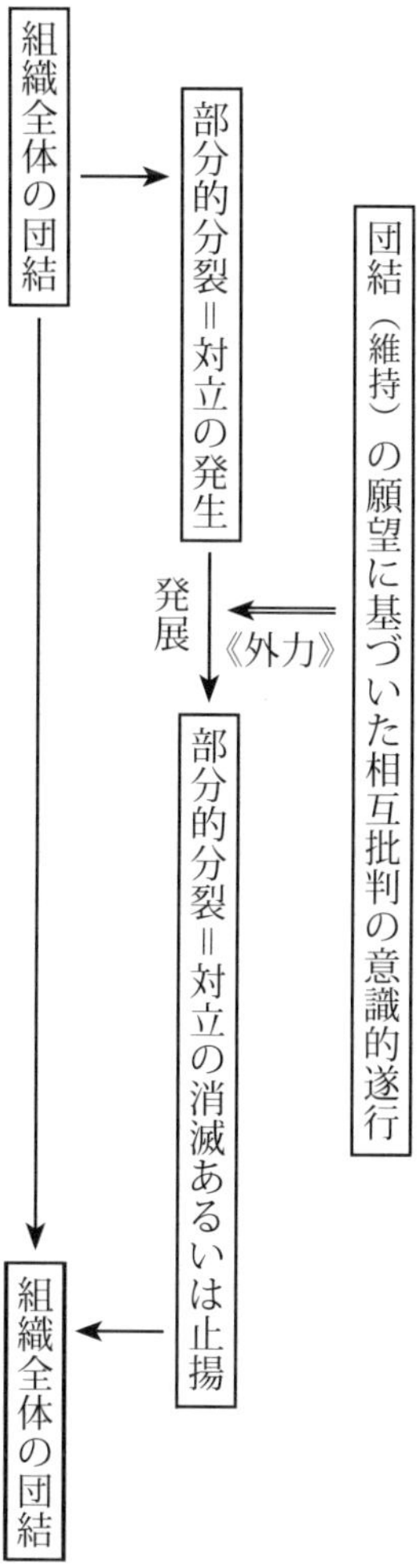

すなわち、今ここに、組織あるいは組織的団結という《現実的矛盾》（三浦つとむがいうところの「非敵対矛盾」）の運動過程において、その内部に部分的な理論・思想・意志あるいは実践上の対立が発生したとする。この対立は組織内部でおこなわれているかぎり、組織的な統一関係を維持したところの対立であるから、それ自体も一つの《現実的矛盾》である。

いったん発生したこの《現実的矛盾》は、自らの内的必然性にもとづいて《自己運動》をおこなう。

すなわち、その《自己運動》をそのまま放置しておくと、いわゆる「盲目的な自己解決」をおこなうことになり、悪くすると組織全体の分裂・解体にも発展しかねない。そこで、この矛盾を、組織全体の分裂・解体にまで発展させないように、さらに、部分的に対立・分裂した両方の組織構成員が後まで憎しみや遺恨や傷を残さないように、できるだけ《団結の願望に基づいた相互批判の意識的遂行》という《解決方法》によって《克服》することが望ましい。

これは、もちろん、相互に対立する組織構成員たちが自分たちの組織に人為的に加えるところの《外力》の一種である。

このような見解と比較してみると、毛沢東の公式も、それを批判的に改作した三浦つとむの図式も、本来は外的存在である《外力》を矛盾の《自己運動》過程内に平面的に押し込んでしまった誤謬であることが明らかとなるであろう。

毛沢東の公式あるいは三浦つとむの図式をあえて生かそうとすれば、つぎに示すような図式に改作しなければならない。

そして、この図式はかえって毛沢東と三浦つとむの公式や図式の誤謬と不十分性をはっきり露出させる結果となっている。

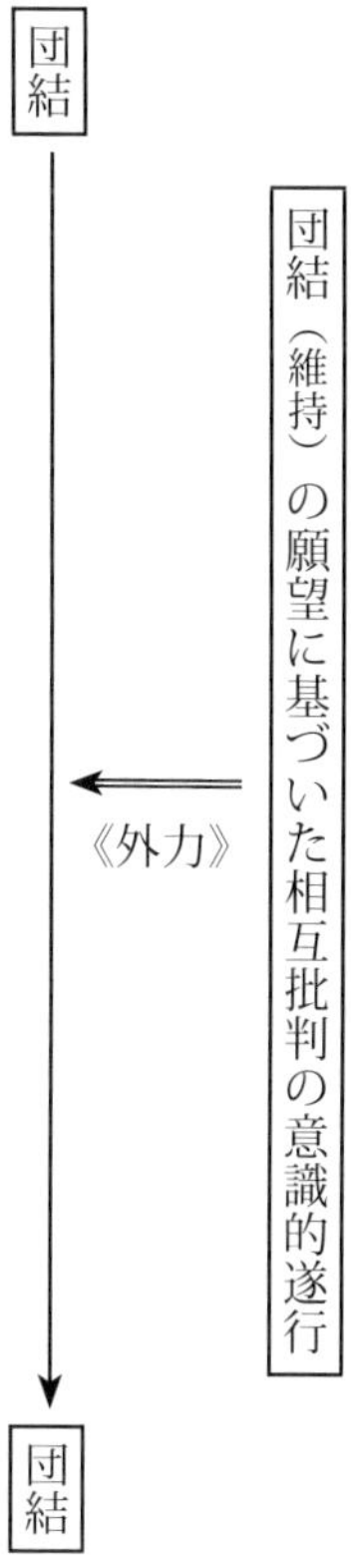

ところで、組織内における部分的な対立・分裂を《解決》する方法は、以上に検討してきたところの《団結の願望に基づいた相互批判の意識的遂行》の他にはないものであろうか。

実は、この《解決方法》は限られた一面的なものにすぎない。なぜならば、これは、この《団結の願望に基づいた相互批判の意識的遂行》さえおこなえば組織の部分的な対立・分裂がすべて円満に、そして、両方が十分に納得しあった形態で《消滅あるいは止揚》されるはずだ、という暗黙の前提があって初めて正当で有効な《解決方法》となりうるにすぎないからである。

ところが、いうまでもなく、人間は十人十色であり、しかも、個々人の個別利害にとらわれやすい存在である。さらに、まだ当面は《現実的分業》に拘束され、かつ、社会的階級に分化させられた存在なのである。

さらに、それらの条件をすべて捨象したとしても、なおかつ、三浦つとむのいうとおりに、人間の認識は本質的な意味での限界性をもっている。

「認識の基礎となっているのは現実の世界であるが、この現実の世界を反映し模写するという認識の本質的なありかたがすでに一つの非敵対的矛盾を形成している。現実の世界は時間的にも空間的にもまたその多様性においても**無限**であるにもかかわらず、その現実の世界の一部分であるわれわれの頭脳への現実の世界の反映は、われわれの歴史的なありかたと個人の肉体的・精神的なありかたから規定されて、時間的にも空間的にもまたその多様性においても**有限**でしかありえない、という矛盾である。この矛盾は人間の認識にとって本質的なものであって、人類が消滅しないかぎり消滅しないのである」（注256）

注256：三浦つとむ『認識と言語の理論』（勁草書房・第一部）*14*頁

したがって、人間の認識の本質的な意味での限界性に規定されて、人間の理論・思想・意志・実践等における認識上の喰い違いや誤謬の発生は、不可避といい得る。それらは、いわば人間の本質的な属性であるともみなし得るわけである。

そのために、たとえどのように良心的に《団結の願望に基づいた相互批判の意識的遂行》に努めたとしても、それが相互の理論・思想・意志・実践等の再一致に結びつくとは必ずしもかぎらないことになる。

あるいは、いずれは相互の再一致にいたる可能性があるにしても、それまでに多大な時間を必要とし、組織としてはそれまでその部分的な対立・分裂を放置することが許されない場合も出てくるわけである。

それゆえ、ある条件の下では、どのように組織の構成員が良心的に努力しても（あるいは良心的に努力すればなおさら）、組織内の部分的な対立・分裂が深化拡大し、ついには、組織全体の決定的な分裂・解体にまでいたってしまうことが、可能性としては十分あり得るわけである。

それゆえ、逆に、ある『一定の条件』の下においては、組織全体の分裂・解体こそが必然であり合理的である場合があり得る、ということにもなる。

あるいは、組織内の部分的対立・分裂それ自体を《調和的に実現》するために、むしろそれを《維持・強化》すべき場合もあるかもしれない。

また、あるいは、より前進的・建設的な対立・分裂に《変形・変質》させるためにそれを《改造》したりすることも《解決方法》たりうる場合もあるであろう。

さらにいえば、組織が誤まった理論・思想・意志・実践等において団結している場合には、部分的な対立・分裂をむしろ意識的に《発生》させるために、それを《創造》することすら、真に必然的・合理的な《解決方法》である場合さえあり得るのである。

これとは反対に、組織の「団結」は絶対的に善であり、組織の「分裂」は絶対的に悪であるといった単純な形而上学的発想に縛られ、どのような場合にも「団結」を維持・回復しようとした場合には、はたしてどういうことになるであろうか。

一般的に考えられるところの、ごく典型的な「団結」形態とそれにいたる過程を図式化したものを以下に示そう。

(1) 対立した両者の折衷案を採用し、対立点をうやむやにして成立させた妥協的「団結」

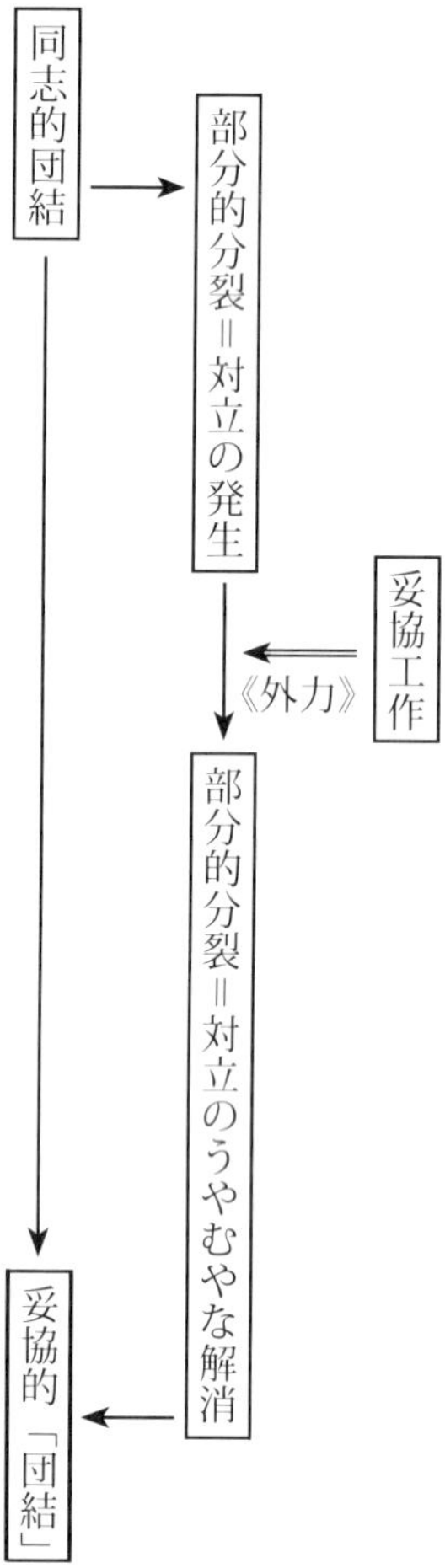

(2) 対立した一方が真には納得しないまま表面的に他方に従うところの面従腹背的「団結」

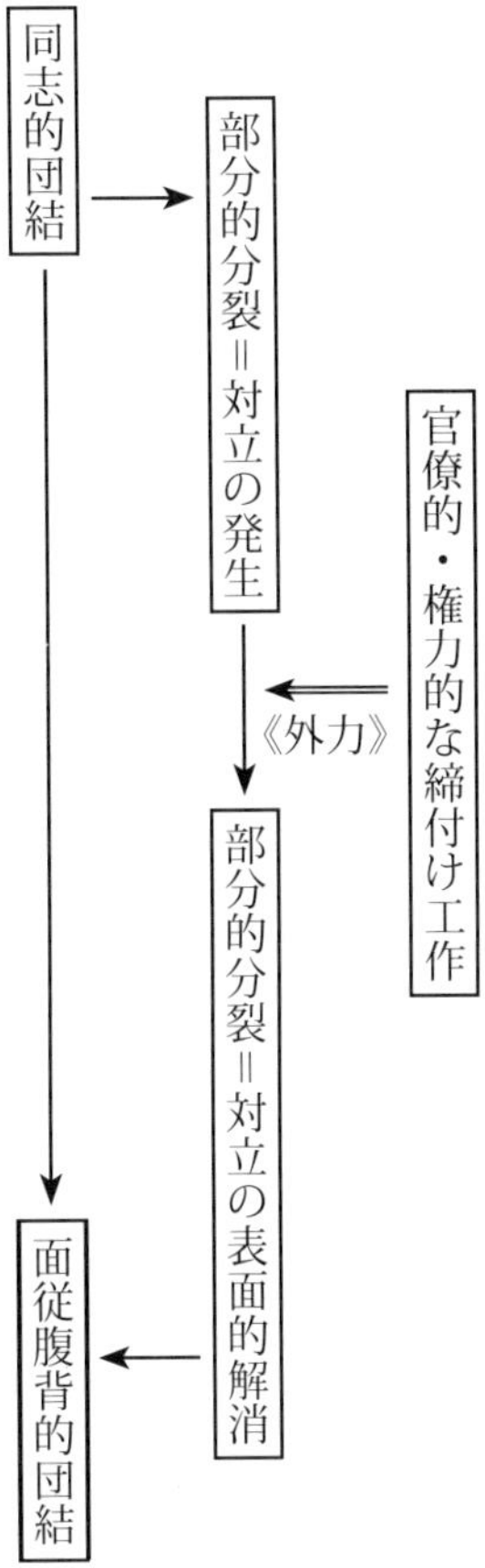

⑶ 対立した一方が他方を敵として弾圧し、相手を消滅・追放するか、あるいは専制的に支配することによって成立するところの専制的「団結」

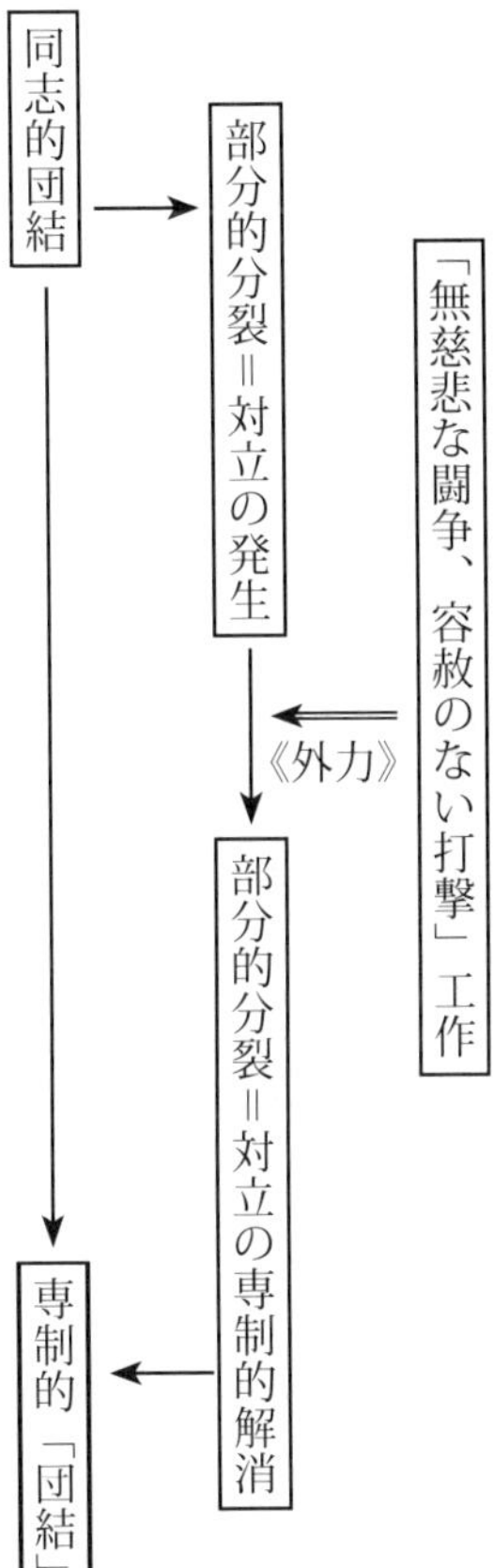

これまで、当然のように一党独裁体制を採用してきた社会主義を自称する諸国家において、その一党独裁をおこなってきた「前衛」を自称する党派の歴史は、上記の(1)〜(3)のくり返しではなかったか。

人類はその長い政治的な悲劇あるいは愚劇の歴史を教訓にして、近代以降、一連の民主主義的な諸原則を徐々にではあるが確立してきた。思想信条の自由、言論の自由、政治結社の自由、普通選挙とそれにともなう政治権力の平和的かつ定期的な交代などなど。これらは、政治に関して人間がいかに誤謬を犯かしやすい存在であり、また権力によって人間がいかに堕落しやすい存在であるかということを肝に銘じた先人たちが、われわれに残してくれた貴重な遺産なのである。われわれは、いわゆる「マルクス主義政治理論」とか「プロレタリア独裁理論」などという、不十分で誤謬だらけの諸理論に惑わされて、これらの貴重な遺産を安易かつ粗略にあつかうべきではない。

マルクス&エンゲルスの「プロレタリア独裁」論の皮相な理解に基づく「一党独裁」体制が、その背中に常に《天才的で偉大な指導者》や《無謬の前衛党》あるいは《絶対に正しいプロレタリア階級》などという貧弱な神々を背負ってきた事実は、けっして偶然ではない。なぜならば、民主主義的な諸原則がある程度一般化した現代において、それに反する「一党独裁」体制を正当化するためには、政治指導者あるいは独裁政党の非現実的な偉大性や無謬性や正義性をなんらかの形で強弁・宣伝する以外には方法がなかったからである。

従来の「マルクス主義」的独裁政党が、その独裁体制を持続するために多用してきた方法は、上記の⑶の専制的「団結」である。

毛沢東は、いわゆる「プロレタリア文化大革命」において、この専制的「団結」を大規模に実現させてしまったわけだが、そのとき毛沢東の採用した《解決方法》は、残念ながら《団結の願望に基づいた相互批判＝思想闘争の意識的遂行》ではなく、皮肉なことに当の毛沢東自身がかつて批判したところの「左」翼教条主義者流の「無慈悲な闘争、容赦のない打撃」であった。毛沢東は自らの実践によって、毛沢東の公式たる「団結——批判——団結」の誤謬性（あるいは不十分性）を自ら実証してみせたのである。

この場合の毛沢東の弁明は、ただつぎのことに尽きるであろう。いわく、いわゆる「実権派」との矛盾は人民内部の矛盾ではなく、敵味方の矛盾である、と。しかし、その程度の弁明なら、かつての「左」翼教条主義者や悪名高いスターリンでさえも主張していたことであり、毛沢東だから特別に自己正当化が許される弁明ではないのである。

組織内における理論・思想・意志・実践等の部分的対立が、対立する双方にそれぞれ現実的な根拠があり、しかもその対立点が本質的な対立に発展する可能性がある場合、逆説的な表現をあえてすれば、組織全体を合理的かつ円滑に分裂・解体させることがもっとも適切で正しい《解決方法》であることもあり得るのである。

それを図式化すれば、つぎのようになる。

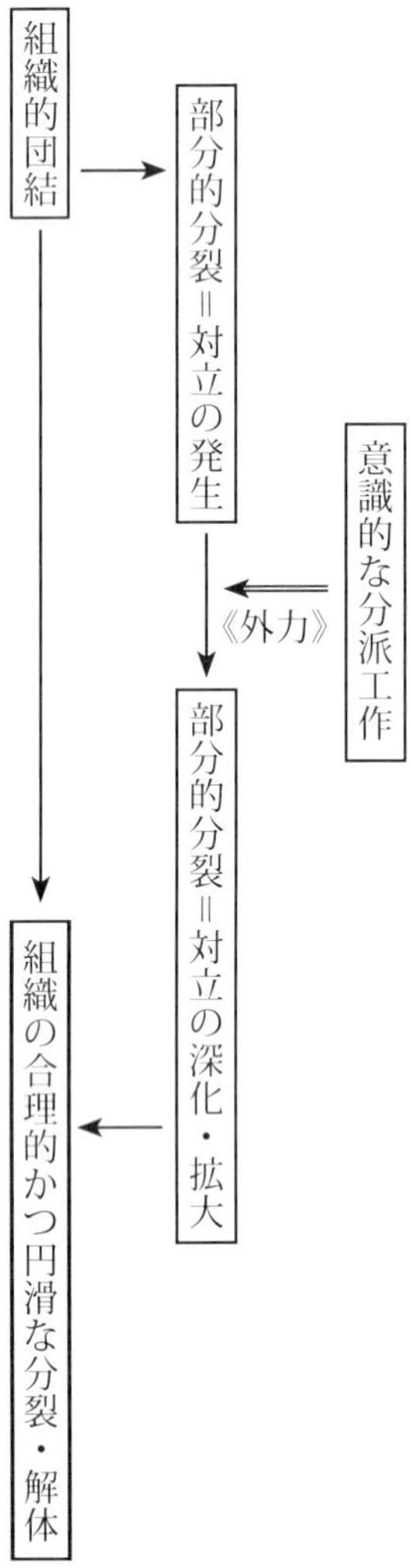

このような《解決方法》は、単一組織の団結をなにがなんでも維持したいという立場から見れば、大いに不満が残るかもしれない。しかし、さきに示した⑴～⑶の諸《解決方法》に比べれば、どれほどましかわからない。もっとも、組織が分裂・解体してできた諸分派が、相互に「無慈悲な闘争、容赦のない打撃」の応酬に明け暮れるようではなんの意味もありはしない。各分派が民主主義的な諸原則に基づいて正々堂々と路線論争をおこない、ある意味での共存共栄をはかってこそ、この《意識的な分派工作》という《解決方法》の意義も生きてくるのである。

五　毛沢東の社会主義社会の《本質矛盾》についての見解

社会主義社会の《本質矛盾》に、毛沢東がどのような見解をもっていたかを見てみよう。

「社会主義社会においても、基本的な矛盾は、やはり生産関係と生産力とのあいだの矛盾、上部構造と経済的土台とのあいだの矛盾である。ただ、社会主義社会におけるこれらの矛盾は、その性質と状況が旧社会における生産関係と生産力との矛盾、上部構造と経済的土台との矛盾とは、根本的に異なっているのである。（中略）社会主義の生産関係が旧時代の生産関係にくらべて、よりよく生産力発展の性質に照応することができるというのは、それが旧社会にはみられなかった速さで生産力の急速な発展をゆるし、したがって、生産をたえず拡大し、それによって、人民のたえず増大する需要をしだいにみたしていくことができる、という状況をさすのである。（中略）

しかし、わが国の社会主義制度は、まだうちたてられたばかりで、まだ完全にはできあがっておらず、まだ完全にはかたまっていない。（中略）要するに、社会主義の生産関係はすでに確立されて、生産力の発展とは照応しあっているが、それはまだひじょうに不完全であり、これらの不完全な面と生産力の発展とは、これまた矛盾しあっているのである。生産関係と生産力の発展とのこうした照応しながらも矛盾しあっている状況のほかに、なお上部構造と経済的土台との照応しながらも矛盾しあっている状況がある。人民民主主義独裁の国家制度と法律、マルクス・レーニン主義にみちびかれる社会主義的イデオロギー、これらの上部構造は、わが国の社会主義的改造の勝利と社会主義的労働組織の確立にたいして、積極的な推進作用をはたしており、社会主義の経済的土台、すなわち社会主義の生産関係とは照応しあっている。しかし、ブルジョア・イデオロギーの存在、国家機構における若干の官僚主義的作風の存在、国家制度のいくつかの環における欠陥の存在は、また社会主義の経済的土台と矛盾しあっている。われわれは、今後、具体的な状況にもとづいて、上にのべたいくつかの矛盾をひきつづき解決していかなければならない。もちろん、これらの矛盾を解決したのちにも、またあたらしい問題があらわれてくる。あたらしい矛盾は、また解決していかなければならない。たとえば、客観的に長期にわたって存在する社会的生産と社会的需要とのあいだの矛盾は、たえず国家計画をつうじて調整していかなければならない。わが国では、毎年一度、経済計画をたて、蓄積と消費との適切な比率をさだめて、生産と需要との均衡をはかっている。いわゆる均衡とは、矛盾の一時的、相対的な統一のことである。一年たつと、全体としては、こうした均衡は矛盾の闘争によってうちやぶられ、こうした統一は変化をおこして、均衡が不均衡になり、統一が不統一になり、またしてもつぎの年の均衡と統一をはかることが必要となる。これがわれわれの計画経済の優越性である。実際には、こうした均衡と統一は、月ごと、四半期ごとに局部的にうちやぶられるので、局部的に調整する必要がある。ときには、主観的処置が客観的状況に合致しないために矛盾が生じて、均衡が破れることもある。これを、誤りを犯したというのである。矛盾はたえず発生し、またたえず解決される。これが事物の発展の弁証法的法則である」（注257）

注257：毛沢東「人民内部の矛盾を正しく処理する問題について」／毛沢東『毛沢東選集』（外文出版社・第五巻）所収　578～581頁

毛沢東は、社会主義社会の「基本的な矛盾」として、社会主義的生産関係と生産力との矛盾、社会主義的上部構造と社会主義の経済的土台との矛盾、ならびに、社会的生産と社会的需要との矛盾の三つを挙げている。ただし、はじめの二つの矛盾についてては、抽象的に言及するのみで、矛盾における対立物は相互に「照応しあっている」というばかりである。最後の矛盾に対しては社会的生産と社会的需要との均衡と不均衡の問題を論じ、多少は構造的な分析をおこなっている。

しかし、それにしても、毛沢東のとりあげている社会的生産と社会的需要との矛盾の問題は、商品市場におけるミクロ的な需要・供給の問題に還元できる問題であり、それはけっして社会主義社会の「基本的な矛盾」というべきほど基本的なものではない。結局、毛沢東は、社会主義社会の「基本的な矛盾」に関して、一連の「矛盾論争」の水準を一歩も出ていないことがわかる。否、むしろ、そのうちでも低い方のレベルにとどまっているのである。

しかし、自らの理論体系と一致するしないにかかわらず、経験的あるいは直観的な相対的真理をチラリチラリと提起するのが毛沢東の特徴である。社会主義社会の「基本的な矛盾」についても、「三面紅旗」時の人民公社論あるいは「プロレタリア文化大革命」における反「実権派」論にみられるように、現実的な《分業》こそが社会主義社会の中心的課題であり、この《分業》を意識的に廃止することが社会主義社会を発展させ、共産主義社会に転化させるための本質的課題であるという認識を毛沢東は強く持っていた。たとえそれが、中国の歴史的あるいは現実的な条件をまったく無視した「小ブル的熱狂」によるものであったにしろ、またその方法において「人民内部の矛盾」を誤まって処理したものであったにしろ、毛沢東のこの点における相対的な正しさはやはりそれなりに評価しなければならない。

しかしながら、それとともに、このような毛沢東に対し、中国の歴史的あるいは現実的な条件を直視し、当面の重要な課題は、その《分業》の廃止とは逆に、むしろ近代的な《分業》を《調和的に実現》し、とにかく生産力を高めることだと主張する人々が登場したことも、これまた当然であった。かつての「実権派」、後の「近代化推進派」がそれである。

かつて、この両派は互いに「階級敵」とか「帝国主義の手先」とかいって不倶戴天の仇敵のように敵対していた。そして、現在は「近代化推進派」が圧倒的な優位を占めているが、中国社会の底流には、あるいは中国の人民解放軍のなかには、いまだにいわゆる毛沢東派（文革派）が根強い支持を集めているという。

しかし、この両派は、実は《生産手段の社会的所有》と《分業》の矛盾という社会主義社会の《本質矛盾》から必然的に生み出された、特に、生産力の低い条件下で誕生した社会主義社会に必然的に生み出された二大政治潮流なのである。

それゆえ彼らは、無理に一党独裁的な「前衛」党に「団結」していることを止め、二大政党に分裂し、そのときどきの社会条件と民意に基づいて交互に政権を担当するようにするべきだったのである。たとえば毛沢東派（文革派）は「早期《分業》廃止党」として、また「実権派」あるいは「近代化推進派」は「近代的《分業》推進党」として。そして、普通選挙その他の現代の民主主義的な諸原則に基づいた政権競争をおこなっていけばよかったのである。

そのようにすれば、かつての「プロレタリア文化大革命」およびその後において引き起こされたところの、ことさらに憎しみをあおるような出来の悪い悲劇あるいは愚劇は、その大部分が不要となったことであろう。そして、より有益な路線・政策論争が公然と、しかも《調和的に実現》した可能性が、まったくなかったわけでもなかったのである。

第五章　「矛盾論争」批判のまとめ

旧ソ連の哲学者を中心にした一連の「矛盾論争」を軸とし、それに三浦つとむと毛沢東の見解を加えた、それら全体的の流れを以下にまとめてみることにしよう。

一　〔論争点Ⅰ〕のまとめ

〔論争点Ⅰ〕、すなわち、矛盾が発展の原動力というのは正しいか、という論争点に関しては、一部の論争参加者が、つぎのような誤謬を主張した。

矛盾 ≠ 発展の原動力

彼らがこのような誤謬に陥ったのは《矛盾におけるレーニン的背理》に躓いたためである。この《矛盾におけるレーニン的背理》は私が名づけたものだが、その内容は以下のとおりである。

レーニンは、あるところで、矛盾における対立物の闘争は絶対的であると主張している。しかし、同じレーニンが、後に別のところで、社会主義社会における矛盾は「非敵対矛盾」であると主張している。非敵対的な矛盾の対立物が、互いに闘争するなどということは本来的にあり得ない。そんなことは単純な背理でしかないことは明らかである。したがって、おそらく、レーニン本人は「非敵対矛盾」の存在を認識（表現）した時点で、矛盾における対立物の闘争は絶対的であるというかつての自らの認識（表現）を修正したにちがいない。

しかし、旧ソ連においては、レーニンの言葉は常に絶対的な存在であった。それゆえ「矛盾論争」の参加者は、この単純かつ明々白々な背理（＝《矛盾におけるレーニン的背理》）を社会主義社会の矛盾（＝非敵対矛盾）と調和させるために四苦八苦することになった。一連の「矛盾論争」の参加者たちは、旧ソ連の社会のなかに、非敵対的な関係にありながら相互に闘争するような対立物を持つ矛盾を一所懸命に探し求めたわけである。

そもそも、闘争するのは敵対関係にあるからこそであり、非敵対的関係にあるならばわざわざ闘争などをするはずがない。こんなことは、子供でも分かる道理であろう。対立物同士が互いに闘争する「非敵対矛盾」など、どこを探しても見つかるはずがない。

その結果、一部の論者はついに、

矛盾　≠　社会主義社会における発展の原動力

という基本的な誤謬まで主張するにいたったわけである。

ロージン&トゥガリノフの見解がその一つの典型といえよう。ロージン&トゥガリノフは社会主義社会における発展の原動力として、矛盾とは異なる「統一の力」あるいは「調和の力」なるものを新たに「発見」するにいたった。自らの論理展開が現実と適合せず行き詰まったときに、その論理展開における誤謬を十分反省せず、もっともらしい新たな概念をつくり上げて表面を糊塗するのは、いわば一つの常套手段なのである。

他の典型は、ペルローフとルーキナの例であろう。彼らは社会主義社会発展の原動力は矛盾そのものではないと主張した。それでは、なにが事物における発展の原動力だと主張したのであろうか。

「矛盾を克服するたたかい」=「対立物の闘争」

これこそが事物における発展の原動力であると、ペルローフとルーキナは主張したのである。ペルローフとルーキナには《外力》論的視点が欠落していた。それゆえに、矛盾に対する《解決主体》が《解決対象》たる矛盾を《解決》するために、矛盾に《外力》として働きかける諸作用(《克服》はその一形態である)と、矛盾における対立物同士の相互作用(「対立物の闘争」はその一形態である)とを混同してしまった。しかも、これこそが真に運動・発展の原動力であると解釈したのである。ペルローフとルーキナは、「非敵対矛盾」における対立物同士がそのままでは相互に闘争するものではないことを、よく了解していたにちがいない。しかし、そのように対立物相互の闘争を必然としない「非敵対矛盾」を、そのまま社会主義社会の原動力として認めてしまえば、矛盾における対立物の闘争は絶対的であるとしたレーニンの見解は宙に浮いてしまう。ペルローフとルーキナはそれを心配したのである。

「この批判すべき見解に賛成すれば、かならずしも矛盾を克服するたたかいをやる必要はないという結論をだすことができる。なぜなら、矛盾の存在そのものが、ソヴェト社会の発展のみなもとだからである。ここでは、主観的要素のもつ大きな意義が否定されている」（注258）

注258：E・ルーキナ「推進作用をはたすのは、矛盾ではなくて、矛盾の克服だ」／榊利夫編『矛盾』（合同出版）所収　95頁

それゆえ、ペルローフとルーキナは、矛盾そのものが社会主義社会発展の原動力であるという見解を否定し、この矛盾を「主観的」（ルーキナ本人の言葉だ！）に克服するたたかいこそが社会主義社会発展の原動力である、と主張するにいたったわけである。

以上の二つの典型例で明らかなように、矛盾は発展の原動力ではないと主張した人々は、無媒介的にそういうことを主張したのではない。彼らなりに《矛盾におけるレーニン的背理》をなんとか解決

しようと苦心した結果、このような誤った結論に落ち込んでしまったのである。これなどは、藪医者が手術は何とか成功させたが、肝心の患者は殺してしまった、という図式にどこか似ている。

〔論争点Ⅰ〕は「敵対矛盾」と「非敵対矛盾」の区別と関連をどうとらえるかという問題、ならびに、その各々の矛盾の《解決方法》はどのようなものかという問題、すなわち〔論争点Ⅱ〕の内容と密接にからまっていた。それゆえ〔論争点Ⅰ〕に関するさまざまの見解は、結局は〔論争点Ⅱ〕における見解との関連において吟味し、評価しなければならないことになる。

二　〔論争点Ⅱ〕のまとめ

それでは、つぎに〔論争点Ⅱ〕についてまとめてみよう。

まず、「敵対矛盾」と「非敵対矛盾」の区別と関連をどうとらえるか、という論点をまとめてみる。

「敵対矛盾」と「非敵対矛盾」とは根本的に性質が異なるとして、両者を形而上学的に区分する見解と、両者の違いは相対的であって条件によっては相互転化すると考える見解があった。

前者の見解はさらに二つに区分することができる。一つは、「非敵対矛盾」は社会主義社会の成立によって初めて発生し、それ以前の世界には「敵対矛盾」のみが存在した、とする見解である。これは一連の「矛盾論争」に参加した大部分の論者の見解であった。二つは、社会主義社会の成立の有無にかかわらず、どの時代のどの世界にも「敵対矛盾」と「非敵対矛盾」は併存していた、という見解である。三浦つとむの見解がその典型である。

歴史の流れを竹に例えれば、前者が、竹をある節目で輪切りにし、その節目より古い部分に「敵対矛盾」を、新しい部分に「非敵対矛盾」を振り分けているのに対し、後者が、竹を縦に裂き割って、一方の半身に「敵対矛盾」を、他方の半身に「非敵対矛盾」を振り分けているようなものである。いずれにしても、形而上学的発想に基づく区分であり、誤謬であることに変わりはない。

これらの見解に対し、「敵対矛盾」と「非敵対矛盾」のちがいを相対視する見解の典型は、アイヒホルンあるいは毛沢東である。アイヒホルンと毛沢東は、それぞれ東ドイツと中国という民族資本を内含した自称「社会主義社会」に生活していた。この二人の見解は、自らが生活していたそのような社会の現実をそれなりに反映していたと思われる。しかしながら、アイヒホルンと毛沢東の見解が、この点について相対的に正しかったとしても、「敵対矛盾」と「非敵対矛盾」の区別と関連を矛盾における直接的な側面と媒介的な側面の両方からとらえなければならない、という点には両者ともまったく気づいていなかった。

もちろん、この点については、「敵対矛盾」と「非敵対矛盾」を形而上学的に二分する論者たちも同じようにまったく気づいていなかった。そのため、そのいずれの論者たちも、「敵対矛盾」と「非敵対矛盾」の概念区分を説明するに際して、論理的な明快さに欠けざるを得なかったのである。

直接的な側面とは、矛盾における対立物の対立（《対立と統一》における対立）関係の一特殊形態として、その敵対・非敵対性を考えることを意味する。媒介的な側面とは、矛盾の《解決》と密接に関係している。すなわち、矛盾そのものとは論理的に区別してとらえねばならない矛盾の《解決主体》と矛盾それ自体との関係の一特殊形態として、その敵対・非敵対性を考えることを意味する。

この両者の区別と関連は、ひとたび《外力》論的な視点に立つや否や、明々白々とした単純かつ簡単なものになる。しかし、矛盾論争の参加者たちは、三浦つとむや毛沢東もふくめて、この点にまったく気がつかなかったのである。ただし、ウクラインツェフにだけは《外力》論的な視点の萌芽が見られる。

直接的な側面においても、媒介的な側面においても、「敵対矛盾」と「非敵対矛盾」との区別は相対的である。直接的な側面においては、矛盾の対立物は対立していると同時に統一されているのであるから、対立関係の一特殊的形態として敵対関係にあるとしても、それと同時に統一関係の一般的形態としての非敵対的関係は必ず存在していることになる。すなわち、対立物が対立していると同時に統一しているという矛盾の矛盾的性格に規定されて、直接的な意味における矛盾の敵対関係と非敵対関係は相対化せざるを得ないのである。

媒介的な側面においては、なおさら敵対・非敵対の関係は相対的となる。矛盾の《解決主体》の事情や《解決対象》たる矛盾の発展状況、あるいは、その他の諸条件によって、両者の敵対・非敵対関係はどのようにでも変わり得るからである。

つぎに、矛盾の《解決方法》に関する論点をまとめてみよう。

この問題に関する矛盾論争参加者の見解は、大きく二つに分類することができる。

一つは、矛盾の《解決方法》は、闘争によって矛盾を《克服》するという方法、すなわち、矛盾を《消滅あるいは止揚》させることによって解決する方法であり、これ以外にはないという見解である。この見解は、三浦つとむとソーボレフ以外の、ほとんどすべての論争参加者が主張していたものである。これは、彼らがレーニンの聖句（?）に縛られていたことに起因している。逆にいえば、彼らがこの見解に固執しているかぎり《矛盾におけるレーニン的背理》から逃れることはできないのである。彼らが現実の社会的矛盾の《解決方法》を論ずるさい、この《矛盾におけるレーニン的背理》に躓いて演じた悲喜劇（あるいは愚劇と言うべきか）は、すでにくり返し観察し、指摘してきた。

他の一つは、矛盾の《解決方法》には、矛盾の《克服》の他に、矛盾を《維持・強化》するという方法、すなわち、矛盾を《調和的に実現》することによって解決する方法がある、という見解である。この見解を論理的に徹底させたのは三浦つとむである。ソーボレフは実質的に同様の見解を主張しているようだが、レーニンの例の聖句（?）に拘束されて論旨が不徹底な段階に止まっている。三浦つとむやソーボレフの見解の方が、その他のものよりも相対的に正しい。

ただし、その三浦つとむやソーボレフの見解にも誤謬がある。すなわち、三浦つとむやソーボレフが自らの「敵対矛盾」と「非敵対矛盾」に関する形而上学的な理解と《外力》論的視点の欠落に規定され、その二つの《解決方法》を以下のように狭く限定してとらえてしまった。

「われわれが死にたくないならば、自分の生命の矛盾がやまないように、この矛盾を維持しなければならない。また、われわれが搾取で苦しみたくないならば、資本制社会の矛盾がやむように、この矛盾を消滅させなければならない。ここに、二つの根本的に対立した性格の矛盾と、二つの根本的に対立した性格の矛盾の解決方法がある」（注259）

注259：三浦つとむ『毛沢東主義』（勁草書房）69頁

しかし、そもそも矛盾を《解決》するとは、いかなることであろうか。それは《解決対象》たる当の矛盾を、その矛盾を《解決》すべき《解決主体》が自らの望む《解決目的》を実現させるために、その当の矛盾に働きかけ処理するところの能動的な人為的作用の一形態ととらえるべきものであろう。矛盾というものを《自己運動》という概念に置き換えるならば、矛盾の《解決》とは、その《自己運動》を《解決主体》の望む方向に目的意識的に改造・制御すべく働きかけるところの、きわめて実践的な《外力》の一種である、ということになる。

それゆえ、矛盾の《解決方法》としては、たんに矛盾（＝《自己運動》）を《克服》したり（これは矛盾を《消滅あるいは止揚》することをその《解決目的》とした場合の《解決方法》である）、あるいは《維持・強化》する（これは矛盾を《調和的に実現＝発展》させることをその《解決目的》とした場合の《解決方法》である）ことばかりではない。その他に、矛盾を《改造》することや《創造》することも、その重要な基本形態として存在しているのである。

すなわち、以上を矛盾（＝《自己運動》）の発展過程に沿って並べると以下のようになる。

《解決方法》	《解決目的》
一　矛盾の《創造》	新たな矛盾の《発生》
二　矛盾の《維持・強化》	矛盾の《調和的実現＝発展》
三　矛盾の《改造》	矛盾の《変質・変形》
四　矛盾の《克服》	矛盾の《消滅・止揚》

以上が、矛盾の《解決方法》の四つの基本形態である。

ただし、実際にこれらの《解決方法》を適用する場合は、矛盾の《解決主体》または《解決対象》たる矛盾（＝《自己運動》）の状態、あるいは《解決》する場合のとき・ところ・その他の諸条件によって、どの《解決方法》を採用すべきかが決められることになる。場合によっては、種類の異なるいくつかの《解決方法》を組み合わせて併用することもあり得るわけである。

この点で、見落とすことのできないのはウクラインツェフである。ウクラインツェフは確かに、矛盾の《解決方法》を、他の大部分の論者と同様に《克服》のみに限定してはいる。しかし、その《解決》を「適時」におこなうように主張している。すなわち、ある矛盾は即座に「解決」＝「克服」すべきであるが、それればかりではないと、つぎのように主張しているのである。

「いくらかの矛盾は、それがあるていど成熟して、発展のみなもとからブレーキにかわりつつあるとき解決されなければならない。だから、矛盾を適時に克服するには、その成熟の度合いをたえず考慮にいれておかなければならない」（注260）

注260：B・ウクラインツェフ「社会主義社会の矛盾を適時に解決する問題」／榊利夫編『矛盾』（合同出版）所収　144頁

ウクラインツェフのいう矛盾の《解決方法》の内容は、大雑把で誤謬も多い。しかし、ウクラインツェフが矛盾のことを《解決主体》が主体的に制御すべき対象として明確に認識していたことは、上記の引用箇所からだけでもよく了解できるであろう。これは、ウクラインツェフが《外力》論的な視点にある程度は到達し得ていたなによりの証拠である。

三 〔論争点Ⅲ〕のまとめ

最後に〔論争点Ⅲ〕、すなわち、社会主義社会の「基本矛盾」をどうとらえるかという問題についてまとめることとしよう。

この点に関する見解は、大きく三つに分類することができる。

一つは、ステパニャンに代表されるもので、社会主義の「基本矛盾」はその時点における生産力と社会的需要との間の矛盾にある、とする見解である。

二つは、ペルローフに代表されるもので、生産手段に対する人々の平等な関係と物質的地位における不平等な関係との矛盾にある、とする見解である。

三つは、クロンロードに代表されるもので、社会主義社会には「基本矛盾」とみなし得るものは存在しない、とする見解である。

一つ目の見解は、社会主義社会の「基本矛盾」というよりも、生産力一般の「基本矛盾」とみなし得るものである。なぜならば、この矛盾があればこそ、人間社会の生産力は一時も止まらずに発展しつづけるのだから。

二つ目の見解は、マルクス&エンゲルスの見解に紙一重のところにまで近づいている。ただし、この見解は、人間社会の現実的土台たる生産関係のところまで問題を掘り下げていない。

「社会の物質的生産諸力は、その発展がある段階にたっすると、いままでそれがそのなかで動いてきた既存の生産諸関係、あるいはその法的表現にすぎない所有関係と矛盾するようになる」（注261）

注261：マルクス『経済学批判』武田隆夫他訳（岩波文庫版）13頁

二つ目の見解は、まさに、その生産関係の「法的表現にすぎない所有関係」、さらには、その派生的関係にすぎないところの分配関係との間の矛盾を提示しているにすぎない。その意味で決定的に不十分な見解なのである。

三つ目の見解は、提唱者が社会主義社会の「基本矛盾」を発見できなかったことを、たんに自己告白しているにすぎない。

社会主義社会における《本質矛盾》を考察する場合には、マルクス&エンゲルスが『ドイツ・イデオロギー』や『反デューリング論』あるいは『ゴータ綱領批判』などの論文においてくり返し強調しているように、現実的な《分業》の問題に焦点を据えるべきなのである。すなわち《生産手段の社会的所有》と《分業》との矛盾、あるいは、生産手段の所有関係に関する平等と労働内容における不平等との間の矛盾。これこそが、社会主義社会の発生と共に発生し、社会主義社会が共産主義社会に移行するにともなって《消滅あるいは止揚》されるところの、社会主義社会の《本質矛盾》である。

それにもかかわらず、かつての「矛盾論争」に参加した論争者たちが、各人各様の誤謬に落ち込み、そこから抜け出すことができなかったのは、主に、つぎの二つの視点を自らのものになしえなかったためであろう。

一つは、矛盾が《対立の統一》というそれ自体が対立しているところの《対立》と《統一》という二つの概念を《統一》した矛盾的性格をもっている、という視点である。

二つは、矛盾は《自己運動》の原動力として、外部から受ける《外力》との区別と関連においてとらえるべきだ、という《外力》論的な視点である。

特に、二つ目の《外力》論的な視点は、矛盾の《解決方法》を考察する場合には欠かすことのできない基本的な視点である。なぜならば、矛盾の《解決》は、もともと《解決対象》たる矛盾そのものと《解決主体》との間の媒介関係としてとらえなければならないはずのものだからである。したがって、そのためには、矛盾の《解決》とは《解決主体》が《解決対象》たる矛盾に働きかける《外力》の特殊形態だとする、まさに《外力》論的な視点が必要不可欠となる。

それでは、人間社会における矛盾を人間が《解決》する場合においてまで、その《解決》を《外力》として扱わなければならないのはなぜか。人間は人間社会そのものの一部、つまり、矛盾そのものを内的に構成する一部分であるはずなのに……、である。

確かにそのとおりである。しかし、人間が人間社会を真に科学的に解明し、意識的に制御し、さらに、新たな理想社会を創造していくためには、自らがその構成要素である人間社会そのものを冷静に客観視する視点に自らを立脚させなければならない。すなわち、実体としては、人間社会の一員としてその矛盾の内的な一要素でありながら、関係としては、当の《解決対象》たる矛盾に《外力》の一種を主体的に作用させるべき《解決主体》(=《外力》主体)として自らを外的に対置しなければならない。ちょうど、外科医が本人自身の身体を手術する場合のように。

マルクスは『ドイツ・イデオロギー』において、共産主義を説明している箇所の副題として、つぎのような言葉をもって表現している。

「〔C〕共産主義。——交通形態そのものの生産」(注262)

注262:マルクス・エンゲルス『ドイツ・イデオロギー』古在由重訳(岩波文庫)108頁

これは、マルクスが、共産主義社会において初めて人間は自らの属する人間社会そのものを完全に制御し得るようになること、すなわち、人間社会の矛盾を《解決対象》として客観視し、それを《解決主体》の立場から目的意識的に《解決》できるようになること、を主張したことのなによりの証だと思われる。

マルクス&エンゲルスが夢見たいわゆる共産主義社会に未だ到達していない現在の人間は、さまざまな媒介を経なければ人間社会の矛盾を《解決》することができない。その点が自然科学あるいは自然工学の分野と違って複雑な点なのである。それゆえに、なおさら、人間社会の矛盾と取り組む場合には《外力》論的視点を明確にする必要がある。また、逆に《自己運動》論を踏まえたところの《外力》論の水準の高低が、そこにおいて真に試されることにもなるのである。

あとがき

私が、四〇年近く前に、この『唯物弁証法の基本構造』を執筆してから、今回、このような単行本として上梓できるようになった経緯については、本書の「解説」にくわしく記したので、ここではくり返さない。

ここでは、その間、私にさまざまな学恩を授与し、私を支援し、あるいは、私に協力してくださった方々に、改めて深い感謝の意を表することにしたい。

先ず、私の学生時代の恩師であった新沢嘉芽統先生に、心から感謝の意を表する。

また、著書を通して私にマルクス&エンゲルスの唯物弁証法を解説し、それに関する私の研究を先導してくれた三浦つとむ氏に深く感謝したい。もっぱら、著書を通しての学恩であったが、三浦つとむ氏の研究業績が先行していなければ、私の『唯物弁証法の基本構造』は存在しなかったはずである。このことをここに明記し、深く感謝の意を表したい。

さらに、海のものとも山のものとも分からない私の投稿原稿『唯物弁証法の基本構造』を高く評価し、大切な主宰誌『試行』に終刊号まで長期連載してくれた吉本隆明氏に、深く感謝の意を表したい。吉本隆明氏の主宰誌『試行』に採用され、長期連載されたという事実が、どれだけ私に歓喜と自信を与えてくれたことか。それは、はかり知れないほど大きなものであった。
加えて、まことに個人的な想い出を一つ記しておく。この論文『唯物弁証法の基本構想』の初稿を新婚早々の妻・朋子が清書してくれた。ほぼ四〇年も前のことだが、今でもときどき想い起こす大切な想い出の一つである。
最後に、ここにおことわりをしておく。実は、この論文を『試行』誌に投稿する際に、私はペンネーム（東是人）を使用していた。しかし、今回、この単行本『唯物弁証法の基本構造』を上梓するに当たって、著者名を本名（東百道）に復した。このことを、ここに明記しておく。

戦後七二年（西暦二〇一七年）一月四日

東　百道　記す

（旧ペンネーム　東　是人）

【初出誌】　吉本隆明主宰『試行』誌　第五四号〜第六九号、第七二号〜第七四号（終刊号）
東百道主宰『過程』誌　第三号〜第四号

【付論】　社会主義の現在

一　社会主義に対する現在の代表的なイメージ

西暦一九二二年に成立したソ連（ソビエト社会主義共和国連邦）が、西暦一九九一年についに崩壊し、それまで東西冷戦という形で対立していた片方の東側陣営の中心部分が溶解してしまった。ソ連の命脈は、約七〇年であった。

この後、さまざまな政治・経済現象が発生し、改めて、ソ連という体制の内実や、第二次世界大戦後の世界を大きく規定してきた冷戦の意味や構造が、少しずつ明らかになってきた。かつて吉本隆明は、ゴルバチョフ政権の登場を日本の終戦時の東久爾内閣に擬していた。今にして思えば、その位置づけは実に的確だったように思われる。

プロ野球のヤクルト監督だった野村克也が「勝ちに不思議な勝ちあり、負けに不思議な負けなし」といったそうだが、冷戦にもこれは当てはまる。勝った方のアメリカはともかく、負けた方の旧ソ連は正に負けるべくして負けたといってよい。現時点までに明らかになった、旧ソ連の政治・経済・社会の内実を見るにつけ、そのことがよく納得できる。

旧ソ連の敗因は、やはりキチンと詳細に分析すべき大切なテーマであろう。

旧ソ連はいやしくも「社会主義社会」を自称&自認してきたのであり、その国民一人一人が約七〇年間にわたって積み重ねてきた歴史的体験なのである。旧ソ連の敗因を、せめて歴史的教訓として総括しなければ、その内実はあまりにも悲惨すぎる。

ただし、旧ソ連に起因する悲惨な歴史体験を押しつけられたのは、なにも旧ソ連の国民だけではない。周辺諸国の国民は直接に巻き込まれている。また、それを冷戦体験という意味に広げて考えてみれば、世界全体の人間が多かれ少なかれ関係せざるを得なかった歴史体験でもある。その意味では、いわば全人類史的な体験だったともいえる。

したがって、旧ソ連の研究は誰かが必ず取り組まなければならない課題であろう。特に、過去に旧ソ連を支持してきた人間、あるいは旧ソ連から有形無形の恩恵を受けてきた人間は、それを自ら担うべき責務があるはずである。

さて、旧ソ連そのものの実体的な研究はともかくとして、思想・理念・理論としての社会主義あるいは社会主義社会については、旧ソ連の崩壊を踏まえつつ、現時点における私の見解を整理しておく必要を感じている。

現在、社会主義は、負け犬の扱いを受け、往年の輝きをまったく失っている。そこで、過去〜現在においてマルクス主義者たちが主張した自称「社会主義」すなわち偽「社会主義」を思想・学問的に批判し、マルクス&エンゲルスが構想した社会主義の原像を思想・学問的に復元した上で超克し、未来の人間社会のあり方を思想・学問的に探究する方向性を少しでも提示するために、ここではとりあえず「社会主義の現在」というテーマで考察を試みることにしたい。

ところで、現時点（戦後七三年／西暦二〇一八年）において、社会主義というものはどのように理解されているだろうか。まず、その現在的なイメージを整理するところから始めよう。

吉本隆明は、かつて『「反核」異論』（深夜叢書社／一九八二年）という本の中で、自身の社会主義のイメージを提示している。そこに提示された社会主義のイメージは、かなり魅力的で明快であった。この吉本隆明の社会主義観は、社会主義の現在的なイメージとして検討に値する。この吉本隆明が提示した社会主義のイメージを、かりに「吉本新型」社会主義と呼ぶことにする。

また、ソ連崩壊後の現在において、今もなお「社会主義」を自称している最大の国家は中華人民共和国（以下、中国と略称する）である。その中国では、毛沢東の死後、社会主義的市場経済ということが主張され、中国共産党（以下「中共」と略称する）の一党独裁の下に、資本主義的な考え方が大幅に取り入れられている。この「中共」が独裁的に支配する中国の自称「社会主義」も、現存する社会主義のイメージを造形しているものの一つであろう。そのような社会主義のイメージを、かりに「現中共型」社会主義と呼ぶことにする。

ただし、そういう中国とはちがう形の「社会主義」を自称する国も、今なお少数ながら現存している。それらは基本的には、すでに崩壊した旧ソ連の流れをひいた自称「社会主義社会」なのである。そのような社会主義のイメージを、かりに「旧ソ連型」社会主義と呼ぶことにする。

すなわち、現在の私が知る範囲では、以上に示した「吉本新型」と「現中共型」と「旧ソ連型」が、社会主義の現在的なイメージの代表格なのである。そこで、まず、この三つの型の社会主義のイメージをひとわたり吟味するところから始めていこう。

まず、一つ目の、吉本隆明が提示した「吉本新型」社会主義について。

吉本隆明は『「反核」異論』（深夜叢書社／一九八二年）において「もともと理念あるいは理想の原型としての社会主義は、単純で明晰な数個の概念で云い尽くすことができる」と前置きした後で、社会主義をつぎのような四つの規定に集約している。

「第一に、賃労働が存在しないことである。いいかえるとじぶんたち自身の利益に必要な社会的な控除分をべつにすれば、誰もが過剰な労働をする必要がないことである。

第二に、労働者、大衆、市民が、じぶんたち相互の直接の合意で、じぶんたちが直接動員できないような軍隊や武装弾圧力をもたないことである。

第三は、国家は、それがこの世界に存在しているあいだは、労働者、大衆、市民にたいしていつでも開かれていることである。やさしくいいかえれば、いつでも労働者、大衆、市民の無記名の直接な投票によってリコールできる装置をもっていることである。

これだけでも充分だが第一の項目を補なうためにつけ加えれば、

第四に、私有していればみんなの障害になったり、不利益や不便になったりする生産の手段にかぎっては、社会的な共有にして是正することである」（注）

注：吉本隆明『「反核」異論』（深夜叢書社）139〜140頁

ここで吉本隆明が集約した四つの規定のうち、第一と第四は、生産物の分配関係あるいは生産手段の所有関係、すなわち、生産関係の範疇の問題である。これは経済の問題だともいえる。また第二が軍事武装力、すなわち、社会的強力（社会的暴力）の問題である。そして、第三が国家あるいは政治権力の問題ということになる。

さて、第一と第四についてだが、これらは相互に論理的な背理関係にある。

もし「賃労働が存在しない」ならば、生産手段の私有も「存在しない」ことにならなければおかしい。もちろん、ここで吉本隆明が問題にしているのは、社会的な生産であって、家内的自己生産（即家内的自己消費）といった家内自己完結的な生産でないことは自明であろう。第四によれば、吉本隆明は社会主義社会における生産手段について私有を原則としているように読める。なぜなら、そういう原則に立って「私有していればみんなの障害になったり、不利益や不便になったりする生産の手段にかぎっては」その私有を「社会的な共有にして是正することである」と記しているからである。逆にいえば「私有していればみんなの障害になったり、不利益や不便になったりする生産の手段」以外は、社会的な生産における生産手段の私有を認めるということになる。このような社会的な生産手段の私有を認めるということになれば、当然、労働者の雇用を認めなければならないし、その結果として「賃労働が存在」する事態も認めなければならない。

それだけではない。たとえ、生産手段を「社会的な共有」にしたところで、生産手段の所有関係そのものが止揚されないかぎり、被雇用者の「賃労働」はそのまま残存せざるを得ない。現に、かつて旧ソ連に存在した国有企業あるいは公有企業においても「賃労働」は「存在」していた。

そもそも「賃労働」の止揚などということは、社会的な《分業》が止揚され、社会的な《所有》関係そのものが止揚されなければできないものである。それは、現在のところ未だ誰も経験していないいわゆる共産主義社会においてこそ、初めて実現されると想定されているものである。少なくとも、マルクス&エンゲルスの理論によれば、それが「社会的な共有」であれ「国有」であれ、生産手段の所有それ自体が残存している社会というものは、共産主義社会ではなく、現在いわれているところの社会主義社会ということになる。

したがって、そのようなマルクス&エンゲルスの理論に照らしてみれば、吉本隆明の社会主義観の第一点目と第四点目は、共産主義社会的段階の内容と社会主義的段階の内容が混同されているといわざるを得ないのである。

つぎに、第二の軍事武装力の問題にうつる。

この点における吉本隆明の主張は、大変に魅力的である。もちろん、まったくの非軍事化、非武装化が本来的には望ましい。しかし、次善のものとしては「労働者、大衆、市民がじぶんたち相互の直接の合意で、じぶんたちが直接動員でき」る「軍隊や武装弾圧力」をもつべきだ、ということがもっとも望ましいイメージであろう。

吉本隆明のいう「直接の合意」や「直接動員」ということは、大衆（人民）皆兵的な市民軍というイメージに近いと思われる。少なくとも、国家や特定の政治（宗教）党派の支配下にある軍隊や武装弾圧力は認めない、というところまでは明確に読みとることができる。たとえ国家が、吉本隆明が第三点目で言及しているように「いつも開かれている」ものになったとしても、国家には「軍隊や武装弾圧力」を持たせない、ということになる。

ところで、ここで吉本隆明が主張している軍隊の「直接動員」という表現からは、一種の《分業》止揚のイメージを読みとることができる。これを一種の《分業》止揚ととらえれば、それはマルクス&エンゲルスいうところの共産主義社会の段階の内容である。それに対して、吉本隆明の主張の第三は国家の存在を前提にしている。しかし、国家は、社会的な《分業》が生み出すところの幻想的（擬制的）な共同体にすぎない。すなわち、国家が残存する社会、社会的な《分業》が残存する社会は、マルクス&エンゲルスによれば社会主義社会の段階である。そういう意味で第二点と第三点は矛盾している。ここにも共産主義と社会主義との混同がみられる。

それはそれとして、吉本隆明がこの第三に記している《開かれた国家》というイメージは、新鮮な印象を受ける。それは、なにかしらリンカーンの政治思想を連想させる。吉本隆明の社会主義観にはこれまで記したように、基本的な部分で矛盾や混同があることも事実である。しかし、この《開かれた国家》という表現に新鮮なイメージがあることも事実である。ただし、これはデモクラシーのイメージのひとつである。社会主義そのものとは関連はあっても、同一ではない。そこに、国家（政治家や官僚たち）をいつでもリコールできるという、政治家や官僚たちを《分業》的な職業区分として認めない点（専門化することを認めない点）に、吉本隆明の社会主義観の一端を垣間見ることができるにしても、である。

つぎに、二つ目の、現在の「中共」が提示している「現中共型」社会主義について。

いわゆる文化大革命を終息させた「中共」は、その後「社会主義市場経済」論、あるいは「市場経済的社会主義」論なるものを提唱し、実践している。そういう「現中共型」の自称「社会主義」とはどのようなものであろうか。

この「現中共型」社会主義の本質は、国家＝政治のあり方は従来の「中共」による一党独裁体制を維持しつつ、経済のあり方については資本主義的な経済形態を導入しようというものである。

ただし、この「中共」の一党独裁体制の特徴は、革命の元老（あるいは功労者）といわれる有力幹部の生き残りとその一族が「中共」を支配し、その「中共」が中華人民共和国という国家を一党独裁的に支配し、その中華人民共和国という国家が中国の人民全体を支配するというように、ごく大まかに考えても三重の支配構造をもっている点にある。しかも、その三重支配の中核となっている「中共」は、中国人民の自由選挙による支持という民主主義的な権威によって支えられているものではなく、もっぱら自称「中国人民解放軍」という「中共」の政治党派的な軍事組織の武力によって支えられているにすぎない、という点に最大の特徴がある。

したがって、この「中共」の有力幹部が、自分と自分の一族の命運をかけて「中共」の支配権を手にいれるためには、自分の一族を「中共」の幹部に引き上げるなどの方法で「中共」内に勢力を扶植するだけではなく、自称「中国人民解放軍」内にも勢力を扶植してその支持と支配権を手に入れなければならない。自称「中国人民解放軍」という軍事組織の支持と支配権を確保しつづけるためには、それを優遇しつづけなければならない。

したがって、この「中共」の一党独裁体制というものは、本質的に「先軍」体制をとらざるを得ないものとなっている。その意味で、この「中共」の一党独裁体制と本質的に同型なのが、朝鮮民主主義人民共和国（以下、北朝鮮と略称する）における朝鮮労働党の一党独裁体制と自称「朝鮮人民軍」との関係であろう。すなわち、北朝鮮の事例は「現中共型」社会主義を畸形的に極端化したもの、その変種的な一類型とみなし得るのである。

そのような「現中共型」の自称「社会主義」体制、すなわち、従来からの「中共」による一党独裁体制を維持したままで、経済のあり方に資本主義的形態を導入したら、はたしてどういうことになるであろうか。

現時点（西暦二〇一八年）の状況をみるまでもなく、革命の元老（あるいは功労者）といわれる有力幹部の生き残りとその一族による国有財産（土地や公金）の資本主義的占有、すなわち、国有財産の実質的な私物化となることは当然の帰結である。歴史上、これほどひどい資本主義的形態は他に存在しないといってもよいほどなのである。

このような「中共」による一党独裁的な政治体制と、その「中共」の有力者一族の占有による資本主義的な経済体制のアマルガムは、いかに「中共」が「社会主義社会」を自称しようとも、決して社会主義社会などというものではない。もし、こういう代物が「社会主義」から派生し得る一形態だとするならば、それは社会主義のイメージとしては、最低、最悪の一形態である、といった方がよいかもしれない。少なくとも、マルクス＆エンゲルスが理論的に構想した社会主義のイメージとはまったく無縁の代物なのである。

最後に、現在でも自称「社会主義」の代表格となっている「旧ソ連型」社会主義について。

この「旧ソ連型」の自称「社会主義社会」は、やはり、一つの極端な形態というか、一種の畸形的な形態というべきであろう。その極端さ、畸形さの内容は「現中共型」とはかなりちがうが。

武力で革命を成功させた革命政権が、政権確立の過程で発生する政権内部の権力闘争を、粛清という方法で決着させていくことは特に珍しい出来事ではない。問題はその内容と範囲である。粛清が、ブルドーザーで地面を根こそぎ剝ぎ取るように、あるいは、ローラーで地上のものを容赦なくすべて押しつぶすように、徹底的に、非人間的に、かつ、組織的に、何回もくり返しおこなわれたこと。その結果、いわゆる「ノーメンクラツーラ」なる特権階級を基軸とする一党独裁型の官僚支配体制が堅固に構築され、それが七〇年もの永い年月にわたって継続されたこと。これは、やはり、ただごとではない。

このように異様な社会体制が構築され、永続したことの大きな要因には、やはり冷戦の発生とその継続があげられる。資本主義諸国（西側諸国）の経済&軍事的な制裁が、一方では「旧ソ連型」の自称「社会主義社会」の極端化と畸形化をいっそう助長し、他方ではソビエト連邦共産党（以下「ソ共」と省略する）の一党独裁体制の堅固性と永続性をいっそう助長してしまった。それが経済的には、国家的な戦時統制経済体制が、マルクス主義なるイデオロギーを表看板にして、約七〇年もの永い年月にわたって継続されてしまったというわけである。

この一党独裁型の官僚支配体制は、二重、三重の重層的な構造をもっていた。国家統制的な政治支配が、まず「ソ共」という一党派によってソビエト（労農兵評議会）が乗っ取られ支配される。そして、そのソビエト（労農兵評議会）によって国家が乗っ取られ支配される。その国家が、あらゆる国家その他の官僚機構、軍事組織（ソビエト社会主義共和国連邦軍）、あらゆる国有（公有）企業を支配していたわけである。しかも、その頂点にあった「ソ共」そのものは、その「ソ共」の党内特権官僚階級（ノーメンクラッーラ）に実質的に支配されていた。

また、旧ソ連（ソビエト社会主義共和国連邦）は、その名のとおり一五の共和国からなる連邦国家であった。その中核はロシア・ソビエト連邦社会主義共和国であり、その他のウクライナ・社会主義共和国や白ロシア・社会主義共和国などという一四の社会主義共和国によって構成されていた。しかし、その実態は、中核であったロシア・ソビエト連邦社会主義共和国が、他の一四の社会主義共和国を支配するという複合的な支配構造からなっていた。

すなわち、旧ソ連という自称「社会主義社会」は、一党派である「ソ共」と一国家であるロシア・ソビエト連邦社会主義共和国によって重層的&複合的に支配された構造をもっていた。逆にいえば、旧ソ連という自称「社会主義社会」は、そのすべてが実質的には「ソ共」の党内特権官僚階級（ノーメンクラッーラ）の支配下、すなわち、所有下にあったということになる。

以上の「吉本新型」「現中共型」「旧ソ連型」という三つの型の社会主義のイメージを、前に記した「吉本新型」の一～四のポイントに則して、一つの表にまとめておく。

〔表１〕社会主義に対する現在の代表的イメージ

	賃金	国家	軍隊	所有形態
「吉本新型」	・賃金の止揚	・随時リコール ・開かれた国家	・直接の民衆の同意なしの動員なし	・必要に応じて社会的な共有
「現中共型」	・賃金存続 ・賃金は労働市場により決定	・一党の国家乗っ取り ・党内派閥競合 ・一民族による多民族支配	・一党の私兵化 ・党内派閥の競合支配	・私有と国公有の混在・競合
「旧ソ連型」	・賃金存続 ・賃金は職種職階に応じて統制的に決定	・一党の国家乗っ取り ・党官僚一元支配 ・一国による他連邦国支配	・一党の国家乗っ取り ・党官僚一元支配	・原則国有

二　マルクス&エンゲルスにおける社会主義社会の本質

さて、以上にまとめた「吉本新型」「現中共型」「旧ソ連型」それぞれの社会主義も、結局、ベースとするのはマルクス&エンゲルスの社会主義観であろう。あらためて、マルクス&エンゲルス本来の社会主義観を再措定しておこう。

マルクス&エンゲルスの文献においては、共産主義と社会主義、あるいは、共産主義社会と社会主義社会という用語がほとんど同義的に使われている。それに対して、現在のわれわれは、通常、社会主義社会のことを資本主義社会から共産主義社会にいたる過渡期の社会としてとらえ、その意味で共産主義社会とは区別している。マルクス&エンゲルスの時代と現代との、そのような用語のちがいを忘れ、マルクス&エンゲルスの文献を読むと思わぬ混乱に陥る恐れがある。

たとえば、マルクスは『ゴータ綱領批判』で、通常われわれが社会主義社会と表現しているものを、以下のように「資本主義社会から生まれたばかりの共産主義社会」と表現している。

「ここで問題にしているのは、それ自身の基礎のうえに発展した共産主義社会ではなくて、反対に、資本主義社会から生まれたばかりの共産主義社会である。したがってこの共産主義社会は、あらゆ

る点で、経済的にも道徳的にも精神的にも、それが生まれてきた母胎である古い社会の母斑をまだ身につけている。（中略）

ここで支配しているのは、商品交換――それが等価物の交換であるかぎりで――を規制するのとあきらかに同一の原則である」（注）

注：マルクス『ゴータ綱領批判』（岩波文庫）35～36頁

また、エンゲルスは『反デューリング論』の第三篇で「社会主義」という標題の下に、エンゲルス自身の社会主義社会に関する考えをかなりくわしく展開している。しかし、その内容は明らかに、通常われわれが共産主義社会と呼んでいるものなのである。すなわち、エンゲルスは『反デューリング論』において、共産主義社会のことを社会主義社会と表現しているわけである。

このように、マルクス＆エンゲルスの時代と現在では、共産主義社会と社会主義社会に関する用語表現上のちがいがある。これが、吉本隆明の社会主義観にいくらかの混乱をあたえたかも知れない。

しかし、われわれがここで問題としているのは、明らかに、現在、通常いわれているところの社会主義社会である。現在、通常いわれているところの共産主義社会は、今はまだユートピア的イメージの段階に止まっている。したがって、マルクス＆エンゲルスが、現在の通常いわれているところの社会主義社会をどのようにとらえていたか、がここでの焦点となる。そこで、無用な混乱を起こさないために、ここで社会主義社会なり共産主義社会なりの用語を使う場合には、特に断らないかぎり、マルクス&エンゲルスの時代の使い方ではなく、現在の通常の用法表現に基づいていることを明示しておく。

残念なことに、マルクス&エンゲルスは、ここで問題にしている社会主義、あるいは、社会主義社会について、そう多くの論述を書き残していない。したがって、彼らの社会主義観がどのようなものであったかについては、論理的な推論によって補完しながら再措定していく他ない。

マルクス&エンゲルスの社会主義社会における《本質矛盾》については、すでに本書の本論のところで論及してある。一応、以下に、その《本質矛盾》を要約して再記する。

マルクス&エンゲルスの理論は、良くも悪くもきわめて体系的かつ立体的に組み立てられていた。したがって、マルクス&エンゲルスの社会主義観を正確に知るためには、まず、彼らの人間社会観一般というもっとも基本的なレベルの問題から順々に調べていかなければならない。そして、この点に関しては、三浦つとむが素晴らしい解読をしている。三浦つとむのその解読は「唯物史観小論」(三浦つとむ『マルクス主義と情報化社会』三一書房)のなかで展開されている。

三浦つとむによれば、マルクス・エンゲルスは人間社会をつぎのように把握していた。

人間社会＝現実的な生活の生産及び再生産における諸個人の協働過程

マルクス&エンゲルスは、その人間社会を一つの自己運動体として把握していた。一般的に、自己運動体が自己運動（自己展開）をおこなうための内発的な原動力は、その自己運動体が内包している本質的な矛盾（対立の統一）なのである。これが、マルクス&エンゲルスの唯物弁証法の核心といっていい。その意味で、マルクス&エンゲルスが人間社会の《本質矛盾》をどう把握していたか、という点が問題となる。

現実的な生活の生産及び再生産の過程において、人間は諸個人としては他と区別された存在であり、個々の人間として活動している（＝対立）。しかし、それにもかかわらず、その実際の生産に際しては社会的な関係において、すなわち、いくたりかの個人の協働によって存在し、活動している（＝統一）。この矛盾（対立の統一）が、人間社会のもっとも一般的で本質的な矛盾だというのが、マルクス&エンゲルスの考えであった。

これは、個人と社会の関係とか、一人は万人のために万人は一人のためにというような一般的な考え方と基本的に同じだとみてよい。

また、マルクス&エンゲルスは、その人間社会の歴史を大きく二つに区分してとらえていた。一つは、共産主義社会にいたる前の段階で、これを一括して人間社会の《前史》と呼んでいる。二つは、共産主義社会の段階である。これについて、マルクス&エンゲルスは特に表記していないが、先の

《前史》に対しては、さしずめ人間社会の《本史》とでも名づけられるべきものであろう。

そして、人間社会の《前史》を本質的に規定しているものが《分業》なのであり、共産主義社会、すなわち、人間社会の《本史》においてはその《分業》が止揚される、ということがマルクス&エンゲルスの歴史観の根本であった。すなわち、共産主義社会の本質は、人間社会における《分業》の止揚である、ということがマルクス&エンゲルスの歴史観の眼目であった。

マルクス&エンゲルスがいう《分業》とは、単純に個々の人間が別々の仕事を分担しておこなう、ということを意味しているわけではない。マルクス&エンゲルスが問題にしている《分業》とは、社会的生産手段が私有化されていることなどから、実際に《分業》を担っている人間にとっては社会的に強制され押しつけられたところの、きわめて非主体的な《分業》を意味している。

逆にいえば、個々の人間が自分の才能や生きがいを求めて、他に抜きんでた技能や知識を修練し蓄えて専門化すること、それ自体を問題にしているのではないということになる。

もともと、マルクス&エンゲルスは、人々が資本主義社会においては賃金奴隷に貶められている状況を批判し、一人一人の人間が賃金労働から解放され、主体的で人間的な活動を自由におこなえる社会の実現をめざしていたのだから、それは当然であろう。

マルクス&エンゲルスが問題にしたのは、人間社会の《前史》における《分業》であった。この《分業》は、人間社会一般の本質的な与件であるところの《協働》の特殊な形態である、と把握されていた。

　どういう点で特殊かというと、まだ生産力が低い歴史的段階においては、現実的な諸個人の《対立》関係が《生存競争》という畸形的な形態を採らざるを得ない。それにもかかわらず、否、それであればなおさらのこと、個々の人間が生まれながらに所属する個々の共同体（そして、この個々の共同体自体が《生存競争》的な《対立》関係にある）を媒介として生き抜いていくためには、生活生産における《協働》関係という諸個人の《統一》関係を、階級制などという特殊な形態に畸形的に変形し、それを個々人に強制していかざるを得ない。そういう畸形的な《協働》関係が《分業》という特殊な《協働》形態なのだ、と把握されていた。

　それでは、人間社会の《本史》である共産主義社会では、人間社会の《対立》と《統一》はどういう形態になるのか。

　マルクス＆エンゲルスは、現実的な《分業》の軛、すなわち、社会的生産手段の私有制（これは一部の階級にとっては社会的生産手段の所有であり、他の階級にとっては社会的生産手段の非所有である）の軛から解放された諸個人が、自由にそして自発的に自己活動すること。そして、それらの諸個人が、直接、創造し統御するところの現実的な共同体に参加すること。逆に、国家のように《分業》によって分裂した諸階級の敵対的対立と支配の隠れ蓑であることを本質とする幻想的な共同体を廃棄すること。そのような点に、人間社会の《本史》である共産主義社会の本質的特長を見ていた。

その場合の人間社会の《本質矛盾》は、自由で自発的な自己活動主体としての諸個人が相互に自立的に存在しつつ（＝対立）、現実的な共同体を媒介として直接的かつ単純にまたそれゆえにかえって全面的かつ高度に《協働》関係によって結合する（統一）というところにある。すなわち、自由で自発的な自己活動主体としての諸個人が、直接的かつ全面的な《対立》と《統一》関係において存在するという、人間社会一般の《本質矛盾》がもっとも単純な形式をもって、そして、それゆえに最も豊富かつ高度な内容をもって現われるところの矛盾。これこそが、人間社会の《本史》である共産主義社会の《本質矛盾》である、とマルクス＆エンゲルスは把握していた。

そして、われわれが問題にしている社会主義社会は、その《前史》と《本史》の間の過渡期的な社会ということになる。すなわち、人間社会の《前史》の発展の最高段階としての資本主義社会から、そういう資本主義社会「それ自身の基礎のうえに発展した」ところの成熟した《本史》との狭間において、その間の過渡期として存在する「資本主義社会から生まれたばかり」の《前史》の最後尾ないしは《本史》の最初期の社会としてマルクス＆エンゲルスに把握されていた。

人間社会の《前史》の最高発展段階としての資本主義社会の《本質矛盾》については、マルクス＆エンゲルス自体が明確に書き残している。したがって、それについては異論が少ない。たとえばエンゲルスは『反デューリング論』のなかで、つぎのように記している。

「資本主義革命――最初には単純協業とマニュファクチュアとによる工業の変革。これまで分散していた生産手段が大きな仕事場に集積され、それによって個々人の生産手段であったものが社会的な生産手段に転化する――この転化は大体において交換形態に影響がない。これまでの取得形態がもとのまま行なわれている。資本家が登場する。彼は生産手段の所有者の資格で生産物をも取得し、それらを商品とする。生産は社会的行為となっているが、交換、およびそれとともに取得は、あい変わらず個別的行為、個々人の行為である。社会的生産物が個々の資本家によって取得される。これが根本矛盾であり、それから一切の矛盾が発生し、今日の社会はそれらの矛盾を通じて運動してゆき、そして大工業がそれらの矛盾を明るみにさらけだすのである」（注）

注：エンゲルス『反デューリング論』粟田賢三訳（岩波文庫・下巻）224頁

すなわち「生産は社会的行為となっている」にもかかわらず「交換、およびそれとともに取得は、あい変わらず個別的行為、個々人の行為である」点。より端的にいえば「社会的生産物が個々の資本家によって取得される」点。この点が「根本矛盾」であるというわけである。

ここでポイントとなるのは「社会的生産物が個々の資本家によって取得される」というところだが、その根拠が社会的な「生産手段の所有者の資格で生産物をも取得」すると認識されている点だ。この認識はマルクス&エンゲルスの所有観、すなわち、生産物の所有の根拠は生産手段の所有にある、というところからきている。

そのような認識から、資本主義社会を止揚して社会主義社会を招来させるためには、社会的な生産手段を国有化（あるいは公有化）しなければならない、という社会主義観をマルクス&エンゲルスは主張することになる。論理的な観点からいえば、社会的な生産手段の所有を《社会化》する、といった方が的確だし、資本主義の矛盾もすっきり解決されるように思われる。

近年は、企業の国有化や公有化という考え方は非常に評価が下がっている。逆に、民間資本企業の良さが過大評価されている。これは一種の時代的な風潮なのかも知れない。この風潮の背景には、旧ソ連的な社会主義社会における官僚的で独善的な独裁体制に対する、国際的な反感反発がある。また、その旧ソ連における国有企業の経営効率、生産品質、サービスの劣悪さなどに対する、消費者的な反感反発もある。それに加えて、日本においては、明治維新以来の天皇制的官僚支配に対する民衆の反感反発、さらにいえば江戸時代以来の幕藩体制的「お上・お役人」に対する百姓町人あるいは一般市民たちの反感反発もある。それらに対する反感反発が、現在、歴史的な意味で最高潮期にあることにも関係しているかもしれない。

高度経済成長を経て、ようやく先進資本主義経済体制に到達した現在の日本において、国有企業や公営企業や近代天皇制（の遺制）的な官僚機構の評価が高いはずがない。しかし、そうであるからといって、民間資本企業が一般的に最善だということにはならない。現に、民間資本企業の、特に一流企業とか大企業と喧伝されている部分については、従来の国有企業や公営企業と類似した官僚主義や独裁制が蔓延しているのが実態であろう。また、民間資本企業の劣悪な部分においては、儲けんがために従業員に過重労働を押付けたり、強圧的な経営をしたり、劣悪な生産品質やサービスをおこなう場合も決して少なくはない。

現在は、民主主義は企業の入口で封殺され、その内側にまでは入り込めていない。社会倫理の面ではなおさらである。官僚主義の本家本元であるどうしようもない中央官庁や国有企業や公営企業に比べて、市場競争による緊張と淘汰があるために多少ましだというだけのことである。

さて、さきに、論理的には、社会的な生産手段の所有を《社会化》する、といった方が的確だと記したが、この点をもう少し展開してみよう。この《社会化》は、国有化あるいは公有化に比べて、より本質的かつ一般的な概念である。逆にいえば、国有化とか公有化は《社会化》に比べて、現象的かつ特殊的な概念にすぎない、ということになる。特に、国有化については、マルクス&エンゲルスにおいては、きわめて一時的な所有形態として把握されていた。すなわち、社会主義革命が発生した直後に短期的にしか存在し得ない、現象的かつ特殊な所有形態として把握されていたのである。

たとえば、エンゲルスは『反デューリング論』における「第三篇　社会主義」の「第二章　理論的なこと」で、つぎのように記している。

「資本主義的生産様式は、人口の大多数をますますプロレタリアに変えてゆき、そのことによって、没落したくなければぜひともこの変革をやりとげなければならない勢力をつくりだす。この様式は大きな社会化された生産手段の国有への転化をますますせまるのであって、そのことによって、この変革をやりとげる道をそれ自身で示してくれる。プロレタリアートは国家権力を掌握し、生産手段をまず国有に移す。しかし、それとともにプロレタリアートはプロレタリアートとしての自分自身を止揚し、それとともにあらゆる階級差別と階級対立とを止揚し、またそれとともに国家としての国家をも止揚する」（注）

注：エンゲルス『反デューリング論』粟田賢三訳（岩波文庫・下巻）218頁

「国家がほんとうに全社会の代表者として登場する場合の最初の行為――社会の名において生産手段を掌握すること――は、同時にそれの国家としての最後の独立な行為である。社会関係への国家の干渉は一つの領域から他の領域へとつぎつぎによけいなものになってゆき、やがてひとりでに眠りこんでしまう。人に対する支配にかわって、物の管理と生産過程の指導とが現われる。国家は『廃止』されるのではなく、それは徐々に死んでゆくのである」（注）

注：同前 219頁

このように、マルクス&エンゲルスは、社会主義革命後においては、国家および社会的生産手段の国有化は、きわめて短期間に死滅（止揚）されるもの、あるいは、徐々に死んでゆく（ひとりでに眠りこんでいく）ものと想定していた。

さて、そのようにして《前史》段階から抜け出し、社会主義革命によって《本史》に突入した最初の段階、すなわち社会主義社会の《本質矛盾》は、どのようにとらえるべきであろうか。

社会主義社会の直前の《本史》に存在した資本主義社会は、社会主義革命によって一応は廃棄される。すなわち、資本主義社会の《本質矛盾》であった「生産は社会的行為となっているが、交換、およびそれとともに取得は、あい変わらず個別的行為、個々人の行為である」という矛盾、すなわち「社会的生産物が個々の資本家によって取得される」という「根本矛盾」は、確かに社会的生産手段の国有化、公有化、所有の《社会化》によって廃棄（止揚）されたようにみえる。

そのために、社会主義革命によって、単に資本主義社会の《本質矛盾》ばかりではなく、あたかも《前史》の《本質矛盾》もすべて廃棄（止揚）されてしまったように受け取られかねない。それで、皆、論理的な袋小路に入ってしまった。すなわち、過渡期たる社会主義社会の《本質矛盾》が見えなくなってしまったのである。

このような論理的袋小路から抜け出すためには、まだ《本史》の初期段階にある社会主義社会においては、依然として生産力が低い段階であるために、人間社会が現実的な《分業》の軛から完全には抜け出せていない、という点を明確に認識しなければならない。

すなわち、マルクス&エンゲルスの理論からすれば、社会主義社会においては「生産手段をまず国有に移す」ことによって「社会的生産物」が「社会的」に「取得」されるようになったにもかかわらず、現実的な《分業》が残存している、という矛盾が新たに生じてくるのである。

実は、この新たに生じた矛盾こそが、社会主義社会の《本質矛盾》なのである。

別な言葉でいえば、社会的生産手段の所有においては対等であるにもかかわらず、所有（たとえそれが社会的な生産手段の所有の《社会化》であっても）そのものは未だ止揚し得ない段階であるために、現実的《分業》が残存することによって、社会的な生産においては対等でないという矛盾。この矛盾こそが、社会主義社会の《本質矛盾》なのである。

現に、その社会主義社会がやがて共産主義社会に進化する過程を、マルクスは『ゴータ綱領批判』においてつぎのように主張している。

「共産主義社会のより高度の段階において、すなわち諸個人が分業に奴隷的に従属することがなくなり、それとともに精神的労働と肉体的労働との対立もなくなったのち、また、労働がたんに生活のための手段であるだけでなく、生活にとってまっさきに必要なこととなったのち、また、諸個人の全面的な発展につれてかれらの生産諸力も成長し、協同組合的な富がそのすべての泉から溢れるばかりに湧きでるようになったのち——そのときはじめて、ブルジョア的権利の狭い地平は完全に踏みこえられ、そして社会はその旗にこう書くことができる。各人はその能力に応じて、各人にはその必要に応じて！」（注）

注：マルクス『ゴータ綱領批判』（岩波文庫）38～39頁

すなわち、社会主義社会がより高度な段階になると、人間社会は《生存競争》の軛から根底的に解放され、同時に現実的《分業》から解放される。それは、社会的な生産手段の所有において対等になるとともに、社会的な生産においても対等になる、ということでもある。したがって、そういう段階になったときに初めて、社会的な生産と所有に関する矛盾自体が完全に止揚されることになる。そういう社会が、マルクス&エンゲルスが共産主義社会と呼称していたものなのである。

人間社会を自己運動ととらえた場合は、社会主義社会は人間社会の《本史》の最初期に位置づけられ、その《本史》が人間社会総体（＝《前史》＋《本史》）の中心として位置づけられる。

すなわち、社会主義社会は、つぎのような螺旋的な三重構造をもつ自己運動の一部を構成している、ということになる。

「人間社会総体」⊃「人間社会の《本史》」⊃「社会主義社会」

そして「社会主義社会」という自己運動の発生と消滅（止揚）は、全歴史的な「人間社会総体（＝《前史》＋《本史》）」における《前史》という自己運動の消滅（止揚）に連なると同時に、その《本史》における「共産主義社会」という自己運動の発生にも連なるということになる。そのような三重螺旋の位置にある自己運動の発生と消滅（止揚）の過程が、マルクス＆エンゲルスの構想した「社会主義社会」ということになるのである。

三　マルクス＆エンゲルスにおける社会主義イメージの原像（その一）

つぎに、マルクス＆エンゲルスにおける社会主義イメージの原像を確認し、その社会主義イメージがこの現在においてどこまで有効であり得るのか、それを検討していこう。それは同時に、マルクス＆エンゲルスにおける社会主義イメージの限界と欠陥を明らかにすることでもある。

マルクス＆エンゲルスは『ドイツ・イデオロギー』のなかで、つぎの有名な言葉を残している。

「共産主義はわれわれにとっては、つくりだされるべき一つの状態、現実が基準としなければならな

い一つの理想ではない。われわれが共産主義とよぶのは、いまの状態を廃棄するところの現実的な運動である」（注）

注：マルクス＆エンゲルス『ドイツ・イデオロギー』（岩波文庫）48頁

「共産主義」＝「いまの状態を廃棄するところの現実的な運動」

ここでマルクス＆エンゲルスが問題にしている「共産主義」は、マルクスが『ゴータ綱領批判』で記している「資本主義社会から生まれたばかりの共産主義社会」、すなわち現在われわれが社会主義社会と呼んでいる社会、その実現を希求しているところの「社会主義」についても当然そのまま当てはまるはずである。したがって「社会主義」、特に資本主義社会における「社会主義」はつぎのようなものとなるはずである。

「社会主義」＝「いまの状態を廃棄するところの現実的な運動」

資本主義社会における「社会主義」＝「『資本主義社会』を廃棄するところの現実的な運動」

それでは、マルクス&エンゲルスがイメージしていた資本主義社会における「社会主義」、すなわち『資本主義社会』を廃棄するところの現実的な運動」とは、具体的にはどのようなものであったのだろうか。その内容を理解するためには、まず、マルクス&エンゲルスが、どのような過程を経て「資本主義社会」から「社会主義社会」に転化するとして考えていたか。その過程をまず明確にすることが必要である。さらに、その過程において、マルクス&エンゲルスがどのような「現実的な運動」を主体的に実行しようとしていたか。その内容を明確にすることが必要である。それらを解明することによって、マルクス&エンゲルスの「社会主義」のイメージも、そして、その限界や欠陥も自ずから明らかになってくるはずなのである。

ここでは特に、社会主義社会の基本である経済的な部分に焦点を絞って吟味していくことにする。エンゲルスは『反デューリング論』に、資本主義社会の《本質矛盾》である「社会的生産と資本主義的取得との矛盾」は、つぎつぎとフーリエのいう「悪しき循環」(=自己運動)を創造していくと、つぎのように記している。

「社会的生産と資本主義的取得との矛盾は、個々の工場における生産の組織化と社会全体における生産の無政府状態との対立として再生産される。

資本主義的生産様式は、それの起原にもとづいてそれに内在している矛盾のこの二つの現象形態をとって運動する。それはフーリエがすでにこの様式について発見していたあの『悪しき循環』を描き、そこから逃げだすことができない。フーリエがもちろんその当時はまだ見抜くことができなかったのは、この循環がしだいにせばまってゆくこと、運動がむしろ螺旋形になり、遊星の運動と同様、中心との衝突によって終りをつげざるをえない、ということであった。生産の社会的無政府状態という推進力こそは、大多数の人間をますますプロレタリアに変えてゆくものであるが、この生産の無政府状態をついにおわらせることになるのが、これまたこのプロレタリア大衆なのである。社会的な生産の無政府状態というこの推進力こそは、大工場の機械がかぎりなく完成されてゆく可能性を、あらゆる個々の産業資本家に対する強制命令、つまり没落したくなければ、自分の機械をどしどし完成してゆけという命令に変えるのである。しかし、機械が完成されてゆくことは、つまり人間の労働をよけいなものにすることである。機械の採用と増加とが幾百万の手工業者を少数の機械労働者によって駆逐することを意味するとすれば、機械の改良は機械労働者そのものがますます駆逐されてゆくことを意味し、そして終局においては、資本の平均的な雇用需要をこえるある数の待機中の賃金労働者をつくりだすことを意味する。これは、私がすでに一八四五年に名づけたように、完全な産業予備軍であり、産業が大車輪で活動する時期のために待機させられ、それに続いてかならず起こる恐慌によって街頭に投げ出される」（注）

注：エンゲルス『反デューリング論』（岩波文庫・下巻）207～209頁

この引用部分は、資本主義の《本質矛盾》から直接出てくる問題を扱った内容であり、マルクス＆エンゲルスが眼前にみていた当時の資本主義の分析としては基本的に的確であろう。

ここで問題とすべきは、そのつぎあたりから始まる。

「すでに見たように、近代的機械のもつ極度に高められた改良の可能性は、社会における生産の無政府状態のために、それぞれの産業資本家にとっては、自分の機械をたえず改良し、それの生産力をたえず高めてゆけという強制命令に変わるのである。自分の生産領域を拡大できるという単なる事実上の可能性も、彼にとっては、それと同様な強制命令に変わる。大工業の巨大な膨張力にくらべると気体のそれなどはまったく児戯に等しいのであって、いまやそれは、われわれの眼前に、いかなる逆圧をもものともしない質的および量的な膨張欲望として現われてくる。逆圧は大工場の生産物に対する消費、販路、市場によって形づくられる。ところが、市場の膨張能力は、外延的にも内包的にも、さしあたりまったく別な、はるかに弱い力で作用する法則に支配されている。市場の膨張は生産の膨張と歩調をあわせることができない。衝突は避けられなくなる。その衝突は、資本主義的生産様式そのものを爆破しないかぎりは、どんな解決も生みだすことができないから、衝突は周期的なものになる。資本主義生産はまたもう一つの『悪しき循環』を生みだすことになる。

実際、最初の全般的恐慌が勃発した一八二五年以来、全工業・商業世界、すなわち全文明国民とそれらに従属する多少とも未開な諸国民の生産と交換とは、ほぼ一〇年ごとに一度はばらばらに崩れている」（注）

注：エンゲルス『反デューリング論』（岩波文庫・下巻）210～211頁

これはもちろん、当時、ほぼ一〇年ごとにくり返されていた経済恐慌のことを指している。すなわち、マルクス＆エンゲルスは、この経済恐慌という「もう一つの『悪しき循環』」が資本主義社会という自己運動の不可避の形態だと判断してしまった。そして、その経済恐慌について、エンゲルスはさらにつぎのように記している。

「恐慌の場合、社会的生産と資本主義的取得との矛盾が暴力的に爆発する。商品の流通はたちまちのうちに破壊されてしまい、流通手段である貨幣は流通の障害となり、商品生産と商品流通の諸法則はすべて逆立ちになってしまう。経済的衝突がその頂点に達したのである。生産様式は交換様式に反逆し、生産能力は生産様式の手に負えないくらい成長して、それに反逆する」（注）

注：エンゲルス『反デューリング論』（岩波文庫・下巻）211頁～212頁

そして、この恐慌の周期的なくり返しの過程で企業の淘汰がおこなわれ、その結果、生産手段の社会化が、以下のような方向に不可避的に進行すると推断してしまったのである。

「産業の好況期は信用の無制限な膨張によって、また恐慌そのものは大きな資本主義的企業の倒産を通じて、どちらの場合にも、さまざまな種類の株式会社において見られるような、大量の生産手段の社会化の形態に向かって進ませる。（中略）［国内の同一産業部門の大生産者たちが連合して『トラスト』、すなわち生産の統制を目的とする連合体をつくる。彼らは生産すべき総量を決定し、それをたがいに割り当て、こうしてあらかじめ定められた販売価格を強制するわけである。しかし、このようなトラストは、不況にぶっつかると、たいていはたちまちばらばらになってしまうので、まさにそのために、もっと集積度の高い社会化へ突き進む。一産業部門全体がただ一つの大きな株式会社に変わり、国内の競争はこの一つの会社の国内的独占に席をゆずることになる。（中略）

トラストにおいては自由競争は独占に転化し、資本主義社会の無計画的生産はせまりつつある社会主義社会の計画的生産に降伏する。もちろん、これはさしあたりまだ資本家たちの利益のためのものである。だが、この場合には搾取が手にとるようにはっきり分かるようになるから、それはどうしても崩壊することになる。どんな国民にせよ、トラストに指揮される生産、少数の利札切りの一味による全体のきわめてむきだしな搾取を、甘受するものはいないであろう。

いずれにしても、トラストがあろうとなかろうと、結局のところ」資本主義社会の公式の代表者である国家が、生産の指揮を引きうけなければならなくなる。このように国有への転化がまず最初に必要になるのは、大きな交通・通信施設、すなわち郵便、電信、鉄道の場合である」（注）

注：エンゲルス『反デューリング論』（岩波文庫・下巻）213〜214頁

注：引用文中の［　］に入れた部分は、エンゲルスがこの『反デューリング論』の三つの章を抜粋して『空想より科学への社会主義の発展』を刊行したときの加筆修正箇所のうち、本文中に取り入れることのできたものである。（「訳者序文」より）

すなわち、マルクス＆エンゲルスは、資本主義社会はその自己運動の結果、つぎのような直線的な方向において産業の国有化に突き進むと考えていた。しかも、それは「一産業部門全体がただ一つの大きな株式会社に変わり」、そういう段階を経て、それがまたそっくりそのまま一つの国有企業に変わる、というように考えていた。

「株式会社」→「トラスト」→「一産業部門一社完全独占」→「国有企業への転化」

従来は、マルクス＆エンゲルスの社会主義観といえば、まず、共産党が社会主義革命によって政治権力をにぎり、その政治権力を使って企業を国有化すること、その国有企業を発展させること、というようにイメージされてきた。すなわち、社会主義革命によって初めて企業の国有化が実現するのであり、企業の国有化こそが社会主義の中心的理念・目的である、というように。

ところが、真実のマルクス&エンゲルスの社会主義観は、それとはかなりニュアンスを異にしていた。実は、マルクス&エンゲルスは、資本主義社会という自己運動体の自然現象的な自己運動の結果として、企業の国有化にいたらざるを得ない、と考えていたのである。したがって、社会主義革命による国有化というのは、そういう資本主義社会の自己運動の結果のいわば駄目押し的な行為、ないしは最終的な仕上げにすぎないということになる。しかも、その場合の企業の国有化は、それ自体が目的ではないし、また、それだけではなにも解決されない、と主張していたのである。

現に、エンゲルスは、つづけてつぎのように記している。

「ブルジョアジーには近代的な生産諸力をこれ以上管理してゆく能力がないことを、恐慌が暴露したとすれば、大きな生産や交通・通信の施設が株式会社に「、トラストに」、国有に転化されることは、そういう目的のためにはブルジョアジーが不用になったことを示すものである。資本家のすべての社会的機能は、いまや給料をもらっている使用人によってはたされている。(中略)

しかし、株式会社［およびトラスト］への転化も、国有への転化も、生産諸力の資本としての性質を止揚するものではない。株式会社［およびトラスト］の場合には、これは明白である。そして近代国家も、これまた、資本主義的生産様式の一般的な外的条件を労働者や、また個々の資本家の侵害からまもる必要から、ブルジョア社会が自己のためにつくりだした組織であるにすぎない。近代国家は、どんな形態のものにせよ、本質上は資本家の機関であり、資本家の国家であり、観念上の総資本家である。それがますます多くの生産諸力を自己の所有に移せば移すほど、それはますます現実の総資本家となり、ますます多くの国民を搾取することになる。労働者はあくまでも賃金労働者であり、プロレタリアである。資本関係は止揚されず、それはむしろ極端にまで押し進められる。しかし、極端までゆくと、それは転倒する。生産諸力の国有は衝突の解決ではない。しかし、それのなかには解決の本式の手段、その手がかりがかくされている」（注）

注：エンゲルス『反デューリング論』（岩波文庫・下巻）215～216頁

「この解決は、近代的な生産諸力の社会的本性を事実的に承認すること、従って生産、取得、交換の様式を生産手段の社会的性格と一致させること以外にはありえない。そしてこれは、社会の手にまかせる以外、どんな管理の手にも負えないほど成長をとげた生産諸力を、社会が公然と直接に掌握することによってのみ、はたされる。今日では生産手段と生産物との社会的性格が生産者自身に反抗し、生産および交換の様式を周期的に突破し、もっぱら盲目的に作用する自然法則として暴力的にまた破壊的に自己を貫徹しているが、右のような処置によって、それらの社会的性格が生産者たちによってはっきりと意識して発揮させられることになり、攪乱や周期的崩壊の原因であったものが、生産そのもののきわめて強力な槓杆《てこ》に変わる。

社会的に作用する諸力は、われわれがそれらを認識せず、それらを考慮にいれないでいるかぎりは、まったく自然の諸力と同様、盲目的に暴力的に破壊的に作用する。（中略）しかし、ひとたびその本性を把握すれば、協同社会に結合した生産者たちの手で、それらを悪魔的な支配者から従順な召使に変えることができるのである。（中略）

資本主義的生産様式は、人口の大多数をますますプロレタリアに変えてゆき、そのことによって、没落したくなければぜひともこの変革をやりとげなければならない勢力をつくりだす。この様式は大きな社会化された生産手段の国有への転化をますますせまるのであって、そのことによって、この変革をやりとげる道をそれ自身で示してくれる。プロレタリアートは国家権力を掌握し、生産手段をまず国有に移す。しかし、それとともにプロレタリアートはプロレタリアートとしての自分自身を止揚し、それとともにあらゆる階級差別と階級対立とを止揚し、またそれとともに国家としての国家をも止揚する」（注）

注：同前　216～218頁

すなわち、社会主義革命の主体たるべき「プロレタリアートは国家権力を掌握し、生産手段をまず国有に移す」が、しかし「それとともに」、プロレタリアートたる自分自身を含めた階級そのものと、従来の幻想的な共同体としての国家とを、共に止揚するところまで突き進まなければならない、と主張している。

ところで、現実の歴史は、エンゲルスのいったところの「社会的に作用する諸力」について「ひとたびその本性を把握」し、「それらを悪魔的な支配者から従順な召使に変える」方法について、当のエンゲルスが想定したものとはかなりちがう方法があったということを、事実をもって示してきた。ルーズベルトや高橋是清やケインズのように、資本主義経済の枠のなかで、恐慌という経済現象を「従順な召使に変える」という方法がそれだ。すなわち、有効需要を意識的・政策的に拡大することによって過小消費による景気の失速を回避したり、あるいは、金利を上下するなどの手段によって景気の減速や過熱を事前に調整するなどという、いわゆるマクロ経済政策という方法がそれである。

これを矛盾論の観点から見ると、つぎのようになる。

マルクス&エンゲルスは、恐慌を含む景気循環という資本主義経済における《自己運動》(＝「悪しき循環」＝矛盾の発現形態)は資本主義社会が止揚されるまで不可避的に継続すると考えていた。その上で、この矛盾＝《自己運動》が極限まで進行した挙句に形成されるはずの独占的な一業種一会社(国有企業)、および、その下で働く賃金労働者(プロレタリアート)を基礎的な前提条件として、政治革命を起こそうと考えた。そうして、ほぼ完全に存在価値のなくなった資本家階級を廃絶せしめ、最終的に資本主義社会という《自己運動》を消滅させ、社会主義社会という新たな《自己運動》に転化させる。

すなわち、資本主義経済において定期的に発生している恐慌という「悪しき循環」は、それを生み出している資本主義社会という矛盾を《克服》するという方法によってしか《消滅》させることができない。そして、これがそのまま資本主義社会のすべての矛盾を《解決》させる方法でもある。これが、マルクス&エンゲルスの基本的な考え方だった。

結局、矛盾論的には、これは《自己運動》が自らを止揚し、消滅するにいたる過程を《克服》という《解決》方法に沿って《外力》的に促進させるという考え方である。本質的に、これは、資本主義的経済体制の自滅あるいは自滅的な状態を前提とした《解決方法》である。いわば〝敵の失敗〟を利用して問題を解決するという、いわば受動的な《解決方法》だったのである。

ところが、現実には、世界の先進的資本主義諸国において、ルーズベルト、高橋是清、ケインズなどが、有効需要の意識的な創出などという、いわゆるケインズ的経済政策を発動させることによって、経済恐慌の発生をほぼ完全に押さえ込んでしまった。

すなわち、資本主義経済という《自己運動》を《外力》によって《改造》することにより、恐慌という「悪しき循環」=《自己運動》をほぼ《消滅》させてしまった。この方策によって、資本主義社会そのものの《自己運動》それ自体はかえって《維持・強化》されてしまった。それに加えて、独占禁止法の制定・運用という方策も別の側面からの手直し、すなわち、資本主義社会という《自己運動》に対する《外力》論的な《改造》となった。これも、マルクス&エンゲルスの直線的な見通し、すなわち、資本主義経済は恐慌という「悪しき循環」をくり返すことにより必然的に企業の独占化を進行させ、自ら一業種一会社的な国有企業を形成せざるを得ない、という見通しを根底から破綻せしめた大きな要因であった。

したがって、マルクス&エンゲルス的な社会主義では、現在の経済的な側面においては、なんら有効な《解決》戦略が出せないということになった。まさか、恐慌を復活させろともいえないわけである。あるいは、資本主義でさえ忌避している、企業の独占化を促進させ、その最終形態である企業の国有化を目指すともいえないであろう。資本主義社会、社会主義社会を問わず、国有企業の生産性の悪さと官僚主義的な経営の弊害は、誰の眼にも明らかになっている。官僚主義は、個人の自発性をとことん抑圧し破壊するところの、無制御無責任な精神的ローラー・マシーンのような側面がある。

結局、旧ソ連を中心とした社会主義諸国とアメリカを中心とした資本主義諸国とのかつての対立は、マルクス&エンゲルスが理論的に想定した究極的な資本主義（一業種一企業的独占体制）と、マルクス&エンゲルス後の資本主義社会が現実的に造りだした改良型資本主義（独占禁止体制）との対立だったということになる。そうであるならば、その優劣と勝敗は初めから決まっていた。考えようによっては、なにか恐ろしいほど皮肉な話しだともいえる。

四　マルクス&エンゲルスにおける社会主義イメージの原像（その二）

もし、マルクス&エンゲルスの社会主義論（その経済的側面）が上記のようなものだけであったなら、その命脈はすでに断たれたといっても良い。

従来のマルクス主義者や社会主義者は、恐慌という資本主義経済体制の破綻を機に、政治革命によって国家権力を掌握し、企業を国家権力によって国有化する、というビジョンを示してきただけである。しかも、マルクス&エンゲルスの亜流たちは、資本主義体制下においては、資本主義的生産体制を批判・否定するだけで、実践的にはもちろん、理念&思想的にも、資本主義的生産体制を凌駕するための生産的な活動をまったくなにもしてこなかったのだから。

しかし、マルクス&エンゲルス自身は、彼らの亜流とはちがい、そんなことはなかったのである。

マルクスは『ゴータ綱領批判』で、つぎのようにきわめて注目すべきことを主張している。

「『ドイツ労働者党は、社会問題解決の道をひらくために、労働人民の民主的管理のもとにおかれ国家補助をうける生産協同組合の設立を要求する。これらの生産協同組合は、そこからやがて労働全体を社会主義的に組織できるようになる程度の規模をもって、工業と農業のために創設さるべきである』

ラサール的『賃金鉄則』のあとから、いよいよかの預言者の救世策のご登場！　なんとご立派なやり口で『道がひらかれる』ことよ！　現におこなわれている階級闘争のかわりに、『社会問題』という新聞記者的きまり文句があらわれ、その『解決』の『道がひらかれる』わけだ。『労働全体の社会主義的組織』は、社会の革命的な転換過程からではなくて、国家が生産協同組合に与える『国家補助』から『発生』する。つまり生産協同組合を『創設する』のは労働者ではなく、国家なのである。国債をもってすれば、新しい社会を建設することなど新しい鉄道を敷設するようなものだ、というラサールの空想にふさわしいことではある！（中略）

労働者たちが協同組合的生産の諸条件を社会的な規模で、まず自国に国民的な規模でつくりだそうとすることは、彼らが現在の生産諸条件の変革をめざして働くということにほかならず、国家補助をうけて協同組合を設立することとはなんの共通点もないのだ！　また、今日の協同組合についていえば、それらが価値をもつのは、政府からもブルジョアからも保護をうけずに労働者が自主的に創設したものであるときにかぎって、である」（注）

注：マルクス『ゴータ綱領批判』（岩波文庫）49～51頁

すなわち、ここでマルクスは「労働者たちが協同組合的生産の諸条件を社会的な規模で、まず自国に国民的な規模でつくりだそうとすることは、彼らが現在の生産諸条件の変革をめざして働くということ」であり、それは「また今日の協同組合についていえば、それらが価値をもつのは、政府からもブルジョアからも保護をうけずに労働者が自主的に創設したものであるときにかぎって」意義がある、と主張している。

しかも、社会主義の現在を考える上で、マルクスがここで主張している「政府からもブルジョアからも保護をうけずに労働者が自主的に創設」するところの「協同組合」は、きわめて重要な意義をもっている。従来の、マルクス主義者などと自称してきたマルクス&エンゲルスの亜流たちは、この「協同組合」のことを軽視・看過してきた。しかし、意外と思われるかも知れないが、マルクス&エンゲルスはこの「協同組合」のことをきわめて重要視していたのである。

ここに引用した『ゴータ綱領批判』よりも一一年ほど前に、同じマルクスによって起草された「国際労働者協会創立宣言」という重要な文献がある。そのなかに、つぎのような一節がある。

「だが、資本の経済学にたいする労働の経済学のもっと偉大な勝利が、まだあとにひかえていた。われわれがいっているのは、協同組合運動、ことに少数の大胆な『働き手』の事業である協同組合工場のことである。この偉大な実験の価値は、いくら高く評価しても評価しすぎることはない。この実験は、議論によってではなく行為によって、つぎのことを証明した。すなわち、近代科学の進歩と歩調を合わせて大規模にいとなまれる生産は、『働き手』の階級を雇う主人の階級がいなくてもやってゆけるということ、労働手段は、そこから果実を産むためのものだが、だからといってそれを労働者自身にたいする支配や搾取の手段として独占する必要は毛頭ないこと、賃労働は、奴隷労働や農奴労働と同じように、ほんの一時的な下級の社会的形態にすぎず、自発的な手と健全な精神、そしてまたよろこびにみちた心臓とで勤労にいそしむ結合労働に席をゆずって消滅すべき運命にあるということ、これである。イギリスで協同組合組織の種をまいたのは、ロバート・オーウエンであった。また大陸で労働者がおこなった諸実験は、一八四八年にはじめて発見されたわけではないとしてもまさにその年に声高く宣言された諸理論の、事実上最新の実践的帰結であったのである」（注）

注：マルクス起草「国際労働者協会創立宣言」／マルクス『ゴータ綱領批判』望月清司訳（岩波文庫）所収 153頁

マルクス&エンゲルスは、資本主義体制下における協同組合を、空想的社会主義者の不十分で非現実的な夢想だとして否定的に扱っていたのでは決してない。逆に、マルクス&エンゲルスは「労働者が自主的に創設した」「協同組合運動」を、彼らの運動の中心的な課題として重視していた。

この「国際労働者協会創立宣言」は短い文章である。しかも、その半分以上は、一八四八年から一八六四年までの当時の労働者の過酷な現状の報告と分析に当てられている。残りの半分弱では、主に三つのことに焦点を絞り込んで論及している。

最初の二点は「一八四八年から一八六四年まで」にまったく「なかったわけではない」ところの労働者にとっての「明るい反面」について、特にそのうちの「二つの目立った事実」についての論及である。その一つが、労働時間に関する「一〇時間法案」成立の成果。そして、もう一つが、この協同組合運動の実験的な実践の成果に関する論及である。そして、論及されている三点目は「政治権力を獲得すること」の重要性。そのためには「団結によって統一され、知識によってみちびかれる」ことの大切さ。さらに、各国の労働者の国際的な協力関係の大切さ、の主張ということになる。しかも、注目すべきことは、この三点目の「政治権力を獲得すること」の主張が、他ならぬ「協同組合運動」を推進するために是非とも必要である、という文脈のなかで語られているという事実なのである。

「それと同時に、一八四八年から一八六四年にいたる時代の経験は、つぎのことを疑う余地のないまでに証明した。すなわち、それはすでに一八五一年と一八五二年に労働者階級のもっとも知性ある指導者たちがイギリスの協同組合運動にたいして主張したことなのであるが、協同組合労働は、原理上どんなにすばらしいものであろうと、また実践上どんなに有益であろうと、たがいに孤立した労働者たちのその時かぎりの努力という狭い範囲にとどまるならば、それには独占の幾何級数的成長をおさえる力も大衆を解放する力もないし、大衆の貧困という重荷をほんの目につく程度でさえ軽くしてやれる力もない、ということである。もっともらしい口をきく貴族や、ブルジョア的博愛主義のおしゃべり評論家や、何人かの冷やかな経済学者たちが、以前には夢想家のユートピアと嘲笑したり、社会主義者の聖物冒瀆と非難したりして協同組合組織を若芽のうちに摘みとろうと躍起になっていたのに、今になってその同じ協同組合組織にお世辞をならべたてているのも、まさにこの理由からであろう。勤労大衆を解放するためには、協同組合組織を国民的な規模で発展させる必要があり、したがって国民の資金でそれを助成する必要がある。だが、土地の貴族と資本の貴族は、かれらの経済的独占を守り永続させるためなら、いつでもその政治的特権を利用しようとするだろう。労働の解放を促進するどころか、労働の解放のゆくてにありとあらゆる障害物を積みあげるのをやめないだろう。この前の会期の議会でパーマストン卿は、アイルランド小作権法案の支持者たちに冷笑をうかべつつよびかけた、『わが下院〔庶民の議院〕は土地所有者の議院なのですぞ！』と。そのとき卿は己の魂の声を語ったのである。

したがって今や、政治権力を獲得することが労働者階級の偉大な義務となった。労働者階級はこのことをはっきり理解していると思われる。なぜなら、イギリス、フランス、ドイツ、イタリアで同時に運動が復活し、労働者党を再組織しようとする努力が同時に進行しているからである。成功のひとつの要素を労働者はにぎっている――それは人数である。だが、人数は、団結によって統一され、知識によってみちびかれる場合にだけ、意味をもつ。さまざまな国の労働者を結び合わせ、あらゆる解放闘争のなかで彼らをはげまして強固に連帯させるはずの友愛のきずな、これを軽んじるならばつねに、労働者たちのたがいに孤立した努力はともに挫折するというこらしめを受けることになる。これこそ過去の経験が示すところである。このような意識に鼓舞されて、一八六四年九月二八日、ロンドンのセント・マーティンズ・ホールにおける公開の集会に集まった各国の労働者たちは、国際労働者協会を創立したのである」(注)

注:マルクス起草「国際労働者協会創立宣言」/マルクス『ゴータ綱領批判』望月清司訳(岩波文庫)所収 153~155頁

もし、マルクス&エンゲルスの社会主義論(特に経済的な側面において)に未来があるとするならば、労働者がこの資本主義体制の下で、マルクス&エンゲルスがいうところの「協同組合組織を国民的な規模で発展させる」ことができるか否かにかかっている。しかし、このマルクス&エンゲルスの協同組合論ほど、従来のマルクス主義者を自称する彼らの亜流たちから軽視・看過されてきたものはなかった。これら自称マルクス主義者たちは、理論的にも、まして、実践的においては、ほとんどなにもしてこなかったといっても過言ではあるまい。もし、今後、自称社会主義者たちが「協同組合組織を国民的な規模で発展させる」というような方向で理論的にも実践的にも懸命な努力をしていくならば、彼らの存在意義もいくらかはあるかも知れない。

ただし、それはおそろしく困難な、そして、おそろしいほどの根気と叡智が必要とされる事業である。現在の、左翼面した政治屋（実はお粗末なただの政治評論家であるにすぎない場合が多い）や労働組合の幹部（実はお粗末な既存労働組合内部のなれ合い的な政治屋である場合が多い）では、とてもつとまらない。そういう彼らに、現実の資本主義市場でそれなりに揉まれ鍛えられている既存の企業経営者に伍して、協同組合組織を創設し経営していくだけの力量があるとはとても考えられない。しかし、それはなにも彼らだけの問題ではない。もし、協同組合の経営が、めったに存在しないほどに飛び抜けて優れた才能や精神がなければ創設し継続できないような代物であるならば、それは未だその時代が協同組合という理論的創造物に追いついていない、ということを意味していることになる。従来の自称社会主義者たちにそれを求めるのは、実は本来的に無いものねだりだったのかも知れないのである。ただ、時代は急速に動いている。少なくとも、協同組合の経営理念や経営方法に関しての研究や理論の蓄積くらいは、とっくになされていなければならないはずである。

従来の自称社会主義者たちにそれを求めるのは無理だったのかも知れないが、協同組合ならぬ資本主義的企業の経営者たちは、特に日本・アメリカ・ヨーロッパで活動している企業経営者の最良の部分は、それこそ当人とその企業の生存をかけて懸命な経営努力を積み重ねてきた。
従来の自称社会主義者のように、厳しい企業経営を他人事のように思い、ただ企業経営の足を引っ張ることしかしてこなかった人間や組織などは、存在価値がなくなって当然だともいえる。

五　高度資本主義社会における先進的企業経営の現在

現代の高度資本主義社会における先進的な企業経営は、かなり高いレベルに達している。そのなかでも、日本の企業経営はかなり高度なレベルを実現している。かつての日本科学技術連盟などを中心とした品質管理、全社的品質管理、全社的品質経営などの理念、理論、方法論などの研究と実践は、本質的なところで限界と誤謬はあるものの、資本主義的企業経営としてはかなり高度なレベルに到達していたし、現場ではそれなりの成果を上げていたことも確かである。

またアメリカのサードセクター（非営利・非政府機関）も、一九八〇年代に、その理念、理論、方法などの研究と実践において、かなりの成果を上げていたようである。

日本の全社的品質管理については、すでに拙論「日本における企業経営の先端的現在」（思想・学問誌『過程』創刊号～第三号、第五号、第六号連載）で批判的にくわしく論じておいた。

ここでは、アメリカのサードセクター（非営利・非政府機関）について、少しくわしく触れておこう。特に、マルクス＆エンゲルスが提唱する「協同組合運動」については、このアメリカのサードセクター（非営利・非政府機関）の方がより近似的なのではないかと思われるからである。

ドラッカーの『新しい現実』（ダイヤモンド社）によると、アメリカではサードセクター（非営利・非政府機関）の活動がかなり盛んであったという。病院、教会、救世軍、ボーイスカウト、ガールスカウト、赤十字、全米心臓協会など、アメリカにおけるさまざまな「サードセクターの機関は、あらゆる分野にみられ、それぞれが独自の社会的機能を果たしている」（注）という。

注：ドラッカー『新しい現実』（ダイヤモンド社／一九八九年）284頁

「アメリカでは成人の半数、すなわち九〇〇〇万人が、サードセクターにおいてボランティアとして働いているものと推定されている。もちろん彼らのほとんどが、別に有給の仕事についている。ボランティアの労働量は、フルタイムに換算して七五〇万人分に相当する。もちろん彼らは無給だが、有給と仮定するならば、その総給与は年間一五〇〇億ドルに相当する」（注）

注：同前　285頁

そのようなサードセクターの様相は、マルクス＆エンゲルスが提唱していた「協同組合運動」のことを彷彿とさせる。

しかも、ドラッカーの『新しい現実』によれば、アメリカにおいてはその活動の経済的な比重がかなり重く、活動の規模もかなり大きいようである。

「アメリカがヨーロッパよりも税金が安くなっている主な原因も、このサードセクターの活動によるといってよい。

実際にはアメリカのほうが、公益のための支出は、ヨーロッパのほとんどの国よりも、実質的には、はるかに多い。

たんに、かなりの部分、GNPの一五パーセントが、政府を通じて支出されずに、直接サードセクターの非営利機関にいっているだけである。それらの負担は、サードセクター機関に対する会費、保険金、寄付、無料奉仕として支出されている」(注)

注:ドラッカー『新しい現実』(ダイヤモンド社/一九八九年) 285頁

しかも、アメリカでは、それらサードセクターの組織化や運営が、中央政府や地方政府によるのではなく、独立的な地域団体によっておこなわれているという。

「これらのサードセクターの機関が果たしている機能のほとんどは、他の先進国にもみることができる。

しかしほとんどの国では、それらの機能は、中央集権化された政府機関によって果たされている。今日アメリカが他の先進国と大きく異なるのは、それらの機能が、地域社会において、地域社会の手によって果たされているところにある。しかもほとんどの場合、それらの機能は独立した自律的な地域団体によって果たされている」（注）

注：ドラッカー『新しい現実』（ダイヤモンド社／一九八九年）287～288頁
さらに、これらのサードセクターは、その運営において、生産性の向上やマネージメント上の創意工夫を真剣に実行し、成長しているという。ドラッカーはその点をくわしく記している。

「サードセクターに関しては、その組織上の性格の他に、もう一つ注目すべき特徴がある。

それは、アメリカにおけるサードセクターの急速な成長、とくに最近の一〇年から一五年の間における急速な成長ぶりである。

それは一九八〇年代のアメリカ社会における最大の成長産業である。

しかもさらに注目すべきは、その成長の内容である。それは規模において成長したのみならず、

効率においても大きく成長した」(注)

注：ドラッカー『新しい現実』(ダイヤモンド社／一九八九年) 288頁

「実は、サードセクターの成功は、生産性の向上によっている。サードセクターの多くが、同じ資源から、より多くの成果をあげるようになったのである。そしてこのサードセクターの成功は、マネジメントの力による」(注)

注：同前 290頁

「救世軍は、一一二五年前の創立以来、若者が悪の道に入ることを防ぐため、大都市のスラムで活動してきた。しかしその成功は、ごく微々たるものだった。

今日救世軍は、マネジメントの手法を用いることによって、変身した。すなわち『体系的放棄』である。

救世軍は『現在スラムにおいて行なっている犯罪防止活動を行なっていないものと仮定し、かつ現在知っていることをすべて知っているものと仮定して、なおかつ自分たちは、スラムにおける活動を開始するだろうか』という問いかけを行なった。

救世軍は、この問題を提起するや、直ちに、答が『否』であることを知った。それまで投入してきた時間と労力に比して、その効果が、ゼロに近いことを知った。

しかもこの問いかけを行なうや、スラムにおける活動の失敗の原因も明らかとなった。スラムの若者たちはみな、逮捕され有罪を宣告されるまでは、救世軍の働きかけを全く受けつけようとはしなかった。彼らは何でも『やっつける』と肩をいからせていた。逮捕されても保護監察ですめば、自信を深めるだけだった。

ところが一度でも刑務所入りしてしまうと、間に合わなくなる。彼らは精神的な打撃によって、崩れてしまう。

しかし、救世軍にとっては、ごく短い瞬間ではあるが、機会があった。実刑判決の直後、すなわち服役直前の一瞬である。若者たちは恐れおののいているが、まだ精神的に崩れてはいない」(注)

注：同前　291～292頁

「サードセクターの非営利機関のうち、成功し、成長しているものは、マネジメントの考え方を組織内でも適用している。

まずそれらの機関は、自らの運営機関たる役員会を効率化するための手だてを講じている。

それらの機関の多くが、役員就任を依頼すべき人たちに対し『もし役員に就任してもらえたならば、どのような貢献を期待してよろしいか』『具体的にどのような仕事をやっていただけるか』と聞いている。

さらにそれらの機関は、あらかじめ事業計画をつくっておき、その事業計画に照らして役員の評価を行なっている。

すなわち彼らは、マネジメントの手法としての目標管理を実践している。しかもほとんどの企業よりも徹底して実践している。

ガールスカウトや救世軍のスタッフは、有給、無給を問わず、自らが責任をもつべき成果をあらかじめ明確にしておくことを求められる。彼らは、それらの目標に照らし定期的に評価される。

有給、無給を問わず、所期の成果をあげられないスタッフは、交替させられる。できる仕事を割り当てられるか、あるいは、ていねいに、しかしきっぱりとやめさせられる。

サードセクターの機関は、これらのことを可能にするため、訓練にも力を入れている。

これら機関のきわめて多くが、その最高経営責任者（ＣＥＯ）から新人のボランティアに至るまで、それぞれの分野で教官となり、他の分野で生徒となるような訓練コースに、全員を定期的に参加させている。

こうしてサードセクターの機関のますます多くが、たんに大義だけでなく、成果と責任に焦点を合わせるようになっている」（注）

注：同前　292〜293頁

「成功しているサードセクターの機関には、もはやボランティアなるものはいない。いるのは無給のスタッフである。（中略）

救世軍は、フロリダ州で常時、二万五〇〇〇人の仮釈放者を厳格に監督している。しかし有給のスタッフは一六〇名にすぎない。

この一六〇名が問題を処理しつつ、無給のスタッフたるボランティアの訓練にあたっている。日常的な仕事は、二五〇名から三〇〇名の無給のスタッフが処理している。（中略）

サードセクターのあらゆる機関のうち、カトリックの司祭ほど、プロとしての地位を確立されているスタッフはいない。

アメリカでは年々、この司祭の数が減少してきている。他の国と比べてアメリカでの減少は、とくに大きい。そのためどの司教区でも、教会の活動は縮小気味である。

しかしアメリカ中西部のある司教区では、二〇年前と比べて、司教の数は、一四〇人へと半減しているにもかかわらず、活動を倍加させている。

一四〇人の司祭が、説教、ミサ、告白、洗礼、堅信、婚姻、葬儀を行なう一方、二〇〇〇人におよぶ信者の無給のスタッフ、つまりボランティアが、他の活動を行なっている。彼らは、週に最低三時間働き、さらに二、三時間訓練を受けている。

無給のスタッフの活動は、目標とする成果との比較のもとに、年二回評価される。『海兵隊の新兵訓練よりも厳しい』とは、ある無給スタッフの言である。

しかしボランティアを希望する信者の数は多く、ウェイティングリストはきわめて長いものとなっている」（注）

注：同前　293～295頁

さらに、ドラッカーは、サードセクターの機関の多くが、単にマネジメントを実践しているだけではなく、今やその革新者となり、先駆者となっている、と以下のように記している。ドラッカーの『新しい現実』では、その具体的な内容まで記されていない。しかし、もしそういう事実あるいは兆候でもあるとするならば、それはかなりに注目すべき出来事だと思われる。

「このように今や、サードセクターの機関の多くは、たんにマネジメントを実践しているだけではない（企業よりも真剣にマネジメントを実践している機関も多い）。

今やサードセクターの機関は、マネジメントの革新者となり、マネジメントの先駆者となっているのである」（注）

注：ドラッカー『新しい現実』（ダイヤモンド社／一九八九年）295頁

しかも、ドラッカーは、さらに本質的で興味深い彼の見解を記している。

すなわち、ドラッカーは、このサードセクターの共通的性格を「人間を変える」という共通した目的にある、という見解を提示しているのである。

「非営利、非企業、非政府なる定義は、否定的定義であって、非ざるものは明らかにしていても、実際にそれが何であるかについては、何も言っていない。

それでは、これらサードセクターの機関すべてに共通しているものは何か。

それは『人間を変える』という目的である。これが最近ようやく認識されるようになったサードセクターの共通項である。

病院の目的は、患者を治療することである。教会の目的は、人生と生活を変えることである。人種や宗教にかかわりなく、もっとも貧しい者に手を差し延べるという救世軍の目的は、社会の落伍者を市民に変えることである。

ガールスカウトの目的は、価値観と、技能と、自立心をもつ女性を育てることである。

平時における赤十字の目的の一つは、天災に襲われた地域社会がふたたび自立する能力を獲得できるように助けること、すなわち、人間の能力がふたたび発揮できるようにすることである。

全米心臓協会の目的は、中年の人たちが自ら健康を管理し、健全な生活と食事、禁煙と節酒、適度な運動によって、心臓病の予防を実践できるようにすることである」（注）

注：ドラッカー『新しい現実』（ダイヤモンド社／一九八九年）287頁

このドラッカーの見解は、エンゲルスが『反デューリング論』で主張した「プロレタリアートとしての自分自身を止揚し……」という部分と、かなり重なっているようにも考えられる。

しかも、ドラッカーはアメリカのサードセクターに対するこのような本質的な見解を踏まえつつ、さらに、このサードセクターとアメリカの地域社会の関係についても、彼自身の見解をより高度に展開している。まず、ドラッカーは、つぎのような事実を記している。

「アメリカのサードセクターは、地域社会の新しい絆となり、知識労働者と『労働者階級』の間で広がりつつあるギャップの橋の役割を果たしている。

しかもそれは、人々が市民としての役割を果たす場をつくり出している。

今日、家庭や地域社会の崩壊について、多くが論じられている。あらゆる先進国において、伝統的な地域社会は弱体化しつつある。例外があるとすれば、おそらく日本ぐらいのものである。

しかし今や、アメリカではサードセクターによって、地域社会の新しい絆がつくられつつある。

ボランティア活動において、退職した工業労働者と、若い知識労働者が共に働いている。彼らは救世軍において、仮釈放中の若者の更生のために、共に働いている。アメリカ精神健康協会の地方支部において、計画を立て、あるいは指導者を育成するために、共に働いている。ガールスカウトの場合には、黒人の女の子たちに対するよりも、ボランティアとして働く都市部の黒人の成人女子に対して果たしている役割のほうが大きいかもしれない。彼女たちは、ガールスカウトの活動を通じて、地域社会において指導的な地位に立ち、技術を学び、他の黒人女性の手本となり、社会に認められる存在に成長していっている。

事実、今日アメリカにおいて、もっとも多くの黒人が指導的な地位にある社会的機関は、黒人の教会を除くと、ガールスカウトやボーイスカウトである。

しかもガールスカウトやボーイスカウトでは、彼らは、黒人だけの社会においてではなく、アメリカ社会そのもの、すなわち白人と黒人の双方が入っている社会において、指導者としての役割を果たしている」（注）

注：ドラッカー『新しい現実』（ダイヤモンド社／一九八九年）296～297頁

このような事実を記した後に、ドラッカーはサードセクターの社会的な意義や役割をさらにつぎのように展開する。

「サードセクターの機関が果たしているさらに重要な役割は、一般市民に対し、市民としての意義ある役割を果たす場を与えていることである。

今日、政府はあまりに大きく複雑であって、政府の活動に一市民が直接参画することは不可能である。今や、一市民として、社会に影響を与え、社会的責任を果たし、自ら意思決定を行なうという、個人として意義あることを行なうことのできる場を与えてくれるのは、サードセクターという人間改革機関だけである。

企業にあって、経営管理の立場にある人たち、とくにミドルマネジメントの人たちは、これら非営利機関において責任ある地位につくことが求められている。

一般社会の政治システムの中では、いかに高度の教育を受け、いかに事業に成功し、いかに物ごとをなし遂げ、いかに裕福になっていようとも、個人になしうることは、一票を投ずることと、税金を払うことだけである。

個人はつねに反応するだけであり、受動的である。

しかしサードセクターというカウンターカルチャーにおいては、個人は自ら積極的に市民として活動することができる。

これこそ、おそらくサードセクターのもっとも重要な社会に対する貢献である。

そしてそれは、今日までのところ、アメリカだけにおいて実現されたことである。アメリカ的なサードセクターの機関は、アメリカの風土においてのみ隆盛をきわめることができる。他の国には、協力して自給していかざるをえない自立した地域社会や、中央政府や地方政府から独立しているがゆえに、自らの教区からの収入に頼らざるをえない自治的な教会という伝統はない。

ヨーロッパ文明では、そのような地域社会は育たなかった。家族の絆の強いラテン系ヨーロッパでさえ、それは無理だった。

全く異質の歴史をもつ日本だけが、アメリカの地域社会に比肩しうるものを伝統的にもっている。一族郎党の封建的な絆、すなわち藩の伝統が、政府機関や企業という現代の組織の中に家族意識として残っている」（注）

注：ドラッカー『新しい現実』（ダイヤモンド社／一九八九年）297〜298頁

すなわち、アメリカのサードセクターは、社会的な分業を止揚する方向性を示し、かつ、その方向に歩み出しているわけである。しかも、その社会的な分業の止揚の方向が、同時に、一般の市民が地域的な社会活動、とりわけ、地域的な社会活動や政治活動へ積極的に参加する方向、すなわち、リンカーンの名句にあるような「人民の、人民による」ところの政治に直結する方向に向いているように思われる。すなわち、これは、全社会的な分業の止揚と高度な民主主義の実現を直結させる方向である。

このようにとらえてみると、ドラッカーが論及しているサードセクターは、マルクス&エンゲルスが論及していたところの「協同組合」とかなり類似した方向を向いているように思われる。

もし、マルクス&エンゲルスの社会主義論が基本的なところで正鵠を射ているなら、彼らのいう「協同組合」は、あらゆる面において資本主義的企業を圧倒しなければならないはずである。それは、単に観念的な理念や目的だけでなく、現実的な生産においての質や量、組織経営の質や効率性、あるいは構成員全体の仕事の質や意欲やモラル、さらには組織そのものの社会的存在意義など、あらゆる側面において資本主義的企業のそれらを凌駕しなければならない。そうでなくて、なんで社会主義の資本主義に対する優位性を多数の人たちに理解し納得してもらえるだろうか。

なによりも、社会主義が科学的であることを主張したいならば、自らの主張の正当性を現実の場で、先行的に論証&実証して見せる必要がある。そういう点で、ドラッカーの記述しているアメリカのサードセクターの動向は大いに研究すべき対象ではないかと思われる。

かつて西欧において、資本主義が封建主義に勝利したのも、思想やイデオロギー（イギリス革命、フランス革命的な思想や理念）の側面はもちろんだが、生産技術や生産組織という側面においても、すでに封建主義体制下において封建主義を圧倒していたからである。もし、ドラッカーが記述したように、サードセクターがマネジメントの面でも資本主義的企業の先を行く兆候が出てきているとするならば、それはたしかに非常に意味深い現象であるだろう。

ただし、現代のアメリカにおけるサードセクターには、かなり偏った点が二つある。

一つは、ドラッカーが「人間改革機関」というとおり、現代のアメリカにおけるサードセクターは第三次産業（サービス産業）に偏っているという点である。

二つは、現代のアメリカにおけるサードセクターが宗教活動、特にキリスト教の宗教活動と深くかかわっているという点である。

そして、それらはそれなりの意味があるように思われる。

まず、一つ目の、現代のアメリカにおけるサードセクターは第三次産業（サービス産業）に偏っているという点を考察してみよう。

資本主義経済が高度化すればするほど、その比重は第一次産業（農・鉱産業）から第二次産業（製造・建設産業）に移行することはもとより、さらに第二次産業（製造・建設産業）から第三次産業（サービス産業）へと移行していく。

かつて、西欧において資本主義が封建主義に勝利したのは、当時の西欧経済の比重が第一次産業（農・鉱産業）から第二次産業（製造・建設産業）へと大きく移行したことと深くかかわっていた。すなわち、産業革命による第二次産業（製造・建設産業）の勃興である。そして、もちろん、資本主義的生産様式の方が封建主義的生産様式よりも、その第二次産業(製造・建設産業)にうまく適合し得たわけであった。また、経済的にも産業的にも、第二次産業(製造・建設産業)をベースとした資本主義的生産様式は、第一次産業(農・鉱産業)をベースとした封建主義的生産様式を圧倒し得たのであった。

それと同じように、マルクス&エンゲルス的な社会主義論に基づいた「協同組合」が、かりに資本主義的生産様式を圧倒し得るときが来るとするならば、それは経済なり産業なりのベースが第二次産業(製造・建設産業)から第三次産業(サービス産業)へと大きくシフトし、後者が前者を経済的にも産業的にも圧倒する段階に符号すると想定したとしても、それは必ずしも荒唐無稽とばかりはいえないはずである。ことによると、第二次産業(製造・建設産業)から第三次産業(サービス産業)への比重移行は、必然的に生産と流通の組織をマルクス&エンゲルスのいう「協同組合」的なものが興隆するための前提条件であるのかも知れない。

また、逆に、資本主義的な生産・流通組織がなんの産業構造的な変動もなしに、同じ資本主義体制下においてそのまま社会主義的生産・流通組織に転化する、などと考える方がよほど荒唐無稽な考え方なのかも知れない。むしろ、もし、マルクス&エンゲルスが考えたような社会主義社会が実現するとするならば、その経済的な基盤としてのドラスティックで地殻変動的な産業構造上の変化が前提となる、と考える方が自然であるように思われる。

つぎに、二つ目の、現代のアメリカにおけるサードセクターが宗教活動、特にキリスト教の宗教活動と深くかかわっているという点を考察してみよう。

この点は、やはり、ドラッカーが現代のアメリカにおけるサードセクターの共通項を「人間改革機関」と喝破した点に深くかかわっている。しかも、それはこれらサードセクターすなわち「人間改革機関」のサービス受益者よりも、サービス提供者の方により深くかかわっている。

現代のアメリカにおけるサードセクターすなわち「人間改革機関」をボランティアで担っているサービス提供者は、資本主義的な価値観とはかなり異なった、彼らなりの価値観に基づいて活動している。端的に言えば拝金主義的な価値観だけでは満足できず、そういう資本主義的な価値観を超克した価値観（人生観や世界観など）に大きく価値転換した思想に基づいて活動しているように思われる。

しかも、そういう大きな価値転換は、高度資本主義経済の恩恵を相対的に多く受けている、経済産業的な先進社会である現代のアメリカにおいてこそ、大衆的な規模で引き起こされた、という側面があると思われる。

すなわち、マルクス&エンゲルスのいう「協同組合」的なものが興隆するためには、その重要な前提条件として、資本主義的な価値観（その端的な例としての拝金主義的な価値観）の大きな転換が大衆的な規模で発生することが必要なのではないか。そして、そういう価値転換は、現代のアメリカにおけるような資本主義の高度化が、アメリカの枠を超えて全世界的に進展することによってもたらされるのではないか。

いずれにせよ、現在、自らを社会主義者と自称する人間にかぎらず、人間社会の行く末を歴史的に透視し、展望したいと考えているほどの思想・学問者ならば、さらに徹底して高度資本主義の先進地域であるアメリカ社会の諸相を調査し研究すべきあろう。アメリカ社会は、もちろん、個別国家あるいは個別社会としてのアメリカ独特の特殊性をもってはいる。しかし、アメリカ社会は、世界中からの移民を受け入れて成り立ってきたミニ世界としての普遍性と、人間の未来社会を一部先取りした実験的社会としての先進性とを、今なおその内にふくんでいる。その意味において、格好の観察対象であり研究対象であると思われる。否、アメリカ社会を中心とする欧米社会だけではない。今や、日本社会も絶好の研究対象になってきている。

従来の自称社会主義者は、社会主義を自称しているというだけの理由で、旧ソ連や現中共などの自称社会主義国の社会研究を専らにしてきた。しかし、本当はやはりアメリカや西欧や日本などの経済的先進社会の研究にもっと真剣に正面から取り組んでこなければならなかったはずである。この点においても、従来の自称社会主義者は、大きなボタンのかけちがいをしてきたのではなかったか。

いずれにせよ、われわれは、人間社会の過去、現在、未来の道筋を歴史科学的に究明していくという、思想・学問的な研究に励みつづける必要がある。

六　人類社会の経済的な展望――むすびにかえて――

最後に、マルクス＆エンゲルスが提起した社会主義的な思想あるいは理論を止揚し、あるべき人間社会を実現していくために私が必要と考えている、経済的な条件を大まかに列挙しておく。

その経済的な条件を考察するためには、まず、人間のかかわる世界というものは、大きく自然世界と人間社会の二重構造において存在している、という基本認識が不可欠となる。この人間世界（＝人間社会＋自然世界）という二重構造が、ともすれば看過されやすいからである。そして、この人間社会と自然世界の関係は、相互に影響し合っている側面もあるが、基本的には人間社会が自然世界に大きく依存していることを忘れるべきでない。

現時点において、人間社会が自然世界に大きく依拠している最重要なものは、エネルギーと食料の二点である。逆にいえば、人間社会が自然世界から大きく自立するためには（この場合の自立はかなり相対的かつ限定的であるが）、人間の存在において最重要なエネルギーと食料を、世界的に偏在する地下資源である石油や、気候や地形に左右される農地への依存から脱却させる必要がある。

まず、一点目のエネルギーについて。

エネルギーは、人類のあらゆる産業、すなわち、生産力の基盤である。したがって、マルクス＆エンゲルスが構想した共産主義社会を支えるに十分な生産力を現出させるためには、エネルギーに関する生産技術の飛躍的な発展が必要不可欠な条件であろう。エネルギー源を、石油、石炭あるいはウラニウムなどという局地的偏在度の高い地下資源に依存している現況を超克しなければならない。

産業革命においては、蒸気機関の発明が、工場を水の落流条件というエネルギーの局地的偏在から解放する点で決定的な役割をはたした。同じように、全産業、特にエネルギー産業が、局地的に偏在する有限の地下資源から解放されたとき、初めて、人間は《生存競争》すなわち現実的な《分業》の軛から抜本的に解放されるのではないかと思われる。

このエネルギー生産の問題は、人間の個体にたとえてみれば、呼吸（酸素の体内吸収）器官系および血液循環器系の問題に対応している。

つぎに、二点目の食料について。

食料は、いうまでもなく人類が生存していくために直接的に必要なものである。したがって、その食料を生産する技術が飛躍的に発展し、人類が抜本的に飢餓の心配から解放されれば、その効果は甚大なものがあるはずである。人類が自らを縛ってしまった、社会的分業の問題、ひいてはその根本的原因であった生存競争の問題も、抜本的に解消できる可能性が高い。

しかし、食料の生産を、地理的な条件や天候的な条件に強く左右される農業に依存しているかぎり、マルクス&エンゲルスが構想した共産主義社会を支えるに十分な生産力を現出することは不可能であろう。食料生産をすべて工業生産化（非農業化）すること、すなわち、食料の確保を地理的な条件や天候的な条件から解放することである。

この問題は、さきのエネルギーに関する生産技術の飛躍的な発展と密接にかかわっている。エネルギーに関する生産技術の飛躍的な発展が実現すれば、食料生産の工業生産化（非農業化）も飛躍的に進展するにちがいない。

この食料生産の問題は、人間の個体にたとえてみれば、栄養消化（栄養の体内吸収）器官系統の問題に対応している。

現時点において、もっとも重要な生産技術は、以上のエネルギーと食料の二点であろう。しかし、人間の生産力という点でいえば、さらに以下のあと三つの生産技術が重要な課題となる。

三点目の課題は、人類のすべての産業だけでなく、人類のあらゆる社会生活にかかわるところの、精神的生産に関する生産技術の問題である。

人類が、その精神的生産を特殊な個人的才能や一部の知識人たちの特権的な活動に依存しているかぎり、マルクス&エンゲルスが構想した共産主義社会を支えるに十分な生産力を現出することは不可能であろう。

また、人間の社会的分業のうち、もっとも根本的な分業は精神労働と肉体労働の分業である。この分業を抜本的に解消し、止揚するためには、人類の精神的生産を全人類の全社会的な活動の下に解放することが必要なのである。そして、そのための最大の課題は、コンピューターと電気通信を融合させた高度情報通信技術の進展と、それを人間世界にどのように活用していくかという点に帰着する。すなわち、高度情報通信化をいかに進展させ、活用するかの問題である。

この精神的生産の問題は、人間の個体にたとえてみれば、脳神経（情報の認識＆表現）器官系統の問題に対応している。

四点目の課題は、人類の現実的生活に必要な物品を製造するための物質的生産の問題である。この物質的生産に関しては、今後の主要課題として、物質的生産の企画や開発の仕事に高度情報通信技術をどのように応用＆活用するかという問題と、物質的生産の製造技術に人間の技能＆技術とロボット技術をどのように融合させていくかという問題に帰着する。これらの問題も、結局は、情報通信技術をどのように応用＆活用するかという問題に密接に関連している。

この物質的生産の問題は、人間の個体にたとえてみれば、骨格筋肉（骨格筋肉の操作とコントロール）器官系統の問題に対応している。

最後の五点目の課題は、人類がいかに人間社会の構成や機能を合理的かつシステム的に創造し、改善していくかという社会体制の生産の問題がある。これは、マルクス＆エンゲルスが彼らの共著『ドイツ・イデオロギー』において「共産主義。――交通形態そのものの生産」と記したところの問題と深く関連している。（岩波文庫『ドイツ・イデオロギー』108頁）

この社会体制の実体には、大は国際体制や国家体制のレベルから、小は町内会体制や家族体制のレベル、それらの中間として企業体制や地域行政体制（地方自治体）や地域市民活動体制のレベルなどにおける諸問題がある。これらの問題も、結局は、情報通信技術をどのように応用&活用するかという問題に密接に関連している。

この人間社会における社会体制の生産の問題は、人間の個体にたとえてみれば、内臓器系（自律神経系をふくむ）全般の問題に対応している。

以上にまとめた五点の問題、すなわち、エネルギー生産、食料生産、精神的生産、物質的生産、社会体制生産の諸課題を理論的、技術的、実践的に着実に解決していくこと。これこそが、マルクス&エンゲルスが提起した社会主義的な思想あるいは理論を言葉の真の意味で止揚し、あるべき人間社会を実現していくために、私が必要と考えている経済的な条件であり、経済的な展望なのである。

【付録】

吉本隆明主宰『試行』誌に投稿した本論の「まえがき」と「あとがき」

この付録は、吉本隆明主宰『試行』誌へ投稿した本論に付した「まえがき」と「あとがき」である。

この「まえがき」は『試行』第五四号（西暦一九八〇年五月）に掲載された。

また「あとがき」は、本論が連載途上の西暦一九九七年一二月に『試行』が第七四号をもって終刊されたため、未掲載のままに終わった。

その後、本論は『試行』に未掲載であった残りの部分を、東百道主宰『過程』誌上に連載した。すなわち『過程』第三号（西暦一九九九年七月）〜第四号（西暦二〇〇二年一一月）がそれである。それにともなって「あとがき」も、本論の最終回を掲載した『過程』第四号に掲載した。

今回は、その二つの文章を、それぞれの連載誌に掲載されたままを原形のまま収録した。

「まえがき」

本稿はマルクス・エンゲルスの提起した唯物弁証法を批判的に吟味し、その基本構造を明瞭な形で対象化せんとした一の試みである。

第一章においては、事物の一般的運動・発展の構造を〈自己運動〉と〈外力〉の区別と関連において把え、唯物弁証法はそのうちの〈自己運動〉に関する一般法則を取り扱ったものであることを論証した。更に〈自己運動〉の原動力であるという点で唯物弁証法の核心といわれている〈矛盾〉の構造を検討した。副題を「一般的な運動・発展観の展開」とした所以である。

第二章は、エンゲルスが唯物弁証法の基本法則あるいは主法則と呼んだものを〈自己運動〉一般の基本構造を立体的に抽出したものであるとして位置づけ、法則の個々の構造と相互の立体的連関構造を追跡したものである。副題を「自己運動論の展開」とした所以である。

第三章は、一九五五年から一九五八年にかけてソ連を中心とした社会主義国家圏において展開された「矛盾論争」を追跡し、批判的に吟味したものである。一般に社会科学の分野の諸理論・諸法則は実験的に検証することが困難であるといわれている。ましてや唯物弁証法などのように最も一般性の高い法則に関する諸理論においてはなおさらである。そうである以上「矛盾論争」のような理論論争に自己の理論を投入してその正否を検証する試みは、実験的検証のせめてもの代替手段として、本稿の場合には欠くべからざる作業であったともいいうるのである。つまり、本稿における第三章の位置づけは、自然科学分野の論文における実験データとその考察の位置づけと同等の比重を持つとみなしうるのである。

第三章において第一章あるいは第二章で展開した基本理論が十分検証されえたか否かということは、歴史の審判に任せるしか術がない。しかし、自分としては、「矛盾論争」を〈外力論〉的視点から一貫して対象化しえたという点で、一の確信をもっていることも事実である。第三章の副題を「外力論の展開」とした所以である。

「あとがき」

社会科学の研究を志す者ならば、その研究分野の如何によらず、一度はマルクス・エンゲルスの諸文献に目を通すのではあるまいか。彼らの業績が、その間口の広さと奥行きの深さにおいて百年以上の歳月を隔てた現在においてなお我々にそのことを要求するのである。

マルクス・エンゲルスの業績は哲学・歴史・法律・政治・経済その他自然科学の分野にまで広がっているが、それらは個々バラバラになされたものではなく、立体的な構造において相互に関連づけられている。それゆえ、彼らの諸理論を根底的に批判し、止揚するためには、それらの根幹において貫徹している彼らの一般理論、即ち、〈唯物弁証法〉を科学的に対象化し、その論理構造を明確にしなければならないことになる。

実際にマルクス・エンゲルスの経済理論・歴史理論に取り組みかけて、そのことを痛感したのは今（一九七九年）から四〜五年前になるであろうか。それからはもっぱら〈唯物弁証法〉の基本構造へのアプローチを続けてきた訳である。余暇を割いての研究であったため、思わぬ歳月を要してしまった。しかし、この長期作業も、本稿の執筆によって一の決算を迎えることとなった。

本稿を終えるに当たり、二つのことを特に記しておくこととしたい。

一つは、三浦つとむについてである。

この研究の出発点において、彼の『弁証法・いかに学ぶべきか』から受けた感銘は今でもはっきり覚えている。〈唯物弁証法〉の具体的なイメージを一人で模索していた私にとって、それは文字通り慈雨のごときものであった。それから今まで、私は、三浦つとむの諸論文をほとんど唯一の手引書として、マルクス・エンゲルスの諸文献に取り組んできた、といって過言ではない。

結果としては、いくつかの重要な論点において、私の見解は三浦つとむのそれと喰い違うことになってしまった。しかし、それはあくまでも結果であるに過ぎない。

本稿のいたるところに（三浦つとむを批判している当の箇所においてすら）、彼の見解が色濃く浸透していることが容易に看取され得る筈である。三浦つとむとは一面識もない私であるが、書物を通しての彼の学恩に深く謝する意味でも、ここにその事実を明記しておく義務を感ずるのである。

他の一つは、本稿第三章の執筆経緯についてである。

第一章と第二章で展開した〈唯物弁証法〉の基本構造に関する構想が固まり、下書きの大部分が出来上がったのは二年程前のことである。「矛盾論争」のことは三浦つとむの論文「矛盾論争はなぜ行きづまったか」によって知るのみであったが、〈唯物弁証法〉の基本構造に関する私の見解の有効性を検証するために、是非、厳密な論争追跡を行ないたいと考えていたのである。

しかし、論争の主要な論文を収録しているという榊利夫編『矛盾――論争と問題点――』はとっくの昔に売り切れたまま再版もされていない状態であった。それゆえ、本稿は一応〈唯物弁証法〉の基本構造を論ずるに止め、「矛盾論争」批判は別途その機会があった時に独立の論文で展開するつもりにしていた。正にこのような時期に、先の文献集の一八年ぶりの再版が行なわれたのである。

このあまりにもタイミングの良い出来事は、少々オーバーに言えば、私にとって一種の天啓のように思われた。早速に「矛盾論争」の追跡に没頭したことは言うまでもない。〈外力〉論的視点からする論争の追跡行は比較的順調に行なうことができた。

ただし、［論争点Ⅲ］の社会主義社会の〈本質矛盾〉を解明する過程で、この論争点とは直接関係はないものの、唯物史観の基本構造に関する部分である引っ掛かりを感じ、その解消作業に足をとられる形で思わぬ時間が過ぎてしまった。実は、この引っ掛かりは、今でも完全には氷解していない。しかし、この問題は「矛盾論争」の主題には直接関係しないレベルの問題であるため、一応、本稿とは切り離して別稿で論ずることとした。その方が内容的にも、また、論文構成上も適切であると判断したからである。

以上のような経緯を経て、とにもかくにも本稿は一応の完結を見るに至った。今はただ『哲学ノート』に記されたレーニンの次の言葉を味わいながら、思い掛けなくも長期間たずさわることになってしまったこのテーマから静かに離れ切るばかりである。

――運動と『自己運動』〝самодвижение〟（これに注意せよ？　自分自身のうちから生みだされる、自主的な、自発的な、内的に必然的な運動）、『変化』、『運動と生動性』、『あらゆる自己運動の原理』、『運動』および『活動』の『推進力』――『生命のない存在』とまさに反対のもの――これがあの『ヘーゲルぶり』の、すなわち抽象的でひどくわかりにくい（重苦しくて不合理な？）ヘーゲル主義の核心であることを、誰が信じるであろうか??　ところが、人はこの核心をこそ発見し、理解し、『救いだし』、殻からとりだし、純化しなければならなかったのであって、このことをマルクスとエンゲルスは実際になしとげたのである――

――レーニン『哲学ノート』（岩波文庫・上巻）94頁――

一九七九年一二月二五日　朝

東　是人

（一九八五年一月五日　補正了）

【自著解説】

単行本『唯物弁証法の基本構造』についての自己解説
――私の研究（独学）小史を背景にして――

東　百道

この単行本『唯物弁証法の基本構造』の解説を兼ねて、かつて吉本隆明主宰『試行』誌に投稿し、長期連載された初稿を構想・執筆することになった事情から、今回、単行本として上梓することになった経緯と背景まで、すなわち、この単行本『唯物弁証法の基本構造』が成立するにいたった全過程をここに記しておく。それは、結局、私の研究（独学）小史を記すことと、ほとんど同義なのである。

私なりの思想・学問を研究（独学）するための条件づくり

私の大学在学中に、大学闘争が日本国中に勃発した。その過程において、私はつぎのことを痛感せざるを得なかった。すなわち、人間は、たとえ個人としては良質高潔であったとしても、既存の権益組織に組み込まれると、どうしても劣化堕落せざるを得ないということ、これである。

その結果、私は、大学という一種の文化的な権益組織の研究者になることを潔しとしなくなっていた。また、国家公務員になって国家的な権益組織の一端を担うことも潔しとしなくなっていた。まして、民間企業に就職して私的な権益組織のために働くことも潔しとしなくなっていた。

その反面、私は、ある分野の思想・学問に取り組むことを、自分のライフワークと考えるようになっていた。人間とはなにか。私という人間が現に生きていかなければならない現実のこの人間社会とはいかなるものなのか。私が生きている現代の人間社会は、自然史および人類史においてどのように位置づけられるべきなのか。そもそも、人間および人間社会は、どのようなものであるべきなのか。そういうことを本質的に問い続けていく思想・学問的な研究がそれである。

そのような思想・学問的な研究を地道に進めていくためには、たとえ豊かでなくとも、安定した生活を継続していくだけの家計収入、および、たとえ短時間であっても、集中した研究（独学）を継続していくだけの自由時間、それらを確保できる生業につかなければならない。消去法で考えいくと、いくつかの公的企業に就職する以外に私の選択肢はないように思われたのである。

ある公的企業に就職した私は、当初、つぎのような心構えをしたように思う。この公的企業において、私なりに真面目に努力して働いていこう。そして、もしその働きが認められて評価されたならば、その評価は素直に受け入れよう。ただし、私の思想や生き方に反する言動はできるだけ控えよう、と。

結果的には、私のそのような心構えはまったく無用であった。その公的企業に在籍した永い年月（約三〇年間）を通して、私が当初に心構えしたほど、私の働きがその公的企業内で評価されたことなど、ついに一度もなかったからである。それは同時に、その公的企業という組織に生息する人間たちの裏表を、私が、かなり露骨な形で直に見聞し、体験せざるを得なかったことを意味する。私の方も、転んでもただ起きない人間だから、その機会に彼らの生態を存分に見聞・体験し、その知見と経験を自分のライフワークに役立てた。改めて振り返ると、そういう知見と体験があったからこそ、逆に、このように永く生業（公的企業勤務）に従事しながら、自分のライフワークの研究（独学）をかろうじて継続することができたのかも知れない。

もちろん、それだけではない。私が自分なりの研究（独学）を志し、かろうじてそれを継続することができたのは、大学時代の恩師・新沢嘉芽統先生（当時・東京大学農学部農業工学科教授）の影響が大きかった。新沢嘉芽統先生は、先の大戦（大東亜太平洋戦争）中、ある公的な研究機関に勤務し、農業土木関係の調査研究をするかたわら、密かに独りで地代論の研究を継続しておられた。地代論は、新沢嘉芽統先生の世間的な意味における専門ではまったくなかったが、戦前のマルクス主義が華やかだった一時期においては、マルクス経済学者たちの注目を集めたマルクス経済学上の大論争課題であった。先の大戦中は息をひそめていたマルクス経済学のいわゆる専門家たちは、戦後になると再びその地代論争を再開した。しかし、そこには見るべき進展はほとんどなかったという。先の大戦中はただ息をひそめていただけで、自立的な研究をおろそかにしていた実態が歴然としていたという。そこで、新沢嘉芽統先生は、地代論を理論的に解明した先の大戦中のご自身の研究成果を出版公表し、戦前からの地代論争に決着をつけたのである。

私は、自分が生業（公的企業勤務）に従事するであろう永い年月を、先の大戦の戦時中に擬した。そして、その期間を通した自立的な研究（独学）の継続を決意したのである。新沢嘉芽統先生の生き方や研究の仕方は、私の心強い精神的な指針とも支柱ともなったのである。

マルクス&エンゲルスの唯物弁証法を研究（独学）するにいたった経緯

そのようにして、一応、思想・学問の研究（独学）条件を整えた私は、徐々に「人類史の研究」というものを自分のライフワークとして定めていった。これは、実際に生業（公的企業勤務）に従事した直後からのことである。そして、生業（公的企業勤務）を現実に体験し、改めて、自分が生きている人間社会、自分が現実にはめ込まれている社会体制が、人類史のなかでどのような位置にあるのか、今後どのような方向に展開していくのか、それらを解明しないではやり切れない、という強い想いが私の心底からこみ上げてきたのである。

ところで「人類史の研究」を始めるには、まず人間社会の土台である経済を研究（独学）しなければならない、と当時の私は考えた。そこで、まず初めに、ケインズの『一般理論』から読み始めていった。そのつぎは、お定まりのマルクスの『資本論』であった。時代は西暦一九七〇年代初頭であった。ただし、当時の大学闘争的な風潮からいえば、私の研究順序は逆であった。当時の大学闘争的な風潮に反して、私がまずケインズの『一般理論』から研究（独学）し始めたのは、やはり新沢嘉芽統先生の影響が大きかった。新沢嘉芽統先生は、マルクス『資本論』の最大の難問であった地代論を解明し、地代論争に決着をつけた後に、ケインズの『一般理論』を読んで、ある意味、眼から鱗が落ちる想いを経験したという。ケインズは、マルクスをふくめた従来の経済学者が最大の課題としてきた「経済恐慌」を、理論的かつ実践的に解決してしまった。これが、新沢嘉芽統先生のケインズに対する評価であった。私が、まずケインズの『一般理論』を読みたいと考えたのも当然であろう。

ともあれ、こうして私はケインズの『一般理論』を読んだ後に、マルクスの『資本論』を読んでいったのだが、第一巻を読み終えた後、第二巻にとりかかった途中の段階で、先を読むことを止めてしまった。マルクス『資本論』の第一巻から第二巻へと読み進むにつれて、マルクス『資本論』に対する根本的な疑問が心の中にふくれ上がっていき、第二巻の途中から先を読み進めることができなくなったからである。その根本的な疑問とは、一言でいえば、つぎのようなことになる。すなわち、なぜ、マルクスは現実の経済を分析する際に、外国貿易や国家財政という重要な経済条件を、第二巻にいたってもなお、捨象しつづけたのか、という疑問である。この疑問が解消されないかぎり、これ以上マルクスの『資本論』を読み進めても仕方がないと考えた。

その疑問を解消するためには、すなわち、マルクスが経済研究で用いた方法を根本的に理解するためには、やはり、マルクスの経済思想の土台になっている唯物史観を理解しなければならない。そう痛感した私は、さっそくマルクスの唯物史観の研究（独学）を始めたのである。

しかし、直ぐに、マルクスの唯物史観を根本的に理解するためには、さらにその土台となっているマルクスの弁証法、すなわち、マルクスの思想・学問のもっとも根底的な基軸となっていた唯物弁証法というものを、やはり徹底的に理解しなければならないと痛感したのである。当時、マルクスを学ぼうというほどの人間ならば、誰でも皆、マルクスの理論の根底的な基軸であった唯物弁証法に深い関心を寄せていた。しかも、その唯物弁証法は、マルクスの理論のなかでもっとも難解だといわれていた。それだけに、一層、私はその真髄を知りたく思ったのである。


唯物弁証法の研究（独学）と論稿『唯物弁証法の基本構造』の『試行』誌への投稿

私は、とりあえず、書名に弁証法あるいは唯物弁証法という文字が入っている本を、手に入れられるかぎり手に入れ、読んでいった。しかし、どの本も、弁証法そのものを正面から論じてはいなかった。ただ、弁証法に関する題目と説教と効能書きが記されているだけであった。

弁証法論者あるいは唯物弁証法論者を自称している人間というのは、この程度のものか。そう呆れかけていた私は、その頃になってようやく三浦つとむの『弁証法・いかに学ぶべきか』（季節社）にたどりついた。そこで、初めて、弁証法そのものを正面から論じている人間や著作に出会った気がした。これが、三浦つとむと彼の弁証法論との出会いであった。そして、そのつぎにようやく三浦つとむの

『弁証法とはどういう科学か』（講談社現代新書）を読むことになった。三浦つとむの『弁証法とはどういう科学か』を精読することによって、私はようやくマルクス＆エンゲルスが学問的に提示した唯物弁証法そのものの実体に触れたように感じたものである。

しかし直ぐに、三浦つとむの弁証法論に対し、以下の三つの疑問が心中に湧き上がった。

①　法則としての「否定の否定」についての説明が決定的に不十分なのではないか

②　唯物弁証法の全体像が立体的（統一的）に説明されていないのではないか

③　敵対的矛盾と非敵対的矛盾の説明と矛盾の解決についての説明が不十分なのではないか

この三つの疑問は、皆、唯物弁証法の根幹にかかわる大問題である。したがって、それらをすべて解明・解決しないかぎり、唯物弁証法を真に理解したことにはならない。ただし、三浦つとむの弁証法論に対してそのような疑問を抱いたからといって、三浦つとむ以外の弁証法論者に十全な説明を求めることは到底できない。そういう判断も、そのころの私にはすでにできていた。

三浦つとむが十全でない以上、そして、他の弁証法論者にはまったく何も期待できない以上、私自身が自力で、直接、マルクス＆エンゲルスの文献にとり組み、彼らの唯物弁証法を解明していく他はない。そういう覚悟も、そのころの私にはすでにできていた。

ただし、その場合にも、私の研究（独学）の参考となり、先導となり得るのは、やはり三浦つとむの弁証法論だけであるという認識も、そのころの私はすでにもっていた。

こういう経緯で、私は、マルクス&エンゲルスの唯物弁証法に関する文献を愚直に読み進めていった。私が精読した文献は、主に日本語に翻訳されたものであった。しかし、どうしても納得できない部分については、ドイツ語の原文に直接とり組み、その内容を確認していった。

その結果、マルクス&エンゲルスが認識していた唯物弁証法の基本構造を、私なりに解明することができたと確信するようになっていった。すなわち、唯物弁証法における自己運動論と外力論の構想ができ上がっていったのである。この点については、すでに本書の「まえがき」に概要を記してあるので、ごく簡単に再記するにとどめる。

マルクス&エンゲルスは、事物の一般的運動・発展の構造を《自己運動》と《外力》の区別と関連において認識していた。そして、マルクス&エンゲルスが認識していた唯物弁証法の基本構造は、特にエンゲルスが唯物弁証法の「基本法則」あるいは「主法則」とメモに書き遺したものは、実は《外力》を捨象した《自己運動》に関する一般法則であった。さらに、唯物弁証法の核心といわれている《矛盾》は、同じく《外力》を捨象したところの《自己運動》の原動力としてマルクス&エンゲルスは把握していた。すなわち、唯物弁証法における《矛盾》は、一般的な運動・発展全般の原動力ではなく、そのうちの《自己運動》部分の原動力に限定されるのである。

私がそれらのことを解明できたと確信したころ、タイミングよく、有名な「矛盾論争」の主要論文を収録した榊利夫編『矛盾——論争と問題点——』（合同出版／西暦一九七七年）が一八年ぶりに改装増刷された（初版は西暦一九五九年）。ちなみに、その時点においても、この有名な「矛盾論争」は未解決のままであった。編者の榊利夫は「解説」につぎのように記している。

「『社会主義下の矛盾』をめぐる論争は、一九五八年末をもっていちおう打ち切られたが、これで問題が完全にとけたわけではない。さらに深い、さらに精密化したかたちでの研究・論争は、とうぜんこんごもつづくだろう」（榊利夫編『矛盾――論争と問題点――』276頁）

私は、その時点から、この「矛盾論争」を最終的に解明・解決できる人間は、私以外にはいないだろうという想いを心に抱きつつ、その『矛盾』に収録された諸論文の吟味にとり組んでいった。同時に、この「矛盾論争」を解決することは、私自身が解明したと確信している唯物弁証法（特にその基本構造）の真理性を検証するために必要不可欠な作業だということも、そのときの私は十分に意識していた。それは、自然科学における実験的検証に相当する、学問的に必要不可欠な検証的試みである、と私は考えていた。

そういう作業の結果、この検証的な試みは、十分な成功をおさめた、と私は確信するにいたった。すなわち、従来の「矛盾論争」をすべて批判しつくし、この「矛盾論争」を論証的かつ実証（準実証）的に解決することができた、と確信したのである。

私が、それら一連の研究成果を論稿『唯物弁証法の基本構造』にまとめ上げたのは、忘れもしない戦後三四年（西暦一九七九年）一二月二五日のことであった。その論稿を、私は直ちに吉本隆明主宰の

『試行』誌に投稿した（ペンネーム／東是人）。当時の日本において、私の論稿『唯物弁証法の基本構造』を評価し、掲載してくれそうな雑誌は、この『試行』誌以外には思い当たらなかったからである。
その吉本隆明から、彼の主宰する『試行』誌に次号から掲載する旨の葉書が届いたときの歓喜と感謝の気持を、私は一生忘れることがないだろう。

マルクス三部作の構想と自立的な思想・学問誌『過程』の創刊

最初の論稿『唯物弁証法の基本構造』を仕上げた直後から、私はつぎの論稿『唯物史観の基本構造』の研究（独学）と執筆にとりかかった。今度は、初めから、直にマルクス＆エンゲルスの文献にとり組んでいった。唯物弁証法の場合と同様に、それまでの唯物史観論者はまったく問題にならなかった。彼らは、マルクス＆エンゲルスの唯物史観の基本構造を大きく誤解したままに、まったく現実離れのした屁理屈を教条的にこねまわすだけの水準にとどまっていたからである。ただし、この場合も、三浦つとむだけは例外であった。三浦つとむの唯物史観論だけは、私の参考となり私の先導になってくれた。この事実も、ここに明記しておく。

論稿『唯物史観の基本構造』に関する研究（独学）と執筆の結果、私はマルクス＆エンゲルスの生活生産論、交通論、市民社会論、上部構造論の基本を解明し、最終的に彼らの唯物史観の基本構造の原像を総体的に解明し、復元することができた、と確信している。

私が解明し、復元したマルクス&エンゲルスの唯物史観の総体的な原像は、今日もなお一般的に流布されている唯物史観論を根底から覆すものである。

さらに私は、その原像の復元過程で、史上有名な「上部構造論争」を批判的に追跡し、解明・解決していった。私は、現在にいたるも未だ解決されないままに放置されている「上部構造論争」を、最終的に解決し得たと確信している。そして、この「上部構造論争」に関する批判・解明・解決作業も、私が解明・復元した唯物史観の基本構造の真理性を、学問的に自己検証するために必要不可欠な、検証的な試みであった。そのことを、当時の私は十分に意識していた。

私がこれら一連の研究（独学）成果を論稿『唯物史観の基本構造』にまとめたのは、戦後四三年（西暦一九八八年）一二月一四日であった。その論文も、私は直ちに『試行』誌に投稿した。

当時は、先に『試行』誌に投稿した論稿『唯物弁証法の基本構造』の連載はまだ続いており、その連載がいつ完了するか不明であった。また、同じ執筆者の論稿が二本も併行して『試行』誌に掲載されるということも考えにくかった。したがって、新たに投稿した論稿『唯物史観の基本構造』が、果たしていつ『試行』に掲載されるかはまったく不明であった。

その一方で、私は続けて次の論稿『唯物史観的社会発展論の基本構造』の研究（独学）と執筆にとりかかっていた。これは、マルクス&エンゲルスが、自ら構想した唯物史観を土台に、現実の人類史の基本構造を研究・構築していったところの唯物史観的社会発展論の原像を、私なりに復元することを目的としていた。

この論稿『唯物史観的社会発展論の基本構造』は、先にまとめた論稿『唯物弁証法の基本構造』と論稿『唯物史観の基本構造』に連なるものであり、私はそれら三つの論稿を、私のマルクス&エンゲルス三部作と位置づけていた。

すでに書き終えていた論稿『唯物史観の基本構造』でさえ、いつ『試行』に掲載されるか不明なのだから、まして、まだ研究（独学）と執筆を始めたばかりの論稿『唯物史観的社会発展論の基本構造』の方は、それがいつ公表できるかまったく不明であった。また、その他にも、私が研究（独学）にとり組み、その成果を公表したいと思っていた研究課題がいろいろあった。

そこで私はついに、私の研究（独学）の成果を公表する拠点として、私自身が主宰する自立的な思想・学問誌『過程』（過程社）を独力で創刊する決意を固めたのである。数年の準備期間を経て、創刊号を発行したのは戦後四七年（西暦一九九二年）六月のことである。以来、まことに遅々とした発行状況ではあるが、この『過程』誌の発行を今もまだ細々と継続している。

創刊の当初は論稿『唯物史観的社会発展論の基本構造』の連載をこの『過程』誌の主軸とするつもりであった。しかし、頼みの『試行』誌が、第七四号（西暦一九九七年一二月二〇日発行）を最後に突如終刊になるという、まったく予期せぬ出来事が発生した。当時『試行』誌に長期連載中だった論稿『唯物弁証法の基本構造』も連載十九回目で中断ということになってしまった。ただ、不幸中の幸いだったのは、最後の連載十九回目で、論文のもっとも重要な項目の一つであった「三浦つとむ矛盾論批判」の掲載がちょうど完了していたことであった。この連載で、論稿『唯物弁証法の基本構造』の主要な内容は、すでに『試行』誌に掲載されていたからである。

しかし、連載の中断は中断である。そこで、急きょ論稿『唯物弁証法の基本構造』の残りの部分を、私自身が主宰する『過程』誌に振り替えて、連載を継続することとした。同じく、私が先に『試行』誌に投稿していた論稿『唯物史観の基本構造』も『過程』誌に連載することにした。そのために、もともと『過程』誌に連載していた論稿『唯物史観的社会発展論の基本構造』は、しばらく連載を中断することになった。それらはすべて『過程』第三号（西暦一九九九年七月発行）以降の出来事である。

そのような経緯の後、論稿『唯物弁証法の基本構造』は『過程』第四号（西暦二〇〇二年一一月発行）において連載を完了した。

私は、この『過程』誌に、自分の本来のライフワークと考えている研究（独学）の成果を公表することにしている。例えば「リンカーンの名句」「日本における企業経営の先端的現在」「青年の〈憤怒〉に根拠はあるか」「人類史への展望」「古来の日本人（日本常民）の信仰観と死生観」などの比較的短い論文を『過程』誌に掲載した。また『リンカーンの政治思想』『アメリカ独立宣言の論理構造』『唯物史観的社会発展論の基本構造』などの長い論稿も、現在『過程』誌に連載中である。

自立的な思想・学問誌『過程』を公表の拠点とした研究（独学）のいろいろ

ちなみに、私がマルクス&エンゲルスの唯物弁証法を研究（独学）する契機となったマルクスの『資本論』だが、実は論稿『唯物弁証法の基本構造』と論稿『唯物史観の基本構造』を書き終えた以降も、私は『資本論』の研究（独学）を再開しなかった。

私は論稿『唯物弁証法の基本構造』の研究（独学）成果として、かつて『資本論』に対して抱いた根本的な疑問を氷解させることができた。すなわち、マルクスは『資本論』において、資本主義経済を、経済的な《外力》を捨象したところの《自己運動》としてとらえ、その範囲内で自身の考察を進めて行ったのである。私が基本的な経済与件と考えた外国貿易や国家財政などを、マルクスは経済的な《外力》とみなし、彼の考察から捨象していたわけである。マルクスの『資本論』の基本的な構造とその限界は、その一点に集約され得る。その一点さえ理解できれば、私の『資本論』研究（独学）は、すでに当面の必要十分条件を満たしていた。

しかも、新沢嘉芽統先生と華山譲先生（新沢嘉芽統先生の高弟）の共同研究『地価と土地政策』（岩波書店／西暦一九七〇年）によって、マルクス『資本論』の最大の難関であった「地代論」はすでに根底的に解決されていた。私などが、経済的な基本論である『資本論』に、それ以上のレベルまで急ぎ立ち戻り、研究（独学）する必要はないと考えたわけである。

当時は、それよりも日本経済の現状分析と歴史的展望の方に強い関心をもっていた。

ちなみに、戦後五五年（西暦二〇〇〇年）の日本経済は、第一次石油危機（戦後二八年／西暦一九七三年）後の経済政策の混迷、バブル経済の発生とその崩壊（戦後四六年／西暦一九九一年〜戦後四七年／西暦一九九二年）、その後のゼロ成長など、まさに迷走状態にあった。

この分野においては、下村治と高橋亀吉が圧倒的にすぐれた存在だという確信があった。そこで『過程』誌の発行と併行して、私は両先生の経済論文を可能なかぎり手に入れて研究（独学）していった。両先生は、互いに自立的に研究しつつも、互いの実力と見識の高さを認め合っていた。そして、他の経済学者や経済評論家と鋭く対峙し、日本経済の現況について激烈な論争を行なっていた。彼らは圧倒的な少数派であったが、その日本経済論は他を完全に圧倒していた。

私は、両先生の日本経済論に関する研究（独学）の成果と、それに私自身の日本経済そのものに関するささやかな研究（独学）の成果を加えたものを、とりあえず単行本『日本経済の成長と均衡——成長志向型から均衡志向型への発想転換——』（通商産業調査会／西暦二〇〇〇年）にまとめて上梓した。私の本が、どのような現実的な影響力を有したかはわからない。私が知り得た唯一の反応は、島田克美氏が雑誌『貿易と関税』の巻頭記事「潮流」に記した「国際経済の中から一五一　日本経済はＩＴと企業再編に頼れば良くなるのか」のつぎの記述だけであった。

「ここで制度研究の意義を否定するものではないが、日本経済を長期の窮地に追い込んだ根本の要因はマクロ経済政策そのものにある。そしてこれに関する今日の政府あるいは流行の論者の処方箋はあまりにもお粗末である。このことを痛烈に突いた次の一書は傾聴に値する（東百道『日本経済の成長と均衡』通商産業調査会二〇〇〇年。なお私はこの本のすべての論旨に賛成するわけではないが、興味深い多くの図表から学ぶところはきわめて多かった）」（日本関税協会発行『貿易と関税』西暦二〇〇〇年一一月号所収）

また、その他にも、私の永年の生業（公的企業勤務）の総括として、情報通信に関するささやかな研究（独学）成果をいくつかの論文にまとめた。例えば「情報通信高度化時代の構図と戦略」という論文を白川一郎編著『グローバル化と進化する情報通信産業』（通商産業調査会／西暦一九九九年）の第二章に収録した。また、ある機縁から、高崎商科大学の非常勤講師として「マルチメディア論（情報通信高度化論）」という講座を約七年間受けもったのだが、その講義内容をまとめたものがある。これは『高崎商科大学紀要』の第一七号（西暦二〇〇二年）～第二一号（西暦二〇〇六年）に個別に掲載（一部は分載）された。それらの論文の標題は「『情報通信』の本質と地域ＩＴ化の現実問題」「『情報通信』産業の形成過程」「『情報通信』システムの形成過程」「『情報通信』高度化の基本動向と社会展望」というものであった。

これらの研究（独学）には、それ以前に執筆を終えていた論稿『唯物弁証法の基本構造』と論稿『唯物史観の基本構造』の研究（独学）が大きく役立った。しかし、そのころから私がかなり本格的にとり組み始めた朗読の研究（独学）においては、さらに大きく役立ったのである。

朗読の理論と実技と上達法の研究

私が朗読に本格的にとり組み始めたのは、自立的な思想・学問誌『過程』(過程社)を創刊する二年前、戦後四五年(西暦一九九〇年)、昭和時代が終わり平成時代に変わって二年目のことであった。当時、私は生業(公的企業勤務)の関係で、山梨県甲府市の郊外に転居していた。たまたま、勤務先の同僚から、近所に居住していた朗読指導者(溝口直彦先生)を紹介された。それが機縁となって、その朗読指導者が主宰する「溝口直彦朗読サークル」に入会したのである。

朗読レッスンが進むにつれて、私は次第に朗読の魅力に引き込まれていった。

朗読は、表面的には、ただ文学作品を声に出して読むだけの、単純かつ簡単な行為のように受けとられやすい。ところが、先輩会員たちの朗読はまったくちがっていた。聴いているうちに、作品世界のイメージが私の脳裏に鮮やかに浮かび上がってきて、深く強く激しい感動が私の心の底からつき上げてくる。この体験は一種の衝撃であった。そのような感動を、私は映画、演劇その他で一度も味わったことがなかった。朗読では、なぜ、かくもイメージが鮮明に私の脳裏に浮かび上がってくるのか。なぜ、かくも深刻な感動が私の胸を突き上げてくるのか。当時の私にはそれがまったく不思議であり不可解であった。この謎を解き明かしてみたい。そういう強い欲求が、私の朗読研究を急速に本格化させていったのである。

私の朗読研究は、私が執筆した論稿『唯物弁証法の基本構造』の内容と密接に関係していた。唯物弁証法が、私の朗読研究の土台とも指針ともなった。なぜなら、朗読そのものが、唯物弁証法における矛盾的性格を多分にもっていたからである。また、私が論稿『唯物史観の基本構造』を執筆していく過程で、かの「上部構造論争」を解決したことが、さらに直接に朗読研究の役に立った。

この「上部構造論争」には、言語は上部構造か下部構造か、という論点をめぐる論争がふくまれていた。さらに、文学は上部構造であるにもかかわらず、古典といわれる一部の文学作品が時代を超えて読み継がれているのはなぜか、という論点をめぐる論争もふくまれていた。さらにいえば、科学技術は上部構造か下部構造か、という論点をめぐる論争までふくまれていた。

私は、この「上部構造論争」を自力で解決し、決着をつけるため、必要に迫られて、三浦つとむの認識論〜表現論〜言語論、吉本隆明の文学論、武谷三男と南郷継正の技術論（技術上達論）などを研究（独学）していった。もちろん、それらは朗読を研究（独学）するためにおこなったものではない。しかし、いざ朗読研究を始めてみると、朗読というものが、私が研究（独学）してきた認識論、表現論、言語論、文学論、技術論（技術上達論）に、まさに直接かつ全面的に関係しているという事実を直ちに理解することができた。すなわち、これまで私がやってきた研究（独学）のほとんどすべてが、私の朗読研究に直接かつ全面的に役立つということがわかったのである。この事実から、私は強い驚きと喜びと使命感を心に抱かされたといってもよい。

私は、自分が執筆した論稿『唯物弁証法の基本構造』と論稿『唯物史観の基本構造』の内容、および、三浦つとむや吉本隆明などの優れた学的先達の研究成果を土台にすれば、必ず朗読というものを理論的に解明できると確信することができた。同時に、その解明内容を論稿『朗読の理論』として執筆できる人間は私以外にはいないだろう、という確信と一種の使命感をもつにいたったのである。そういう孤独な確信と使命感を唯一の支えにして、私は、私自身をいわば実験対象としながら、朗読における理論と実技と上達法の研究を学問的（論証的かつ実証的）に進めていったのである。

私は「朗読はイメージに始まりイメージに終わる」と考え、朗読における文学作品の作品世界（場面イメージなど）の認識過程と表現過程を探求していった。特に朗読の基本中の基本は「視点の転換」にあると考え、それを軸に論稿『朗読の理論』を構想していった。その際の最大の土台になったのは、三浦つとむによる言語過程説の展開であった。さらに、私は吉本隆明の『言語にとって美とはなにか』（角川文庫）から、また特に、彼が三浦つとむの『日本語はどういう言語か』（講談社学術文庫）のために記した「解説」から、多大な啓発を受けた。

芸術としてとらえた朗読の本質は、文学の原作者が創造した文学作品の文字言語を認識する行為と、その文学作品の文字言語を自分が創造する一個の朗読作品として自分の音声（話声）言語で再表現する行為を、同時併行的に実践していく点にある。すなわち、朗読者は文学作品の認識者という立場と朗読作品の表現者という立場を統一した存在であり、まさに唯物弁証法でいうところの矛盾的な存在である。そういう朗読なり朗読者の研究（独学）は、私の得意分野であった。

さらに、後に思い当たったことがある。それは、優れた学的先達の論文を、それを論じた当人の立場に立って精読していった私の研究（独学）の経験それ自体が、朗読においてもっとも大切な、原作者の立場に立って文学作品を読み込むための、絶好の修練になっていたという事実である。優れた学的先達は、皆、自力で現実の研究対象にとり組み、自分の視点に立って、自分の言葉で、自分の理論を展開している。また、真剣な学問的論争を決して避けない。そういう彼らの論文を彼らの立場に立って懸命に読みこみ、彼らの論争を彼らの立場に立って徹底的に追跡していった私の経験は、自分でも気がつかないうちに、文学作品に書かれた文字言語（地の文やセリフ）を原作者や登場人物の立場に立って読みこむための、絶好の修練になっていたのである。

戦後四八年（西暦一九九三年）に、私は千葉県八千代市に自宅を定め、山梨から転居した。転居後も、私は朗読の研究（独学）を継続していた。そのころはまだ従来の生業（公的企業勤務）も続けていたから、なかなか朗読研究もはかどらなかった。当然、本格的な朗読活動を試みることもできなかった。しかし、ある段階まで朗読研究が進展していくと、朗読の理論と実技と上達法をさらに探求していくためには、やはり、実際に他人の朗読を指導してみることが必要不可欠だと思うようになった。これは、自分の朗読理論を実証（実験）的に検証することでもあった。

そこで、それまでの朗読研究を踏まえ、朗読指導のための基本的な方法とカリキュラムを考案し、とりあえずは一種の週末起業として、自分の居住地である八千代市において、朗読サークルを立ち上げ、そのサークル会員に対する体系的な朗読指導を開始したのである。こうして、私の対外的な朗読活動の試行が始まった。戦後五八年（西暦二〇〇三年）の夏のことである。

その三年後の戦後六一年（西暦二〇〇六年）三月三一日に、私は永年の生業（公的企業勤務）を退職した。その退職を機に、いよいよ私は自分の対外的な朗読活動を本格化させていった。

私は自分の朗読活動を、半生業&半ライフワークと位置づけた。私にとって、朗読は単なる趣味にとどまらなかった。朗読は文学作品で表現されている文字言語を自分の音声（話声）言語で再表現する芸術である。文学作品は、言語で表現された芸術としては、もっとも一般的であり、もっともレベルが高い。その文学作品を朗読するためには、まず、そこに表現されている文字言語を「読む力」を修得しなければならない。また、文学作品を読むためには、そこに表現された文字言語をたどりながら、それを表現した作者の認識過程を追体験し、さらには作者が認識したものを文字言語で表現していく過程を追体験しなければならない。すなわち、作家が文字言語を「書く力」を追体験的に修得しなければならない。もちろん、朗読者はその文字言語を自分の言葉で音声（話声）言語として再表現しなければならないから、当然「語る力」を修得しなければならない。最後に、朗読者は独りよがりの朗読にならないために、聴き手の立場で自分の朗読を「聴く力」も修得しなければならない。すなわち、朗読という芸術は、人間が言語によって創造したもっとも一般的でレベルの高い芸術である文学作品を通して、人間の認識と表現においてもっとも重要な言語を読み、書き、語り、聴く力を修得するためのもっとも普遍的でもっとも本質的な芸術でもあったのである。したがって、その朗読を通して、人間のもっとも普遍的かつ本質的な能力である、言語的な認識力と表現力の向上に寄与し得る、と私は考えたのである。朗読は人間にとって大きな意義がある、と。

先ず、朗読指導する朗読サークルの数を増やしていった。戦後七四年（西暦二〇一九年）現在で七サークル（最多期は八サークル）である。さらに、私の朗読研究の成果を論稿『朗読の理論』にまとめていった。それを、戦後六三年（西暦二〇〇八年）三月に単行本『朗読の理論——感動をつくる朗読をめざして——』（木鶏社）として上梓することができた。

単行本『朗読の理論』は、出版直後に日本図書館協会選定図書に選定された。また、翌年の戦後六四年（西暦二〇〇九年）の春には、本文の一部が立命館大学の入試問題（現代文）に採用された。

そして、もっとも意外で嬉しかった反応は、片山ユキヲ氏（漫画家）と高島雅氏（小学館の漫画編集担当者）から、当時この両氏が小学館の連載漫画として企画検討中だった朗読漫画『花もて語れ』に、単行本『朗読の理論』に基づいた朗読協力&朗読原案者として参画して欲しいと依頼されたことであった。この両氏は、朗読について各方面を調査・取材した結果、最終的に私の単行本『朗読の理論』にたどり着いて、朗読漫画の土台とするのはこれしかないと思ったという。折衝の結果、朗読漫画『花もて語れ』は片山ユキヲ氏（漫画家）と私との共著という形で、戦後六五年（西暦二〇一〇年）

一月～戦後六九年（西暦二〇一四年）七月の間に漫画雑誌の『月刊！スピリッツ』および『週間 BIG COMIC スピリッツ』に連載され、単行本『花もて語れ』も順次発行された（全一三巻）。

ちなみに、この朗読漫画『花もて語れ』は社会的にかなり高く評価された。たとえば、戦後六九年（西暦二〇一四年）に平成二六年度［第一八回］文化庁メディア芸術祭において、そのマンガ部門の「審査委員会推薦作品」に選出された。また、戦後七〇年（西暦二〇一五年）の日本財団「これも学習マンガだ！　～世界発見プロジェクト～」において、手塚治虫『火の鳥』『ブラック・ジャック』、宮崎駿『風の谷のナウシカ』、白土三平『忍者武芸帳　影丸伝』、二ノ宮和子『のだめカンタービレ』、水木しげる『総員玉砕せよ！』などと共に、学習マンガ百選に選出された。

その後、朝日新聞の戦後七〇年（西暦二〇一五年）一〇月一二日（月）全国版の文化欄に、シリーズ「Re ライフ」の一環として、朗読の紹介記事「朗読に心をこめて」が掲載された。この記事は、私に対するインタビューと単行本『朗読の理論』の内容に基づいた朗読の基本の紹介で構成されていた。私はさらに、その記事づくりのためのレクチャーにも事前に応じていた。

私は、朝日新聞の文化欄に拙著『朗読の理論』の内容がこのような形で掲載されたことをもって、私の朗読活動の一つのマイルストーンと考えている。これは、私が本格的な朗読活動に入ってからちょうど一〇年目の戦後七〇年（西暦二〇一五年）に起こった出来事である。

木鶏社という出版社について

ここで、私の単行本『朗読の理論』を発行した木鶏社という出版社について記しておく。

実は、この木鶏社は、戦後三七年（西暦一九八二年）に私の母（東久子）と三人の実姉（緑川朝子・東拝子・伊藤紀子）と私（東百道）の五人が創設した出版社である。その後、母と姉の一人（緑川朝子）が亡くなったため、戦後七二年（西暦二〇一七年）現在は、定款を改訂し東拝子と伊藤紀子と私（東百道）の三人が株主兼経営者として運営している（代表取締役・伊藤紀子）。この木鶏社は、本来は、永く絶版になっている良書を復刊することを主目的として創設されたものである。例えば、アンリ・ファーブル著／前田晁訳『科学物語』、豊田正子著『綴方教室』、廣津和郎著『松川裁判（新版）』などの復刊がそれである。

したがって、単行本『朗読の理論』は初めての新刊本の発行であった。実は、木鶏社には、出版の基本方針の一つとして、各分野の原点となるべき名著を出版していこう、という企画目標もあった。現に『科学物語』『綴方教室』『松川裁判（新版）』は、それぞれ、科学、文学、裁判の原点という位置づけで出版したものでもある。そこで、単行本『朗読の理論』も、企画検討の結果、朗読の原点としての意味はある、と認められたのであった。

幸い、単行本『朗読の理論』は発行後九年にして初刷が売り切れ、戦後七二年（西暦二〇一七年）早々に増刷されることになった。また、この単行本『朗読の理論』を基軸的な参考文献とした朗

読漫画『花もて語れ』（小学館）も、社会的にかなり高く評価されている。そこで、木鶏社として
も、私が朗読者の立場から文学作品論を展開する「朗読のための文学作品論」シリーズを発行してい
こうという企画を新たに立てるにいたった。そして、そのシリーズ第一作として単行本『宮澤賢治の
視点と心象』を戦後六七年（西暦二〇一二年）七月に発行したのである。今後も、芥川龍之介、太宰治
などの文学作品論を発行していく予定である。さらに単行本『朗読の理論』の姉妹編として単行本『朗
読の上達法』も発行する予定である。

これらの朗読に関する単行本の発行は、朗読者としての私の今後一〇年間の計画でもある。

論稿『唯物弁証法の基本構造』の単行本化と追加・修正した主な内容

そういう経緯と実績を積み上げ後に、私はようやく論稿『唯物弁証法の基本構造』の単行本化の企画を木鶏社に提案することができ、その承諾を得ることもできたのである。

もちろん私は論稿『唯物弁証法の基本構造』の単行本化のために、戦後五七年（西暦二〇〇二年）一一月に『過程』の連載が完了した以降、雑誌連載論文の校正や追加・修正を断続的におこなってきた。しかし、校正はともかく、追加・修正の方は、仕上げるまでにかなり時間がかかってしまった。ともあれ、その最終稿も、戦後七一年（西暦二〇一六年）末までに仕上げることができた。

単行本『唯物弁証法の基本構造』のために追加した主な内容は、つぎの三点である。

追加した一点目は、外力論の基本をさらに展開したことである。

かつて『試行』誌および『過程』誌に連載した論稿『唯物弁証法の基本構造』においては、外力の重要性を一般的な形で提起した段階にとどまっていた。その外力が、基本的にいくつかの種類に分けることができる、という点にまでは展開していなかった。

外力の種類分けの一つは、外力を《自然的な外力》と《人為的な外力》の二種類に大きく分けることである。もう一つは、外力を《場的＝継続的な外力》と《非場的＝単発的な外力》の二種類に大きく分けることである。そして、現実の外力は、この二つの二種類の組み合わせ、すなわち、①《自然的な外力》＆《場的＝継続的な外力》、②《自然的な外力》＆《非場的＝単発的な外力》、③《人為的な外力》＆《場的＝継続的な外力》、④《人為的な外力》＆《非場的＝単発的な外力》という四種類に区分することができる。

このような外力論の展開は、私が知っている限り、従来のマルクス主義者たちはまったくやってこなかった。ところが驚くべきことには、マルクス＆エンゲルスの文献を改めてよく読んでみると、彼ら自身はこの四種類の外力のことをすでにそれなりに区分して論じていることが分かった。私は、内心、密かに舌を巻いた。彼らの理論的な営為は、実に驚くべきものがあったのである。

追加した二点目は、矛盾を構成する対立物の統一の構造についてである。

矛盾における対立物は、なんとなく一対のように受け取られがちである。しかし、現実には、事物の自己運動における原動力としての矛盾、すなわち、対立物の統一は、必ずしも一対の対立物だけで構成・統一されているわけではない。ときには、何対もの対立物の統一が複合的に組み合わさって構成されている場合もあるのである。

しかも、その各々の対立物も正反対のたった二つの対立物だけであるとは限らない。複数の対立物が互いに対立しながら統一されている場合もあるわけである。三つ、四つ、五つ、あるいはそれ以上の対立物が、互いに対立しながら、統一されている組み合わせも存在している。

以前の『試行』誌と『過程』誌に連載した論稿『唯物弁証法の基本構造』においては、これらの点についてほとんど触れていなかった。もちろん、このような矛盾の構造（対立物の統一の構造）については、私が知っているかぎり、従来のマルクス主義者たちはまったく触れていなかった。ところが驚くべきことには、マルクス&エンゲルスの文献を改めてよく読んでみると、この矛盾における対立物の統一の複合的な構造についても、少なくとも個別の具体的な諸問題に関する論考においては、彼らはすでに論及していることがわかった。この点についても、彼らの理論的な営為は、実に驚くべきものがあったわけである。

追加した三点目は、現在の社会主義（と自称されているもの）に対する批判的な検討と、今後の社会主義の展望についてである。ただし、この点は、「唯物弁証法の基本構造」という論点からはあまりに離れてしまう。そこで、本書においては、本論としてではなく、付論という別枠の形でくわしく展開することにした。これについては、直接、本書の付論「社会主義の現在」に当たっていただきたい。

つぎに、単行本『唯物弁証法の基本構造』のために旧稿を修正した点である。

実は、主要な内容にかかわるものとしては、特筆するほどの修正点はほとんどない。

あえてあげれば、つぎの一点だけである。すなわち、かつて『試行』誌および『過程』誌に連載した論文『唯物弁証法の基本構造』を執筆した時点においては、まだソ連が存在していた。そのために、当時は当然のようにソ連と記していた。ところが、単行本化する現時点においては、そのソ連はすでに崩壊してしまっている。そこで、その名称を旧ソ連と書き直す必要が生じた。また、それにともなって、かつては現在形で記した部分を過去形に書き直す必要も生じてきた。それ以外には、主要な内容にかかわるほどの修正は、ほとんど一切必要なかったのである。

今から約四〇年前の戦後三四年（西暦一九七九年）一二月二五日の時点で、一応の完成をみた論稿であってみれば、この事実は、多少、誇ってもよいのではないかと考えている。

最後に、論稿『唯物弁証法の基本構造』を『試行』誌に投稿した際に、ペンネーム（東是人）を使用したことに触れておく。当時の私は、自分がライフワークの研究（独学）を継続していくに際して、自分が孤立無援の状況下にあり、独りで世間全体と対峙しているという気構えを崩していなかった。そのため、本名（東百道）を使用しなかったのである。しかし、現時点（戦後七四年／西暦二〇一九年）の私は、すでに生業（公的企業勤務）を退職し、朗読活動を自分の半生業&半ライフワークとして位置づけている。今回、単行本『唯物弁証法の基本構造』を公表するのを機に、ペンネーム（東是人）から本名（東百道）に復することにした。

戦後七四年（西暦二〇一九年）一月四日　東　百道　記す

（旧ペンネーム　東　是人）

東　百道　プロフィール

○ 1946年3月　東眞六・久子（旧姓末廣）の第六子として、千葉県市川市に生まれる

○ 1970年代　経済（新沢嘉芽統・ケインズ・マルクス・高橋亀吉・下村治）、弁証法（マルクス&エンゲルス）、認識論・表現論・言語論（三浦つとむ）、文学論（吉本隆明）の研究を開始する

○ 1980年代　吉本隆明主宰『試行』誌54号より『唯物弁証法の基本構造』（ペンネーム：東是人）の連載開始。自立誌『過程』を創刊&主宰。朗読の実技（溝口直彦）・理論・指導法の研究を開始する

○ 2006年3月31日　生業（会社勤務）の退職を機に、本来のライフワークを『過程』誌の執筆&発行を軸に推進し、朗読活動を半生業半ライフワークとして推進しつつ現在にいたる

【単行本／単著】

『日本経済の成長と均衡』（発行2000年／通商産業調査会）

『朗読の理論』（発行2008年／木鶏社）

『宮澤賢治の視点と心象』（発行2012年／木鶏社）

【単行本／共著】

『グローバル化と進化する情報通信産業』（白川一郎編著／1999年通商産業調査会）

朗読漫画『花もて語れ』全13巻（片山ユキヲ　東百道／2010～2014年／小学館）

【雑誌連載】

『唯物弁証法の基本構造』（『試行』第54号～第74号／1980～1997年）

朗読漫画『花もて語れ』（『月刊！スピリッツ』～『週間BIG COMICスピリッツ』／2010～2014年）

【主宰誌『過程』に掲載済あるいは掲載中の論稿】

掲載済の短論稿：「リンカーンの名句」『日本における企業経営の先端的現在」「青年の〈憤怒〉に根拠はあるか」「人類史への展望」「古来の日本人（日本常民）の信仰観と死生観」

掲載中の長論稿：『リンカーンの政治思想』『アメリカ独立宣言の論理構造』『唯物史観の基本構造」』『唯物史観的社会発展論の基本構造』

唯物弁証法の基本構造

二〇一九年七月八日　初版第一刷発行

著　者　東　百道

発行者　伊藤紀子

発行所　木鶏社
郵便番号　二七三－〇〇四二
千葉県船橋市前貝塚町二五五－五七
電話（〇四七）四〇四－四三一一
振替　〇〇一九〇－三－六九八九二

発売元　星雲社
郵便番号　一一二－〇〇〇五
東京都文京区水道一－三－三〇
電話（〇三）三八六八－三二七五

印刷製本　TOP印刷

ISBN978-4-434-25969-2 C0010

マルクス三部作

東 百道著

マルクス&エンゲルス理論の基本構造シリーズ

マルクス&エンゲルスが提起した重要な理論の基本構造を、現時点において改めて学問的に解明・検証しつつ、その原像を再措定する必要があるのはなぜか。

一つは、その内容が今もなお本質的な真理性と現実的な有効性を確保しつづけているからである。二つは、その内容が従来の論者たちによって学問的に十分に検証されず、レベルの低い誤解と曲解を受け、その原像が歪められたまま放置・忘却されてきたからである。三つは、その現実的応用と称して実現され固守されてきた社会主義あるいは社会主義社会なるものが、あまりにも無惨な状況を露呈しているからである。それらはマルクス&エンゲルスが『ドイツ・イデオロギー』で予見したように「ふるい汚物がそっくりたちなお」ったものに他ならない。人類が二度と再びこのような歴史的惨害を被らないように、理論的決着をつけておく必要がある。

私は、三浦つとむをほとんど唯一の先達として、マルクス&エンゲルスの唯物弁証法、唯物史観、唯物史観的社会発展論の基本構造を学問的に探求してきた。その全部あるいは一部を吉本隆明主宰『試行』誌、あるいは、私自身が主宰する『過程』誌に掲載してきたし、また、今後も掲載していく予定である。そして、その成果をまとめて、マルクス三部作として、順次、単行本化していく予定である。

著者より

唯物弁証法の基本構造

二〇一九年七月刊行　四〇〇〇円＋税

マルクス&エンゲルスの理論的主軸である唯物弁証法を学問的に吟味・解読し、その基本構造の原像を解明した画期的な弁証法論。その学問的な検証を兼ねて、戦後最大の論争といわれた「矛盾論争」を徹底的に検討・批判し、未解決の論点を最終的に解明・解決した。吉本隆明主宰『試行』誌に長期連載された論稿の完成版

唯物史観の基本構造

近日刊行予定

マルクス&エンゲルスの唯物史観が提起した社会観を学問的に検討・吟味し、従来の理解とまったく異なるその新たな基本構造を解明した画期的な唯物史観論。その学問的な検証を兼ねて、かつて世界および日本でも盛んにおこなわれ、未解決のままに放置された「上部構造論争」を最終的に解明・解決した。東百道主宰『過程』誌で連載中の論考を、近日中に一挙に単行本化する予定

唯物史観的社会発展論の基本構造

近日刊行予定

マルクス『資本主義に先行する諸形態』、エンゲルス『家族・私有財産・国家の起源』その他の文献を徹底的に解読し、謎の多い彼らの社会発展論の基本構造を解明する。彼らの社会主義観の知られざる原像を解明し再措定する画期的論稿

新版 松川裁判

廣津和郎著

3600円＋税

戦後まもなく、定員法による国鉄職員大量首切りが始まり、反対する闘いの最中に国鉄三大事件、下山事件・三鷹事件・松川事件が起きた。

松川事件とは、一九四九年八月十七日未明に、福島県金谷川・松川間で東北本線の旅客列車の転覆事件が起き、乗務員三名が死亡したという事件である。事件発生約一ヵ月後、十九歳の少年、赤間の自白により国鉄労働組合幹部ら十名と、これも首切り反対闘争の最中だった東芝松川工場の労働組合幹部ら十名が逮捕された。ほとんどが二、三十代の青年たちであった。一審・二審ともに死刑や無期など重罪が宣告された。

この判決に疑問を持ち、被告の無罪を信じた広津和郎は公判記録や調書を綿密に調べ、被告や証人と裁判官・検察官・弁護人との質疑応答を一つ一つ検証するという実証的な方法で、この判決への反論・批判を「中央公論」誌に掲載し続けた。それは四年七カ月にも及んだ。本書はこれをまとめたものの復刊である。重い内容、鋭い筆鋒ながら推理小説を読むような面白さをもそなえている。

この連載が進むにつれ、松川運動とよばれた無実の被告たちを救う運動が高まり、国民の認識も深まり、十四年後の一九六三年全員無罪の判決がおりた。

近づいた裁判員制度、今でも後を絶たない冤罪事件。「裁判は国民のもの」と言い続けた広津和郎の渾身の力作、歴史的名著を今一度読み直したい。